ALTE ABENTEUERLICHE REISEBERICHTE

Gerhard Rohlfs

Gerhard Rohlfs

Quer durch Afrika

Die Erstdurchquerung der Sahara vom
Mittelmeer zum Golf von Guinea
1865–1867

*Herausgegeben von
Herbert Gussenbauer*

Mit 60 zeitgenössischen Illustrationen und 3 Karten

EDITION ERDMANN

CIP-Kurztitelaufnahme der Deutschen Bibliothek

Rohlfs, Gerhard:
Quer durch Afrika: d. Erstdurchquerung d. Sahara vom Mittel-
meer zum Golf von Guinea / Gerhard Rohlfs.
Hrsg. von Herbert Gussenbauer. –
Stuttgart; Wien: Edition Erdmann, Thienemann, 1984.
(Alte abenteuerliche Reiseberichte)
ISBN 3-522-60580-2

Alle Rechte vorbehalten
© 1984 by Edition Erdmann in K. Thienemanns Verlag,
Stuttgart–Wien
Umschlag- und Einbandgestaltung:
Hilda und Manfred Salemke, Karlsruhe.
Printed in the German Democratic Republic
2345

INHALT

Einleitung
Seite 9

Erstes Kapitel
In Tripolis
Seite 27

Zweites Kapitel
Von Tripolis nach Rhadames
Seite 39

Drittes Kapitel
Die Stadt Rhadames und ihre Bewohner
Seite 61

Viertes Kapitel
Meine Erlebnisse in Rhadames
Seite 71

Fünftes Kapitel
Von Rhadames nach den Schwarzen Bergen
Seite 82

Sechstes Kapitel
Ankunft in Fesan
Seite 102

Siebtes Kapitel
Aufenthalt in Mursuk
Seite 116

Achtes Kapitel
Zwischen Fesan und Kauar
Seite 133

Neuntes Kapitel
Kauar und die Tebu
Seite 154

Zehntes Kapitel
Von Kauar nach Kuka
Seite 171

Elftes Kapitel
Empfang und Aufenthalt in Kuka
Seite 192

Zwölftes Kapitel
Die Hauptstadt Kuka, der Markt und das Reich Bornu
Seite 209

Dreizehntes Kapitel
Reise nach Uandala
Seite 227

Vierzehntes Kapitel
Beim Sultan von Uandala
Seite 244

Fünfzehntes Kapitel
Weiterer Aufenthalt in Kuka und Abreise
Seite 260

Sechzehntes Kapitel
Durch das südwestliche Bornu ins Reich der Pullo
Seite 278

Siebzehntes Kapitel
Im Reich Bautschi
Seite 295

Achtzehntes Kapitel
Über Keffi Abd-es-Senga bis an den Benue
Seite 312

Neunzehntes Kapitel
Auf dem Benue nach Lokoja
Seite 335

Zwanzigstes Kapitel
Ins Königreich Nyfe (Nupe) und durch die
Jorubaländer bis an den Golf von Guinea
Seite 349

Worterklärungen
Seite 374

Literaturverzeichnis
Seite 376

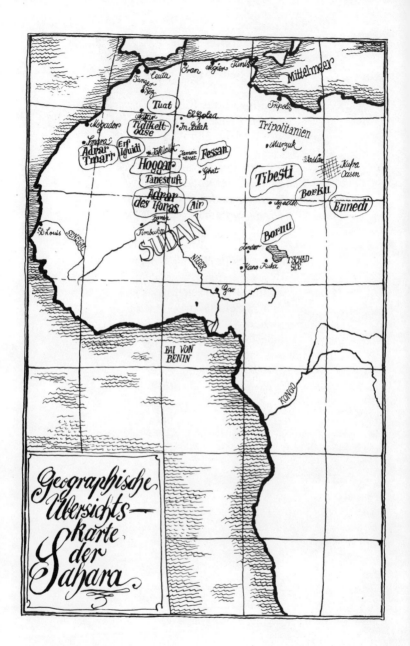

EINLEITUNG DES HERAUSGEBERS

»Der da trinket von den Wassern Afrikas,
der kehret zurück für und für!«
(Arabisches Sprichwort)

»Wie lange ich geschlafen, erinnere ich mich nicht. Als ich erwachte, stand der Schich der Oase dicht über mich gebeugt vor mir, die rauchende Mündung seiner langen Flinte war noch auf meine Brust gerichtet. Er hatte aber nicht, wie er wohl beabsichtigt hatte, mein Herz getroffen, sondern nur meinen linken Oberarm zerschmettert; im Begriff, mit der Rechten meine Pistole zu ergreifen, hieb nun der Schich mit seinem Säbel meine rechte Hand auseinander. Von dem Augenblick sank ich auch schon durch das aus dem linken Arm in Strömen entquellende Blut wie tot zusammen... Als ich am folgenden Morgen zu mir kam, fand ich mich allein mit neun Wunden, denn auch noch, als ich schon bewußtlos dalag, mußten die Unmenschen, um mich ihrer Meinung nach vollkommen zu töten, auf mich geschossen und eingehauen haben. Meine sämtlichen Sachen, mit Ausnahme der blutdurchtränkten Kleider, hatten sie weggenommen. Obgleich das Wasser nicht weit von mir entfernt war, konnte ich es nicht erreichen, ich war zu entkräftet, um mich zu erheben, ich versuchte mich hinzurollen, alles vergebens, ich litt entsetzlich vom brennenden Durst.«

Um ein Haar hätte dieser Überfall auf der ersten Reise des Gerhard Rohlfs durch Marokko einem Forscherleben ein Ende gesetzt, noch bevor es richtig begonnen hatte. Doch zum Glück kam es anders. Nach drei Tagen wurde der Halbtote gefunden und in einer elenden Hütte der kleinen Saharaoase Hajui so weit wiederhergestellt, daß er die Reise fortsetzen und die Küste des Mittelmeers erreichen konnte. Rohlfs' Wunsch, seinen nur noch an Haut und Muskeln hängenden linken Arm amputieren zu lassen, wurde ihm von seinem Retter verweigert: »Das kann bei euch Christen Sitte sein, aber wir schneiden nie ein Glied ab, und da du, der Höchste sei gelobt, jetzt rechtgläubig bist, wirst du deinen Arm behalten.« Er behielt ihn tatsächlich, wenn auch etwas verkürzt und zeit seines Lebens mit teilweise steifen Fingern.

Es würde den Rahmen der Einführung bei weitem sprengen, wollte man das abenteuerliche und ereignisreiche Leben des Afrikaforschers Gerhard Rohlfs hier detailliert schildern. Der an der Person des Entdeckers interessierte Leser sei auf die im Literaturverzeichnis angeführten Werke verwiesen. Wir können hier lediglich versuchen, den Lebensweg einer der größten und berühmtesten, wenn auch nicht immer unumstrittenen Forscherpersönlichkeiten des vorigen Jahrhunderts kurz zu skizzieren.

Gerhard Friedrich Rohlfs wurde am 14. April 1831 in dem kleinen Hafenstädtchen Vegesack bei Bremen als Sohn des dortigen Arztes geboren. In seiner Kindheit und frühen Jugend wie seine sechs Geschwister von Hauslehrern unterrichtet – in Vegesack gab es zur damaligen Zeit noch keine höheren Schulen –, entwickelte der Knabe früh ein unabhängiges, freiheitsliebendes und unternehmungslustiges Wesen, dem jeder Zwang ein Greuel war. Er war ein eher schlechter Schüler, wie er selbst freimütig bekannte: »So viel ich essen konnte, so faul war ich andererseits in der Schule; nur Geographie, Deutsch und Geschichte habe ich gut gelernt; auch für neuere Sprachen, als Englisch und Französisch, hatte ich Verständnis; Latein und Griechisch fand ich höchst langweilig, und in der Geometrie habe ich es auch später auf dem Gymnasium nur bis zum Pythagoras gebracht; Algebra blieb mir immer ein Buch mit sieben Siegeln.«

Mit fünfzehn Jahren kam er auf das Gymnasium von Osnabrück, wo ihm der schulische Zwang vollends unerträglich wurde. Er verkaufte seine Uhr, schrieb seinen Eltern in einem Abschiedsbrief, daß er keine Lust mehr zum Studieren habe, und brannte nach Amsterdam durch. Im letzten Augenblick konnte er von seiner Mutter von Bord eines Schiffes geholt werden, auf dem er sich schon als Decksjunge hatte anheuern lassen.

Die nächsten zwei Jahre finden wir Gerhard Rohlfs wieder auf dem Gymnasium, diesmal in Celle. Noch einmal hatten ihn seine Eltern überreden können, seine Schulausbildung fortzusetzen. Im Januar 1849 jedoch verließ er endgültig die Schule und wurde Soldat, zuerst beim Bremer Füsilierbataillon, dann als Unteroffizier beim Schleswig-Holsteinischen Infanteriebataillon. In der Schlacht gegen die Dänen im Jahre 1850 fiel Rohlfs wegen seiner herausragenden Tapferkeit auf und wurde zum Leutnant befördert. Die folgende ruhige Zeit behagte dem unternehmungslustigen Mann jedoch überhaupt nicht. Im März 1851 nahm er seinen Abschied und begann in Heidelberg, später in Würzburg und Göttingen, mit dem Studium der Medizin. Zwei seiner Brüder waren bereits angesehene Ärzte. Der Student Rohlfs schien sich jedoch wieder nicht durch besonderen Fleiß und Erfolg ausgezeichnet, vielmehr ein flottes Leben im Kreis seiner Kommilitonen geführt zu haben. Sein Tatendrang jedenfalls wurde durch die Vorlesungen nicht befriedigt, und Rohlfs fuhr deshalb nach Österreich, um sich abermals in der Armee zu verdingen. Bald wurde ihm auch hier die Routine des täglichen Dienstes zu langweilig. Er desertierte, gelangte auf abenteuerlichen Wegen nach Frankreich und ließ sich in Nimes von der Fremdenlegion anwerben.

1855 betrit Rohlfs in Algerien zum ersten Mal afrikanischen Boden. Seit dem Jahre 1830 hatte Frankreich begonnen, das nordafrikanische Land zu erobern und zu kolonisieren. Hauptsächlich wurden dafür die Soldaten der 1831 gegründeten Fremdenlegion – ausländische Freiwillige unter französischen Offizieren – eingesetzt, die trotz harter, verlustreicher Kämpfe das Land dreißig Jahre lang nicht vollständig unter ihre Gewalt bekommen konnten.

Wie Rohlfs es fertigbrachte, ohne abgeschlossenes Studium als Arzt und Apotheker, die letzte Zeit sogar als Leiter eines kleinen Feldhospitals in der Legion unterzukommen, entzieht sich unserer Kenntnis. Zweifellos waren es seine Fähigkeiten, sein Draufgängertum, sein Selbstbewußtsein und nicht zuletzt wohl eine gehörige Portion Frechheit, die ihm zu dieser Position verhalfen, in der er ohne Zweifel ein angenehmeres Leben als die gewöhnlichen Fremdenlegionäre führen konnte. In den Schlachten der Jahre 1856 und 1857 gegen die Kabylen, die berberische Bevölkerung Nordostalgeriens, wurde Rohlfs mehrmals mit Tapferkeitsmedaillen ausgezeichnet. Er brachte es bis zum Rang eines Sergeanten, dem höchsten Dienstgrad, den ein Ausländer in der Legion erreichen konnte. 1860 galt Algerien schließlich als mehr oder weniger befriedet, und der »Arzt« wurde ehrenvoll verabschiedet.

Rohlfs selbst hat es Zeit seines Lebens vermieden, Aufzeichnungen über seine Erlebnisse während des sechsjährigen Dienstes in der Legion zu machen; nicht einmal im Freundeskreis durfte später dieses Thema angeschnitten werden.

Gerhard Rohlfs war dreißig Jahre alt, als er die Legion verließ. Er wußte nur, daß er in Afrika bleiben wollte. Arabisch hatte er in den Grundzügen gelernt, auch mit den Sitten und der Mentalität der Nordafrikaner war er einigermaßen vertraut. Einem Gerücht folgend, wonach der Sultan von Marokko seine Armee in europäischem Sinne zu modernisieren trachtete, brach Rohlfs von Oran nach Tanger auf, in der Hoffnung, wiederum als Arzt bei den dortigen Streitkräften eine Stellung zu finden. Anfangs wurde er freilich bitter enttäuscht. Der Fremdenhaß der von Franzosen wie von Spaniern bedrängten Marokkaner wie auch der religiöse Fanatismus der Bevölkerung dämpften seine anfängliche Begeisterung. Rohlfs beschloß, zumindest äußerlich zum Islam überzutreten, ließ sich den Kopf kahlscheren, kleidete sich marokkanisch und brach mit einem einheimischen Begleiter ins Landesinnere auf. Seine Barschaft betrug ganze fünf englische Pfund, eingenäht in seine Mütze.

Und selbst dieses lächerlichen Betrages konnte er sich nicht lange erfreuen. Eines Tages war sein Reisegefährte samt Mütze, Geld und den übrigen spärlichen Habseligkeiten verschwunden. Rohlfs stand mittellos in einem fremden Land, ohne Besitztümer, außer dem, was er am Körper trug, angewiesen auf die Gastfreundschaft und Barmherzigkeit der Europäern feindselig gesinnten Marokkaner. Mehrmals wurde der »Ungläubige« ernstlich bedroht, weil man ihm nicht abnahm, daß er zum Islam übergetreten war, und nur mit Glück konnte er in solchen Situationen sein Leben retten. Doch Rohlfs gab nicht auf und zog weiter nach Quezzane, dem Mekka der Marokkaner und Sitz des Großscherifs Sidi el Hadsch Abd es Ssalam. Der gleichaltrige

Würdenträger, der schon Frankreich bereist hatte und im Vergleich zu seinen Landsleuten ein hochgebildeter Mann war, empfing den Reisenden mit größtem Wohlwollen, bot dem unerwarteten Besuch Quartier in seinem Palast an, und nach wenigen Tagen waren die beiden enge Freunde. Nur ungern ließ der Großscherif seinen deutschen Gast wieder ziehen. Zum Abschied stattete er ihn mit Maultier und Führer aus und gab ihm ein Empfehlungsschreiben an den Befehlshaber der marokkanischen Streitkräfte mit, mit der Bitte, den fremden Arzt in seinen Sold zu nehmen.

Rohlfs zog weiter nach Fes, der damaligen Hauptstadt des Landes. Und weiter blieb ihm das Glück treu. Der General empfing ihn mit offenen Armen, er wurde dem Sultan und dem Kriegsminister vorgestellt, und schon einen Tag später war der ehemalige Fremdenlegionär Gerhard Rohlfs zum obersten Arzt der gesamten marokkanischen Armee bestellt. Wenn das Salär in Anbetracht der Position auch gering war – es reichte gerade zum Leben –, war er von nun an doch gern gesehener Gast in den vornehmsten Kreisen der maghrebinischen Gesellschaft. Und als der Hof in die Stadt Meknes übersiedelte, wurde ihm überdies gestattet, eine Privatpraxis zu eröffnen. Rohlfs hieß nun Mustafa Nemsi, Tobib ua Dschrahti: Mustafa der Deutsche, Arzt und Wundarzt.

Wenn er seine Patienten auch hauptsächlich mit einheimischen Heilmethoden zu kurieren versuchte, um nicht die Eifersucht der ortsansässigen Ärzte übermäßig anzustacheln – von Brechpulver über Abführmittel bis zu dem im islamischen Raum üblichen Brennen des Körpers mit glühenden Eisenstäben reichten seine Therapien –, hatte er doch ungeheuren Erfolg und auch großen Zuspruch; bald war selbst der Premierminister des Landes bei ihm in Behandlung, und eines Tages erhielt Rohlfs die überraschende Nachricht, daß er zum Leibarzt des Sultans persönlich ernannt worden sei. Vorwiegend hatte er dabei die Haremsdamen zu behandeln, die jung und gesund waren und für die der Besuch des Arztes lediglich eine willkommene Abwechslung in ihrem eintönigen Tagesablauf war.

Und wieder behagten die Ruhe und das geregelte Leben dem tatendurstigen Mann in keiner Weise. Die Langeweile wurde ihm immer unerträglicher. Plötzlich lockten die weißen Flecken auf den Landkarten des afrikanischen Kontinents, die alte Unrast brach wieder hervor, und Rohlfs wollte reisen, forschen und entdecken. Man ließ ihn jedoch nicht ziehen, zu wertvoll war der europäische Arzt für die Spitzen der marokkanischen Regierung geworden.

Die Wende kam in Gestalt des englischen Gesandten in Marokko, Sir Drummond Hay, der am Hof großen Einfluß hatte. Der Sultan erhoffte sich von Großbritannien Hilfe gegen Spanien und Frankreich. Während eines Besuchs des Diplomaten in Meknes gelang es Rohlfs, bis zum Botschafter vorzudringen und ihm seine Pläne darzulegen. Als sich Sir Drummond schließlich für ihn einsetzte, erhielt er endlich die Erlaubnis, nach Belieben und ohne Einschränkungen das Land zu bereisen.

Die Berufung zum Afrikaforscher war Rohlfs nicht in die Wiege gelegt. Im Unterschied zu anderen deutschen Entdeckern seiner Zeit – Heinrich Barth etwa oder Eduard Vogel und Georg Schweinfurth – war Rohlfs kein studierter Gelehrter. Das geistige Rüstzeug eines reisenden Forschers mußte er sich selbst in mühevoller Kleinarbeit aneignen.

Rohlfs ging für ein ganzes Jahr zurück zu seinem Freund Sidi el Hadsch Abd es Ssalam, dem Großscherif in Quezzane, um mit bewundernswertem Eifer und Ehrgeiz seine Kenntnisse der arabischen Sprache und der Sitten, der Lebensart und Religion der Mohammedaner zu vervollständigen. Keinem anderen europäischen Forscher seiner Zeit ist es jemals gelungen, so vollkommen in die Lebensweise und Mentalität der nordafrikanischen Bevölkerung einzudringen und sich ihr in einer Weise anzupassen, daß er schließlich für einen Araber gehalten werden konnte.

Hier nun vollzog sich die Wandlung vom erlebnishungrigen Abenteurer zum ernsthaften Forscher, vom unruhigen Draufgänger und Luftikus zum Entdecker und seriösen Wissenschaftler, wenn auch sein einziges Instrumentarium, als er endlich seine erste Forschungsreise begann, lediglich aus Notizbuch und Bleistift bestand.

Sein Reisebegleiter und Diener war ein spanischer Renegat, welchen Rohlfs angeheuert hatte; zum Transport der wenigen

Habseligkeiten kaufte er sich einen Esel. Er zog die Küste entlang südwärts durch Casablanca bis Azzemour, besuchte von hier aus Marrakesch im Landesinneren und wandte sich wieder der Küste zu. In einem Zeltdorf verschwand eines Nachts der Spanier, mit ihm der Esel, das Gepäck und der größte Teil des ersparten Geldes. Rohlfs befand sich in einer ähnlichen Situation wie bei seiner Ankunft im Lande. Und wieder gab er nicht auf, kehrte nicht um, was ein leichtes gewesen wäre, sondern setzte seinen Weg nach Süden fort. Von Fieberanfällen geschüttelt, gegen welche er keine Medikamente mehr besaß, erreichte er die Hafenstadt Agadir, wandte sich von hier gegen Osten, überstieg die Ausläufer des Atlas und schloß sich einer Karawane nach Taroudannt an. Zum Fieber gesellte sich noch eine ruhrartige Darmerkrankung, die ihn wochenlang in diesem Ort festhielt. Mit einer großen Karawane, in der er, um sich seine Mahlzeiten zu verdienen, als Kameltreiber fungieren mußte, gelangte er schließlich ins Wadi Draa und von hier zur Oase Tafilalt. Durch eifriges Herumdoktern hatte er sich wieder eine kleine Summe erworben, allerdings den Fehler begangen, dieses Geld dem Schich der Oase Boanen zu zeigen, dessen Gast er war und mit dem er zehn Tage lang aus der gleichen Schüssel gegessen hatte. Auf der Weiterreise wurde Rohlfs überfallen und beinahe getötet, wie es eingangs geschildert wurde.

Nach längerem Aufenthalt in einem französischen Militärspital traf er in Algier seinen Bruder Hermann, der ihn jedoch nicht überreden konnte, mit ihm in die Heimat zurückzukehren. Eine beispiellose Hartnäckigkeit ist Rohlfs wohl nicht abzusprechen. Jeder andere an seiner Stelle hätte wohl genug von afrikanischen Abenteuern gehabt. Der Kontinent ließ den frischgebackenen Entdeckungsreisenden jedoch nicht mehr los. Die Berichte über die erste Reise seines Bruders in der Tasche, fuhr Dr. Hermann Rohlfs allein zurück nach Deutschland, wo die Tagebücher und Aufzeichnungen, wenn auch noch höchst unvollkommen und wissenschaftlichen Kriterien kaum genügend, in die Hände Petermanns gelangten, der sie in seiner Zeitschrift »Mitteilungen aus Justus Perthes geographischer Anstalt« sofort veröffentlichte.

August Petermann, der große Geograph, Initiator und Förderer zahlreicher Forschungsreisen, dessen Ziel es war, die Erkundung Afrikas voranzutreiben, der stets auf der Suche nach fähigen Männern war und es auch immer wieder verstand, die notwendigen Mittel für die von ihm protegierten Reisenden aufzubringen, erkannte sogleich die Talente des Gerhard Rohlfs.

Inzwischen hatte die französische Regierung eine Prämie von achttausend Franc für denjenigen Reisenden ausgesetzt, dem es gelänge, von Algerien aus auf dem Weg durch die Sahara die legendäre Wüstenstadt Timbuktu zu erreichen, um von dort aus in die zweite Kolonie Frankreichs, den Senegal, zu gelangen. Für den Tatendrang Rohlfs' war dieses Projekt wie geschaffen. Allerdings galt dieser Preis nur für französische Staatsbürger, und daß Rohlfs sich spontan bereit erklärte, die französische Staatsbürgerschaft anzunehmen, wurde ihm später in der Heimat übel vermerkt. Das Vorhaben der Naturalisierung zerschlug sich jedoch, und hier sprang nun Petermann, den die Idee ebenfalls begeisterte, mit finanzieller Unterstützung ein. Auch sein Bruder Hermann, der eine gutgehende Praxis in Bremen betrieb, stellte eine ansehnliche Summe zur Verfügung.

Im August 1863 brach Rohlfs zu seiner zweiten Forschungsreise auf, diesmal besser ausgerüstet, auch mit den nötigen Instrumenten für wissenschaftliche Beobachtungen. Von Algier aus wollte er über den Saharaatlas nach Tuat, wurde aber bald wieder zur Umkehr gezwungen. Im Süden der jungen französischen Kolonie waren neue Unruhen ausgebrochen, die eine Saharadurchquerung in gerader Richtung unmöglich machten. Rohlfs ging zurück zur Küste, schiffte sich in Oran nach Tanger ein, wo ihn wieder Sir Drummond Hay mit seinem Einfluß unterstützte, besuchte in Quezzane nochmals seinen Freund, den Großscherif, und nahm dort seinen Marsch gegen Süden auf. Als erster Europäer überquerte er den Hohen Atlas, ein Wagnis, auf das wegen der räuberischen Bergbewohner selbst die Marokkaner nur in riesengroßen Karawanen eingingen, kam unter unsäglichen Strapazen wieder nach Tafilalt, welches er von seiner ersten Reise her kannte, und zog weiter südlich nach den Oasengruppen von Tuat und Tidikelt. Das Reisen war jetzt erheblich schwieriger, da Rohlfs Messungen vornehmen und seine Beobachtungen regelmäßig notieren mußte. Verschiedentlich für einen französischen Spion gehalten, konnte er oft nur mit Mühe die Angriffe gegen seine Person abwehren. Überdies erschwerten Stammesfehden in Südmarokko seine Tätigkeit. Wiederum betätigte er sich häufig als Arzt, dieses Mal nicht um Geld zu verdienen, sondern um den Argwohn der Bevölkerung zu zerstreuen.

In In Salah, dem Hauptort der Oasen des Tidikelt, ging sein Geld zur Neige. Rohlfs konnte die Miete für die notwendigen Kamele bis Timbuktu nicht mehr aufbringen, überdies sollte die nächste Karawane in den tiefen Süden erst nach Monaten abgehen; und zu allem Überfluß herrschte Krieg und Hungersnot in der Stadt am Niger. Der ehrgeizige Plan der Saharadurchquerung war zumindest vorläufig gescheitert, wenn auch nicht für alle Zeiten aufgegeben.

Rohlfs wandte sich nach Nordosten und erreichte über Rhadames bei Tripolis wieder die Küste des Mittelmeeres. Gerade dieser Teil seiner Reise sollte – zusammen mit seiner Beschreibung der Tidikelt-Oasen – vom wissenschaftlichen Standpunkt aus betrachtet der wertvollste werden, weil Rohlfs auf noch nie von Europäern betretenen Wegen quer durch die Wüste zog und mit seinen Aufnahmen und Beobachtungen einen ganz wesentlichen Beitrag zur präzisen Kartographierung Nordafrikas leistete.

Auf dieser Reise lernte er auch den mächtigen Tuaregfürsten Si-Othman ben Bikri kennen, welcher im vorliegenden Bericht über die dritte Reise noch erwähnt wird und der Rohlfs versprach, ihn bald sicher durch die Große Wüste über das Hoggargebirge nach Timbuktu zu geleiten. Dieses Unternehmen gelangte freilich nie zur Durchführung. Auf seiner folgenden Reise gelang es ihm dennoch, die Sahara zu durchqueren und dabei als erster Forscher bis zum Golf von Guinea an der Atlantikküste vorzustoßen. Überdies konnte er dabei endlich Genaueres über das traurige Schicksal der beiden verschollenen deutschen Entdeckungsreisenden Vogel und Beurmann in Erfahrung bringen, welche wenige Jahre vor ihm den Weg nach Bornu gezogen waren und im Sultanat von Uadai ein gewaltsames Ende gefunden hatten.

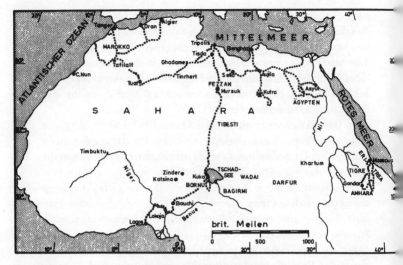

Gerhard Rohlfs' Reisen

Als Rohlfs von seiner großen Reise »Quer durch Afrika« zurückkehrte, hatte er den Durchbruch geschafft. Ihm war der Sprung vom Fremdenlegionär zum angesehenen und gefeierten Afrikaforscher gelungen. Er wurde in Berlin von König Wilhelm, dem späteren deutschen Kaiser, empfangen, er erhielt die goldenen Medaillen der geographischen Gesellschaften von Paris und London, und er wurde zum Ehrenmitglied der Berliner Gesellschaft für Erdkunde ernannt. Doch es entsprach seinem Wesen keineswegs, sich auf den errungenen Lorbeeren auszuruhen.

Noch im Jahr seiner Rückkehr begleitete er im Auftrag Fürst Bismarcks als Beobachter ein englisches Expeditionskorps nach Äthiopien und nahm an der Eroberung von Magdala teil. Wieder in der Heimat, konnte er sich wieder nur wenige Monate der Niederschrift seiner Reiseerlebnisse widmen.

Von König Wilhelm beauftragt, Geschenke an den Sultan Omar von Bornu, der schon so viele europäische Forscher gastfreundlich an seinem Hof empfangen hatte, zu überbringen, war Rohlfs im November 1868 wieder in Tripolis. Die Reise noch einmal zu unternehmen, die er schon drei Jahre vorher gemacht hatte, lockte ihn nicht. Er delegierte den Auftrag an den deutschen Leibarzt des Bei von Tunis, der begierig war, eine Reise ins Innere des Kontinents zu unternehmen, und er gab so den Anstoß zu einer der bedeutendsten Forschungsreisen des Jahrhunderts: Fünf Jahre lang zog Gustav Nachtigal, begleitet von Mohammed dem Gatroner, der schon der Weggefährte von Barth und Rohlfs gewesen war, über Tibesti durch die Sahara zum Tschadsee, durch Bagirmi, Wadai und Darfur zum Nil.

Rohlfs selbst zog es vor, durch die Libysche Wüste zu ziehen. Über Bengasi und Audschila gelangte er bis Siwah, der legendären Oase des Jupiter Ammon. Wiederum kehrte er mit reichen wissenschaftlichen Ergebnissen zurück. Gerhard Rohlfs war zu seiner Zeit weltbekannt. Seine Bücher und zahllosen Vorträge verschafften ihm eine sehr große Popularität, nicht nur in Europa, sondern auch in Übersee. Ein halbes Jahr allein zog er durch Amerika, dort fast jeden Abend vor riesigen Auditorien über seine Erlebnisse und Forschungen berichtend.

Während einer Vortragsreise durch Rußland lernte er in Riga eine Nichte des Afrikareisenden Georg Schweinfurth kennen und heiratete sie nach nur dreiwöchiger Bekanntschaft. Rohlfs ließ sich in Weimar nieder, seine Einkünfte sicherten ihm ein sorgloses und von materiellen Problemen unbeschwertes Leben. Zu seinem Freundeskreis zählten unter vielen anderen Persönlichkeiten der Großherzog von Mecklenburg, Walter von Goethe, der Dichter Bodenstedt, Schliemann, der Entdecker Trojas, und der Komponist Franz Liszt. Kaiser Wilhelm I. verlieh ihm den Hofratstitel, die Universität Jena ein Ehrendoktorat.

Doch Rohlfs kam noch immer nicht zur Ruhe. Von Ägypten aus, unterstützt mit viertausend Pfund des Khediven, zog er im Winter 1873/74 abermals auf noch nie betretenen Wegen westwärts in die Libysche Wüste. Allein einen Monat lang zog die bestens ausgerüstete Karawane durch vollkommen wasserloses Gebiet – fünfhundert eiserne Kanister zu je fünfzig Liter hatte Rohlfs anfertigen lassen. Das Buch »Drei Monate in der Libyschen Wüste« ist das Ergebnis dieser Reise. Die Behauptung, daß die geographische Erforschung und die Kartographie dieser Landstriche fast ausschließlich von Rohlfs bewerkstelligt wurden, ist sicher keine Übertreibung.

Eine weitere aufwendig und perfekt ausgerüstete Expedition, die, wenn sie auch das ursprünglich gesteckte Ziel nicht erreichen konnte, so doch für die wissenschaftliche Beschreibung Afrikas von eminenter Bedeutung war, wurde im Dezember 1878 zusammengestellt. Die Wasserscheide des Kongo-Schari- und Benuegebietes sollte im Auftrag der kurz zuvor gegründeten »Deutschen Afrikanischen Gesellschaft« erkundet werden. Mit vier Begleitern, darunter der Zoologe Dr. Strecker, brach Rohlfs von Tripolis über Sockna und Audschila nach dem Süden auf. Unter ständiger Lebensgefahr – die Senussi, ein fanatischer Moslemorden, hatten das Gebiet in ihre Gewalt gebracht – erreichten sie als erste Europäer die Kufra-Oasen. Hier allerdings endete die Reise. Zuerst Erpressungen, dann Bedrohungen und schließlich einem Überfall ausgesetzt, bei dem sie ihre ganze Habe verloren und nur durch Flucht in letzter Minute im Schutze der Nacht ihr Leben retten konnten, kehrten sie wie durch ein Wunder wohlauf in die Heimat zurück.

Der Bericht und die wissenschaftliche Beschreibung der Kufra-Oasen jedoch war ein weiteres Ruhmesblatt im Leben des Gerhard Rohlfs. Auf dieser fast einjährigen Reise war er, wie sein Biograph Konrad Guenther erzählt, um Jahre gealtert.

Kein glückliches Geschick war dem kleinen, von Rohlfs auf seiner großen Reise durch Afrika aus der Sklaverei befreiten und mit nach Deutschland gebrachten Negerknaben Noël beschieden. König Wilhelm und seine Frau Augusta kümmerten sich in Berlin persönlich um die Erziehung des Jungen. Er wurde auf die Realschule geschickt, wo seine Erfolge allerdings höchst mäßig waren, er selbst jedoch zum verwöhnten Mittelpunkt der besseren Gesellschaft wurde. Er begann an Wahnvorstellungen zu leiden, hielt sich für einen afrikanischen Prinzen und legte mit der Zeit ein immer unerträglicheres Benehmen an den Tag. Als er sich auch noch ein Lungenleiden zuzog, wurde er als Schreiber an das deutsche Generalkonsulat nach Ägypten geschickt, war dieser Aufgabe jedoch ebenfalls nicht gewachsen. Nach einem kurzen Zwischenspiel als Soldat in einem Freiwilligenregiment in Kairo wollte ihn Rohlfs noch einmal mit auf eine Reise nehmen – es war die Kufra-Expedition 1878 – und traf mit Noël in Malta zusammen. Doch die geistige Umnachtung des

Gerhard Rohlfs in nordafrikanischer Tracht

jungen Mannes war weiter fortgeschritten und hatte sich zum Wahnsinn gesteigert. Er wurde nach Italien gebracht, wo er noch etwa vierzig Jahre bis zu seinem Tod in der Irrenanstalt von Ancona verbrachte.

Abermals gelangte Rohlfs nach Äthiopien. Der Negus Johannes, von Ägypten bedroht, hatte die europäischen Großmächte um Vermittlung gebeten, und wieder war es Bismarck, der den erfahrenen Forscher in diplomatischer Mission in das christliche

Kaiserreich am Osthorn Afrikas entsandte, um den dortigen Herrscher des Wohlwollens des Deutschen Reiches zu versichern. Rohlfs' Reisebegleiter war wiederum Dr. Strecker, sein Gefährte bei der Kufra-Expedition. Vom November 1880 bis zum Mai 1881 erfüllte er nicht nur seinen Auftrag, sondern durchforschte auch noch ein halbes Jahr lang das geheimnisvolle, in Europa weitgehend unbekannte Land.

Und noch einmal sollte Rohlfs nach Afrika zurückkehren. Als Generalkonsul nach Sansibar entsandt, von wo aus der Erwerb eines deutschen »Schutzgebietes« vorangetrieben werden sollte, reiste er 1884 auf einem Schiff um das Kap der Guten Hoffnung, besuchte kurz Kapstadt und trat im Januar 1885 seinen Dienst an. Seine Frau folgte ihm wenig später über Kairo und das Rote Meer nach. Doch das diplomatische Ränkeschmieden und die Intrigenspiele behagten dem geradeaus denkenden und dynamischen Mann nicht. Bereits ein halbes Jahr später wurde er von einem Berufsdiplomaten abgelöst.

Eine weitere diplomatische Berufung – zur Auswahl standen die Konsulate in Jerusalem und Marokko – lehnte Rohlfs ab. Die letzten Jahre seines Lebens verbrachte er als Privatgelehrter in Deutschland. Wegen des milderen Klimas übersiedelte er von Weimar nach Godesberg, wo am 2. Juni 1896 sein reiches und ausgefülltes Leben ein Ende fand. Eine Herzlähmung hatte einem der bedeutendsten Afrikaforscher des 19. Jahrhunderts den raschen Tod gebracht.

In seiner Heimatstadt Vegesack wurde er in einem Ehrengrab bestattet. Der unermüdliche Entdecker war fünfundsechzig Jahre alt geworden, doch wie er selbst noch kurz vor seinem Tod sagte: »Die Jahre in Afrika zählen doppelt.« Und Gerhard Rohlfs hatte rund achtzehn Jahre seines Lebens auf dem »Schwarzen Kontinent« verbracht.

Als Grundlage für die vorliegende Bearbeitung diente die zweibändige Erstausgabe aus den Jahren 1874/75. Wir haben versucht, behutsam zu kürzen. Etwa ein Drittel des Originaltextes mußte aus Raumgründen einer Streichung zum Opfer fallen. Eine Fülle von akribischen Zeit- und Ortsangaben, zum Teil botanische, geologische und historische Exkurse des Forschers –

außer für den Fachgelehrten kaum von Interesse für den heutigen Leser – machten es dem Herausgeber leicht, eine lesbare und zeitgemäße Fassung aus dem Originalwerk zusammenzustellen. Der Text wurde bis auf einige stilistische, grammatikalische und orthographische Korrekturen im Original belassen. Antiquierte Ausdrücke, die für den heutigen Leser kaum noch verständlich sind und im übrigen beim Lesen nur stören würden, wurden modernisiert, ohne dadurch dem Text Rohlfs sein spezifisches Kolorit zu nehmen. Die Schreibweise der Eigennamen wurde mit Ausnahme der Akzente, welche dem heutigen Stand der linguistischen Forschung widersprechen, beibehalten, wenn sich auch heute allgemein eine andere Schreibung eingebürgert haben mag. Die oft in Klammern beigefügten Übersetzungen oder Erklärungen stammen von Rohlfs selbst und stehen in gleicher Weise auch im Original. Aus diesem Grund konnten wir auch das Wörterverzeichnis am Ende des Buches relativ kurz halten, in welchem wir nur erklärungsbedürftige Ausdrücke aufgenommen haben, die nicht an irgendeiner Stelle des vorliegenden Textes erläutert sind.

Leider ist das Rohlf'sche Originalwerk von »Quer durch Afrika« nicht illustriert. Die diesem Band beigegebenen Abbildungen finden sich in den verschiedensten im Literaturverzeichnis angeführten Werken.

Natürlich ist Rohlfs' Afrika-Bericht ein Produkt seiner Zeit, des Zeitalters des Kolonialismus. So schimmert hier und da bei Schilderung bestimmter Kulturerscheinungen und Lebensgewohnheiten das Überlegenheitsgefühl der »weißen Rasse« durch. Dennoch bleibt festzuhalten, daß Rohlfs bemüht war, der Lebenswelt der von ihm erforschten Völker Afrikas möglichst vorurteilsfrei gerecht zu werden. In grundsätzlichen Fragen ist seine Haltung – gemessen am damaligen Zeitgeist – fortschrittlich-humanistisch und aufgeklärt-kosmopolitisch. Erwähnt sei hier nur die herbe Kritik am im damaligen Afrika noch praktizierten Sklavenhandel und sein Bemühen, die farbige Bevölkerung Afrikas gegen primitive Vorurteile in Schutz zu nehmen.

Herbert Gussenbauer

Gerhard Rohlfs

Quer durch Afrika

Ölpalme

ERSTES KAPITEL

In Tripolis

Ende des Jahres 1864 kam ich von meiner Reise über den marokkanischen Atlas, durch Tafilet, Tuat und die Sahara gen Osten gehend in der Stadt Tripolis an. Es war meine Absicht, gleich dort zu bleiben, ohne erst wieder nach Europa zurückzukehren; allein die große Sehnsucht, meine Geschwister nach so langer Trennung wiederzusehen, sowie der Umstand, daß ich, alles reiflich erwogen, das Interesse an meiner neu projektierten Reise nach Innerafrika durch persönliche Vorstellung in Berlin, Gotha und Bremen nachdrücklicher als auf schriftlichem Wege zu fördern hoffte, bestimmten mich zur Änderung dieses Vorhabens. Ein längeres Weilen in Europa sollte mir freilich im Winter 1864/65 nicht beschieden sein.

Kaum hatte ich die Mittelmeerzone verlassen und war in Paris angelangt, als meine damals noch offenen Schußwunden mir derartige Beschwerden verursachten, daß ich daran denken mußte, meinen Aufenthalt in Deutschland soviel als möglich abzukürzen. Nach einem flüchtigen Besuch bei meinen Geschwistern in Bremen eilte ich nach Gotha und konnte hier dem Mann, der sich meiner während der Reise durch Marokko mit so aufopfernder Tätigkeit angenommen hatte, Dr. Petermann, zuerst mündlich meinen Dank abstatten. Eingehend besprach ich mit ihm den Plan, von Tripolis aus über Rhadames dem Irharhar entlang oder im Tal desselben selbst bis Ideles zu gehen, das Hogar-Plateau zu übersteigen und auf der südwestlichen Seite desselben dem Tachirt folgend zum Niger vorzudringen.

Leider fand dieser Plan bei Dr. Barth in Berlin wenig Anklang – jedenfalls nur deshalb, weil er von Petermann, auf meine

Aussagen gestützt, entworfen war. Denn der Grund, den Barth anführte, die Sicherheit meiner Person würde dabei aufs höchste gefährdet sein, da man in Tripolis in Erfahrung gebracht hatte, daß ich ein Christ und mein Gebaren nur Maske gewesen sei, erwies sich als hinfällig: Ich besuchte später in Rhadames oft die Moscheen, ohne daß jemand in meinen Mohammedanismus Zweifel gesetzt hat. Zudem verhält es sich in Afrika ebenso wie in den anderen Weltteilen: Die großen und relativ sichersten Verkehrsstraßen ziehen sich längs der Flüsse, durch die Uadis, Täler und Niederungen hin. Barth schlug dagegen vor, ich solle durch das Gebiet der Teda nach Uadai und Darfur gehen und so zu den westlichen Nilzuflüssen zu gelangen suchen. Gewiß ebenfalls ein lohnendes Ziel, aber mindestens ebenso schwer zu erreichen, als über Ideles an den Niger vorzudringen.

Indes war es mir doch sehr lieb, daß ich noch mit Barth selbst über so mancherlei konferieren konnte. Mein Bruder Hermann, wegen des kalten Winters ängstlich besorgt um mich wie ein Vater um sein Kind, hatte es sich nicht nehmen lassen, mich nach Gotha und Berlin zu begleiten, und unvergeßlich werden uns beiden die Stunden bleiben, die wir bei Barth, dem nun schon seit Jahren verewigten, und in dessen gastlichem Haus zubrachten. Aber trotz der sorgsamsten Pflege, die mir mein Bruder angedeihen ließ, verschlimmerte die Kälte den Zustand meiner Wunden derart, daß ich nun, wollte ich nicht bettlägrig werden, aufs schleunigste wieder ein warmes Klima aufsuchen mußte.

So verließ ich denn schon am 23. Februar 1865 Bremen, um über Paris, Marseille und Malta nach Tripolis zurückzukehren. Ich hatte das Glück, in Malta, wo man sonst oft wochenlang vergebens auf eine Gelegenheit nach Tripolis warten kann, guten Anschluß zu finden, und am 19. März betrat ich wieder afrikanischen Boden.

Es ist ein eigen Ding um das Unternehmen einer Reise ins Innere von Afrika. Große und luxuriös angelegte Reisen sind in diesem Land eher hemmend als nutzbringend. Zwar hat die elegant und aufs reichste ausgestattete Barthsche Expedition, die im Verein mit denen Vogels, Richardsons und Overwegs mindestens hunderttausend Taler kostete – ich erinnere nur an die Kutsche, an das Schiff, welches mitgeführt wurde, und an die kostbaren Geschenke – im ganzen sehr gute Resultate ergeben; aber diese Expedition zerlegte sich in verschiedene Reisen, die unabhängig voneinander ausgeführt wurden.

Mir bangte deshalb auch keinen Augenblick davor, im Besitz einer verhältnismäßig so geringen Geldsumme die weite Reise anzutreten. Hatte ich doch meine erste Reise ganz ohne Mittel unternommen und auf der zweiten, durch ein Gebiet, dessen Längenausdehnung ungefähr der Distanz zwischen Lissabon und Memel gleichkommt, nicht mehr als tausend Taler gebraucht. Was mir diesmal an Geld zur Verfügung stand, belief sich auf etwa zweieinhalbtausend Taler. Dreihundert Taler hatte mir der Bremer Senat bewilligt, 275 Taler betrug das Karl Ritter-Stipendium von Berlin; das übrige bekam ich teils aus Gotha aus dem zur Aufsuchung Vogels in Deutschland aufgebrachten Kapital, teils aus meiner Vaterstadt Bremen, wo man eine freiwillige Sammlung zu meinem Besten veranstaltet hatte. An den mit Vogels Namen verknüpften Geldern hafteten übrigens keinerlei beschränkende Bedingungen für mich, und auch sonst waren mir von keinem der Geber irgendwelche Verpflichtungen in bezug auf die Verwendung der Beträge auferlegt worden. Hinzufügen muß ich noch, daß die Londoner Geographische Gesellschaft, die mich schon einmal großmütig durch die Verleihung eines Stipendiums ausgezeichnet hatte, mir auch zu dieser Reise ein solches bewilligte.

Mit wie frohen Gefühlen landet der Afrikareisende, nachdem er die Fluten des Mittelmeeres durchfurcht, auf dem afrikanischen Kontinent, den er während der Dauer seiner Reisen gewissermaßen als seine Heimat betrachtet. Hier hofft er der geographischen Kenntnis neue Länder, neue Gebirge, Flüsse und Seen zu erschließen, hier hofft er neue Völker zu finden mit anderen Sitten, anderer Religion. Afrika ist in der Tat das Dorado der Reisenden.

Das erste Erfordernis, das ein Afrikareisender, wie überhaupt jeder, der unbekannte Gegenden durchforschen will, von Haus aus mitbringen muß, ist, daß er sich selbst gründlich kennt; denn nur nach einer strengen und unparteiischen Selbsterkenntnis darf man hoffen, sich die genügende Menschenkenntnis anzueignen, und letztere ist nirgends so unentbehrlich als bei Reisen in Afrika, wo es täglich darauf ankommt, fremde Völker und Menschen richtig zu beurteilen. Gefahren drohen ja nur von einer Seite, von den Menschen. Die klimatischen Einflüsse dieser Gegenden lassen sich wirksam mit Chinin bekämpfen, und die von wilden Tieren kommenden Gefahren sind gleich Null; aber wie schwer ist es hier, den Freund vom Feind zu unterscheiden, umso schwerer, je höher die Stufe der sogenannten Zivilisation ist, die die Menschen einnehmen. Zweitens muß der Reisende Geduld im höchsten Grad besitzen, alle Arten von Strapazen, Hunger und Durst, selbst Kränkungen und Beschimpfungen ertragen können. Ohne diese Eigenschaften wird niemand in das Innere Afrikas einzudringen vermögen.

Mit den größten Schwierigkeiten ist immer der erste Schritt, die erste Etappe verbunden, namentlich das Durchkreuzen der Sahara. Wieviel tausend Dinge gibt es da nicht vorzusorgen und zu bedenken. Zu einer Reise durch die Sahara gehört eine ähnliche Ausrüstung wie zur Seereise auf einem Segelschiff. So wie der Kapitän eines Segelschiffes nie mit Bestimmtheit vorhersagen kann, an dem und dem Tag werde ich den Hafen erreichen, ebensowenig kann der Karawanenführer zuverlässig behaupten, an dem oder jenem Punkt wird Wasser zu finden sein oder in so und so viel Tagen werden wir bei einer Oase anlangen. Desgleichen muß wie zu einer Seereise hinlänglicher Proviant mitgenommen werden. Trotz der mehr als tausendjährigen Erfahrung, wie oft geschieht es, daß die Lebensmittel- und Wasservorräte nicht ausreichen. Durch den Samum, durch die Hitze geht kein Mensch zugrunde, aber wie viele verschmachten alljährlich wegen Mangel an Trinkwasser. Was mich betrifft, so hatte ich einen Teil meiner Ausrüstung schon in Deutschland und Frankreich angeschafft: Ich kaufte in Paris die notwendigsten Instrumente, Aneroids, Thermometer, Hygrometer, Hypsometer, Bussolen etc., bei Lefaucheux die Waffen für meinen persönlichen Gebrauch, in Marseille die Medikamente und später in Lavalletta Teppiche, wollene Decken, Schwimmgürtel, Gewehre, Munition, Tee, Biskuits, einige Konserven und andere Gegenstände. In Tripolis endlich sollte das noch Fehlende ergänzt werden.

Aber abgesehen davon, daß Eingeborene und Europäer darin

Blick auf Tripolis.

wetteifern, den europäischen Reisenden, den sie als eine Extrabeute betrachten, zu übervorteilen, hat das Einkaufen in Tripolis für den nicht Eingeweihten seine ganz besonderen Schwierigkeiten. Geht man z. B. auf den Markt, um ein Kamel oder irgendwelche Ware zu erstehen, so hat der Besitzer keinen Preis dafür oder er nennt wenigstens keinen. Auf die Frage: »Wieviel kostet das?« hat er die stehende Antwort: »Biete!« oder: »Wieviel gibst du?« Was soll nun aber der Neuling, dem die dortigen Verhältnisse fremd sind, auf einen Gegenstand bieten, dessen gewöhnlichen Preis er meist auch nicht annähernd kennt?

Und gar vieles fehlte noch zu meiner vollständigen Ausrüstung. Außer den Dienern, Kamelen und Kameltreibern war für diese Reise durch die wasserlose Sahara zunächst die nötige Anzahl Schläuche zu beschaffen. Auf gute Schläuche hat man das Hauptaugenmerk zu richten. Als die besten gelten die von sudanischen Ziegen, nicht nur wegen ihrer Größe, sondern auch wegen der Dauerhaftigkeit des Leders. Ein Schlauch besteht aus dem ganzen ungenähten Fell einer Ziege oder eines Schafes. Um es ganz zu erhalten, zieht man den Körper des getöteten Tieres durch die Halsöffnung, die später als Mündung dient. Inwendig werden die Schläuche geteert, damit das Wasser länger vor Fäulnis geschützt bleibt und auch damit weniger Wasser durch Verdunstung verloren geht. Große Schläuche halten bis zu fünfundsiebzig Pfund Wasser.

Sodann mußten Kisten gezimmert werden, Kochgeschirr für die Leute und für mich, Proviant in benötigter Menge, Tauwerk, Beile und andere Werkzeuge, endlich Waren, die als Geschenke und Tauschmittel dienen sollten, gekauft werden: Burnusse von Tuch in den schreiendsten Farben, mit Gold bestickt, bunte Taschentücher, feineres und gröberes Baumwollenzeug, Maltese genannt, Turbane, achtzig Ellen lang (man denke sich, welche Zeit dazu gehört, um einen solchen Turban, der allerdings aus ganz leichtem Stoff besteht, um den Kopf zu wickeln!), rote Mützen, einige Stück Samt und Seide, Essenzen, echte und unechte Korallen, ganze Zentner Glasperlen der verschiedensten Art, zirka fünfzigtausend Nadeln, wovon man in Tripolis für einen Mariatheresientaler etwa sechstausend Stück bekommt, natürlich von sehr grober Arbeit. Auch ordinäres Schreibpapier, das von Deutschland kommt, und Hunderte von Messern, ebenfalls deutschen Fabrikats, kaufte ich ein, so daß nach und nach meine Wohnung einem Kaufladen glich. Vor allem mußten dann noch Mariatheresientaler eingehandelt werden, die man in Malta, Tripolis oder Alexandria zum Durchschnittspreis von eineinhalb Taler erstehen kann.

Die Mariatheresientaler sind für Zentralafrika die beliebteste Münze. Sie müssen aber vom Jahr 1780 sein, und auf der Krone der Maria Theresia müssen sieben Punkte sich befinden. Taler, die nicht diese Jahreszahl haben oder der sieben Punkte ermangeln, werden von den Sudannegern unbedingt zurückgewiesen. In früheren Jahren hielt man in den Negerländern auch darauf, daß die Taler ein altes geschwärztes Aussehen hatten, und der Gatroner erzählte mir später, er habe unter Barth das mitgenommene Geld durch Lagerung zwischen Pulver geschwärzt. Den Grund, weshalb in ganz Zentralafrika ausschließlich der österreichische Taler gang und gäbe ist, vermochte ich nicht zu erfahren.

Überhaupt ist Deutschland keineswegs in geringem Maß an

den nach Zentralafrika eingeführten Waren beteiligt. Nicht nur
der Mariatheresientaler ist deutsch, die Waffen aus Hagen und
Solingen, die Nadeln aus Iserlohn, Zündhölzchen und Stearin-
kerzen aus Wien, Tuche aus Sachsen, Papier und kleine Industrieerzeugnisse aus Nürnberg bekunden, daß die Mehrzahl der
in Zentralafrika gebrauchten Waren am billigsten in Deutschland gefertigt werden. Dennoch mangelt es, mit Ausnahme
weniger großer Häuser in Ägypten, gänzlich an direkten Handelsbeziehungen zwischen Deutschland und Nordafrika. Zum
Teil liegt das wohl daran, daß bisher in den nordafrikanischen
Staaten der Deutsche vollkommen schutzlos oder höchstens für
seine persönliche Sicherheit auf einen fremden Konsul angewiesen war. Kamen aber, wie es vielfach geschehen ist, deutsche
Kaufleute mit Waren nach Tripolis, oder wollten sie mit den
dortigen Geschäftsleuten direkte Handelsverbindungen an-
knüpfen, so blieben ihre Bemühungen jedesmal ohne Erfolg,
weil ihnen die fremden Konsuln, auf die sie zählen zu können
glaubten, alle möglichen Hindernisse in den Weg legten – ganz
natürlich, denn es wäre dadurch ihren eigenen Schutzbefohle-
nen ein Teil des lukrativen Handels entzogen worden. Mit
Unrecht sagen daher die Regierungen Deutschlands: »Weshalb
sollen wir nach dem und dem Ort einen Konsul hinschicken?
Wir haben dort keine Interessen, es leben keine deutschen
Kaufleute da, die unseres Schutzes bedürftig wären.« Deutsche
Kaufleute können eben nicht hingehen, weil sie gegen die
neidischen Umtriebe anderer Nationen keinen Schutz finden.

Ich bewohnte während meines Aufenthalts in Tripolis ein
Haus in der Mschia, das ich zu dem Ende von einem Eingeborenen gemietet hatte. Ein einfaches Haus, nach orientalischer Sitte
mit einem großen Hofraum, auf den sich die Wohnzimmer
öffneten, auch mit Küchen-, Keller- und Wirtschaftsräumen
versehen; hinter dem Haus war ein kleiner Garten, mit der
Aussicht auf das Meer und mit Orangenbäumen bewachsen,
welche zu der Zeit gerade blühten, so daß man sich kaum einen
angenehmeren Aufenthalt wünschen konnte. Ich hatte die
Wohnung auf dem Land vorgezogen, um ungestörter zu sein, da
ich in der Stadt vor der allzu großen Liebenswürdigkeit und
Umgänglichkeit der Tripoliner wenig Ruhe gehabt hätte.

Die eigentliche Glanzperiode in gesellschaftlicher Beziehung, die Zeit, als der Generalkonsul Warrington dort herrschte, war allerdings für Tripolis schon vorüber. Doch auch die trostlose Öde, welche jetzt über der europäischen Gesellschaft von Tripolis lagert, hatte damals noch nicht Platz gegriffen. An der Spitze des französischen Generalkonsulats stand Botta, der geistvolle Verfasser der »Monuments de Ninive« und anderer gelehrter Bücher. Daß der Umgang mit einem so verdienstvollen Reisenden, der die Welt umsegelt, dann in Ägypten und Sennar die eingehendsten Studien gemacht und durch seine Abhandlungen über die assyrischen Keilschriften, die er in Ninive und Khorsabad entdeckte, den ersten Impuls zum Studium der Keilschriften gegeben hatte, äußerst anregend auf mich wirkte, brauche ich wohl kaum zu sagen. Dazu besaß Botta nicht nur gründliches Wissen, das er leicht und in anziehendster Form mitzuteilen verstand, sondern auch einen durchaus edlen, wahrhaft ritterlichen Charakter. Sohn des berühmten italienischen Geschichtsschreibers, folglich seiner Abstammung nach Italiener, war er in Frankreich aufgewachsen und erzogen worden, und seine Gastfreundschaft, sein freigiebiges, großmütiges Wesen stempelten ihn zu einem echten Franzosen. Als Kanzler fungierte neben ihm sein Freund Lequeux, aus Lothringen gebürtig, ein gelehrter Orientalist. Der englische Generalkonsul, der alte Colonel Hermann, ein Veteran des Krieges auf der spanischen Halbinsel, war zwar ein nicht durch Gelehrsamkeit ausgezeichneter, aber höchst liebenswürdiger Mann, dessen Haus ebenfalls von jeher einen gastlichen Sammelpunkt für die europäische Gesellschaft bildete. Leider bestand zwischen den beiden Generalkonsuln unversöhnliche Feindschaft, veranlaßt durch einen bei der Ankunft Bottas von Colonel Hermann begangenen Etikettefehler. So unbedeutend dieser Anlaß schien, hatte er doch zur Folge, daß die beiden Männer während ihrer ganzen Amtsperiode in Tripolis, die über zwanzig Jahre währte, sich niemals näher traten, nie grüßten und, falls sie es nicht vermeiden konnten, an einem dritten Ort zusammenzutreffen, einander vollständig ignorierten.

Zu den übrigen Mitgliedern der Gesellschaft in Tripolis zählten der amerikanische Konsul Mr. Porter mit Frau, der österreichische Konsul Rossi mit Frau, der spanische Generalkonsul mit großer Familie, verschiedene andere Konsuln und Kanzler, einige europäische Doktoren, darunter ein deutscher Pharmazeut, und einige Kaufleute, welche die Konsular- und Gouverneurskreise frequentieren durften. Pascha-Gouverneur war zur Zeit Mahmud-Pascha, der spätere Marineminister des Osmanischen Reiches.

Mit letzterem stand ich auf dem besten Fuß. Er wußte, daß ich meine erste und zweite Reise unter der Maske eines Moslem gemacht hatte, und riet mir daher sehr ab, die südwestliche Route über Adelis und durch das Land der Tuareg zu wählen, da man mittlerweile erfahren haben müsse, daß ich kein wirklicher Muselman sei und ich mich daher in jenen Gegenden der größten Gefahr aussetzen würde. Ich blieb aber fest bei meinem Entschluß, ebendiese Route, und zwar zunächst bis Rhadames, einzuschlagen, und fuhr bis zum Ende fort, mich in mohammedanische Tracht zu kleiden, wohl wissend, daß ich von Rhadames aus nur unter dieser Verkleidung weiter vorzudringen hoffen konnte.

Meine Diener und Leute betreffend war ich diesmal recht gut bestellt. In erster Linie nenne ich Hammed Tandjaui, meinen erprobten Reisegefährten bei der Übersteigung des großen Atlas, sodann Mohammed Schtaui, einen Tripoliner, der, ehedem Diener im neapolitanischen Konsulat, wegen eines Mordes nach Amerika verbannt worden war (die türkische Regierung verbannt bisweilen Verbrecher nach der anderen Erdhälfte) und nach erfolgter Begnadigung von dort zurückkehrte. Er war wegen seines mürrischen, ungeselligen Wesens und namentlich wegen seines hervorstechenden Geizes eine wertvolle Akquisition für mich, insofern er lästige Besucher durch sein abstoßendes Benehmen von meiner Wohnung fernhielt, niemals gemeinsame Sache mit den übrigen Dienern machte und mit meinem Eigentum, selbst mir gegenüber, auf das Allersparsamste umging, weil Geizen ihm zur zweiten Natur geworden war. Nächst den Genannten wurden noch drei Farbige vom Stamm der Kanuri, Haussa und Teda engagiert.

Zu meiner Freude war ein Dampfer von Europa mit Briefen für mich eingelaufen. Ich beschäftigte mich nun eifrigst mit der

Vollendung meiner Ausrüstung, und um der Stadt etwas näher zu sein, bezog ich das reizend gelegene Landhaus des Herrn Labi, eines jüdischen Eingeborenen, der mir dasselbe freundlichst zur Verfügung gestellt hatte; es war so geräumig, daß auch meine sämtlichen Diener darin Unterkommen fanden.

Von seiten der europäischen Kolonie erfreute ich mich fortgesetzt zuvorkommender Aufmerksamkeit; Engländer, Franzosen, Spanier und Österreicher wetteiferten gleichsam, mir Liebenswürdiges zu erweisen. Unter anderen verkehrte ich viel mit dem Pater Präfekt, einem sehr würdigen Manne, der mit bischöflicher Vollmacht der katholischen Kirche in Tripolis vorsteht; wie er häufig mein Gast war, war ich auch meinerseits kein Verächter seiner trefflichen Küche und des guten Klosterweins. Die meiste Sympathie aber flößte mir der französische Generalkonsul Botta ein, denn er und sein Kanzler Mr. Lequeux waren die einzigen in der dortigen europäischen Gesellschaft, die für anderes, als was außerhalb des gewöhnlichen Lebenskreises liegt, Verständnis besaßen. Ich wußte zwischen ihm und dem englischen Generalkonsul Hermann stets meine Neutralität zu bewahren. Die beiden hatten sich, wie schon erzählt, nie gesprochen, nie besucht. Als Barth auf der Rückkehr von seiner großen Reise nach Tripolis kam, nahm er bei Colonel Hermann Quartier, mit dem er von früher her befreundet war. Botta stellte ihm schriftlich ein französisches Kriegsschiff, das gerade in Tripolis ankerte, für die Überfahrt nach Europa zur Disposition und lud ihn gleichzeitig zu einem Besuch ein. Aber Colonel Hermanns Eifersucht ließ weder das Anerbieten noch die Einladung in Barths Hände gelangen, so daß dieser sich nicht einmal für die Aufmerksamkeit bei Botta bedanken konnte. Auch zu mir hatte Colonel Hermann einst gesagt: »Ich sehe nicht gern, daß Sie die Franzosen frequentieren.« Natürlich nahm ich keine Notiz davon, und er war taktvoll genug, mich seinen Ärger darüber nicht empfinden zu lassen.

Endlich nahte der Tag der Abreise. Den Abend vorher gab der amerikanische Konsul mir zu Ehren noch ein glänzendes Fest. Die sämtlichen Konsuln mit ihren Damen waren erschienen, selbst Mahmud-Pascha erhöhte den Glanz des Abends durch seine Gegenwart, und manche Flasche Champagner ward auf

Tripolitanische Trachten

das glückliche Gelingen meiner Expedition geleert. Zum Abschied, ein Teil der Gäste hatte sich bereits entfernt, spielte mir Mrs. Porter die »Adelaide« von Beethoven vor, was ich als ein besonders gutes Omen ansah, denn auch zu meiner zweiten Reise über den Atlas und nach Tuat hatten mir musikalische Klänge das Geleit gegeben. Als ich nämlich damals spät abends von El-Aghouat wegritt, tönten fern durch den Palmenwald Melodien aus der »Weißen Dame« zu mir herüber, die ein französischer Offizier einem Waldhorn entlockte.

Bevor die Gesellschaft auseinanderging, ereignete sich noch eine komische Szene. Mein Diener Hammed Tandjaui war durch den Abschied von seinen Bekannten in eine wehmütige Stimmung versetzt worden und hatte dann, um sie zu verscheuchen, ganz gegen seine Gewohnheit etwas zu tief in die Arakiflasche geguckt. Da erschien ihm mein langes Ausbleiben bedenklich. Flugs machte er sich auf und lief von dem Landhaus in die Stadt, in die er, obgleich in Tripolis zur Nachtzeit die Tore geschlossen sind, sich unbemerkt einzuschleichen wußte. Plötzlich trat er nun in einem fast adamitischen Kostüm, eine große Laterne in der Hand, mitten in den Kreis der eleganten tripolinischen Damenwelt. Große Bestürzung zuerst und Ausrufe von »shokking, shocking!«, dann aber ein nicht aufhörenwollendes Gelächter, unter welchem man sich trennte und eine gute Nacht wünschte – für mich die letzte in Tripolis.

Früh am 20. Mai war ich reisefertig. Als ich mich angekleidet und meine Geldbörse zu mir stecken wollte, vermißte ich ein Zwanzig-Franc-Stück; ich wußte ganz genau, daß ich tags zuvor hundert Francs aus der Kassette genommen hatte. Niemand anders, dachte ich, als Hammed, dem die Überwachung meines Geldes anvertraut war, kann das Stück entwendet haben, und in dem Verdacht, er habe sich seinen Rausch am vorigen Abend auf meine Kosten angetrunken, schlug ich, ohne auf die Beteuerungen seiner Unschuld zu hören, unbarmherzig auf ihn los. Durch die Ankunft einer Kavalkade aus der Stadt, an ihrer Spitze fast sämtliche Konsuln, welche herauskam, um mir bis zur Grenze der Mschia das Ehrengeleit zu geben, wurde glücklicherweise die Exekution unterbrochen, und zu meiner Beschämung fand ich bei wiederholtem Suchen in einer meiner Taschen das vermißte Goldstück. Hammed war außer sich; erst nach einigen Tagen gelang es mir, ihn zu beruhigen. »Ich weine nicht wegen der Schmerzen«, sagte er mehr als einmal, »die mir deine Schläge verursachten; aber ich werde nie vergessen, daß du an meiner Ehrlichkeit gezweifelt hast.« Dennoch hat er vergessen und mir die unverdient empfangene Züchtigung nicht nachgetragen; er war und blieb mein treuester Diener, treu und ehrlich bis zu seinem frühen Tod.

»E-o-a! E-o-a!« schrien die Kameltreiber, dann ihr einförmiges »Ssalam ala rassul oua nebbina« (Heil und Frieden über unseren Gesandten und Propheten) anstimmend. Dazwischen wehklagten Abschied nehmende arabische Weiber oder stießen ein gellendes »Yu, Yu!« aus. Das letzte Gepäck wurde auf die Kamele verteilt und befestigt, der Zug vollends geordnet, und um halbacht Uhr bewegte er sich, das Mittelmeer im Rücken, gemessenen Schrittes landeinwärts.

ZWEITES KAPITEL

Von Tripolis nach Rhadames

W̶ährend am Tag zuvor ein starker Gebli (Südwind) die
Temperatur schon zehn Uhr vormittags auf +40 Grad
Celsius gesteigert hatte, wehte jetzt ein angenehmes Meerlüft-
chen, das bald zum kräftigen Behari (Nordwind) heranwuchs.
»Der Wind bläst günstig!« konnte ich wie der den Hafen
verlassende Schiffer ausrufen. Unter lebhaftem Plaudern erreichten wir den östlichen Saum des Palmenwaldes, den Anfang
der Sanddünen. Man hat hier in nächster Nähe von Tripolis ein
echtes afrikanisches Bild vor sich: schlanke immergrüne Palmen, Orangen- und Olivenbäume mit saftigem Blätterschmuck,
unmittelbar daneben aber die öde Sanddüne, und alles überwölbt von einem trübblauen Himmel. In Nordafrika ist der
Himmel beständig in graue Schleier gehüllt; der klare und
tiefblaue Himmel des europäischen Südens zeigt sich erst wieder
in der Region der Haufenwolken, d. h. in Zentralafrika während
der Regenzeit.

Beim Bir (Brunnen) Bu-Meliana am Rand der Dünen machte
der Zug halt. Indes die Wasserschläuche gefüllt wurden, leerte
ich mit den Herren aus der Stadt noch ein Glas Wein, dankte für
ihre freundliche Begleitung und stieß auf ein glückliches Wiedersehen an. Dann bestieg ich mein Kamel; noch ein Hände-
druck, ein Gruß – und damit hatte ich für lange Zeit der
Zivilisation Lebewohl gesagt.

Meine Karawane bestand außer mir aus sechs Leuten und
ebenso vielen Kamelen. Nur ich und meine drei Diener waren
bewaffnet, jeder von uns hatte immer eine Ladung für zwölf
Schuß in Bereitschaft. Zuerst ging es in gerader südlicher
Richtung hin; bergauf, bergab mußten sich unsere Tiere müh-

sam über und durch die weißen Sanddünen fortarbeiten. Nach einer Stunde kamen wir an den Bir Sbala, der wie der folgende, anderthalb Stunden davon entfernte Bir Huilet von einer kleinen krautreichen Einsenkung umfaßt ist. Bei letzterem fanden wir schon Araber mit einer weidenden Ziegenherde; der eigentliche Areg (die Sandzone) endet aber erst beim Bir Kicher, wo fruchtbares Ackerland beginnt. Hier teilt sich der Weg in zwei Arme. Man hatte uns gesagt, der westliche, der eine Richtung von 160 Grad hat, sei der nähere; wir verfolgten ihn und schlugen um halb vier Uhr nachmittags bei einem kleinen Duar (Zeltdorf) unser Lager auf. Da gab es nun noch viel zu ordnen und zu verbessern: Hier war eine Kiste zu schwer, dort ein Sack zu leicht; das Schuhzeug, d. h. die Sandalen der Leute, wurde neu und zweckmäßiger eingerichtet, kurz, die Zeit bis zur einbrechenden Nacht wurde zu allerhand Vorbereitungen für die Weiterreise benutzt.

Am anderen Morgen um sechs Uhr, nachdem ein zudringlicher Kerl, der sich für besonders heilig ausgab, mir seinen Segen, natürlich für Geld, erteilt hatte, zogen wir wieder ab, schlugen aber die südöstliche Richtung ein, da die Duarbewohner uns den östlichen Weg als den näheren bezeichneten.

Das Wetter war an diesem Tag ebenso günstig wie am vorhergehenden. Das Land fand ich zumeist gut angebaut, dennoch waren die Bewohner und ihre kleinen Zelte überaus ärmlich. Kaum kann man diese Behausungen noch Zelte nennen, und viele Familien besaßen nicht einmal solche, sondern noch elendere Hütten. Die Wirkung der das Volk aussaugenden türkischen Pascha-Wirtschaft macht sich eben auf Schritt und Tritt bemerkbar.

Südlich von uns und südöstlich zur Seite hatten wir jetzt das Gebirge. Um zwei Uhr erreichten wir die ersten Vorberge, deren östlicher, Djebel Batas, eine relative Höhe von fünfhundert Fuß haben mag. Wir begegneten hier einer Karawane, die mit Sklaven und Sklavinnen von Mursuk kam und mir von neuem bewies, daß der Menschenhandel in den türkischen Provinzen noch immer nicht aufgehört hat, trotzdem die Pforte den europäischen Mächten fortwährend das Gegenteil versichert. Ich werde später Gelegenheit nehmen, auf dieses Thema einge-

hend zurückzukommen; hier sei nur bemerkt, daß in Tripolis zu
der Zeit – und es dürfte seitdem kaum anders geworden sein –
gerade die Regierung selbst den Sklavenhandel in jeder Weise
begünstigte.

Unser Marsch endete auch an diesem Tag schon um drei Uhr
nachmittags. Die Treiber und Besitzer der Kamele, die ich zu
meinen eigenen für die Reise gemietet hatte, weigerten sich
nämlich weiterzugehen, und da ich selbst darauf bedacht sein
mußte, die Kräfte meiner Leute wie die der Kamele möglichst zu
schonen, gab ich nicht ungern nach.

Am 22. Mai befanden wir uns bereits beim Ausmarsch zwischen den Vorbergen des Djebel Ghorian. Die Hitze hatte etwas
zugenommen, belästigte uns jedoch wenig, weil wir jetzt in
höhere Luftregionen eintraten. Wir kreuzten mehrere Male den
Uadi Madjar und gelangten um neun Uhr an den Fuß des
eigentlichen Gebirges. Die uns zugekehrte Seite seines Abhangs
ist fast gar nicht bewachsen, aber die Formen der Berge bieten
einen malerischen Anblick. Und während ihre Rücken meist
kahl sind, strotzen die Schluchten und Täler vor herrlichstem
Grün; Palmen-, Orangen-, Oliven- und Feigenwälder gewähren
da eine erquickende Augenweide, umso erquickender, je mono-
toner die Ebene ist, die man eben durchzogen hat.

Aber wie hinaufkommen auf diese Bergwand? In der Tat
hatten wir kein eigentliches Gebirge vor uns, sondern die
zerklüftete Wand eines sehr hohen, ehedem wahrscheinlich die
Grenze des nordafrikanischen Kontinents bildenden Ufers, das
von weitem allerdings täuschend wie eine zusammenhängende
Gebirgskette aussieht. Wie wird es möglich sein, dachte ich, die
Kamele da hinaufzutreiben! Aber es ging besser, als ich ge-
glaubt. Der Weg zieht sich in einer engen Schlucht aufwärts, und
zwar mühsam, doch ohne erheblichen Unfall wurde er von
unseren Kamelen zurückgelegt. Überhaupt ist dieser ganze Weg
einer der schwierigsten, was örtliche Hindernisse anbetrifft,
bedeutend gefährlicher als der über Sintan. Manchmal schau-
derte mich, wenn mein Kamel dicht an einem tiefen Abgrund
hinschritt; aber die Kamele haben einen mindestens ebenso
sicheren Gang wie die Maultiere, fast nie geschieht es, daß ein
»Höcker« zu Fall kommt. Die Araber nennen ein Kamel auch

schlechtweg »Daher«, d. h. Höcker oder Buckel. Allerdings ist beim Bergabreiten die äußerste Vorsicht nötig; denn sich selbst überlassen, geraten die Tiere ins Rennen und halten nicht eher im Lauf ein, als bis sie wieder ebenen Boden unter den Beinen haben. Und wer je auf einem bergabreitenden Kamel gesessen hat, der kennt das Gefährliche dieser Situation. Unerträglich sind die Stöße und Püffe, die der Reiter empfängt; er muß sich sobald als möglich von seinem Sitz herabgleiten lassen, sonst riskiert er an einen Stein oder in die Tiefe eines Abgrunds geschleudert zu werden. Auch die Ladung, durch die heftigen Bewegungen des Tieres aus dem Gleichgewicht gebracht, löst sich los und fällt stückweise hinten und von den Seiten herab. Am schlimmsten aber ist es, wenn die zusammengebundenen Kisten oder Säcke dem Tier auf den Hals rutschen. Dann wird es wütend, rennt mit verdoppelter Schnelligkeit und prallt entweder gegen einen Felsen oder bricht sich, da es auf die Hindernisse des Weges nicht achtet, die Beine. Beim Passieren steiler Abhänge hemmt, oder um mich eines Schiffsausdrucks zu bedienen, stoppt man daher den Lauf des Kamels, indem der Treiber, bisweilen auch zwei, den Schwanz des Tieres erfaßt und mit aller Macht festhaltend sich von ihm nachschleifen läßt.

Nach einer Stunde hatten wir glücklich die Höhe erstiegen und gönnten uns und den Tieren im Schatten uralter Ölbäume eine kurze Rast. Dann folgten wir dem Bett eines in südlicher Richtung ziehenden Uadi bis dahin, wo es nach Osten umbog, während wir, immer unter Oliven- und Feigenbäumen, unseren Weg gegen Süden fortsetzten.

Um halb zwei Uhr hielten wir vor dem Kasr Ghorian, einer kleinen, mit hundert bis hundertzwanzig Mann besetzten Bergfestung, zugleich Residenz des Kaids von Ghorian. In einiger Entfernung von dem Ort ließ ich mein Zelt aufschlagen. Selbstverständlich kam bald eine Menge Neugieriger, Offiziere und Soldaten, heraus, um zu fragen, woher ich komme, wohin ich gehe, wer ich sei usw. Statt einer Antwort zeigte ich ihnen meinen Bu-Djeruldi, den mir vom Generalgouverneur von Tripolitanien in arabischer Sprache ausgestellten Schutz- und Empfehlungsbrief. Mit diesem sandte ich dann Hammed zum Pascha und ließ ihn um eine Wache für die Nacht ersuchen.

Dattelpalmen in einer Oase

Nicht lange, so erschien ein Offizier der Garnison, der mir die Meldung machte, der Pascha werde nicht nur eine Wache schicken, sondern mich auch mit Lebensmitteln für mich und meine Diener sowie mit Futter für die Kamele versehen; auch lasse er fragen, wann er mich besuchen dürfe. Wohl wissend, wie ungern Türken und Araber sich von ihrem Ruhesitz erheben, trug ich dem Offizier auf, für die zuvorkommende Freundlichkeit dem Pascha zu danken und ihm zu sagen, er möge sich nicht zu mir bemühen, ich würde selbst ihm in seinem Palast aufwarten. Gegen Abend wurde denn auch das Versprochene gebracht: für meine Leute ein Schaf und Basina (eine Art Gerstenpolenta, die in einer fetten Soße schwimmt, nichtsdestoweniger aber mit den Fingern aus der tiefen hölzernen Schüssel gelangt wird), für die Kamele Gerste und für mich eine große Platte mit verschiedenen türkischen Gerichten, von denen manche freilich unseren Begriffen von kulinarischer Kunst sehr wenig entsprachen.

Am anderen Morgen stattete ich dem Pascha meinen Besuch ab. Mit einer Tasse Kaffee und dem Tschibuk bewirtet, schwur ich einen mohammedanischen Eid (die unerläßliche Höflichkeitsformel), noch nie hätte ich einen so großmütigen Mann wie Seine Exzellenz kennengelernt, wogegen er beim Haupt des Propheten beteuerte, noch niemand sei so freigiebig gegen ihn gewesen wie ich. Ich hatte ihm nämlich einen schönen weißseidenen Haik geschenkt und damit seine Gastlichkeit dreifach bezahlt, zumal er kraft meines Bu-Djeruldi verpflichtet war, mir das Benötigte zu liefern, und sogar den Preis dafür der Regierung in Anrechnung bringen konnte.

Dennoch sollte es nicht ganz ohne Differenzen zwischen uns abgehen. Man erregte den Verdacht in ihm, daß ich kein Rechtgläubiger, sondern ein Christ sei, und infolgedessen schickte er mir nun am zweiten Abend weder Essen, noch Futter für die Kamele, noch Brennholz. Erst als ich ihm ernstlich bedeuten ließ, er würde sich Unannehmlichkeiten aussetzen, falls er nicht wenigstens Brennholz und Gerste schickte (beides war für Geld nicht zu haben), willfahrte er meinem Verlangen. Ja, er bequemte sich, seine Entschuldigungen in höchsteigener Person zu überbringen, und da er mir den Gruß »Isalam alikum«, den man nur Rechtgläubigen bietet, zurief, schien er wirklich überzeugt zu sein, daß ich einst den Freuden des mohammedanischen Paradieses teilhaftig werden würde.

Das Kasr Ghorian liegt malerisch auf einem der höchsten Punkte des Gebirges, würde aber gegen europäische Belagerungswaffen nicht standhalten können, denn abgesehen von dem schlechten Material, aus dem es erbaut ist, wird es in der Nähe von mehreren Anhöhen beherrscht.

Nördlich und westlich sieht man in ein tiefes Tal hinab, in dem Oliven, Wein, Feigen und Granaten in üppiger Fülle gedeihen; doch nur dessen obere Hälfte hat das ganze Jahr hindurch fließendes Wasser. Aus der unteren Hälfte kamen Abgesandte der dortigen Höhlenbewohner zu mir. Sie brachten als Gastgeschenk Milch, Zwiebeln und roten Pfeffer und baten mich, sie in ihr Tal zu begleiten; sie hätten gehört, daß ich mich auf die

Hendessia (Erdkunde, Meßkunde, höhere Wissenschaft überhaupt) verstünde, und da könnte ich ihnen doch anzeigen, wo Wasser unter dem Boden zu finden sei. Gern erfüllte ich ihre Bitte, und ich konnte ihnen auch wirklich mehrere Stellen andeuten, wo sie auf unterirdisch fließendes Wasser stoßen würden. Allein was war ihnen damit geholfen? Eine hervorsprudelnde Quelle vermochte ich nicht nachzuweisen, und zum Bohren auf Quellwasser fehlten ihnen die Mittel, die Werkzeuge, vor allem aber die dazu erforderliche Ausdauer und Energie.

Während der ganzen Zeit blies ein äußerst unangenehmer Südwind, der sich nachts zu solcher Heftigkeit steigerte, daß Notseile über mein Zelt gespannt werden mußten, und trotzdem wäre es umgeblasen worden, wenn nicht die eisernen Pflöcke so starken Widerstand geleistet hätten.

Als ich am 25. Mai früh zum Aufbruch gerüstet war, fand sich, daß die Treiber meiner Mietkamele fehlten. Es war irgendwo Markt in der Nähe, und ohne mich um Erlaubnis zu fragen, hatten sie sich dorthin begeben, um Einkäufe für sich zu machen. Mehrere Stunden lang wurde meine Geduld auf eine harte Probe gestellt, erst um Mittag kehrten die Treiber zurück, und es konnte der Marsch angetreten werden. Wir kamen daher nur bis Ksebah an der südlichen Grenze des Ghoriangebietes. Alle diese südlichsten Grenzdörfer haben steinerne Hütten. Der Weg bis dahin führt, immer sanft ansteigend, durch Olivenhaine, Wein- und Feigengärten, und zahlreiche Dörfer über wie unter der Erde deuten auf eine verhältnismäßig dichte Bevölkerung hin.

Einige der unterirdischen Dörfer sind von Juden bewohnt, die hier ganz die Sitten und Gebräuche der eingeborenen Gebirgsbewohner angenommen haben, während sie sich im Äußeren stark von ihnen unterscheiden. Jene zeigen durchwegs den Typus des Berberstammes; die Juden sind heller von Farbe. Ihre Sprache ist zwar auch berberisch, aber man erkennt sie gleich an dem lispelnden Jargon. Sie tragen Locken an den Schläfen wie ihre Stammesgenossen in Polen und Marokko. Im ganzen stehen sie mit den Eingeborenen auf gutem Fuß, weil sie diesen unentbehrlich sind, indem sie allein Handwerke betreiben, namentlich sich mit dem Ausbessern der Flinten und der Anfertigung von Schmucksachen beschäftigen. Ihre Dörfer sind übrigens ebenso schmutzig wie die der Berber; überall guckt das Elend hervor, und auch die Begüterten unter ihnen verbergen sorgfältig ihre Habe, aus Furcht, durch den türkischen Pascha derselben beraubt zu werden oder sie bei einem feindlichen Überfall zu verlieren.

Man empfing mich in Ksebah mit den Worten: »Marabah scherif« (Willkommen, Abkömmling Mohammeds); ich lehnte aber den Titel Scherif ab, und meine Diener sagten, ich sei Mustafa-Bei. Das schien die Leute zu erschrecken; sie mochten fürchten, ich würde als vornehmer Herr sehr große Ansprüche haben. Natürlich tat ich nichts dergleichen; aber aus freien Stücken gab mir der Kaid des Orts eine splendide »Diffa« (Gastmahl), sowie auch meine Diener reichlich bewirtet und die Kamele mit Futter versorgt wurden. Leider zersprangen hier meine beiden Kochthermometer – ein empfindlicher Verlust für mich –, und ich war nun bloß auf die Aneroide angewiesen.

Unser Abmarsch am nächsten Morgen verzögerte sich bis um sieben Uhr, weil man den Schlüssel zum »Majen« nicht hatte finden können. Die »Majen« sind große steinerne Zisternen, oben überwölbt oder auch nur mit Balken, Steinen und Erde bedeckt, die in der Regen- und Schneezeit – Schnee ist nämlich in einer Höhe von dreitausend Fuß im Winter nichts Seltenes – gefüllt und nachher sorgfältig verschlossen gehalten werden, damit das Wasser nicht von Unbefugten vergeudet wird.

Von Ksebah aus folgten wir dem Lauf eines Uadi, des Sseggiat-el-fers, dann ging es erst in südöstlicher, hierauf in südlicher Richtung stark bergab. Wir befanden uns im Quellgebiet des bedeutenden Flusses Sufedjin, der einen großen Teil der Gewässer des Ghoriangebirges in seinem Bett sammelt und zur Syrte hinabführt. Die ganze Landschaft heißt Gedama. Ihr Boden ist großenteils kulturfähig, da er in der Regenzeit geackert werden kann.

Einen seltsamen Aberglauben der Kameltreiber sollte ich am selben Abend kennenlernen. Sie gebärdeten sich wie außer Sinnen vor Freude, da ein kleiner Vogel in mein Zelt geflogen kam und sich mir zutraulich auf die Schulter setzte. »Es ist ein Marabut«, riefen sie, »auch du mußt ein Marabut sein, du

verstehst sicher wie unser gnädiger Herr Sliman (Salomon) die
Sprache der Tiere.« Die Ursache dieser außergewöhnlichen
Zutraulichkeit erklärte sich indes auf ganz natürliche Weise: Das
arme Vögelchen litt heftigen Durst, es war fast verschmachtet,
und sobald es von dem ihm vorgesetzten Wasser gierig genippt
hatte, flog es scheu wieder auf und davon. In der Sahara folgen
häufig kleine Vögel, namentlich Sperlinge, tagelang einer Karawane, um die Brosamen und Speisereste aufzupicken und an
den Tropfen einer Girba (Wasserschlauch) ihren Durst zu löschen. Kommen einem nach langer Wüstenwanderung Sperlinge oder Schwalben entgegen, so ist sicher eine Oase nicht mehr
fern und man kann bald wie der Schiffer auf hohem Meer rufen:
»Land! Land!«

Wir überschritten ein kleines Flußbett, dessen Name mir
entfallen ist, und zogen durch den Chorm el-Bu-el-Oelk. Alle
Namen haben hierzulande irgendeine Bedeutung; dieser würde
auf deutsch lauten: »Engpaß des Vaters der Blutegel«. Ich
erkundigte mich, weshalb man dem Engpaß einen Namen
gegeben, mit dem sich doch notwendig die Vorstellung von
Wasser verknüpft, da Blutegel nicht zwischen heißem Gestein
ihren Aufenthalt haben; aber niemand konnte mir die Frage
beantworten.

Fünf Kilometer östlich von dort ist der Brunnen Kischa, mit
recht gutem Trinkwasser; wir hatten jedoch noch mehrere
Schläuche voll Wasser, brauchten daher nicht vom Weg abzuwei-
chen. Wir passierten ferner den Chorm el-Orian (nackter Engpaß) und langten endlich, nachdem wir noch verschiedene
Rinnen des Sufedjin durchschritten hatten, um drei Uhr nachmittags vor Misda an.

Misda besteht aus zwei nur durch einige hundert Schritte
voneinander getrennte Ortschaften: Misda fukani, das obere im
Westen gelegene, und Misda tachtani, das untere im Osten
gelegene. Beide Ortschaften sind klein und zählen nach eigenen
Angaben nicht mehr als je hundert waffenfähige Männer, also
höchstens je fünfhundert Einwohner. Ihr hauptsächlichster
Erwerbszweig ist der Karawanenbetrieb auf den Straßen nach
Rhadames einerseits und nach Mursuk andererseits, besitzen sie
doch in den reichlichen Weiden, welche der Sufedjin bietet, die

Mittel zu einer guten und ausgiebigen Kamelzucht. Der Mietpreis für die Kamele wird hier nicht wie in Tuat und den westlichen Teilen der Sahara nach dem Gewicht der Ladung berechnet, sondern man mietet einfach so und so viele Kamele für die bestimmte Tour. In der Regel kostet ein Kamel nach Fesan sieben Mahbub, nach Rhadames fünf Mahbub. Die Miete nach letzterem Ort ist deshalb verhältnismäßig teurer, weil auf der ganzen Strecke zwischen Misda und Rhadames sich sehr wenig Wasser befindet, die Tiere also viel zu leiden haben.

Einige kleine Gärten um Misda liefern Zwiebeln, Tomaten, roten Pfeffer, Kürbisse und Wassermelonen; doch ist im ganzen der Boden wegen seines allzu großen Kalkgehalts eben nicht sehr zur Gartenkultur geeignet, auch die wenigen Palmen, die um Misda herum wachsen, sehen traurig aus.

Gleich bei meiner Ankunft gab es ärgerliche Händel. Einer meiner Diener war vorausgelaufen, und während er aus einem Brunnen trank, hatte ein in der ganzen Gegend berüchtigter Räuber namens Omar-Bu-Cheil sich herangeschlichen und ihm sein Doppelgewehr, das er aus der Hand gelegt hatte, entwendet. Dieser Räuber nebst einem Spießgesellen wurde zu der Zeit von den Misdani beherbergt und verpflegt, wogegen seine Bande, welche das Gebiet zwischen dem Gebirge und Ghorian mit ihren Überfällen heimsuchten, den Ort verschonen mußte. Vergebens hatte die türkische Regierung einen Preis auf seinen Kopf gesetzt, vergebens mehrere Male Soldaten ausgeschickt, um ihn zu fangen oder zu töten; denn die Gebirgsbewohner wagten nicht, die verborgenen Schlupfwinkel des Gefürchteten zu verraten. So zog er sich auch jetzt unangefochten mit der gestohlenen Flinte in die Moschee des unteren Ortes zurück, wo er sein Quartier aufgeschlagen hatte, während seine zwanzig Mann starke Bande irgendwo auswärts mit einem Raubzug beschäftigt war. Ich schickte meinen Diener Hammed zu ihm und ließ ihm sagen, die Flinte gehöre mir, er solle sie sofort herausgeben. Er verlangte aber ein Lösegeld von fünf Talern. Es blieb mir also nichts übrig, als mich an die Medjeles (die Rats- oder Vorsteherversammlung) des Ortes zu wenden und ihnen zu erklären, sie seien haftbar für die Sicherheit meines Eigentums, und falls sie mir die Flinte nicht zurückschafften, würde ich

Soldaten vom Kasr Ghorian kommen lassen; der Ort würde dann dafür büßen müssen, daß er einem notorisch bekannten Räuberhauptmann Schutz gewährt habe. Das wirkte. Aber erst nachdem sie ihrerseits bis zum Abend mit Omar-Bu-Cheil verhandelt und ihm schließlich drei Taler bezahlt hatten, gab er die Flinte heraus. Der Räuber war frech genug, anderntags selbst in mein Zelt zu kommen und mir anzubieten, wenn ich noch zwei Taler hinzufügte, könnte ich ganz sicher die Gegend bis Rhadames mit meiner Karawane durchziehen. Ohne ein Wort zu erwidern, zeigte ich ihm meine Waffen; ein Lefaucheux mit achtzehn Schuß und ein Stutzen mit neun Schuß machten denn auch den beabsichtigten Eindruck auf ihn. Übrigens ersetzte ich, nachdem mein Zweck erreicht war, den Misdani die bezahlten drei Taler und machte außerdem dem frommen Chef ein Geschenk, damit kein Zweifel an meiner Rechtgläubigkeit aufkam.

Noch eine andere große Unannehmlichkeit hatte ich in Misda zu bestehen. Ich mußte hier frische Kamele mieten, und da die Besitzer keine Konkurrenz zu fürchten hatten, forderten sie die unverschämtesten Preise. Es war, als ob sich alle gegen mich verschworen hätten. Glücklicherweise fand ich in dem Mudir (Ortsvorsteher) einen vernünftigen Mann, der seine Mitbürger endlich bewegte, auf den üblichen Preis von fünf Mahbub (ein Mahbub ist etwas mehr als ein Taler) herabzugehen. Nun erhoben sie aber wieder neue Anstände. Sie behaupteten, die Ladungen seien zu schwer, und ich konnte ihren Nörgeleien nur dadurch ein Ende machen, daß ich einiges von dem Gepäck auf meine eigenen Kamele überlud.

Am 2. Juni um fünf Uhr nachmittags verließen wir Misda, legten aber bis zum Abend nur noch zwei Stunden zurück und lagerten, in einer reichlich mit Kamelfutter bestandenen Gegend, mitten im Flußbett des Sufedjin. Ich mußte nachts im Freien schlafen, denn der Lehmboden war, obschon bewachsen, von der Sonnenhitze so hart gebrannt, daß die eisernen Pfosten meines Zeltes sich nicht tief genug hineintreiben ließen.

Früh um fünf Uhr zogen wir weiter. Schon um neun Uhr vormittags nötigte uns die furchtbare Hitze, Rast zu machen; weder die Kamele noch die Treiber konnten der Sonnenglut länger widerstehen. Meinem weißen Araberhund, einem Spitz, mußten wegen des brennend heißen Erdbodens Sandalen angelegt werden: eine ebenso schwierige wie gefahrvolle Operation, da er äußerst bissig war und sich von niemand berühren ließ; nur mit List gelang es endlich, ihm das Maul zuzubinden, worauf die Sandalen an seinen Beinen befestigt wurden. Später brachte ich ihn dahin, daß er während des Marsches auf dem Rücken eines Kamels Platz nahm. Er war außerordentlich wachsam, sowohl bei Tag wie bei Nacht, und deshalb unentbehrlich für unsere Karawane.

Bis halb drei Uhr »gielten« wir – ich bediene mich dieses undeutschen Ausdrucks und werde ihn noch öfters brauchen müssen, weil es für das arabische »geila«, d. h. während der heißesten Tageszeit lagern, kein Wort in unserer Sprache gibt –, dann wurde der Tagesmarsch in Richtung 200 Grad fortgesetzt. Beim Austritt aus dem Uadi Fessano gelangt man auf ein ausgedehntes Plateau mit derselben Vegetation wie in den Tälern. Hier wohnen die Uled Mschaschia, welche Schaf- und Kamelzucht treiben. Die Gegend ist reich an Gazellen, Hasen, Kaninchen, auch Schakalen und Hyänen, und im Gebirge Kaf-Masusa, das wir südöstlich in etwa fünfzehn Kilometer Entfernung erblickten, sollen noch viele Antilopen hausen. Wir kamen an einem großen Duar (Zeltdorf) der Uled Mschaschia vorbei und wurden von den Bewohnern gastfreundlich mit einem Trunk Kamelmilch gelabt. Ihre Zelte sind geräumiger und besser als die der anderen in Tripolitanien wohnenden Araber. Nun kreuzten wir die von Sintan im Norden nach Ghorian in Fesan führende Straße und betraten nach einer Stunde die Landschaft Brega, in der um halb sieben Uhr das Nachtlager aufgeschlagen wurde. Da hier im Gebiet der Mschaschia kein Raubüberfall zu befürchten war, hielt ich es nicht für nötig, des Nachts Wachen aufzustellen, auch wurden unseren Kamelen nicht die Fußeisen angelegt. Überhaupt ist das Reisen in Tripolis, ausgenommen an der tunesischen Grenze, von wo bisweilen räuberische Stämme auf tripolitanisches Gebiet herüberstreifen, im allgemeinen sicher. Leute wie Bu-Cheil, dessen Bekanntschaft ich in Misda gemacht habe, und seine Bande gehen mehr auf den Raub von Viehherden aus, als daß sie sich an Karawanen

Karawane in der Sahara

vergreifen, zumal letztere ihnen doch meist durch ihre Stärke und gute Bewaffnung imponieren.

5. Juni, Aufbruch um fünf Uhr morgens in Richtung 195 Grad. Über einen niedrigen, nach Westen und Nordwesten streichenden Höhenzug führt der Paß Chorm er-Reschade. Dicht vor demselben machten wir um dreiviertel elf halt, um zu ›gielen‹. Der Boden ringsum ist wie übersät mit fossilen Überresten, doch entdeckte ich wenig nur einigermaßen gut erhaltene Stücke; allerdings machte die erdrückende Sommermittagshitze am Rande der Sahara das Suchen und Einsammeln fast unmöglich. Um halb drei Uhr nachmittags passierten wir den Chorm er-Reschade und gelangten nach einstündiger Wanderung in die sandige, aber gut bewachsene Landschaft Areg-el-Leba. Einer der Kameltreiber hatte hier das Glück, eine Gazelle zu schießen, eine sehr erwünschte Zugabe zu unserer mehr als einförmigen Kost, die des Morgens aus Brot, Butter und Datteln, des Abends aus Basina (Weizenpolenta mit Ölsoße) bestand, welchen Gerichten ich durch Zusatz von Fleischextrakt etwas Geschmack und Kraft zu geben versuchte. Aus der Areg-el-Leba kamen wir an die mehr hammadaartige, doch von vielen kleinen kräuterreichen Oasen, Gra genannt, unterbrochene Gegend Gra-es-Ssoauin. In einer dieser kleinen Oasen wurde um halb sieben Uhr Rast

gemacht, und bald waren meine Diener und Kameltreiber zu einem homerischen Mahl versammelt, indem sie neben einem großen Topf voll Basina die halbe Gazelle verzehrten. Endlich waren sie gesättigt, was bei diesen Leuten viel sagen will; denn es blieb noch ein Rest von der Basina übrig, der aber schon am anderen Morgen um zwei Uhr auch noch vertilgt wurde.

Am 6. Juni befanden wir uns bereits morgens um drei Uhr wieder auf dem Marsch in derselben Richtung wie am Tag vorher. Um neun Uhr schlugen wir, um zu ›gielen‹, beim Aghadir-el-Cheil (Pferdewasserplatz) unsere Zelte auf. Mit Futter für die Tiere war unser Zug genügend versehen, aber der Wasservorrat reichte nur noch für zwei Tage, während wir bis Derdj wenigstens noch fünf Tagesmärsche zurückzulegen hatten. Ich beschloß daher, einen des Landes genau kundigen Kameltreiber mit einigen meiner Diener, mit den übrigen Treibern und sämtlichen Kamelen nach dem Bir (Brunnen) el-Klab, der gerade nördlich vor uns liegen sollte, abzusenden, damit dort die Tiere getränkt und unsere Wasserschläuche frisch gefüllt würden. Die Expedition ging nachmittags ab und hatte Weisung, am folgenden Tag wieder auf dem Lagerplatz einzutreffen.

Wir Zurückbleibenden konnten zwar unterdes ruhen, doch war unser Lager in einer völlig baumlosen Ebene bei der glühenden Sonnenhitze kein beneidenswertes. Das Thermometer zeigte jetzt beständig nachmittags fünfunddreißig bis vierzig Grad im Schatten und sank selbst kurz vor Sonnenaufgang nie unter +18 Grad. Dazu traten nun auch schon jene heftigen Windstöße, wie sie in der Sahara so häufig ganz plötzlich entstehen und ebenso plötzlich wieder verschwunden sind.

Bereits vormittags um halb zehn Uhr kehrte anderntags die Expedition zurück. Sie hatte genau mit Sonnenaufgang den Rückmarsch angetreten. In der Nähe des Bir el-Klab war man an einem Duar von Sintanleuten vorübergekommen; die Gegend ist also noch sporadisch bewohnt.

Es war Abend geworden, als wir unseren Halteplatz verließen. Wir zogen in der Richtung von 225 Grad den Uadi el-Cheil entlang aufwärts und drangen mit ihm in das steinige Gebirge ein, in dem er entspringt und durch zahlreiche Täler und

Schluchten aus Süden und Norden Zuflüsse erhält. Die Wände dieser Täler, aus Sandstein und Kalk bestehend, erheben sich senkrecht zur durchschnittlichen Höhe von hundert bis einhundertfünfzig Fuß. In einer natürlichen Höhle am linken Felsenufer fand ich Figuren in die Wände gehauen, ziemlich roh ausgeführt, doch immerhin von einer gewissen Stufe der Kultur zeugend, welche die Menschen zu jener Zeit erreicht haben mußten. Die Figuren stellten Elefanten, Kamele, Antilopen und andere Tiere dar, aber auch eine weibliche Menschengestalt mit ausgeprägter Negerphysiognomie in sehr indezenter Stellung. Schriftzeichen konnte ich allerdings nicht entdecken; die eingegrabenen neuarabischen Namen wie Mohammed, Abdallah und die kurzen Koranverse stammen offenbar aus viel späterer Zeit.

Um halb acht Uhr abends berührten wir den Rand der Hammada (mit scharfkantigen Steinen bedeckte Hochebene). Ehe wir sie überschritten, veranlaßten mich meine Kameltreiber, weil ich zum ersten Mal des Weges ziehe, einen kleinen Steinhügel, Bu-sfor oder Bu-saffar (Reisevater), zu errichten. Der Ursprung und die Bedeutung dieser Sitte konnten sie mir nicht erklären, oder ich verstand ihre Erklärung nicht. Erst später erfuhr ich, daß die Bu-sfor Fetische sind, welche den Reisenden, der das erste Mal solche hervorragenden Punkte berührt, vor Ungemach schützen sollen, und daß mit der Aufrichtung eines Bu-sfor zugleich die Verpflichtung verbunden ist, den Reisegefährten ein Mahl zu geben. Man kann sich denken, wie viele dergleichen Hügel an den betreffenden Stellen aufgehäuft sind.

Nachts um halb zwölf Uhr erst wurde zum Kampieren halt gemacht. Auf früheren Reisen hatte ich immer von meinen Begleitern gehört, es sei am besten, die Wasserschläuche beim Lagern aufzuhängen, da die Erde »das Wasser trinke« oder in sich einsauge. Und bei der außerordentlichen Dürre des Bodens mag wohl etwas Wahres daran sein. Ich hatte deshalb nach Sitte der reichen marokkanischen Reisenden Dreifüße zu dem Zweck mitgenommen. Hier nun sah ich, wie meine Kameltreiber die Schläuche der Reihe nach auf eine Matte legten und mit einer anderen Matte sorgfältig bedeckten. »Warum hängt ihr die Schläuche nicht auf?« frage ich. »Weil wir sie dann nicht so gut zudecken können«, war die Antwort. »Und warum müssen sie zugedeckt sein?« »Weil der Mond sonst das Wasser trinkt.« Es würde vergeblich gewesen sein, ihnen den Aberglauben benehmen zu wollen, und so ließ ich sie gewähren. Meine städtischen Diener, die sich weit klüger und aufgeklärter dünkten als die Bewohner der Hammada, protestierten zwar erst dagegen; als aber einer der Kameltreiber mit einem Schwur beteuerte, der Mond trinke das Wasser und die Schläuche müßten dann zerplatzen, schienen auch sie bekehrt und überzeugt. Sie ließen die Schläuche auf den Matten liegen und ruhten selbst auf der bloßen Erde.

Unterwegs bemerkte ich, daß die Kameltreiber einer kleinen Eidechse mit plattem Kopf, Bu-Bris genannt, einer Gekko-Art, eifrig nachstellten und jede, derer sie habhaft wurden, töteten. Sie meinten, das Tierchen vergifte durch seinen Hauch die Speisen, es könne dem Menschen einen Ausschlag anspritzen, und schwangere Frauen, die von ihm angeblickt würden (Basiliskenblick), kämen mit gefleckten Kindern nieder. Das unschuldige Tierchen ist in diesem Teil der Vorwüste überaus häufig. Um die Leute von der Torheit ihres Wahns zu überzeugen, nahm ich eine Bu-Bris in die Hand, setzte sie auf meinen Fuß und ließ sie über meinen Teeteller laufen – aber vergebens, sie blieben bei ihrem abergläubischen Vorurteil und sagten, ich sei gegen das böse Wesen gefeit.

Am 10. Juni durfte ich hoffen, endlich unser nächstes Ziel, die Oase Derdj, zu erreichen. Es war höchste Zeit: Infolge der großen Hitze waren die Kamele von dem achttägigen Marsch durch die Hammada erschöpft, meine Diener ertrugen zum Teil nur schwer die ungewohnten Strapazen, und zwei von ihnen sowie ich selbst litten an Diarrhöe, die trotz starker Opiumgaben nicht weichen wollte. Mich hatte der kurze Wüstenmarsch bereits so abgemagert, daß ich meine Geldkatze, die mir früher zu eng gewesen war, jetzt noch um fünf Zoll einnähen mußte, ja, ich fühlte an den abnehmenden Kräften, daß eine ernstliche Krankheit im Anzug war.

Wir zogen noch an einigen Gra vorüber, erblickten im Norden von uns auf etwa acht Kilometer Entfernung den Djebel el-Chaschm-el-Dub und durchschritten um halb neun Uhr den

Chorm Tuil-el-Nailat (Langer Paß der Sandalen). Um zehn Uhr ›gielten‹ wir. Ich sandte zwei Diener mit meinem Bu-Djeruldi voraus, damit sie mich bei den Bewohnern Derdjs anmeldeten und einen guten Lagerplatz für uns aussuchten. Der Zug folgte ihnen erst um vier Uhr nachmittags.

Abends erreichten wir endlich den Ort Derdj, nachdem schon lange vorher Spuren von Menschen und Tieren uns dessen Nähe verkündet hatten. Die Einwohner bereiteten mir einen recht freundlichen Empfang, der Bu-Djeruldi schien seine Wirkung auf sie nicht verfehlt zu haben. Für unser Lager hatten sie einen reizenden Platz, unter Palmen und hinlänglich mit Wasser versehen, bestimmt, allein ich zog es vor, auf der luftigeren Hammada zu kampieren, wo ich mir von den frischen Winden einen heilsamen Einfluß auf meine stark angegriffene Gesundheit versprach.

Außer dem Hauptort Derdj hat die Oase Derdj (Stufe), so genannt, weil sie am steilen Abhang oder Rand der Hammada liegt, noch drei kleinere Ortschaften: Tugutta, Tefelfelt und Matres. Die Bewohner von Derdj, Tugutta und Tefelfelt sind nicht arabischen, sondern berberischen Ursprungs; nur Matres ist von Arabern bewohnt. Erstere werden von den umwohnenden Stämmen auch mit dem gemeinsamen Namen Mammeluki belegt, was wohl auf ihre frühere Verbindung mit der Regierung von Tripolis hindeuten soll. Aber weder die Berber noch die Araber der Oase Derdj zeigen im Äußeren die charakteristischen Merkmale dieser Völkerrassen, sie sind so stark mit Negerblut durchsetzt, daß man sie eher wohlgestaltete Schwarze mit kaukasischer Gesichtsbildung nennen als zu den Weißen rechnen möchte. Ihre Gemütsart anlangend, fand ich sie gastfrei, gutmütig, aber etwas apathisch. Mit der Reinlichkeit schienen sie in beständigem Kampf zu leben, dagegen mit dem Schmutz auf vertrautestem Fuß zu stehen. Die Häuser, aus Stein erbaut, gleichen ganz den in den übrigen Ksors dieser tripolitanischen Gegend. Ihr Inneres ist unsauber und dient Ziegen wie Menschen zum gemeinsamen Aufenthalt. In den meisten gibt es jedoch einen abgesonderten Raum, ein Staatszimmer, in dem die Mitgift der Frau oder der Frauen, in einer großen Zahl messingener Schüsseln bestehend, aufbewahrt wird. Alle die blanken Schüsseln prangen hier an den Wänden und werden nie benutzt, scheinen also keinen anderen Zweck zu haben, als den Reichtum der Familie zur Schau zu stellen, da Kupfer hierzulande ein seltenes und kostbares Metall ist.

Der Boden um Derdj wird hauptsächlich durch das Uadi Tinaout bewässert. Außer dem oberirdisch fließenden Wasser fördert man jedoch auch Wasser durch Fogarat (unterirdische Galerien, Brunnen) sowie durch Ziehbrunnen zutage. Die vorhandenen Palmengärten würden zur Ernährung der Einwohnerschaft mehr als ausreichen, wenn nicht zwei Drittel der Gärten und Bäume an Rhadameser oder an Djebeli verkauft wären. Es zeugt für die Indolenz der Bewohner, daß sie einen Teil ihres Grund und Bodens und ihrer kostbaren Habe, der Dattelbäume, infolge schlechter Wirtschaft in fremden Besitz kommen ließen. Wie überall in den Oasen werden auch hier Bäume und der Boden, auf dem sie stehen, getrennt voneinander verkauft, ein Gebrauch, der natürlich oft zu heftigen Streitigkeiten Anlaß gibt; so klagt z. B. der Besitzer einer Palme gegen den Grundeigentümer, der Baum sei eingegangen, weil er nicht genügend bewässert worden sei usw. Das Areal, selbst das von Gärten, ist in Derdj, wenn man die Fruchtbarkeit des Bodens und den Wasserreichtum in Betracht zieht, billig zu haben. Felder mit fließendem Wasser werden natürlich teurer bezahlt. Hingegen stehen die Bäume, den Wert des Geldes in Anschlag gebracht, verhältnismäßig hoch im Preis. Für eine Palme der edleren Gattung, zumal eine solche, die alljährlich eine Kamelladung Datteln liefert, zahlt man bis zu über hundert Mahbub, für eine Kamelladung Datteln der besten Sorte sieben bis acht Mahbub. Die Zahl der Dattelpalmen in den vier Orten zusammen dürfte sich auf ungefähr dreihunderttausend Stück belaufen. Was die sonstige Produktion betrifft, so unterscheidet sich die Oase Derdj nicht von den anderen Oasen der Hammada. Sie hat außer dem Zehnten von allen Früchten 1182 Mahbub an Abgaben zu entrichten.

Mein Unwohlsein steigerte sich in bedenklicher Weise. Der Mudir des Ortes riet mir, Lakbi dagegen zu nehmen, und ich nahm in der Tat einen Topf voll dieses abscheulichen Getränks zu mir. Anfangs verschlimmerte sich die Diarrhöe danach, aber gegen Abend des zweiten Tags spürte ich Besserung, so daß ich mich imstande fühlte, den kurzen Marsch nach Rhadames zurückzulegen, wo ich auf bessere Verpflegung und längere Ruhe hoffen durfte. Da meine Kameltreiber aus Misda dorthin zurückgekehrt waren, mietete ich in Matres andere, und nachdem ich noch, soweit ich es vermochte, alle Bettler in Derdj befriedigt hatte, brachen wir am 15. Juni morgens um halb acht Uhr auf.

In Richtung 275 Grad längs dem Uadi Milha hinziehend, erreichten wir nach drei Stunden Matres und ›gielten‹ daselbst im Schatten einiger Palmen. Der kleine Ort hat nur zirka hundert Einwohner, die sich hauptsächlich vom Vermieten ihrer Kamele ernähren, denn Palmen gibt es dort nicht viele, und die meisten davon sind Eigentum der Rhadameser.

Der Weg von hier nach Rhadames soll nicht allzu sicher sein. Mehrere Leute von Derdj, von Matres und einige vom Stamm der Uled Mahmud baten daher, sich mir anschließen zu dürfen, und da sie alle mit Flinten bewaffnet waren, sah ich diese Verstärkung meiner Karawane nicht ungern, obschon ich neue Angriffe auf meine Mundvorräte von ihnen gewärtigen mußte, eine Voraussicht, die sich dann auch in vollem Maße bestätigte.

Um fünf Uhr nachmittags zogen wir in Richtung 265 Grad weiter. Ich hatte die Absicht, den Marsch bis Mitternacht fortzusetzen, um von der Kühle der Nacht zu profitieren. Aber kaum war eine halbe Stunde im langsamen und gleichmäßigen Kamelschritt zurückgelegt, als an der Spitze der Karawane sich ein großer Lärm erhob, in dem ich sofort das klagende Gebrüll eines Kamels unterschied. Ich ritt in der Regel am Ende des Zuges, um etwaige Unordnungen leichter wahrnehmen und abstellen, auch die Leute besser überwachen zu können. Schnell trieb ich mein Kamel an; die ganze Karawane machte inzwischen halt, und so ließ sich mit einem Blick das angerichtete Unglück überschauen. Mein Neger Cheir hatte aus Versehen mit seinem Stock dem Tier das rechte Auge aus dem Kopf geschlagen, das nun blutig am Boden lag. Bekanntlich haben die Kamele sehr stark hervortretende Augen. Während das verletzte Tier noch immer sein klägliches Gebrüll ausstieß, lärmte und tobte der Eigentümer desselben, ein Bewohner von Matres, und drohte

sogar handgreiflich zu werden. Was war zu tun? Er sprach vom
Kadhi, von Schadenersatz oder Umtausch gegen eines meiner
Kamele, und ich selbst konnte ihm nicht unrecht geben, denn
sein Kamel war ein junges und starkes Tier. Am liebsten hätte er
es gesehen, wenn die ganze Karawane nach Derdj zurückgekehrt und der Fall dem dortigen Kadhi zur Entscheidung
übergeben worden wäre. Darauf ging ich jedoch nicht ein,
sondern sagte ihm, falls er die Sache vor den Richter bringen
wolle, könne er dies in Rhadames ebensogut tun. Indessen
hoffte ich, bis dahin mich gütlich mit ihm zu einigen. Nachdem
er noch eine kurze Strecke parlamentierend neben mir herge-
gangen, erbot er sich schließlich, ein anderes Kamel aus Matres
zu holen und mir dann zum Kadhi von Rhadames zu folgen. Er
machte sich auf den Weg, und wir lagerten um sechs Uhr, um
seine Rückkunft zu erwarten. Wirklich erschien er nach einigen
Stunden wieder, aber statt eines Kamels seinen Bruder mitbringend. Auch dieser verlangte, daß ich mit ihnen umkehren oder
wenigstens den Täter, meinen Neger Cheir, an den Kadhi von
Derdj zur Aburteilung entsenden solle. Als sie aber sahen, daß
ich fest auf dem Weitermarsch beharrte, schlugen sie zuletzt vor,
ich möge selbst als Bei (sowohl in meinem Firman wie in dem Bu-
Djeruldi war mir der Titel Bei verliehen) das Urteil in der Sache
fällen – ein sehr schlauer Vorschlag, denn sie appellierten damit
zugleich an meine Gerechtigkeit und an meine Großmut. Ich
gestand ihnen denn auch, wie von Anfang an, bereitwilligst zu,
daß sie Anspruch auf Schadenersatz hätten, gab ihnen aber zu
bedenken, wie ungerechtfertigt ihre Forderung wäre, den vollen
Wert des verletzten Tieres bezahlt zu erhalten, da ein Kamel
doch kein Luxustier sei und der Verlust eines Auges seine
Tragfähigkeit nicht beeinträchtige; selbst der fünfte Teil des
Wertes würde daher ein noch viel zu hoher Ersatz sein. Sodann
fragte ich sie, ob nach dortigem Gebrauch der Herr für jeden
Schaden, den sein Diener angerichtet, unbedingt aufkommen
müsse. »Cheir«, lautete die Antwort, »ist kein Diener, sondern
dein Sklave.« Wäre dies richtig gewesen, so hätte ich allerdings
die Verpflichtung gehabt, vollen Ersatz zu leisten, denn wie alles,
was der Sklave verdient, nach mohammedanischem Recht seinem Herrn gehört, ist auch der Schaden, der durch einen

Für einen Hochzeitszug herausgeputztes Kamel

Sklaven angerichtet wird, von seinem Herrn zu tragen. Ich schwor, daß Cheir nicht mein Sklave, sondern ein gemieteter Diener sei, und meine übrigen Diener beschworen dasselbe mit den kräftigsten Eiden. Der Mohammedaner liebt es bekanntlich, bei jeder Gelegenheit zu schwören, und erwartet auch von anderen die Beteuerung der geringfügigsten Aussage durch einen feierlichen Schwur. Daß von Cheir selbst, der seit kurzem erst in meinen Diensten stand, folglich keine Schätze besaß, nichts zu erpressen war, leuchtete den beiden Brüdern ein. So fügten sie sich denn vorläufig in ihr Mißgeschick, zumal sie keinen Augenblick zweifelten, die Medizin, Charpie mit Wachssalbe bestrichen, die ich dem armen Tier zur Linderung der Schmerzen in die leere Augenhöhle gedrückt, werde demselben ein neues Auge verschaffen, und als am anderen Morgen die Karawane aufbrach, waren wir vollkommen gute Freunde.

Endlich, am 17. Juni, sollte der letzte Tagesmarsch zurückgelegt werden. Um vier Uhr morgens verließen wir unseren Lagerplatz und erreichten, westlich vorrückend, um sechs Uhr den Fuß des relativ etwa fünfundert Fuß hohen Berges Krab; nach zehn Minuten war die Höhe erstiegen, und ohne Aufenthalt ging es den weniger steilen westlichen Abhang hinunter. Westlich von Djebel Krab hört alle Vegetation auf; in der Umgebung von Rhadames ist kein Strauch, kein Halm mehr zu erblicken. Ich ließ um neun Uhr morgens ›gielen‹ und sandte meinen Burschen Hammed in Begleitung einiger anderer meiner Leute mit dem Bu-Djeruldi voraus. Kurz vor Sonnenuntergang langte die ganze Karawane vor Rhadames an.

Die Stadt hat an der Nordwestseite drei Tore. Beim ersten, glaubte ich, würde uns Hammed erwarten; er war aber nicht dort, auch beim zweiten und dritten trafen wir ihn nicht an. Wir kehrten daher zum ersten, dem Haupttor, zurück und hielten durch dieses unseren Einzug, gefolgt von einem Schwarm Kinder der Tuareg, welche außerhalb der westlichen Ringmauer der Stadt zu lagern pflegen. Auch eine Menge Rhadameser hatte sich mittlerweile dem Zug angeschlossen, doch schien die allgemeine Aufmerksamkeit weniger auf mich und mein Gefolge als auf meinen Hund Mursuk gerichtet zu sein. Wohl noch nie zuvor war den meisten Bewohnern von Rhadames ein Hund zu Gesicht gekommen, denn die Slugi (Windhunde), die die Tuareg mit sich führen, werden von den Rhadamesern nicht zum Hundegeschlecht gerechnet.

Es war bereits das zweite Mal, daß ich in Rhadames einzog; ein Jahr vorher hatte ich auf dem Weg von Rharb (Marokko), für einen frommen Mohammedaner geltend, die Stadt betreten. Im Vorüberziehen hörte ich, wie die einen behaupteten, ich sei Christ, wogegen andere schworen, ich sei Türke, und noch andere mir »Willkommen, Konsul!« zuriefen. Vor der Wohnung des Kaimmakam, des türkischen Gouverneurs von Rhadames, ließ ich den Zug halten.

Ehe ich aber in der Erzählung meiner Reiseerlebnisse fortfahre, will ich versuchen, den Leser etwas näher mit dieser merkwürdigen Stadt bekannt zu machen.

DRITTES KAPITEL

Die Stadt Rhadames und ihre Bewohner

Fast überall, wo ein mächtiges Felsplateau mittels steiler Wände auf die Ebene drückt, springen, selbst in der Sahara, Quellen aus der Erde hervor, die den Boden bewässern und in der Wüste dann Oasen entstehen lassen. Einer solchen Quelle verdankt auch die Oase Rhadames ihre Entstehung.

Unzweifelhaft waren die Umgebungen dieser Quelle, die naturgemäß eine dichte Palmenvegetation erzeugte, schon in grauer Vorzeit von Ansiedlern bewohnt. Davon zeugen die zum Teil noch aufrechtstehenden Ruinen runder und viereckiger Türme aus roh bearbeitetem Stein, von den Eingeborenen »Esnamen« (die Götzenbilder) genannt. In jedem Turm befindet sich zur ebenen Erde eine meist gut erhaltene, oben spitz zulaufende gewölbte Kammer und in einigen über derselben ein zweiter ähnlicher Raum, zu dem von außen steinerne Stufen hinaufführen. Aus festem Material gebaut und vielleicht durch Mauern miteinander verbunden, hatten sie wahrscheinlich den doppelten Zweck, sowohl als Zufluchtsstätte und Schatzkammer wie auch zur Verteidigung gegen feindliche Angriffe zu dienen.

Alles deutet darauf hin, daß die Türme, lange bevor die Römer nach Rhadames kamen, wie man vermuten darf, von Garamanten errichtet wurden. Zwar ist hier nicht die eigentliche Heimat dieses Volkes gewesen, aber die Römer rechneten Cydamus, als sie die Stadt einnahmen, dem Gebiet der Garamanten zu. Sonst erfahren wir aus römischen Berichten nicht viel mehr, als daß Konsul Lucius Cornelius Balbo 19 v. Chr. die Stadt eroberte. Wie lange sie dem Römischen Reich verblieb und ob sie später christlich geworden, darüber fehlt jede Nachricht. Was die alten und mittelalterlichen Geographen über Rhadames erwähnen, ist äußerst mangelhaft und unzuverlässig. Leo führt unter dem Namen Gademes einen großen bewohnten Landstrich mit »vielen Schlössern und volkreichen Dörfern« auf. Dapper, der Gademes oder Gademez schreibt, spricht sogar von »16 ummauerten Städten und 92 Dörfern«. Es braucht wohl kaum gesagt zu werden, daß schon der örtlichen Beschaffenheit wegen solche Städte, Schlösser und Dörfer hier nicht existiert haben können.

Die Quelle von Rhadames, die Schöpferin der Oase und somit auch Ursache zur Gründung der Stadt, nimmt unser Interesse vorzugsweise in Anspruch. Sie ist in ein länglich viereckiges, fünfundzwanzig Meter langes und fünfzehn Meter breites Bassin gefaßt, auf dessen Boden man an mehreren Stellen das Wasser hervorquellen sieht. Die massiven Steinquader der Einfassung verraten ebenfalls das Werk der Römer, die sehr wohl wußten, wie wichtig es ist, das Wasser vor der Verteilung über die Felder in größerer Menge anzusammeln. Aus fünf Rinnen, drei größeren und zwei kleineren, ablaufend, reicht das Wasser der Quelle und einiger Brunnen nur zur Bewässerung einer Oberfläche von zirka 75 Hektar hin, während der ummauerte zur Oase gehörende Raum wohl doppelt so groß ist. Die Gärten müssen, damit die Berieselung durch Quellwasser stattfinden kann, vertieft angelegt sein, und immer muß der hereinwehende Sand sogleich wieder daraus entfernt werden.

Die Verteilung des Wassers an die einzelnen Gärten wird durch Wasseruhren geregelt und erfordert ein sehr kompliziertes Verfahren, weil das Land in so kleine Parzellen wie kaum irgendwo sonst geteilt ist: Die meisten Gärten haben nicht mehr als zweihundert Quadratmeter Umfang, und viele sind nur halb so groß oder noch kleiner. Auf dem Marktplatz der Stadt steht eine Klepsydra, von den Eingeborenen »Gaddus« genannt, ein eiserner Topf mit einer runden Öffnung im Boden, durch welche das Wasser, wenn er vollgefüllt ist, in zirka drei Minuten abläuft. Jedesmal, nachdem ein Gaddus durchgelaufen ist, schlingt ein dazu angestellter Knabe, der in gewisser Zeit von einem anderen abgelöst wird, einen Knoten in ein Palmblatt. Sieben Gaddus heißen eine »Dermissa« und geben eine ungefähr zwanzig Minuten anhaltende, für einen Garten mit sechzig Palmen genügende Berieselung. In ähnlicher Weise geschieht die Berieselung aus den beiden der Quelle zunächst gelegenen Brunnen, wobei Neger die Schöpfarbeit verrichten. In früheren Zeiten gab die Teilung des Wassers steten Anlaß zu oft blutigen Streitigkeiten unter den verschiedenen Grundbesitzern. Jetzt ist alles zur Berieselung dienende Wasser Staatseigentum, und die türkische Regierung bezieht daraus eine jährliche Einnahme.

Das Klima von Rhadames unterscheidet sich nicht von dem der Sahara; Regen fällt äußerst selten, kaum einmal in zwanzig Jahren gibt es einen nennenswerten atmosphärischen Niederschlag. Die Durchschnittstemperatur beträgt +23 Grad Celsius; sie steigt in den Sommermonaten auf +50 Grad im Schatten und sinkt im Winter zuweilen vor Sonnenaufgang bis auf −5 Grad. Das Klima ist eigentlich nicht ungesund, sagt aber Europäern wenig zu. Augenkrankheiten, Syphilis, Fieber und Dysenterien, letztere besonders zur Zeit der Melonen grassierend, sind die am häufigsten vorkommenden Krankheiten. Im Jahre 1865 wäre ich selbst dort beinahe das Opfer einer sehr akuten Blutdysenterie geworden.

Melonen sind die einzigen Früchte, die in Rhadames gut gedeihen. Einzelne Exemplare erreichen einen kolossalen Umfang und ein Gewicht bis zu zwei Zentnern, so daß zwei solche eine Kamellast ausmachen. Andere Früchte, wie gelbe Pflaumen, Granaten, einige Reben, Pfirsiche, Aprikosen und Feigen verkrüppeln und bleiben infolge der viel zu großen Sommerhitze saft- und geschmacklos. Sie können, ebenso wie Gemüse, von denen ich Zwiebeln, Knoblauch, Bohnen, Rüben, Tomaten und Pfeffer hervorhebe, nur im Schatten der Palmen ihr kümmerli-

Tuareg

ches Dasein fristen. Gleichfalls unterm Palmendach wird etwas Getreide, Weizen, Gerste und einige Hirsearten angebaut, doch lange nicht ausreichend für den Konsum der Einwohner. Leider sind auch die Dattelbäume hier weder ergiebig genug, noch von solcher Güte, daß mit ihren Früchten, wie in anderen Oasen, der Bedarf an Getreide, Schlachtvieh, Butter, Öl und sonstigen Lebensmitteln eingetauscht werden könnte. Die sechzigtausend Palmen, die Rhadames besitzt, vermögen den Bewohnern kaum für einen Monat im Jahr genügende Nahrung zu gewähren.

Wild wächst außerhalb der Stadt absolut keine Pflanze; in der Stadt selbst sah ich einige Mimosen, an der Quelle und in den Gärten Gräser und Quecken. Als Düngemittel muß aus den benachbarten Hattien (Oasen ohne Baum im Gegensatz zu

Rhabba, Oasen mit Bäumen oder Buschwerk) ein Kraut, »Agol«
(Alhagi Maurorum), geholt werden, denn der Dünger, welchen
die Tiere des Ortes liefern, genügt nicht zur Befruchtung des
Bodens.

Auch das Tierreich ist in Rhadames sehr spärlich vertreten.
Von Haustieren gibt es nur Kamele, Esel, Katzen, Mäuse,
Fledermäuse und Hühner, kein einziges Pferd, auch Hunde
sind fast unbekannt, daher mein weißer Spitz auch, wie oben
erzählt, das größte Aufsehen erregte. Außer Sperlingen bemerkte ich Schwalben; in den Palmenwipfeln nistet die kleine
graue Baumtaube. Schlangen sind selten, nur die Hornviper
und die gemeine Viper sollen zuweilen vorkommen. Ein gern
gesehener Gast und fast in allen Häusern anzutreffen ist der
Mauergecko; andere Eidechsenarten, wie die Dub-Eidechse,
halten sich an den Gartenmauern auf. Frösche bevölkern die
Quelle und die Rinnsale in großer Menge. Unter den Spinnen ist
der Skorpion hervorzuheben. Fische finden sich weder in der
Quelle noch in den Brunnen, während in vielen anderen selbst
unterirdischen Quellen der Sahara kleine Fische leben, dagegen
zahlreiche Blutegel und einige Molluskenarten. Von der Hausfliege, dieser Plage der Menschen bei Tag, und der Wasserschna-
ke, ihrer Plage bei Nacht, ist man auch hier nicht verschont.
Bienen gibt es nicht, aber eine Wespenart baut in den Häusern
und Moscheen ihr Zellennest. Selbstverständlich fehlen, da die
Rhadameser Mohammedaner sind, jene schmutzigen Insekten
nicht, welche überall den unreinlichen Menschen anhaften, mit
Ausnahme des Flohs, der nirgends in der Sahara existieren zu
können scheint. Ein gefährlicher Parasit, der Guineawurm, wird
von außen her eingeschleppt.

Die Einwohner von Rhadames sind, wie die ganze Bevölkerung Nordafrikas, berberischen Ursprungs, doch haben sie auch
viel Neger- und Araberblut in sich aufgenommen. Ihre Sprache
hat die größte Ähnlichkeit mit der, welche von den Bewohnern
der übrigen Oasen, wie Sokna, Siuah, Audjila, gesprochen wird,
sowie mit der Sprache der Tuareg, der Bewohner des Atlas und
der Gebirgsbewohner längs der afrikanischen Küste des Mittelländischen Meeres. Fast jeder Rhadameser versteht übrigens
daneben die eine oder andere Sprache Zentralafrikas; nament-

lich verbreitet ist die Sprache der Hausa und der Sonrhai, auch das Targische wird von den meisten verstanden.

Die Bewohnerschaft teilt sich in zwei streng voneinander geschiedene Volksparteien oder Triben: die Beni-Uasit und die Beni-Ulit. Sodann gibt es noch freie Neger und deren Nachkommen, insgesamt Atriya genannt.

Seitdem die Stadt unter türkischer Herrschaft steht, haben die blutigen Fehden aufgehört, womit die beiden feindlichen Triben einander bekämpften, aber die gegenseitige Abneigung währt noch in unvermindertem Grade fort. Kein Verkehr findet zwischen ihnen statt, daher selbst die Sprache beider mannigfaltige Verschiedenheiten erkennen läßt. Nie vermischten sich bis jetzt durch Heiraten die Beni-Uasit mit den Beni-Ulit; nie betritt ein Angehöriger der einen Tribe das Quartier der anderen, und so gibt es Rhadameser, die Kuka, Kano, Timbuktu, Tripolis und andere weit entfernte Städte gesehen, niemals aber einen Fuß in die andere Hälfte ihrer Vaterstadt gesetzt haben. Neutrale Gebiete sind nur der Marktplatz, das Haus des türkischen Paschas, die Sauya (Kloster mit Moschee und Schule) des Mulei Thaib von Uesan und die Sauya des Mulei Abd-el-Kader Djelali von Bagdad; die übrigen Moscheen werden ausschließlich von den Mitgliedern desjenigen Stammes besucht, welcher das betreffende Quartier innehat. Der Marktplatz bildet die Mitte der Stadt und ist zu beiden Seiten von den feindlichen Quartieren begrenzt, so daß jede Partei zu demselben gelangen kann, ohne das Stadtviertel der anderen berühren zu müssen. Die beiden Sauyas und das Gebäude des Gouverneurs stehen außerhalb der eigentlichen Stadt. So schroff indes die Beni-Uasit und die Beni-Ulit zu Hause sich noch gegenüberstehen, so bringen sie doch ihre Stammesfeindschaft in der Fremde jetzt nicht mehr zur Geltung. Treffen Söhne der zwei verschiedenen Triben in Timbuktu oder an einem anderen fremden Ort zusammen, dann meiden sie sich nicht, sondern verkehren miteinander als Landsleute und Stadtgenossen.

Gegen Fremde zurückhaltend, verkehren die Eingeborenen unter sich ganz ungezwungen und frönen dann auch dem heimlichen Genuß des Lakbi und Araki miteinander. Hingegen ist der Umgang mit den Frauen nach festem Zeremoniell gere-

Tuareg

gelt. Die Männer nehmen hier meist nur eine Frau; nur wenn sie in der Fremde weilen, pflegen sie noch eine oder mehrere Sklavinnen zu haben, ohne sich jedoch mit diesen zu verheiraten. Äußerst selten läßt sich in Rhadames eine Frau auf öffentlicher Straße blicken. Nur Atryaweiber sieht man auf dem Markt und in den Gassen, meistens sogar unverschleiert. Die Frauen der vornehmeren Stände wagen sich schon deshalb nicht auf die Straße zu gehen, weil alle Straßen überbaut, deshalb vollkommen dunkel sind, so daß man ohne Lampe nur tappend vorwärts schreiten kann und durch Husten und Räuspern sein Nahen verkünden muß. Sie besuchen und versammeln sich auf den flachen Dächern der Häuser, welche ausschließlich den Frauen vorbehalten sind; mit Behendigkeit werden die niedrigen Stufen von einem Dach zum anderen überhüpft, und oft geht es da oben lebhafter zu als unten in den finsteren Straßen der Stadt.

Dem Wort eines Rhadamesers darf man vertrauen; er hält, was er verspricht. Europäische Kaufleute geben daher ihren rhadamesischen Geschäftsfreunden Waren im Wert von mehreren tausend Talern auf Kredit, und noch nie ist es vorgekommen, daß ein Rhadameser seinen Gläubiger unbefriedigt gelassen hätte.

In den meist unschönen Körperformen und Gesichtszügen der Eingeborenen verrät sich die häufige Kreuzung mit Negern. In ihrer Kleidung, die von der Tracht anderer Städtebewohner Nordafrikas kaum irgendwie abweicht, herrscht die weiße Farbe vor. Die Männer tragen ein langes baumwollenes Hemd, darüber ein kürzeres wollenes, Djilaba genannt, oder einen Haik (großer weißwollener Plaid), auf dem Kopf den weißen, um eine rote Mütze gewundenen Turban und gelblederne Pantoffel oder Sandalen an den Füßen. Bei den Reichen, besonders wenn sie sich längere Zeit in Zentralafrika aufgehalten haben, ist die gestickte Tobe aus den Sudanländern beliebt, ein Kleidungsstück, das eigentlich nur aus zwei ungeheuer weiten, oben zusammenhängenden Ärmeln besteht, zwischen welche durch ein enges Loch der ganze Körper hindurchgezwängt wird. Verschleierte Männer habe ich in Rhadames nie gesehen; auf Reisen aber benutzen sie, wie die Tuareg, ein Ende des Turbans als Litham (Gesichtsschleier). Das Haupt wird glatt rasiert, und auch vom Bart bleibt nur oberhalb und unterhalb des Mundes ein schmaler Streifen stehen. Die meisten haben einen oder mehrere silberne Ringe am Finger und um den Oberarm eine zollbreite Spange Serpentinstein. Beim Ausgehen hängen sie sich stets den mächtig großen eisernen Hausschlüssel an einem Lederriemen um den Hals. Tabakschnupfen gilt für erlaubt; der Genuß des Haschisch wird nicht gern gesehen, ist aber trotzdem ganz allgemein, der von Spirituosen wird mehr im Geheimen geübt.

Auch zur Tracht der Frauen gehört das lange baumwollene Hemd, die Gandura, von weißer Farbe, bei den Atryaweibern jedoch von blauer. Ihr Schmuck besteht aus Arm- und Beinringen, je nach dem Vermögen der einzelnen aus Silber oder

Messing, Ohrringen, Korallenhalsbändern und Schnüren von Korallen und Glasperlen im Haar, das man nach der in den Negerländern üblichen Weise zusammenflicht und dann während des ganzen Lebens selten mehr als einigemal wieder auflöst, um es zu reinigen und neu zu ordnen.

Ich schätze die einheimische Bevölkerung von Rhadames auf fünftausend Seelen, wozu noch tausend sich auswärts Aufhaltende hinzukommen mögen. Als oberster Beamter der Stadt fungierte früher nur ein Mudir, seit 1864 ein türkischer Kaimmakam, der unter dem Gouverneur von Tripolis steht; er hat aber keine militärischen Kräfte außer einigen Soldaten aus dem Ghoriangebirge zur Verfügung. Zweiter Beamter ist der Schichel-bled oder Stadtältester. Dieser, einige angesehene Kaufleute, der Kadhi und der Mufti bilden zusammen den Rat, welcher sich wöchentlich einmal, in außerordentlichen Fällen auch öfter, beim Kaimmakam versammelt und bei Verteilung der öffentlichen Abgaben Stimmrecht hat, das heißt, zu allem »Ja« sagen muß, was die türkische Regierung befiehlt. Von den europäischen Mächten läßt sich nur Frankreich durch einen Konsularagenten, einen Eingeborenen, vertreten. England hat hier seit Jahren keinen Konsul mehr.

Ihre Handelsbeziehungen dehnen die Rhadameser nördlich bis Tunis und Tripolis, südlich bis Tuat, Timbuktu, Sokoto, Kano und Kuka aus. Sie sind die hauptsächlichsten Vermittler des Handels zwischen Zentralafrika und dem Mittelmeer: Sie bringen den zentralafrikanischen Ländern Tuche, weiße und bunte Kattune, fertige Tuchburnusse, rote Mützen, bunte seidene und baumwollene Tücher, Glasperlen, echte und nachgemachte Korallen, echte und gefälschte Essenzen, Messing, Papier, Blei, Pulver, Schwefel, kleine Spiegel, Messer, Scheren, Nadeln usw. und tauschen dagegen Sklaven, Elfenbein, Straußenfedern und Goldstaub ein. Letzterer kommt indes jetzt nur noch in unbedeutenden Quantitäten nach Rhadames, der meiste wird von Innerafrika aus nach der Westküste gebracht.

Die Stadt Rhadames gleicht von außen, wenn man die vor den Toren zerstreut stehenden Wohnungen der Beni-Belil abrechnet, mit ihren dicht aneinander geschlossenen mehrstöckigen Häusern, deren nackte Wände kaum hier und da im obersten

Wanderdünen in der Sahara

Teil von einer winzigen Fensteröffnung durchbrochen sind, einer unregelmäßig emporgemauerten kompakten Festung. Im Inneren führen die überbauten Gassen selten zu einem kleinen offenen Platz; fast alle aber münden auf den Markt oder auf den Platz, der das Bassin der Quelle umgibt. Abgesehen davon, daß die Quelle sich hier im Ort selbst befindet, erinnert Rhadames in seiner Bauart sehr an die Stadt Siuah in der Oase des Jupiter Ammon.

Sehr interessant ist der große Kirchhof, eine Grabstätte von zwei Kilometer Länge, die sich im Westen um die Stadt herumzieht. Die Menge der Gräber und Grabsteine geht ins Unglaubliche, doch konnte ich kein einziges antikes darunter entdecken, obwohl zu vermuten ist, daß längs der hindurchlaufenden Straße römische Grabmäler gestanden haben. Auch alte Inschriften in arabischer Sprache fand ich nicht. In der Mitte und am nördlichen Ende des Feldes liegen nur Gräber aus neuerer Zeit. Die Platten, mit denen sie gedeckt sind, namentlich die aus dem letzten und vorletzten Jahrhundert, sind nicht wie die älteren aus hartem Kalkstein, sondern aus Ton. Namen, Jahreszahl und ein Koranspruch wurden in den Ton geschrieben, solange er noch weich war; dann verhärtete die Masse an der Sonne, und vermöge der sehr trockenen Luft hat sich die Schrift meistens ganz gut erhalten.

Die Moscheen, deren es zwei große und mehrere kleine gibt, haben keinen architektonischen Wert, obgleich die darin verwendeten Säulen fast alle, wie es scheint, antiken Bauwerken entnommen sind. Das Innere der Wohnhäuser zeichnet sich durch Reinlichkeit und durch einen verhältnismäßigen Reichtum an Gerätschaften wie Truhen, Messinggeschirr, Spiegeln und dergleichen aus. Doch sind die Räume sehr beschränkt und entbehren daher gesunder Luft; nur einige außerhalb der eigentlichen Stadt in den Gärten stehende Häuser haben offene luftige Höfe. Von fern gesehen bietet die blendendweiße Häusermasse, aus einem dichten dunkelgrauen Palmenhain mitten in der vollkommen öden Sahara sich erhebend, einen überraschenden, höchst malerischen Anblick dar.

VIERTES KAPITEL

Meine Erlebnisse in Rhadames

Nicht ganz frohen Mutes hatte ich diesmal die Reise nach Rhadames unternommen. Einmal war die Jahreszeit, im Hochsommer, die möglichst ungünstigste für einen Aufenthalt am Rande der Sahara; sodann mußte ich besorgen, die Einwohner möchten unterdes in Erfahrung gebracht oder wenigstens Verdacht geschöpft haben, daß mein Renegatentum nur ein vorgebliches sei. Allein ich war entschlossen, allen Eventualitäten die Spitze zu bieten, konnte ich doch auf den Schutz der türkischen Regierung und auf die moralische Unterstützung der europäischen Konsuln zählen.

Wirklich stellten sich mir gleich am ersten Tag nach meiner Ankunft Widerwärtigkeiten entgegen. Als ich mich dem Pascha Kassem präsentierte, erklärte er, mein Bu-Djeruldi sei nur für Fesan gültig, verpflichte ihn mithin zu nichts. Nun hatte allerdings der Schreiber in Tripolis den Fehler begangen, Fesan besonders zu erwähnen, aber da der Paß auf ganz Tripolitanien lautete, mußte er selbstverständlich auch für Rhadames, wenngleich dies nicht speziell genannt war, volle Gültigkeit haben. Das Haus in der Stadt, das Kassem Pascha für mich räumen ließ, war viel zu klein, um mir und meiner Dienerschaft bequeme Herberge zu gewähren. Freundlicheren Empfang fand ich beim Mkadem (Vorsteher) der Sauya des Mulei-Thaib von Uesan; in der Voraussetzung aber, der Pascha werde der Sitte gemäß für mein Abendessen sorgen, unterließ auch er es, mir ein solches zu schicken, und ich selbst hatte, auf die Gastlichkeit eines von beiden rechnend, nichts für uns zubereiten lassen. So kam es, daß ich samt meinen Dienern und Kamelen den Tag hungrig beschließen mußte, denn als ich meinen Irrtum gewahr wurde, war es zu spät, um noch Lebensmittel einzukaufen.

Am folgenden Tag gestalteten sich meine Angelegenheiten günstiger. Der Pascha mochte doch wohl bedacht haben, daß sein ungastliches Benehmen üble Folgen für ihn haben könne; er schickte den Schich el-bled (Bürgermeister) zu mir, der mich fragte, ob ich im Besitz eines Firmans von Konstantinopel sei. Ich übergab ihm das Dokument, damit er es dem Pascha zeigte, und bald kehrte er zurück mit der Botschaft, der Pascha lasse wegen des Mißverständnisses um Entschuldigung bitten und habe befohlen, mir ein geräumigeres Wohnhaus vor dem Tor anzuweisen. Letzteres war eine große Wohltat für mich, denn es wäre schrecklich gewesen, hätte ich in der engen, dumpfen Stadt wohnen, am Tag durch die finsteren Straßen tappen müssen und nachts nicht einmal auf dem Dach des Hauses verweilen dürfen. Und die Umquartierung war umso dankenswerter, als außerhalb der Stadt nur wenige Häuser verfügbar sind. Meine neue Wohnung lag gerade der Sauya Mulei-Thaib gegenüber.

Abends sandte mir der Pascha denn auch das übliche Diner, oder Souper, wenn man will, heraus. Araber und Türken pflegen nämlich nur eine größere Tagesmahlzeit, und zwar gegen Abend, einzunehmen. Sobald die Rhadameser sahen, daß der Pascha mich mit Aufmerksamkeit behandelte, wurden sie ebenfalls willig und zuvorkommend gegen den fremden Gast.

Der Pascha, ein ältlicher Mann von ehrwürdigem Aussehen, ein echter Araber, war der Oheim jenes bekannten Rhuma, der die Türken so hartnäckig bekämpft und als einer der letzten in der Verteidigung des heimatlichen Bodens gegen die Fremdherrschaft ausgehalten hatte, dann geächtet und von allen seinen Landsleuten den schmählichsten Tod erlitt – wenn der Tod fürs Vaterland jemals ein schmählicher sein kann –, jetzt aber von den Bergbewohnern in Liedern gefeiert und sicher ruhmgekrönt im Andenken der Nachwelt fortleben wird. Kassem Pascha hingegen hielt es stets mit den Türken; er eignete sich ihre Sprache an und beobachtete aufs strengste ihre Sitten und Gebräuche. Im ganzen schien mir der Mann ziemlich vorurteilsfrei zu sein, und wir wurden nach und nach recht gute Freunde.

Köcher der Tuareg

Am schwersten mochte es ihm ankommen, daß er als türkischer Beamter gezwungen war, sich fast ganz europäisch zu kleiden, nämlich den offiziellen schwarzen Rock, graue enge Beinkleider und Glanzstiefel zu tragen. Denn nichts widerstrebt den fanatischen Arabern mehr als die Anlegung europäischer Tracht, welche sie ihrer Meinung nach entheiligt und ihnen einen anderen als den gewollten Charakter aufprägt.

Ich richtete mich nun in meiner Wohnung häuslich ein. Das Gebäude enthielt ein Erdgeschoß, zu Küche, Magazinen und Ställen dienend, und im oberen Stock ein größeres und ein kleineres Zimmer mit davorliegendem plattem Dach. Das große Zimmer machte ich vollkommen dunkel, um die Fliegen daraus zu vertreiben, die in Rhadames, wie in allen Dattelbaum-Oasen, zur Qual und Folter des europäischen Reisenden in Unmasse vorhanden sind. Absolute Finsternis ist das einzige Mittel, sie von einem Wohnraum fernzuhalten. Meine Kamele wurden auf die Weide geschickt. Einen meiner Neger sandte ich nach Tripolis, damit er etwa für mich ankommende Briefe und Sendungen von dort abholte.

Das Thermometer stieg jetzt nachmittags auf +50 Grad im Schatten und zeigte selbst morgens vor Sonnenaufgang immer schon über zwanzig Grad. Indes bewirkten der gleich des Morgens stattfindende ziemlich starke Luftzug, die leichte Kleidung und die beständige gelinde Transpiration der Haut, daß mir die Hitze nicht allzu lästig erschien. Die Nächte, die ich auf dem Dach meiner Wohnung verbrachte, waren in der Regel herrlich; doch mußte dasselbe lange vorher tüchtig mit Wasser überschwemmt werden, so sehr war es durch die fast senkrecht herabschießenden Sonnenstrahlen erhitzt.

Dennoch bekam meine bereits stark angegriffene Gesundheit durch die erschlaffende Hitze, vielleicht auch durch den unvorsichtigen Genuß von Melonen einen neuen Stoß. Ich erkrankte ernstlich und schwebte einige Tage in wirklicher Lebensgefahr. Fortwährende heftige Blutentleerungen aus dem Darm schwächten mich derart, daß ich an meinem Aufkommen verzweifelte. An Essen durfte ich gar nicht mehr denken, ebensowenig wagte ich es, meinen Durst zu stillen. Strengste Enthaltsamkeit und große Gaben von Opium brachten endlich zwar die entsetzliche Darmblutung zum Stillstand, aber durch die lange Gewöhnung an den Genuß von Opiaten war meinem Körper dieses Narkotikum unentbehrlich geworden. Versuchte ich, damit innezuhalten, so stellte sich sogleich wieder wässrige Diarrhöe ein, und ich mußte daher immer von neuem mich in jenen halbtaumeligen, keineswegs angenehmen Zustand versetzen. Einige Dutzend Flaschen Bordeauxwein, die mir mein Freund Botta von Tripolis zuschickte, hatten eine günstige Wirkung, wenn sie mich auch nicht gänzlich zu heilen vermochten.

Als ich soweit genesen war, um wieder ausgehen zu können, versäumte ich nicht den fleißigen Besuch der Moscheen, in welchen die erwähnten antiken Säulen von Kalk- oder Sandstein, meist aus einem Stück, mit ihren zierlichen Kapitälen und geraden oder spiralförmigen Kannelüren meine Aufmerksamkeit fesselten.

Die Einwohner sahen es gern, wenn ich ihre Moschee besuchte, denn sie hielten mich für einen Rechtgläubigen und waren in dieser Meinung noch durch höchst günstige Berichte über mich, die inzwischen aus Tuat eingelaufen waren, bestärkt worden. Der Hadj Abd-el-Kader von Ain-Ssalah hatte mir eine Pistole zur Reparatur nach Tripolis mitgegeben, aber niemand verstand

Mit Brandmalerei verzierter Schöpflöffel der Tuareg

sich dort auf die Arbeit, und in Rhadames angekommen, schickte ich die Pistole an ihn zurück, zugleich als Geschenk einen achtzehn Schuß haltenden Lefaucheux-Revolver nebst dazugehöriger Munition. Nach einiger Zeit erhielt ich ein Schreiben von ihm, dessen Inhalt ich natürlich allen meinen Rhadameser Freunden mitteilte. Für mich ging daraus hervor, daß ich ohne Gefahr hätte wieder nach Tuat kommen können. Allein was sollte ich dort? Über Tuat nach Timbuktu ziehen nur die von Rhadames ausgehenden Karawanen, und hier stand für die nächste Zeit der Aufbruch keiner Karawane dahin in Aussicht. Auch erwartete ich ja noch von Tag zu Tag die Ankunft Si-Othman ben Bikris, der mich der Verabredung gemäß nach Ideles begleiten sollte.

Wie von den Stadtbewohnern wurde ich auch von Tuareg viel besucht, selbst von jungen, nicht unschönen Tuaregmädchen. Letztere gaben sich, um meine Gunst zu gewinnen, für Verwandte Si-Othmans aus. Bei jedem Besuch wußten mir übrigens die Mädchen einige begehrenswerte Gegenstände, kleine Spiegel, Taschentücher, Glasperlen, Nadeln und dergleichen, abzubetteln.

Kamen targische Männer zu mir, so hinterließen sie immer eine bedeutende Lücke in meiner Speisekammer. Dies veranlaßte einmal einen fatalen Auftritt, der leicht von sehr üblen Folgen für mich hätte sein können. Mein kleiner Spitz Mursuk, ebenso bissig als wachsam, hegte einen unüberwindlichen Widerwillen gegen Fremde, die meinem Hause nahten, und er hatte darin einen sympathischen Bundesgenossen in meinem geizigen Diener Schtaui, von dem ich sogar die Äußerung vernahm: »Gott segne dich, Hund! Wenn wir dich nicht hätten, würden uns die Tuareg gar nichts übriglassen.« – Unerhört in dem Munde eines Muselmans, da bekanntlich Hunde den Mohammedanern als unrein gelten und tief von ihnen verachtet werden. Eines Tages hörte ich von der Straße her rufen: »Binde den Hund an, Mustafa, bindet den Hund an; es kommen Freunde!« Ich befahl, Mursuk anzubinden, und ließ dann durch einen Diener die Ankommenden vor der Haustür empfangen und zu mir heraufführen. Vorsichtigen und langsamen Schritts traten drei Tuareg ein, den Litham vorm Gesicht, in der Rechten den langen Speer,

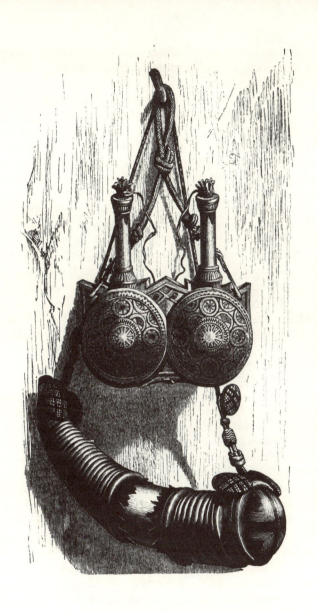

Pulverflaschen der Tuareg

in der Linken einen Rosenkranz, Hals und Brust mit Amuletten, kleinen, schmutzigen, einen Koranspruch umschließenden Ledersäckchen, behängt. Den Speer lehnten sie an die Wand, doch blieb ihnen als Waffe der Dolch, der an der inneren Seite des Vorderarmes getragen wird. Sobald sie mir gegenüber Platz genommen und die gegenseitigen Erkundigungen nach dem Befinden ausgetauscht waren, ließ ich ihnen sechs Brote, jedes von einem halben Pfund, eine große Schüssel voll gesalzenen Öls, in welches man die Brotbissen eintaucht, und eine saftige Melone vorsetzen. Sie langten eifrig zu, dabei ihr Gesicht vollständig entblößend, während sonst die Tuareg in Gegenwart von Fremden beim Essen verschleiert bleiben und die Bissen unter dem Litham in den Mund schieben. Plötzlich stößt einer von ihnen einen lauten Schmerzensschrei aus, und in demselben Augenblick sehe ich Mursuk, der sich unbemerkt eingeschlichen hat, die Treppe wieder hinunterlaufen. Der Schreiende war von dem Hund in den Rücken gebissen worden. Mit wütenden Gebärden sprangen die beiden anderen auf mich zu, um ihren verwundeten Kameraden an mir zu rächen, und wer weiß was geschehen wäre, hätte ich nicht meinen Revolver zur Hand gehabt. Doch ich wußte ein Beschwichtigungsmittel. Ich rief Schtaui, den ich im Verdacht hatte, den Hund losgebunden zu haben, und trug ihm auf, sogleich noch sechs Brote, eine Schale Öl, die größte Melone und ein Pfund »Chlea« (in Fett gesottenes Fleisch) heraufzuholen. Schtaui war entsetzt. »Um Gotteswillen«, stotterte er, »bedenkt doch, ein Pfund Chlea kostet ja einen halben Mahbub.« »Geschwind«, sagte ich, »geh, oder ich schicke Hammed; du weißt, der ist kein Knauser wie du.« Zögernd gehorchte er. Die Tuareg, des Arabischen nur unvollkommen mächtig, hatten meinen Befehl nicht verstanden, fuhren daher fort zu fluchen und mich zu bedrohen. Desto größer war die Wirkung, als sie eine zweite vermehrte Auflage der Kollation erscheinen sahen. »O Mustafa«, hieß es nun, »was für ein großmütiger Mann bist du! Dir zu Ehren wollen wir uns jetzt vollends satt essen. Gott segne dich, wir werden überall deine Gastfreundschaft rühmen.« Schnell machten sie sich an die Vertilgung der ihnen so unerwartet gekommenen Vorräte, und wir schieden im besten Einvernehmen. Dennoch hielt ich es für

Tuareg, die verschleierten Männer

ratsam, wegen der Bißwunde des Targi am anderen Tag noch einmal Brot, Öl und Melonen auftragen zu lassen, denn es war zu wichtig für mich, mit den Tuareg, »den Herren der Karawanenstraßen«, gute Freundschaft zu halten.

Unzweifelhaft sind die Tuareg Berber oder doch gemeinsamen Ursprungs mit diesen, wie sie auch dieselbe Sprache, das Tamasirth, reden. Aber der Aufenthalt in der Wüste, der ja innerhalb eines oder zweier Jahre die Wolle des Schafs in Haare verwandelt, hat im Laufe der Zeit einen wesentlich umgestaltenden Einfluß auf sie ausgeübt. Dies tritt in ihren Sitten und Einrichtungen auffallend hervor. Während z. B. bei den Arabern die Frau nur Sklavin ist, bei den Berbern, die in ganz Nordafrika mehr oder weniger mit Arabern untermischt wohnen, die Frau schon mehr Selbständigkeit genießt, nimmt sie bei den Tuareg eine wahrhaft bevorzugte Stellung ein, denn sogar die Erbfolge der Häuptlinge wird durch weibliche Deszendenz

Tuareg auf ihren Reitkamelen (Meheris)

bestimmt. Noch weniger als in den Berberstämmen hat auch der Islam unter den Tuareg feste Wurzel zu fassen vermocht, vielmehr legten sie alles wieder davon ab, was mit ihren alten Bräuchen in Widerspruch stand. Ist doch nach Barth das Wort Tuareg eine Zusammenziehung aus »tereku dinihum«, d. h. sie haben ihre Religion verlassen, und es soll ihnen der Name wegen ihres öfteren Abfalls vom Mohammedanismus durch die Araber beigelegt worden sein.

Obschon meine Genesung nur erst halb vollendet war, hätte ich doch keinen Augenblick gezögert, nach dem Hogar-Land aufzubrechen, wäre der sehnlichst erwartete Si-Othman ben Bikri erschienen, der einzige, in dessen Geleit ich die Reise dorthin wagen konnte. Oft genug kamen zwar andere Tuareghäuptlinge zu mir, mit dem Erbieten, mich sicher nach Ideles zu bringen, aber es waren entweder Schurken, die auf meine Unerfahrenheit spekulieren zu können meinten, oder Leichtsinnige, die ihre Versprechungen nicht zu halten vermocht hätten.

Die einen wie die anderen nahmen meine beabsichtigte Reise nach Ideles nur zum Vorwand, um sich zum ewigen Ärger Schtauis an meinen Mundvorräten gütlich zu tun.

Endlich sollte ich der langen Ungewißheit enthoben werden. Gegen Ende August brachte mir der Schantat (zu Kamel reitender Postbote) mit den in Tripolis für mich eingelaufenen Briefen auch die neuen französischen Zeitungsblätter. Da las ich im Moniteur folgende Note: »In Algier wird in den nächsten Tagen der Tuareghäuptling Si-Othman ben Bikri erwartet, der mit einem zahlreichen Gefolge von Rhadames kommt, um dem Gouverneur von Algerien einen Besuch abzustatten.«

Jetzt wäre es reine Zeitverschwendung gewesen, noch länger in Rhadames zu bleiben, denn bis zur Wiederankunft Si-Othmans aus Algier mußten im besten Fall mehrere Monate verstreichen. Derselbe hatte mir gegenüber also nach unseren Begriffen sein Wort gebrochen; er selbst freilich, der wie alle seine Landsleute vom Wert der Zeit sich keine Vorstellung machen kann, mochte die Sache leichter nehmen und etwa so raisonnieren: Mustafa wird schon noch warten; ohne mich kann er nicht nach Ideles gehen, und da er in Rhadames gut aufgehoben ist, so liegt ja nichts daran, wenn er, so Gott will, vielleicht ein Jahr dort verweilt. Und dieser Logik gemäß glaubte er sich wohl keines Unrechts gegen mich schuldig zu machen, wenn er inzwischen erst einen Zug nach Algier unternahm.

Mein Entschluß war schnell gefaßt. Die Reise nach dem Hogar-Lande wurde aufgegeben, und dafür die Tour über Fesan fest in Aussicht genommen. Ich hoffte, dieses Land werde auch ohne Anschluß an eine Karawane sicher zu erreichen sein; und von da werde sich dann Gelegenheit zum weiteren Vordringen finden. Zuvor mußte ich aber nach Misda zurückgehen, um mir dort Kamele bis Mursuk zu mieten.

Nicht ohne Bedauern schied ich von Rhadames und seinen Bewohnern, die ich trotz ihrer zur Schau getragener Scheinheiligkeit liebgewonnen hatte. Sie hatten mir in meiner schweren Krankheit Teilnahme bezeigt und manchen Liebesdienst erwiesen, einige, wie der alte blinde Omar, der Mkadem der Sauya Mulei-Thaibs, waren mit mir näher befreundet. Meinerseits hatte ich die herrschenden Vorurteile soviel wie möglich respektiert, am Freitag regelmäßig die Djemma (Moschee) besucht und dem Ableiern des langwiligen Chotbah-Gebets beigewohnt, alles bar und teurer als die Tuareg bezahlt, so auch für das Haus, das ich bewohnte, einen verhältnismäßig hohen Mietzins entrichtet, endlich durch Schenkung eines Lefaucheux mit vierundzwanzig Schuß an Kassem-Pascha diesen zu meinem Freund gemacht - alles das hatte seine Wirkung nicht verfehlt, und man ließ mich merken, daß ich ein gern gesehener Gast war. Gegenseitiges Wohlwollen bekundete sich nun auch bei meiner Abreise. Eine große Zahl von Bekannten war aus der Stadt gekommen, mir ein letztes Lebewohl zu sagen, umschwärmt von der Rhadameser Jugend, die noch einmal meinen Mursuk, das Wundertier, bestaunen wollte. Viele Händedrücke, viele Ssalams, viele Rufe »Auf Wiedersehen« wurden ausgetauscht, als ich am 31. August nachmittags Rhadames verließ.

FÜNFTES KAPITEL

Von Rhadames nach den Schwarzen Bergen

Unsere Karawane war von stattlicher Länge; außer meinen eigenen befanden sich fünfzig Sintaner-Kamele in dem Zug, die Waren nach Rhadames gebracht und jetzt, bis auf einige, die von mir gemietet waren, unbeladen zurückgingen.

Als Reisegefährten hatte ich eine damals von den Tripolitanern für äußerst wichtig gehaltene Persönlichkeit, Hammed-Aga, Hauptmann in der Armee des türkischen Sultans, zugleich aber Leibkutscher und, wie man sagte, intimer Vertrauter des Muschir-Pascha in Tripolis. Er war von diesem abgesandt worden, um Kassem-Pascha den Firman seiner Versetzung nach Rhadames auszuhändigen, und da der Empfänger eines neuen Firmans dem Überbringer desselben ein reiches Geldgeschenk machen muß, ist allerdings eine solche Mission als besonderer Gunstbeweis für den damit Betrauten anzusehen. Ich besaß die Zuneigung des Hauptmann-Kutschers, weil ich ihm in Rhadames, als sein Vorrat an Araki, dessen Genuß er leidenschaftlich ergeben war, zu Ende ging, einige Flaschen dieses edlen Getränkes zu verschaffen gewußt hatte. Für die Rückreise hatte ihn natürlich Kassem-Pascha genügend damit versorgt. Nach orientalischer Weise freigiebig, in Glaubenssachen so tolerant, wie es ein Türke sein kann, liebte er das weibliche Geschlecht über die Maßen, war aber mit nur einer Frau verheiratet.

Eine kurze Strecke verfolgten wir den Weg, auf dem ich von Misda gekommen war, und lenkten dann scharf nach Süden ab bis zu einem Weg, der in der Entfernung von etwa zwei Stunden mit jenem parallel läuft. Bei Sonnenuntergang wurde halt gemacht, um zu kochen, bald aber weitermarschiert und erst um Mitternacht am Djebel Krab genächtigt.

Während der Abendrast vermißte Hammed-Aga, der sich bereits in sehr angeheitertem Zustand befand, das Emblem seiner Würde, seine lange silberbeschlagene Peitsche. Er erinnerte sich, daß er sie beim Abschied von Kassem-Pascha im Hof von dessen Wohnung hatte stehen lassen, und schickte einen seiner Diener – der Kutscher des Paschas von Tripolitanien ist in der Lage, sich mehrere Diener halten zu können – zwecks ihrer Abholung zurück. Derselbe kehrte aber ohne Peitsche wieder, die mit dem glänzenden Silberbeschlag mittlerweile Liebhaber angelockt und trotz allen Suchens verschwunden blieb. Der Hauptmann-Kutscher war außer sich über den Verlust; lieber hätte er seinen Säbel eingebüßt als die Peitsche, noch dazu das Eigentum seines Herrn. In seiner Wut überhäufte er die uns begleitenden Beduinen mit den gröbsten Schimpfworten, und die Geschmähten, obgleich vollkommen unschuldig an dem Vorfall, wagten nicht, gegen den Günstling des Muschir-Pascha den Mund aufzutun. Um Zorn und Ärger zu ertrinken, schaute er nun noch tiefer in die Arakiflasche, so daß er, als wir wieder aufsaßen, sich kaum noch auf den Beinen halten konnte. Die

Kameltreiber wollten ihn auf seinem Tier festbinden, damit er von dem hohen Sitz nicht herabfiel, aber er stieß sie schimpfend beiseite. Glücklich überwand er auch ohne ihre Hilfe die ersten zwei schaukelnden Bewegungen, die das Kamel im Aufstehen macht, bei der dritten jedoch plumpste sein schwerer Körper, nach hinten sich überschlagend, auf höchst possierliche Art zu Boden. Betrunkene fallen fast immer ungefährlich; so kam auch unser Trunkenbold mit einigen leichten Quetschungen davon. »Gott und unser gnädiger Herr Mohammed haben Erbarmen mit mir! Ich werde zehn Tage fasten und morgen wieder beten!« lallte er, etwas ernüchtert und offenbar seinen Sturz als eine Strafe Gottes für das Arakitrinken ansehend. Geduldig ließ er es jetzt zu, daß ihn die Treiber auf das Kamel hoben und mit Stricken an dem Sitz festbanden. Am anderen Morgen aber, als er seinen Rausch ausgeschlafen und sah, wie unbedeutend die erlittenen Quetschungen waren, fragte er mich ganz ernsthaft, ob ich glaube, daß unser gnädiger Herr Mohammed das Weintrinken absolut verboten habe. »Gewiß«, erwiderte ich, »aber das Schnapstrinken nicht.« »Mustafa, du bist ein weiser Mann!« sagte er und tat einen kräftigen Zug aus seiner Schnapsflasche.

Wir langten ohne weitere Fährlichkeiten in Derdj an. Die Roheit und Überheblichkeit Hammed-Agas traten hier wieder aufs krasseste zu Tage. Wie ich, hatte er vom Kaimmakam in Rhadames einen besonderen Empfehlungsbrief an den Mudir (Ortsvorsteher) von Derdj erhalten. Mit diesem Schreiben schickte er seinen Diener in den Ort und befahl ihm: »Sag dem Schwein, dem Araberhund, er soll den Brief seines Vorgesetzten in Empfang nehmen!« Aber an dem Mudir hatte er seinen Mann gefunden. »Sag dem Religionsschänder, dem Schnapstrinker«, lautete die Antwort, »daß ich nichts mit ihm zu tun haben will.« Hammed-Aga raste; seine Diener sollten den Mudir gebunden vor ihn bringen, und da sie wohlweislich den unsinnigen Befehl nicht ausführten, mußten sie mit Schlägen dafür büßen.

Mir wurde durch den Mudir, meiner Sicherheit wegen und weil ein längeres Lagern unter dem Zelt bei der brennenden Hitze nicht zu ertragen gewesen wäre, ein Haus in der Stadt zur Wohnung angewiesen, freilich auch kein angenehmer Aufenthalt, da es vor Schmutz starrte und mehr einer Höhle für wilde

Tiere als einer menschlichen Wohnstätte ähnlich sah. Hier kam nun der Prozeß um das ausgeschlagene Kamelauge zum Austrag. Der Eigentümer des verletzten Tiers hatte in Rhadames seine Ansprüche nicht geltend gemacht, sondern war bald wieder mit voller Ladung von da nach dem Gebirge abgegangen und inzwischen nach Derdj zurückgekehrt. Jetzt verlangte er von mir den halben Preis seines Kamels als Schadenersatz, indem er sich meines Negers zu bemächtigen drohte, falls die Forderung nicht befriedigt würde. Schließlich klagte er bei dem Kadhi von Derdj. Dieser verurteilte mich zur Zahlung von zehn Mahbub, setzte aber, als ich einwandte, daß ja das Tier dienstfähig geblieben sei, den Betrag auf die Hälfte herab. »Einen Sbili« (= einen viertel Mahbub), sagte er zu mir gewendet, »steuere ich selbst bei, einen mag dein Neger geben, und den Rest wirst du zahlen.« Cheir legte wirklich einen Sbili hin, ich zählte das übrige auf, und der Kläger war im Begriff, das Geld einzustreichen. Da redete ihn der Kadhi wieder an: »Wo ist denn jetzt dein Kamel?« – »Auf einer Reise nach Misda.« »Hm, hm! Wenn das Tier so reisetüchtig ist, daß es fortwährend auf der Straße sein kann, so brauchst du gar keinen Schadenersatz, Freund meines Herzens; jedenfalls muß ich den Schaden erst besichtigen.« Mit diesen Worten steckte der würdige Richter das Geld in seine Tasche und entfernte sich, um, wie er sagte, ein Extragebet zu verrichten. Der verdutzte Eigentümer des Kamels aber schaute ihm offenen Mundes nach.

Ich verweilte mehrere Tage in Derdj, weil ich Kamele und einen Chaber (Karawanenführer) für die direkte Tour von da nach Mursuk zu mieten gedachte. Aber die Leute machten so hohe Forderungen, daß ich nicht darauf eingehen konnte, sondern die Reise bis Misda fortzusetzen beschloß. Meinen Diener Hammed ließ ich mit dem Hauptmann-Kutscher nach Tripolis gehen; er sollte kürzlich für mich eingetroffene Gelder daselbst abholen und sie mir, auf geradem Weg reisend, nach Mursuk bringen.

Einige Tagesmärsche vor Misda ward eines meiner Kamele sehr schwach; mochte es schädliche Kräuter gefressen haben oder das stark abführende Wasser nicht vertragen können, oder war die ihm aufgebürdete Last zu groß gewesen, es siechte zusehends dahin, und ich mußte es an der Straße zurücklassen, hoffend, es werde sich selbst gutes Wasser und heilsame Kräuter suchen und sich vielleicht wieder erholen. Daß es gestohlen werden möchte, brauchte ich nicht zu besorgen. Denn während Raubzüge unternommen werden, um Kamele zu stehlen, auch wohl einzelne Kamele aus der Karawane oder aus dem Lager abhanden kommen, vergreift sich niemand an einem der Natur anvertrauten Kamel, selbst wenn es wieder gesund geworden ist. Ebenso werden Karawanen angefallen und geplündert, aber Waren oder Güter, die man auf der Straße abwirft, um die Last der Kamele zu erleichtern, bleiben unberührt an der Stelle liegen.

In ganz Nordafrika, in den sogenannten Berberstaaten wie in den Oasen der südlich davon sich ausbreitenden Sahara, ist nur das einhöckrige arabische Kamel bekannt. In Ägypten bewirkte das bessere Futter, das reichliche süße Wasser und die Kürze der Märsche Verschiedenheiten in der Entwicklung des Tieres, vermöge deren es dort durchschnittlich größer ist und schwerere Lasten tragen kann. Nach Brehm trägt in Ägypten ein Kamel bis zu eintausend Pfund; in den übrigen nordafrikanischen Ländern ist die größte Kamellast fünfhundert Pfund, und dies auch nur bei kurzen Märschen; auf langen Wüstenreisen darf man nie mehr als dreihundert Pfund aufladen. Obwohl nirgends auf ägyptischen Denkmälern ein Kamel abgebildet ist, scheint doch die Annahme begründet, daß es in diesem östlichen Teil von Afrika schon in den frühesten Zeiten heimisch gewesen und später von da in die westlichen Länder eingeführt wurde.

Von dem arabischen Kamel Nordafrikas unterscheidet sich das afrikanische oder Meheri-Kamel, dessen Heimat die Zentralsahara ist, wie etwa der afrikanische Elefant sich vom indischen unterscheidet. Die abweichenden Merkmale sind so wesentlich, daß man jetzt die Meheri wohl als eine eigene Rasse bezeichnen darf, was indes die Möglichkeit, das arabische und das afrikanische Kamel seien ursprünglich eins gewesen, keineswegs ausschließt.

Für Reisen in der Sahara ist das Meheri dem Menschen unentbehrlich, ja, das Passieren der großen Wüste wäre ohne dieses Tier eine Unmöglichkeit. Es trägt verhältnismäßig große

Lasten, kann im Notfall bis zu zehn Tage ohne Wasser existieren, nimmt mit der dürftigsten Nahrung fürlieb und zeichnet sich durch einen merkwürdigen Ortssinn aus. Nicht selten sind Karawanen, die sich verirrt hatten, bloß durch die Spürkraft der Kamele zu einer Oase oder zu einem Brunnen geleitet worden, denn Wasser wird von ihnen, namentlich wenn sie lange gedurstet haben und man sie frei gehen läßt, aus weiter Ferne gewittert. Trotz ihrer passiven Natur zeigen die Kamele Erkenntlichkeit und Anhänglichkeit gegenüber ihren Wohltätern. Ich gab dem Kamel, das ich gewöhnlich ritt, öfters ein Stück Brot oder eine Handvoll Datteln; war es nun mit anderen wochenlang fern auf der Weide gewesen, so erkannte es mich bei der Zurückkunft doch wieder, kam ungerufen auf mich zu und beschnupperte meine Hand in Erinnerung der aus ihr empfangenen Spenden. Wenn in großen Karawanen die Kamele abends zu ihren Lagerplätzen zurückkehren, weiß jedes von selbst das Zelt seines Herrn herauszufinden.

Kamelfessel

Mein unterwegs zurückgelassenes Kamel hatte sich ganz allein, unserer Spur folgend, bis Misda fortgeschleppt. Da ich immer noch hoffte, es würde genesen, schloß ich mit einem Eingeborenen einen schriftlichen Kontrakt, nach welchem er sich verpflichtete, das Tier in seine Herde aufzunehmen, es gut zu pflegen und, wenn es sich soweit erholt, zum Verkauf nach Tripolis zu führen, wogegen der vierte Teil des Erlöses ihm selbst zukommen sollte. Aber schon am nächsten Tag sagte man mir, der Zustand des leidenden Tieres habe sich derart verschlimmert, daß der Tod jeden Augenblick zu erwarten wäre, ich müsse daher, falls ich sein Fell und Fleisch retten wolle, es sofort abstechen lassen. Nur das Fleisch von einem abgestochenen Kamel nämlich ist den Mohammedanern zu genießen erlaubt; von einem Kamel, das gefallen, durch eine Kugel getötet oder vom Blitz erschlagen worden ist, darf kein Rechtgläubiger essen. Doch kann das Abstechen von jederman verrichtet werden, es ist nicht wie bei den Juden eine durch den Rabbiner oder einen anderen geistlichen Beamten zu vollziehende Zeremonie. Mein Neger Cheir stach das Tier regelrecht ab; das Fleisch verschenkte ich, für das Fell wurden mir dreieinhalb Mahbub bezahlt.

Die Misdaner, oder wie sie allgemein genannt werden, die Kontharar, forderten nicht minder unverschämte Mietpreise für ihre Kamele als die Einwohner von Derdj. Zum Glück waren gerade Uled Mschaschia angekommen, die nach Fesan zogen, um dort gegen Getreide ihren Winterbedarf an Datteln einzutauschen. Sie vermieteten mir Kamele für den verhältnismäßig billigen Preis von sechs Mahbub das Stück bis Schati, der nördlichsten Provinz von Fesan. Solcher Austausch der Produkte zwischen den ackerbautreibenden Arabern und Berbern einerseits und den Bewohnern der palmenreichen Oasen der Sahara andererseits findet im ganzen Norden von Afrika statt. Jede Oase, jede Ortschaft hat bestimmte Triben der Tell (der kultivierbaren Zone), die alljährlich Getreide hinbringen und Datteln dafür mitheimnehmen. Nach der Qualität der Datteln wie des Getreides richtet sich die Zahl der Dattelladungen, die für eine Ladung Weizen oder Gerste geliefert werden. Immer aber übersteigt die Quantität der Datteln die des dafür abgelieferten Getreides, und es führen deshalb die nach den Oasen ziehenden Getreidekarawanen eine Anzahl leerer, unbeladener Kamele mit sich.

Am 29. September nachmittags um vier Uhr konnte ich dem langweiligen Ort Misda den Rücken kehren. Obgleich noch immer unpäßlich und zum fortwährenden Gebrauch von Opium genötigt, war ich doch frohen Mutes, da ich ja nun Gelegenheit fand, auf einem Weg nach Fesan zu gehen, den vor mir noch kein Europäer betreten hatte. Bis hierher durfte ich nicht wagen, anders als unter der Maske eines Muselmans zu reisen. Jetzt ging es südwärts in Länder, deren Bewohner nicht wie die fanatische Bevölkerung des Rharb jeden Andersgläubigen feindselig behandeln oder gar mit dem Tod bedrohen. In dem toleranten Fesan, in Bornu, wo Europäer freundlich aufgenommen werden, hat es keinen Zweck, orientalische Tracht anzulegen, und ich sehe nicht ein, warum Barth, Vogel und vor ihnen Denham und Clapperton, die doch ihren christlichen Glauben niemals verleugneten, sich derselben bedient haben. Sobald mir die Palmen von Misda aus den Augen geschwunden, warf ich meine Vermummung ab und kleidete mich in einen leichten europäischen Sommeranzug. Für meine Begleiter, auch die Kameltreiber, hatte diese Metamorphose nichts Auffälliges, da auch viele Türken, insbesondere fast alle türkischen Beamten, nach europäischer Art gekleidet sind.

Wir nahmen die gerade südliche Richtung, erstiegen das Ufer des Ssufedjin und gelangten dann in das Uadi Djeradja, dessen Verästelung uns abends um halb acht Uhr auf ein Plateau brachte. Glatte Felsplatten, vom Wasser polierte Kalksteinwände, im Wege liegende große und kleine Blöcke und loses Geröll machten das Heraufsteigen sehr beschwerlich. Überdies begegnete uns, als es schon anfing zu dunkeln, eine große von Fesan kommende Karawane; es entstand allgemeine Verwirrung, und nur mit viel Mühe konnten unsere Kamele, die, weil sie eben erst von der Weide gekommen, sehr wild waren, wieder zur Ruhe gebracht werden. Um acht Uhr abends lagerten wir etwas rechts vom Weg.

Am zweiten Tag hatten wir kaum drei Stunden in der Richtung von 160 Grad zurückgelegt, als die Mschaschia halt machten, unter dem Vorgeben, daß sie auf einen der Ihrigen warten müßten. Der wahre Grund, weshalb sie nicht weiter wollten, war aber wohl die gute Kamelweide, die sie hier fanden. Es wächst nämlich an der Stelle viel Gelgelan, eine Kruzifere, die das Eigentümliche hat, daß sie sehr energisch Wasser aus der Luft anzieht; selbst wenn gar kein Tau fällt und andere Pflanzen völlig trocken sind, hängen morgens die Zweige des Gelgelan voll großer Wassertropfen. Vielleicht ist es der starke Salzgehalt dieser Pflanze, der das Wasser anzieht; oder sie besitzt vielleicht eigens konstruierte Sauggefäße, mit denen sie die Feuchtigkeit aus der Luft zu konzentrieren vermag. Der Lagerplatz war übrigens einladend genug, und wir ließen uns das saftige Gazellenfleisch, das wir von Misda mitgebracht hatten, wo man es alle Tage frisch zu kaufen bekommt, vortrefflich schmecken. Gegen Mittag aber belästigte uns sehr der von einem heftigen Nordostwind aufgewirbelte, alles durchdringende Sand.

Erst andernmorgens um acht Uhr kam der erwartete Mschaschia an. Nach zweistündigem Marsch in gerader östlicher Richtung stießen wir auf das Uadi Ertiss, ein von Südsüdost herlaufendes Flußbett, das von steilen Wänden eingefaßt ist und in dem sich zwei Brunnen, zwar von geringer Tiefe, aber mit ausgezeichnet gutem Wasser befinden. Wir ›gielten‹ von neun bis elf Uhr an einem der eben erwähnten Brunnen.

Ich benutzte die Zeit zum Besuch eines in der Nähe befindlichen Denkmals der Römerherrschaft. Es würde vollkommen unerklärlich sein, wie man sich veranlaßt finden konnte, in diesen so armseligen, ja zum größten Teil ganz vegetationslosen Gegenden so viele monumentale Bauwerke zu errichten, wenn wir nicht annehmen müßten, daß eben diese Gegenden einst wesentlich anders beschaffen waren, daß sie eine bei weitem reichere Vegetation besaßen und einer dichten Bevölkerung zu Wohnsitzen dienten. Das von mir besuchte Denkmal aus schönen Kalkquadern erhob sich zu zwei Stockwerken, im ganzen etwa 20 Fuß hoch; doch muß es noch höher gewesen sein, da die Spitze abgebrochen war. In seiner Vollendung scheint es die Form eines Obelisken gehabt zu haben. Von außen ohne Schmuck, enthielt es im Inneren zwei erbrochene Grabgewölbe, deren Wände mit Skulpturen, Tiere, namentlich Windhunde und Antilopen darstellend, bedeckt waren.

Am 2. Oktober waren wir um sechs Uhr morgens marschbereit. Die Gegend wurde jetzt wellig, fast gebirgig, und allmählich stieg der Weg den Djebel Egenn hinan. Von der Paßhöhe hat man einen herrlichen Überblick, dessen Reiz noch durch die zahlreichen Ruinen und durch das Grün der in gebrochenen Linien sich hinziehenden Uadis erhöht wird. Die Hitze nötigte uns jetzt nicht mehr, in den heißesten Tagesstunden stillzuliegen. Bis drei Uhr zogen wir im Uadi Talha fort, passierten um fünf Uhr einen kleinen Höhenzug und befanden uns nach einer Stunde in dem Tal Frofren, wo das Lager aufgeschlagen wurde.

Mehrmals hatte uns an dem Tag eine Bande von acht bis zehn Mann, zwei zu Pferd, die übrigen auf Kamelen, in der Ferne umschwärmt, die aber, sobald wir halt machten oder sie heranwinkten, stets eiligst wieder davonjagte. Da nun die Gegend, welche mit ihrem kupierten Terrain sowie in den Ruinen der alten Kastelle und Grabmäler zahlreiche verborgene Schlupfwinkel bietet, nicht im besten Ruf der Sicherheit steht, so galt es, auf der Hut zu sein. Einen offenen Angriff hatten wir zwar von der Bande nicht zu fürchten, wir waren ihr dreifach an Zahl überlegen und alle bis an die Zähne bewaffnet, wohl aber konnten sie unter dem Schutz der Nacht versuchen, uns Kamele wegzutreiben oder sonstwie zu bestehlen. In Rücksicht darauf wählte ich zum Lagerplatz den Raum vor einer hohen unersteiglichen Felswand, die uns den Rücken deckte, ließ aus übereinander getürmten Kisten und Hauyat (Kamelsättel) zwei vorspringende Flügel bilden und in das so gewonnene Reduit die Kamele einstellen. Als Wächter wurde mein Spitz Mursuk davorgelegt, dann überließen wir uns ruhig dem Schlaf.

Es mußte, nach den Sternen zu urteilen – meine Uhr verschloß ich gewöhnlich des Nachts – um Mitternacht sein, als Mursuk heftig anschlug und darauf zu bellen fortfuhr, so wie er bellte, wenn er auf einen Menschen lossprang, um ihn zu beißen. Jetzt fiel ein Schuß. Im Nu waren wir alle auf den Beinen. Ich fürchtete, der Hund sei totgeschossen, aber da sahen wir ihn hinter den fliehenden Räubern herlaufen, die zu Fuß waren, jedenfalls jedoch ihre Kamele und Pferde in der Nähe hatten. Ihre Absicht, ein paar unserer Kamele zu stehlen, war also durch die Wachsamkeit meines braven Hundes vereitelt worden. Wie kräftig er sie angepackt, bewies noch der am Boden liegende Fetzen eines Haik, den er einem der Räuber mit den Zähnen vom Leib gerissen.

Mursuk war der Held des Tages und fortan eine allgemein geschätzte Persönlichkeit. Aß einer von den Leuten Datteln oder Sesometa (ausgedörrtes Gerstenmehl), so bekam der Hund sicher seinen Teil davon. War er müde, so wurde er auf ein Kamel gehoben, und er hatte mit der Zeit ganz gut gelernt, auf seinen Vieren stehend alle Schaukelbewegungen des Wüstenschiffes auszuhalten. Und Mursuk seinerseits wurde nicht nur gegen mich und meine Leute von Tag zu Tag höflicher und umgänglicher, auch mit den Kamelen vertrug er sich immer besser, namentlich mit meinen, die er nun schon seit fast einem Jahr kannte. Bekamen die Kamele eine Extraportion Datteln, so drängte er sich auch herzu, denn neidisch blieb er stets, und die Kamele ließen ihn unbehelligt mitfressen. Ja, er versuchte auch wohl des Morgens, wenn die Luft noch kühl war, mit ihnen zu spielen, er biß sie sanft, umlief sie bellend und lachend (daß Hunde lachen können, ist sicher), kurz, Mursuk nahm alle Eigenschaften eines zivilisierten Hundes an.

Natürlich bildete, als wir morgens um fünf Uhr aufbrachen, der nächtliche Vorfall noch den Gegenstand lebhafter Diskussion. Man erging sich in Vermutungen, wer die Räuber sein könnten: Die einen meinten, Sintani, die anderen, Uled-Bu-Ssif, noch andere rieten auf den Räuberhauptmann von Misda; da sich aber keiner von der Bande mehr blicken ließ, mußte die Frage vorläufig unentschieden bleiben. Um sieben Uhr morgens stiegen wir über kleine Gebirgszüge in die Schluchten des Uadi Tagidje herab. Eine Stunde später tauchte im Osten eine hohe steinerne Säule auf, über welche mir die Leute nichts zu sagen wußten, als daß sie von den Djehalin (Heiden) herstamme. Um sie näher zu besichtigen, machte ich, von meinem Neger Cheir begleitet, einen Abstecher dahin. Ich fand eine Pyramide von behauenen, ganz wie neu aussehenden Steinquadern, aus zwei Stockwerken bestehend. Obgleich die Spitze zum Teil herabgefallen war, ergab eine nach dem Schatten von mir vorgenommene Messung noch die bedeutende Höhe von 32 Fuß. Rings an den Seiten sind Reste einer Einfassung von korinthischen Säu-

92

len. Die noch recht gut erhaltenen Bildwerke, namentlich auf der Ostseite, welche die Hauptfront bildet, lassen schließen, daß die Pyramide als Grabmal eines berühmten Nimrod errichtet wurde, denn deutlich ist noch ein Wurfspieß schwingender, eine Antilope verfolgender Reiter zu erkennen. Von einer Inschrift findet sich dagegen keine Spur.

Sollte es nicht eine Aufgabe unserer Zeit sein, solche künstlerisch wertvollen Denkmäler des Altertums, die Zeugen vergangener Größe, vor dem gänzlichen Untergang zu retten? Man müßte sie unter Aufsicht Sachverständiger auseinandernehmen und nach Tripolis transportieren lassen. Keineswegs eine Unmöglichkeit. Araber und Berber würden gegen eine kleine Gratifikation gewiß gern den Abbruch und den Transport übernehmen.

Da unsere Karawane unterdes weitergezogen war, mußte ich mehrere Stunden Wegs mit Cheir allein zurücklegen, ehe ich sie wieder einholte. Kurz vorher hatten die Kameltreiber, wegen meiner langen Abwesenheit besorgt, einen der Ihrigen mit einem Kamel und einem gefüllten Wasserschlauch nach der Pyramide geschickt, der mich von da zurückgeleiten sollte. Derselbe stieß, nachdem er dort lange vergebens auf mich gewartet, erst spät abends wieder zu uns. Die Mschaschia meinten übrigens, ich könne von Glück sagen, daß ich wohlbehalten eingetroffen sei, denn ich sei in Gefahr gewesen, von den Räubern bemerkt und abgeschnitten zu werden. Vormittags war die Karawane durch das von Westen nach Osten streifende Uadi Tagidje gekommen; jetzt passierten wir das Uadi Ukiss, und schon um halb drei wurde gelagert.

An der Stelle, wo wir lagerten, fand ich das Tal zirka 270 Meter hoch. Wir erreichten am folgenden Tag gegen Mittag den Ausgang desselben und hielten uns nun südwestlich, um den schroffen, steil ansteigenden Rand der Hammada zu erklimmen. Mühsam arbeiteten sich die Kamele an dem pfadlosen Abhang hinauf – der Karawanenweg, den Barth benutzt hat, verfolgt eine viel westlichere Richtung –, doch nicht ein Kamel kam zu Fall, und glücklich langte die ganze Karawane oben an. Der Überblick von dem 430 Meter hohen Punkt aus über das weite Semsen-Tal ist prächtig. Wie konnten, fragte ich mich

Sandsturm in der Sahara

staunend, diese mächtigen Flußtäler entstehen? Was für Umwälzungen müssen sich hier vollzogen haben, und welche Zeiträume von zehntausend oder hunderttausend Jahren mögen zwischen jener Epoche und der unsrigen liegen?

Oben hatten wir noch eine kleine von Osten nach Westen laufende Einsenkung zu durchziehen, dann aber kamen wir an die eigentliche Hammada, d. i. eine Hochebene, deren Boden aus steinhartem rötlichem Ton mit geschwärzten scharfkantigen Steinen bedeckt ist.

Schon lange hatte sich ein Gebli, oder wie man in Europa gewöhnlich sagt, ein Samum, angekündigt. Die Sonne erschien als ein glutroter Feuerball; eine unheimliche Schwüle durchzitterte die wellenschlagende Luft, dennoch herrschte vollkommene Windstille, aber eine pechschwarze, majestätisch sich heranwälzende Wolke ließ keinen Zweifel, daß in kurzer Zeit der Orkan über uns losbrechen würde. Immer röter wurde die Sonne, immer drückender die Hitze, das Atmen war fast unmöglich in der heißen, trockenen Luft. Jetzt kam das Gespenst herangebraust. Ohne Kommando machten unsere Kamele kehrt, damit der Sturm ihnen den scharfen, die Haut zerschneidenden Sand nicht in die Augen wehte, ohne Kommando knieten sie nieder. Völlige Dunkelheit umhüllte uns; der mehrere hundert Fuß hoch aufgewirbelte Staub verdunkelte die Sonne wie bei einer Sonnenfinsternis. Wir hockten oder legten uns an die Rücken der Kamele, um den ersten Stoß des Staubwindes abzuhalten. Mundhöhle und Kehle wurden unerträglich trocken, Ohren, Augen und Nase mit feinem Sand erfüllt. Irrtümlich ist die Ansicht, die Beduinen der Sahara würfen sich deshalb zur Erde, weil der Samum nicht den Boden rasiere, sondern nur oben durch die Lüfte dahinbrause. Woher kämen sonst die kolossalen Staub- und Sandmengen, wenn der Sturm nicht auch unmittelbar über den Boden striche? Man legt sich nieder, weil man nichts mehr sieht, weil man von der Gewalt des Windes fortgerissen oder umgeworfen würde, nicht um am Boden besser atmen zu können. Rasch wie er gekommen, ging der Orkan vorüber, das ganze Phänomen hatte kaum zwanzig Minuten gewährt.

Die Kamele richteten sich wieder auf, und wir konnten weitergehen. Gegen fünf Uhr nachmittags klommen wir den Südrand der Hammada hinab, der jedoch weniger hoch als der Nordrand ist, da sich das Terrain schon vorher allmählich gegen Süden absenkt. Bald hatten wir das Uadi Garia erreicht. Wir lagerten bei Garia schirgia, einem kleinen, mit einer elenden Mauer umgebenen Ort von einigen hundert Einwohnern; in früheren Zeiten mochte er befestigt gewesen sein, denn das Wort »Garia« bedeutet Festung.

Außer Dattelhandel treiben die Einwohner etwas Ackerbau und Viehzucht. Wir aber lernten sie bloß als Spitzbuben und Wegelagerer kennen und hatten Mühe, uns ihrer Unverschämtheiten zu erwehren, zumal eine weltliche Obrigkeit hier gar nicht existiert und der Geistliche, der Schich-el-Barca (wörtlich: Vorsteher der Gnade, des Segens) seine Stellung lediglich zum eigenen Nutzen ausbeutet. Als wir den Ort verließen, erklärte ich dem Gesindel: Jeder, der sich des Nachts unserem Lager zu nähern wage, würde sofort niedergeschossen werden. Und an den Geistlichen wandte ich mich noch besonders mit den Worten: »O Schich-el-Barca, du bist ein frommer Mann und ersichtlich ein Liebling Gottes, es sollte mir leid tun, wenn deine Herde uns in der Nacht beunruhigte; unsere Kugeln treffen gut!« Die unheimlichen Strolche schickten uns laute Flüche nach, während der »Vorsteher der Gnade« mir freundlichst Ssalam und glückliche Reise wünschte, sicherlich aber auch in seinem Herzen dachte: »Gott soll deinen Vater ewig brennen lassen, verfluchter Christenhund!« Denn die mohammedanischen Bonzen unterscheiden sich von den christlichen Zeloten nur dadurch, daß diese uns selbst in die Hölle schicken und zum ewigen Feuer verdammen, jene aber unsere Eltern und Vorfahren verfluchen.

Die Nacht verlief indes ruhig, und morgens um sieben Uhr des 6. Oktobers begannen wir unseren Weitermarsch nach Süden. Die Hammada-el-Homra hat am Ostrand, längs dem wir jetzt hinzogen, keinen so öden Charakter wie im Westen. Wenn die Hauptkarawanenstraße von Tripolis nach Fesan den weiten Umweg über Bondjem und Sokna macht, so nimmt sie diese östliche Richtung nicht deshalb, weil die Hammada sich so weit nach Osten erstreckt, sondern weil es dort mehr Futter für die Tiere und eine größere Anzahl von Brunnen gibt. Der kürzeste Weg von Tripolis nach Mursuk ist der über Ghurian, Misda, Garia, Uadi Schati und Uadi Schergi; für den einzelnen Reisenden wäre es aber unmöglich, ihn zu passieren.

Wir sahen in der Ferne viele Gazellen und kreuzten auch häufig die Pfade dieser Tiere, die hier in großer Menge auftreten. Über welliges Terrain und durch mehrere kleine nach Osten gehende Uadis gelangten wir um neun Uhr an die beiden Arme des ebenfalls nach Osten fließenden Uadi Schöbrund, um zwölf Uhr an die des Uadi Bu-Gila. Hier trafen wir noch auf zwei von Uled Mschaschia bewohnte Duar, ein Beweis, daß wir uns noch nicht in der eigentlichen Sahara befanden, welche wahrscheinlich in fast gleicher Breite von der Syrte entfernt bleibt.

Ich benutzte diese Gelegenheit, meinen Neger Cheir zu entlassen. Derselbe hatte sich öfters ungehorsam und äußerst nachläs-

Engpaß (Chorm) in der Steinwüste

sig im Dienst gezeigt; so ließ er sich in Rhadames meine eisernen Kamelschlösser (um die Beine des Tieres eng aneinander zu fesseln) stehlen und in Misda gar die Flinte abnehmen. Ungehorsam der Leute durfte ich aber unbedingt nicht dulden. Von den Duar aus konnte er nun mit Mschaschia nach Tripolis kommen, um seinen Lohn, den ich dort deponiert hatte, für den dreimonatigen Dienst in Empfang nehmen.

Die Gegend, die wir jetzt durchzogen, ist so wasserreich, daß es nicht nötig war, unsere Schläuche aus dem Brunnen zu füllen, als wir am anderen Morgen um sieben Uhr Bu-Gila verließen. Nachmittags traten wir in das Uadi Sesemaht ein. Wir hatten das Glück gehabt, eine Gazelle zu erlegen; das Brot zur Mahlzeit mußte ich mir jedoch selber kneten. Denn war auch der alte Schtaui, nun mein einziger Diener, im Vergleich zu den Kameltreibern noch reinlich, indem er sich wohl alle acht Tage einmal sein Gesicht an einem Brunnen wusch, so graute mir doch bei dem Gedanken, daß seine ungewaschenen Hände erst in dem

Teig sich ihres wochenlangen Schmutzes entledigen könnten. Unterläßt doch in der Sahara der frömmste Muselman sogar die vorgeschriebene Abwaschung beim Gebet und ersetzt sie durch eine fingierte; wie sollte es ihm einfallen, zur Brotbereitung sich die Hände zu waschen! Um aber den Kameltreibern sowie Schtaui gegenüber meine Würde zu wahren, schloß ich mein Zelt und verrichtete das Kneten, ohne von jemand dabei gesehen zu sein. Ich tat dies von jetzt an alle Tage, bis wir in Mursuk ankamen. Das Backen mußte ich allerdings von Schtaui besorgen lassen.

Am 8. Oktober schritten wir, südöstliche Richtung einhaltend, über ein ödes steiniges Plateau und wurden während des ganzen Tages von einem furchtbar heißen Südwind geplagt. Um zehn Uhr kamen wir an die Zuflüsse des Um-el-Cheil und um zwei Uhr an das Nordufer des Flußbettes selbst, bei dessen Brunnen wir bald darauf lagerten. »Um-el-Cheil« heißt »Mutter der Pferde«, und wirklich enthält der Brunnen, 462 Meter über dem Meer, vorzügliches Wasser; die Eingeborenen behaupten, es habe einen schwachen Salzgeschmack, den ich jedoch nicht herausfinden konnte.

Unsere Kameltreiber zwangen uns unter allerlei Vorwänden, zwei volle Tage bei Um-el-Cheil liegen zu bleiben, die mir keineswegs angenehm verstrichen, zumal ein starker, viel Staub mit sich führender Südwind herrschte und das Thermometer – man denke, im Monat Oktober! – nachmittags auf 42 Grad Celsius im Schatten stieg. Endlich nachts um ein Uhr, den 11. Oktober, setzten wir unseren Marsch nach Süden fort. Bei Tagesanbruch wurde das Uadi um-el-Cheil verlassen und nach einer kurzen Strecke über Hammadaboden in das von Südwest kommende Uadi Ertim eingelenkt. Ein plötzlich entstandener Gebli nötigte uns, bis zwei Uhr nachmittags zu rasten. Wieder aufbrechend, passierten wir das Uadi Melek und gelangten um fünf Uhr in ein südwärts gehendes Uadi, einen Arm des Faat, das seinerseits einen Hauptarm des Uadi el-Bei bildet. In demselben schlugen wir unser Lager auf.

Zum ersten Mal beobachtete ich hier die den Arabern übrigens wohlbekannte Erscheinung, daß nach einem heftigen Gebli alle Gegenstände mit Elektrizität geladen sind. Aus den wollenen

Decken sprangen Funken, wenn ich sie schüttelte, und auch den Haaren meines weißen Hundes entlockte ich durch Streicheln knisternde Funken. Zugleich verspürten wir den Einfluß des Gebli auf unsere Verdauungsorgane; er wirkt nämlich abführend, während bei umschlagendem Wind, namentlich bei Nordwind, diese Disposition des Magens von selbst wieder aufhört. Die Ursache der Elektrizitätsentwicklung dürfte in der starken Reibung, in welche die Sandkörner unter sich versetzt werden, zu suchen sein.

Obwohl wir schon nachts um zwei Uhr weitermarschierten und während des ganzen Tags, die Frühstückszeit abgerechnet, in Bewegung blieben, legten wir doch bis zum Abend kaum über zwölf Kamelstunden zurück, weil die Kamele, in den hier wachsenden saftigen Kräutern weidend, nur langsam vorwärts gingen. Luft und Erde waren noch stark mit Elektrizität geschwängert.

Auch am folgenden Tag, den 13., an dem wir um fünf Uhr morgens aufbrachen, weideten die Kamele noch, bis sie um elf Uhr wieder den richtigen Kamelschritt annahmen. Um ein Uhr einen Chorm (Engpaß) passierend, erblickten wir in der Entfernung von etwa fünfzig Kilometer im Südwesten den hohen Berg Nabet-es-Djrug. Niedrigere Berge, mit geschwärzten Steinchen überschüttet, die ihnen von weitem das Aussehen gaben, als wären sie von einer Wolke beschattet, zogen sich zu beiden Seiten hin. Mit dem Austritt aus dem Chorm ließen wir die Abdachung des Uadi Faat hinter uns und gelangten in eine steinige Ebene, auf der wir bei einigen vereinzelt stehenden Mimosenbüschen lagerten.

Nachdem wir am folgenden Morgen gerade südwärts weiter gezogen und um sechs Uhr durch einen anderen Chorm gekommen waren, stand der zuckerhutähnliche Djebel Nabet-es-Djrug wieder vor uns, neben ihm aber tauchten noch mehrere hohe Berggipfel auf, und bald befanden wir uns inmitten des unzweifelhaft ein Ganzes bildenden Gebirgszuges, der von den Arabern Harudj soda, Harudj abiad oder Djebel soda, schlechtweg das »Schwarze Gebirge« genannt wird. Seine östlichsten Teile haben Hornemann und Beurmann überstiegen, den westlichsten durchzog ich. Von Barth, Richardson und Overweg aber wurde er gar nicht berührt, indem sie auf ihrer Reise von Tripolis nach dem Sudan sich mehr westlich hielten, wo auf etwa gleicher Höhe kein Gebirge, sondern eine nackte Hammada zu passieren war.

Das äußere Aussehen des Schwarzen Gebirges ist so unheimlich, wie man sich nur ein ödes, wild zerklüftetes Wüstengebirge denken kann. Vogel verglich die Gegend wegen des zertrümmerten schlackenartigen Gesteins den Landschaften im Mond und Hornemann einer Höhle in einer engen dunklen Schlucht mit dem Eingang zur Unterwelt. Der düstere Eindruck, den die schwarze Färbung der Steine, der großen wie der kleinen, hervorbringt, wird noch dadurch eigentümlich verstärkt, daß in die pechschwarzen Felswände und in die mit schwarzem Geröll überdeckten Abhänge häufig weiße Sandsteinlager eingebettet sind. Trotzdem ist das Gebirge nicht so völlig vegetationslos, wie es von den meisten Reisenden geschildert wird. In den Tälern wachsen verhältnismäßig viele Kräuter und fast in allen auch Akaziensträucher.

Unsere Karawane erreichte nach weiterem sechsstündigem Marsch gegen Süden um zwölf Uhr das bedeutende Uadi el-Had, das nach Aussage der Mschaschia in das Uadi el-Bei mündet. Wir mußten, weil schon zwei Karawanen an den Wasserlöchern des Uadi Had lagerten, etwas außerhalb derselben kampieren, nahmen jedoch eins davon in Beschlag. Die Leute fingen nun sogleich an, den Sand herauszugraben oder vielmehr mit den Händen herauszukratzen, denn unbegreiflicherweise führen die Karawanen keine eisernen Schaufeln zum Gebrauch in derartigen Fällen mit sich und nur selten eine eiserne Hacke, mit welcher der Sand gelockert, dann in einen Korb geworfen und herausbefördert wird. Die unsrige hatte weder Schaufel noch Hacke, weshalb die Arbeit sehr mühevoll und langsam vonstatten ging; es dauerte bis zum folgenden Nachmittag, ehe einige Schläuche gefüllt waren. Das Wasser war süß, aber außerordentlich unrein, was nicht wundernehmen kann, wenn man hört, daß bei dieser Prozedur die Arbeiter mit ihren schweißigen, schmutzigen Füßen in das Wasserloch selbst hinuntersteigen. Aber was trinkt man nicht alles in der Sahara! Unsere armen Kamele waren noch schlimmer daran; sie hatten sich, ausgetrocknet durch den sengenden Gebli, noch mehrere Tage zu gedulden, ehe sie ihren Durst mit Wasser stillen konnten.

Um vier Uhr nachmittags verließen wir den Platz, der sechs bis sieben Stunden vom Nabet-es-Djrug entfernt ist, und drangen nun südwärts, aber in steten Windungen durch das Gebirge. Über ein Plateau und durch den Chorm Ifrisch kamen wir gegen acht Uhr in das Uadi Ifrisch, wo das Nachtlager bereitet wurde. In unserer Nähe lagerten zwei mit Datteln von Fesan zurückkehrende Karawanen. Der Genuß frischer Datteln, sonst schädlich für den nicht daran Gewöhnten, hatte diesmal bei mir eine heilsame Wirkung; ich konnte von dem Tag an den Opiumgebrauch aussetzen, während bis dahin, sobald ich es unterließ, eine gewisse Dosis dieses gefährlichen Narkotikums zu nehmen, immer wieder Unterleibsbeschwerden sich eingestellt hatten.

Wir verweilten bei den Dattel-Karawanen bis zum Mittag des folgenden Tages, gelangten um drei Uhr in das östlich verlaufende Uadi Mrheir und passierten das Uadi-es-Schrab, das von Westen kommend gerade auf den Djebel Nabet-es-Djrug losgeht, welchem wir jetzt bis auf vier Stunden westlich von uns nahe gekommen waren. Um sieben Uhr lagerten wir in dem gleichfalls nach Westen gehenden Uadi Bu-Delomm.

Am 17. Oktober wurde früh um fünf Uhr aufgebrochen. Der Weg führte nach einer Stunde an der Grabstätte des Marabut Sidi-Bu-Agöll vorüber, rings um welche Hunderte von Seilen aufgehäuft lagen. »Agöll« heißt nämlich das Seil, mit dem man nachts im Lager den Kamelen die Vorderbeine zusammenbindet, das also auf der Reise von großer Wichtigkeit ist. Sidi-Bu-Agöll aber ist der spezielle Schutzheilige der mohammedanischen Kameltreiber, und um sich seiner Gunst zu versichern, opfern sie an seinem Grab das für sie so wertvolle Stück.

Um acht Uhr hatten wir westlich von uns den Djebel Hauga und um zehn Uhr in derselben Richtung den Djebel Sigsah, beide nur drei bis vier Stunden von der Straße entfernt. Schon nach einigen Wegstunden verloren wir indes diese nach Süden zu letzten bedeutenden Erhebungen des Schwarzen Gebirges, obwohl sie vereinzelt stehen, daher von Osten aus gesehen sehr hoch erscheinen, wieder aus dem Gesicht, weil die Hochebene sich nach Süden sanft abdacht und sich bald den Blicken entzieht. Dies ist auch der Grund, weshalb frühere europäische Reisende weder sie, noch selbst den Nabet-es-Djrug gesehen haben; denn ihre Tour ging entweder östlicher oder westlicher als die meinige, auf welcher der Nabet-es-Djrug bereits in einer Entfernung von fünfzehn deutschen Meilen sichtbar wird.

SECHSTES KAPITEL

Ankunft in Fesan

Am 18. Oktober erreichten wir nach sechsstündigem Marsch über eine stark gewellte, mit großen Sandsteinblöcken besäte Hochebene das Uadi Schati, das erste bewohnte Gebiet von Fesan, und lagerten um elf Uhr vormittags unter Palmen zwischen den Hirsegärten des Ortes Temsaua.

Kaum waren unsere Zelte aufgeschlagen, als vier Araber bei mir erschienen, die sich nach der üblichen Begrüßung als die Schichs der Megar-Ha, Hotman, Uled-Hassen und Suila vorstellten. Diese Nomadenstämme gehören dem Uadi Semsen und dem Uadi Bei an und kommen jeden Herbst hierher, um von den Bewohnern Datteln einzutauschen; sie besitzen aber auch selbst im Uadi Schati eine Anzahl Palmbäume, welche sie vorzeiten durch Kauf an sich gebracht. Bisher bezahlten sie von ihren Palmen keine Abgaben, denn die früheren Sultane von Fesan hatten sehr geringe Macht über jene entfernten, durch breite Wüsteneien voneinander getrennten Provinzen. In diesem Jahr aber war ein türkischer Efendi hergeschickt worden, um von jeder Palme, auch die ihrigen nicht ausgenommen, eine Steuer zu erheben und die Schichs, mich für einen Bei haltend, trugen mir nun ihre Beschwerde gegen die türkische Regierung vor. »Wir werden dir«, sagten sie, »Hassen Efendi gebunden herbringen, damit er sich vor dir schäme, denn der Sultan kann nicht wollen, daß wir, seine Soldaten, Abgaben zahlen, wir haben nie Abgaben gezahlt.« Ich fragte sie, ob ihr Vorrecht durch Dokumente verbrieft sei. »Das nicht«, antworteten sie, »aber es ist durch altes Herkommen geheiligt.«; worauf ich ihnen bemerklich machte, ich hätte mit der Sache nichts zu tun, sie würden sich wohl, wenn es jetzt Gesetz sei, daß von allen Palmen ohne Ausnahme eine Steuer erhoben werde, wie die übrigen Untertanen dem Gesetz fügen müssen, zudem sei ja die Abgabe nicht bedeutend. Ohne Zweifel wird Hassen Efendi den Widerspenstigen ihren Standpunkt klar gemacht haben, denn niemand wird besser mit den Arabern fertig als die Türken.

Wir blieben nur eine Nacht in Temsaua und marschierten am anderen Morgen auf den zwei Stunden entfernten Ort Brak los, die Hauptstadt von Schati und Sitz des Mudir. Auf dem Weg dahin bemerkte ich, daß ein Mensch, von Zeit zu Zeit scheu um sich blickend, fortwährend in einiger Entfernung neben unserer Karawane herlief. Ich ließ ihn endlich durch einen Mschaschia nach seinem Begehr fragen, und er gestand, daß er ein seinem Herrn, einem Araber, entlaufener Sklave sei. Er war von diesem geschlagen worden und dann entflohen, mit der Absicht, nachts unser Lager aufzusuchen, um sich, im Glauben ich sei ein türkischer Bei, unter meinen Schutz zu stellen. Der alte Mann konnte sich uns schwer verständlich machen; vor kurzem erst aus Bagermi gekommen, sprach er nur wenige Worte arabisch, doch flehte er fußfällig und mit so rührenden Gebärden, daß ich mich bewegen ließ, ihn einstweilen aufzunehmen und, damit er nicht sofort entdeckt werde, an Brak ohne Aufenthalt vorbeizuziehen. Um fünf Uhr abends lagerten wir in den Dünen, die in der Breite von einer Stunde durch mehrere Grade von Osten nach Westen sich erstrecken und eine relative Höhe von zwanzig bis dreißig Meter haben.

Anderen Tags gelangten wir nach zweistündigem Marsch in südöstlicher Richtung zu der unbewohnten, zwei Stunden breiten und mindestens fünfzehn Stunden langen Oase Selaf. Ihre herrenlosen Palmen werden von den Bewohnern des Schati abgeerntet, welche die ganze Ernte hier vergraben und sich nach und nach ihren Bedarf davon holen. Jedem Vorüberziehenden ist gestattet, so viele Datteln zu pflücken und zu essen, wie ihm beliebt, nur darf kein Vorrat mitgenommen werden. Wir fanden die Bäume bereits geleert bis auf einen, dessen herrliche Früchte man, ich weiß nicht in welcher Absicht, noch ganz unberührt gelassen hatte; natürlich wurde er gründlich von uns geplündert. Da hier niemand die Palmen beschneidet, ist der Stamm mit bis zum Boden herabhängenden Zweigen besetzt, was ihnen ein eigentümliches buschartiges Aussehen gibt. Um zwei Uhr nachmittags immer südöstlich weiterziehend, hatten wir wieder zwanzig Meter hohe und zum Teil sehr steile Sanddünen zu passieren, deren Übersteigung unsere Kamele große Anstrengung kostete, bis wir um halb sechs angesichts des Djebel ben-Aref lagerten.

Nachdem wir am folgenden Tag fünf Stunden lang durch einen Palmenwald gegangen waren, erreichten wir Djedid, den Hauptort der Oase Sebha. Ich hatte einen Mschaschia mit meinem Bu-Djeruldi vorausgeschickt, um meine Ankunft zu melden, und fand infolgedessen die freundlichste Aufnahme. Der Mudir, ein äußerst gefälliger Mann, erbot sich sogar, mich nach dem Sudan zu begleiten. »Meine Regierung«, sagte er, »gibt mir monatlich nur fünf Mahbub Gehalt, ich höre, du gibst deinen Leuten ebensoviel und dazu noch Kost und Kleidung.« Aber ich dachte, es sei unrecht, der türkischen Regierung ihre Beamten zu entführen, und lehnte daher seine Dienste ab.

Bis zum Jahr 1866 war die Oase nur ein Mudirat (Kreis oder Bezirk), jetzt bildet der südliche Teil das Mudirat Sebha, der nördliche das Mudirat Ubana. Im ganzen ist die Oase sehr schwach bevölkert, so daß es an Händen fehlt, um von allen darin wachsenden Palmen, deren Zahl sich auf mehrere Millionen beläuft, die Datteln zu ernten.

In Djedid fand sich der Herr des von mir aufgenommenen Negersklaven, begleitet von dem Mudir und dem Kadhi des Ortes, in meinem Zelt ein und verlangte die Auslieferung des Flüchtlings. Ich fragte den Mudir: »Ist im türkischen Reich die Sklaverei gestattet oder abgeschafft?« »Sie ist gesetzlich abgeschafft«, erwiderte er, »aber faktisch ist hier in Fesan das Gesetz nie zur Ausführung gekommen.« »Dann gebe ich den Mann nicht heraus, er ist frei wie ihr und ich, und du, Mudir, mußt ihn schützen.« Selbstverständlich konnte ich als Fremder nicht im Ernst daran denken, die Rückgabe des Sklaven zu verweigern und damit die ganze Bevölkerung gegen mich aufzuhetzen, ich wollte nur versuchen, was sich zu seinen Gunsten tun ließe. Da meine Vorstellungen bei dem Besitzer, daß er kein gesetzliches Recht auf den Sklaven habe, wie vorauszusehen war, fruchtlos blieben, bedeutete ich ihm, er möge den Mann durch Güte zur Rückkehr in sein Haus bewegen. Darauf ging er ein. Er versprach dem zahnlosen Alten, ihm irgendeine schwarze Fathma oder Sobeida zur Frau zu geben. Sofort warf sich derselbe vor seinem Herrn nieder und küßte dankbar und demütig dessen Füße. Doch bedang er sich noch aus, den Mudir und den Kadhi als Zeugen anrufend, daß er einen ganzen Monat von Arbeit befreit sein sollte. Liebe und ein Monat Nichtstun brachten also den alten Mann freiwillig in die Sklaverei zurück. Daß ihm die Versprechungen gehalten worden, dafür möchte ich freilich nicht einstehen.

Die Mschaschia, mit denen ich hierher gekommen, hatten hier das Ziel ihrer Reise erreicht. Ich nahm Abschied von ihnen und mietete bis Mursuk Kamele von den Megar-ha. Am Morgen des 22. Oktober brach ich mit meiner neuen Karawane auf.

Eine Stunde von Djedid gelangten wir an das Ende des Waldes und betraten nun eine weite sandige Ebene. Nachmittags gegen ein Uhr wurden westlich von uns in einer Entfernung von etwa drei Stunden die drei getrennten Gipfel des Djebel Rhaib sichtbar, an dessen Fuß sich ein Brunnen befindet. Wir durchschritten den Engpaß Bab und lagerten schon um halb fünf Uhr unter ein paar einzeln stehenden Talhabäumen.

Anderentags früh in schnurgerader südlicher Richtung weiterziehend, hatten wir eine der trostlosen Einöden der Sahara vor uns, eine mit buntfarbenen Kieseln, deren größter kaum so groß wie eine Haselnuß ist, dicht übersäte Sserir oder Ebene. Nirgends findet das ermüdete Auge einen Punkt, auf dem es ruhen könnte. Alles ein blitzender und blendender Steinteppich, eine unabsehbare Mosaikfläche! Keine Pflanze, kein Tier, kein Baum, kein Strauch ist zu erblicken. Da plötzlich schimmert ein See durch die zitternde, wellenschlagende Luft, kühle Winde scheinen sein Wasser zu kräuseln – eine Täuschung, es ist die Fata-Morgana, die ihr Spiegelbild zeigt. Endlich, endlich taucht fern im Osten ein hohes Gebirge auf, diesmal ist es keine Täuschung, aber als wir mittags bis auf eine Stunde demselben nahe kommen, ergibt sich, daß, was uns als ein hohes Gebirge erschien, ein niedriger, etwa dreißig Fuß über der Ebene erhabener Höhenzug ist, Kaf Maala genannt. Jetzt rechts vom Weg ein Hügel: Es ist der Mukni-Brunnen an einem drei bis vier Fuß hohen Sandhaufen. Nachmittags zeichneten sich am südöstlichen Horizont die Palmenwipfel der Oase Nschua ab, um fünf Uhr war der Wald erreicht, und um sechs Uhr hielten wir vor Rhodua, dem Hauptort der Oase. Einige Leute von Sebha, die vorausgeritten waren, um den Feierlichkeiten meines Einzugs in Mursuk beizuwohnen, hatten in Rhodua mein Herannahen bereits verkündet. Man führte mich daher sogleich in eine Wohnung, welche der Mudir – auch Rhodua bildet ein selbständiges Mudirat – vorher für mich in Bereitschaft setzen ließ. Über den Ort selbst ist wenig zu berichten; es ist ein kleiner ärmlicher Flecken, von echten Fesanern, d. h. Mischlingen bewohnt, die Palmen- und Gartenzucht treiben.

Ich hatte mich von Djedid aus bei dem Kaimmakam von Fesan, Halim-Bei, angemeldet und erhielt hier in Rhodua durch einen Kurier ein Schreiben von ihm, worin er mich bat, ihn Tag und Stunde meiner Ankunft wissen zu lassen, damit er mir einen geziemenden Empfang bereiten könne. Mir war jedoch an einem feierlichen Empfang durchaus nichts gelegen, denn einmal hatte der dreißigtägige Wüstenmarsch meinen Anzug in eine so defekte Verfassung gesetzt, daß ich eine sehr wenig glänzende Figur dabei gespielt haben würde, und zweitens scheute ich die bedeutenden Ausgaben, welche dem offiziell Einziehenden unvermeidlich erwachsen, indem er jeden irgendwie am Empfang Teilnehmenden reichlich mit Bakschisch bedenken muß. Deshalb ließ ich Halim-Bei erwidern, ich sei sehr dankbar für die mir zugedachte Ehre, halte es aber im Interesse meiner Reise für geboten, so wenig Aufsehen wie möglich zu machen; und damit nicht dennoch Empfangsvorbereitungen getroffen würden, fügte ich hinzu, den Zeitpunkt meines Eintreffens könne ich nicht genau bestimmen.

Am 25. Oktober morgens um sechs Uhr marschierten wir von Rhodua ab. Der Weg zog sich immer in der Entfernung von einer Stunde zur Rechten an dem Uadi Nschua entlang, dann biegt dieses mehr nach Westen ab, während die Straße ihre Richtung von 195 Grad beibehält. Um neun Uhr vormittags waren wir in gleicher Höhe mit dem Bir Nschua. Von da ab wurde die Gegend fast ebenso öde und einförmig wie jenseits Rhodua. Die erste Abwechslung bot um vier Uhr nachmittags ein großer Steinhaufen am Weg, ein Alem-el-fers (Wegweiser für Reiter), dem ein zweiter folgte, ein Alem-es-Schantat (Wegweiser für Soldaten oder Postwegweiser, so genannt, weil die Postboten diesen Weg als den nächsten zu reiten pflegen). Etwas später lagerten wir auf der offenen Sserir.

Auf dem gut ausgetretenen Weg den folgenden Tag weitergehend, kamen wir nach drei Stunden zu einer Hattieh, einer kleinen unbewohnten Oase, schon ganz in der Nähe von Mursuk. Hier wurde bis gegen Abend halt gemacht, so daß wir meiner Absicht gemäß erst nach Sonnenuntergang in der Hauptstadt eintrafen.

Halim-Bei hatte, da das frühere englische Konsulatsgebäude zur Zeit an Hammed-Bei, den Rechnungsführer des Kaimmakams, vermietet war, ein anderes Haus, eines der besten in der Stadt, das einem reichen Kaufmann von Sokna gehörte, für mich reinigen und herrichten lassen, und sobald er durch die Torwache von meiner Ankunft in Kenntnis gesetzt worden war, schickte er den Polizeidirektor Hammed-Aga, seinen Schwiegersohn, zu meiner Begrüßung zu mir. Bald brachte auch unter Führung eines Kawassen ein Trupp Diener und Sklaven eine höchst opulente Diffa (Gastmahl), und Hammed-Aga, der auf meine Einladung mit mir speiste, kündigte mir an, der Kaimmakam werde mich in den nächsten drei Tagen auf gleiche Weise bewirten. Ein Offizier wurde mir als Ordonnanz beigegeben, außerdem ein Kawass.

Fesan, das heißt der Teil der Wüste, welcher das ehemalige Sultanat Fesan, das jetzige Kaimmakamat des Paschalik Tripolis, ausmacht, bildet auch geographisch ein von natürlichen Grenzen umschlossenes Ganzes. Die Hammada mit dem Schwarzen Gebirge im Norden, die Hochlande der Asgar im Westen, die Gebirge, welche die Länder der Tebu oder Teda im Süden mit denen der Tuareg vereinigen, rahmen zusammen ein Becken ein, von dem nördlich Araber und Berber, westlich Tuareg, südlich und südöstlich Teda-Völker wohnen. Dieses große Hochbecken war unzweifelhaft vor noch nicht gar langer Zeit mit Meerwasser bedeckt; davon zeugen erstens die geringe Tiefe, in der man überall auf Wasser stößt, zweitens die ausgedehnten Sanddünen, namentlich am Nord- und Südrand des Beckens, drittens die Sserir mit ihrem Mosaik aus rund und glatt geschliffenen Kieseln.

Der Flächeninhalt Fesans, mit Ausschluß von Bondjem und Sokna, die wie früher zum Sultanat auch jetzt noch politisch zum Kaimmakamat gehören, kommt ungefähr dem von Deutschland gleich, wobei jedoch festzuhalten ist, daß der größte Teil aus Hammaden, Sserir, Sanddünen, Sebchen und steinigen nackten Bergen besteht. Die Bodenerhebung des Landes ist eine ziemlich gleichmäßige, denn auch die zahlreichen Uadi, die es nach allen Richtungen durchziehen, liegen nicht viel tiefer als die Sserir, und diese wieder haben ein fast gleiches Niveau mit den Sandflächen, welche ebenfalls von einer Menge grüner, doch meist unbewohnter Inseln durchsetzt sind. Die durchschnittliche Höhe der höchsten Hammaden in Fesan beträgt zirka fünfhundert Meter, nur wenige steigen bis zu sechshundert Meter an. Die Depressionen oder Einsenkungen sind nie mehr als etwa fünfzig Meter tiefer als die Hochebene, und die meisten haben nach keiner Himmelsrichtung hin eine entscheidende Abdachung. Unrichtig scheint mir deshalb ihre Benennung mit »Uadi«, demselben Wort, das ein trockenes, periodisch mit Wasser gefülltes Rinnsal oder Flußbett bezeichnet. Das richtige Wort für diese Einsenkungen würde »Hofra« (Graben) sein; dieser Ausdruck kommt aber nur einmal als Name einer ganz bestimmten Gegend vor.

In allen diesen Einsenkungen ist Wasser unter der Erde zu finden. Das Wasser einiger Quellen oder Brunnen ist vollkommen süß, das in anderen mehr oder weniger salzig oder mit alkalischen Bestandteilen vermischt. Oft kann man schon durch

Aufkratzen des Bodens Wasser gewinnen, oft aber müssen auch recht tiefe Brunnen gegraben werden.

Nördlich vom Uadi es-Schergi liegen inmitten hoher Sanddünen zehn Seen mit salzigem, in mehreren auch natronhaltigem, aus dem Seegrund selbst hervorquellendem Wasser. Sie sind sämtlich von Palmen umgeben, und meist findet sich in unmittelbarer Nähe ein Brunnen oder eine Quelle mit Süßwasser, daher an ihren Ufern hier und da eine seßhafte Bevölkerung wohnt. Besondere Erwähnung verdient unter ihnen der zirkelförmige, im Durchmesser zirka dreihundert Meter große und an den tiefsten Stellen vierundzwanzig Fuß tiefe Behar-el-Dud oder Gabra'un (Wurmsee), so wegen eines in ihm lebenden Insekts genannt, das von den Fesanern gegessen wird und ähnlich wie Kaviar schmecken soll. Das Wasser des Sees enthält so große Mengen Salz, daß es beinahe wie Sirup aussieht. Zwei bis drei Meter von seinem Südufer entfernt fließt eine süße Quelle.

Im allgemeinen ist das Klima, wie in der ganzen Wüste, ein sehr regelmäßiges und deshalb, Orte wie Mursuk, das auf einem Sumpf steht, abgerechnet, ein durchaus gesundes, wenn man sich erst an die Trockenheit der Luft und den hohen Wärmegrad gewöhnt hat. Eben die Trockenheit der Luft bewirkt, daß die Sommerhitze hier viel leichter zu ertragen ist als am Meeresufer, wo ihr Feuchtigkeitsgehalt die Ausdünstung der Haut, also die Abkühlung derselben, verhindert.

Obwohl Fesan noch nicht in der Zone der tropischen Regen liegt, kommen diese doch zuweilen, vom Südwind getragen, bis hierher. Die Fesaner wünschen keinen Regen, beten vielmehr zu Gott, er möge es nicht regnen lassen. Zur Bewässerung des Bodens bedürfen sie keiner Niederschläge aus der Luft, da sich überall in der Erde bei geringer Tiefe Wasser findet, ja, die Palmen wachsen ganz ohne Bewässerung, indem ihre Wurzeln von selbst, wie es scheint, die Wassernappe erreichen.

Getreide wird hier durchschnittlich fünfmal im Jahr geerntet: In den Wintermonaten baut man Weizen und Gerste, im Frühjahr, Sommer und Herbst die verschiedenen Hirse- und Durra-Arten, namentlich Ksob und Ngafoli. Ksob, zuerst im März eingesät, gewährt eine viermalige Ernte, deren letzte freilich, die im Dezember stattfindet, der Kälte wegen nicht mehr zu völliger

Reife gelangt, doch geben Halm und Frucht ein vorzügliches Viehfutter. Fast alle Gemüsearten, auch die europäischen, würden in diesem Klima gedeihen, leider baut man aber nur die in der Zone gewöhnlichsten, im Sommer Melonen und Gurken, im Herbst Rüben und Wurzeln, im Winter Bohnen, im Frühjahr Mlochia und einige andere, während, solange Konsularagenten in Mursuk residierten, auch Kartoffeln, Erbsen, Kohl usw. gezogen wurden und bei nur einiger Pflege lohnenden Ertrag lieferten. Von sonstigen Nutzpflanzen wird Tabak und Baumwolle angebaut. Der Tabak bleibt, sei es, daß die Pflanze an sich einer schlechten Art angehört oder daß die Fesaner sie nicht zu behandeln verstehen, klein und von schlechter Qualität. Dagegen gedeiht die Baumwollstaude außerordentlich gut, perenniert sechs bis sieben Jahre hindurch und gibt große, wenn auch nicht sehr weiche und langfaserige Knollen. Viele Fruchtbäume der gemäßigten wie der heißen Zone würden ebenfalls sehr gut hier fortkommen; ich sah Oliven aus dem Uadi Schati, die an Größe und Güte denen von Sintan und Ghorian nicht nachstanden. Bis jetzt aber beschränkt man sich fast ausschließlich auf Feigen- und Mandelbäume.

Den Reichtum des Landes bilden, wie in allen Oasen der Sahara, die Dattelpalmen, und zwar scheint Fesan die Grenze ihrer Heimat zu sein. Daß sie in die westlicher liegenden Oasen erst eingeführt und verpflanzt wurden, kann man als sicher annehmen; kleinere Gruppen mögen wohl auch zufällig entstanden sein, indem der Dattelkern, wo er nur einigermaßen günstigen Boden findet, sich außerordentlich entwickelt. Palmenwälder von der Ausdehnung und Dichte wie die um Rhodua, die fast einem Urwalddickicht gleichen, gibt es in den westlichen Teilen der Sahara nicht. Den Fesanern gilt als das eigentliche Vaterland des Baumes die Gegend um Tragen, weil dort die meisten und vorzüglichsten Arten zusammenstehen; vielleicht ist es aber noch weiter nach Osten zu verlegen. Man zählt in Fesan, wie behauptet wird, über dreihundert verschiedene Arten, um Mursuk allein mehr als dreißig, von denen die Tillis, Tuati und Auregh am geschätztesten sind.

Von Haustieren sind nur das Kamel, das Huhn und die Taube zu erwähnen; die wenigen Pferde, höchstens fünfzig in ganz

Fesan, Rinder, Schafe und Ziegen verkrüppeln hier und werden nicht heimisch, müssen vielmehr immer neu von auswärts eingeführt werden. Wilde Säugetiere der größeren Art hat Fesan fast gar nicht, auch Hyänen und Schakale kommen nicht vor, obwohl manche Reisende erzählen, sie hätten vor dem Geheul dieser Tiere nicht schlafen können. In unbewohnten Oasen oder Uidan (kleines Uadi oder Flußbett) mögen einzelne Gazellen, Antilopen usw. sich aufhalten; häufig sind sie gewiß nicht, denn es werden nie welche zu Markt gebracht. Von Vögeln sah ich Sperlinge, Schwalben, Raben, Mauerfalken und einige Aasgeier; im Sommer sollen wilde Tauben und Enten sehr zahlreich sein, die gegen den Winter südwärts ziehen, um ein wärmeres Klima aufzusuchen. Insekten, Würmer, Schlangen sind dieselben wie in den anderen nördlichen Oasen.

Der Handel Fesans ist unbedeutend und, den Sklavenhandel abgerechnet, wohl zu keiner Zeit von Wichtigkeit gewesen. Das Land ist nur Durchgangsstation für die Warentransporte vom Norden, von Tripolitanien und Ägypten, nach dem Süden, nach Bornu und den angrenzenden Negerländern, sowie für die aus Zentralafrika kommenden Produkte. Der Sklavenhandel dagegen hat in neuerer Zeit eher zu- als abgenommen, die Sklaven werden von hier zum kleineren Teil nach Tunis und Tripolitanien selbst verkauft, die meisten führt man über Udjila nach Ägypten zum Markt. Die türkischen Behörden fördern, wo sie sich nicht von europäischen Konsuln überwacht wissen, den Menschenhandel, statt ihn zu hindern, und leider scheint auch seitens der christlichen Mächte, wie England und Frankreich, welche doch zuerst die Abschaffung der Sklaverei unternahmen, in diesem Punkt jetzt ein laxeres Verfahren der Türkei gegenüber beobachtet zu werden als früher. Aus dem Munde des Kaimmakam selbst vernahm ich, daß ein einziger Mann in Mursuk, der Hadj Amri, der sich mir erst als englischer Agent vorstellen ließ, und als ich aus dem »Royal Almanac« ersah, daß England keine Agenten in Fesan mehr hält, ein Agent (Ukil) des früheren englischen Konsularagenten Gagliuffi zu sein behauptete, im Jahre 1864–1865 über elfhundert Sklaven exportiert und zur Zeit noch wenigstens fünfzig Schwarze in seinem Haus ›auf Lager‹ habe. Sollte die Behauptung des Mannes wahr

Oasenlandschaft in Nordafrika

sein, so gereicht es Herrn Gagliuffi nichts weniger als zur Ehre, einen Kompagnon zu haben, der so gute Geschäfte in Menschenware macht!

Die hauptsächlichsten Städte sind, außer Mursuk, von dem später ausführlich die Rede sein wird, Tragen im Uadi el-Hofra, Suila ebendaselbst aber östlicher, die ehemalige Hauptstadt, Gatron, die Stadt der Marabutin, südlich von Mursuk, Djedid in Sebha, Djerma und Ubari im Uadi Gharbi, Brak und Edri im Uadi Schati, Sokna und Bondjem im Norden an der Straße nach Tripolis. Keine derselben zählt wohl mehr als tausend Einwohner. Alle Mudir werden vom Kaimmakam angestellt und nach seinem Gutdünken abgesetzt, ohne daß er deshalb Befehle vom Muschir in Tripolis einzuholen braucht. Überhaupt ist die Regierung, wie in allen türkischen Provinzen, tatsächlich eine absolute, denn der Wille des Kaimmakam oder des Mudir gilt als Gesetz, wenn auch der Form nach konstitutionell, indem sowohl dem Kaimmakam wie auch dem Mudir eine Midjelis oder Ratsversammlung zur Seite steht, die nicht bloß beratendes, sondern beschließendes und gesetzgebendes Stimmrecht haben soll, in Wirklichkeit aber meist gar nicht befragt wird. So ergiebig das Land bei der großen Fruchtbarkeit und dem günstigen Klima sein könnte, so wenig weiß das türkische Gouvernement Nutzen aus demselben zu ziehen. Um Mursuk allein mag die

Zahl der der Regierung gehörenden Palmbäume eine Million betragen, und in manchen anderen Bezirken ist sie noch größer. Die direkten Einnahmen gehen auf für die Gehälter der Beamten, inklusive des Kaimmakam, und für die Löhnung der Truppen, die indes sehr unregelmäßig ausgezahlt wird. Nach Tripolis und Konstantinopel kommt, außer Geschenken an Sklaven und Sklavinnen und was sonst etwa der Kaimmakam mitzuschicken für gut findet, nichts davon; im Gegenteil, alle Kleidungsstücke, Ausrüstungsgegenstände und selbst Lebensmittel für die Soldaten, wie Reis, Fett, Zucker und Kaffee, müssen von Tripolis oder Stambul nach Fesan gesandt werden. Übrigens kann man nicht sagen, daß die Einwohner mit Abgaben überbürdet seien; infolge ihrer Trägheit, Unwissenheit und der Mangelhaftigkeit aller ihrer Einrichtungen vermögen sie freilich auch die geringen Steuern kaum zu erschwingen, zumal von seiten der Regierung nicht das mindeste geschieht, was das moralische oder leibliche Wohl der Untertanen und den so tief gesunkenen Zustand des Landes heben könnte.

Über die Einwohnerzahl von Fesan bin ich nicht imstande, eine annähernd genau Angabe zu machen. Da das Gouvernement selbst keine Kenntnis davon besitzt, hätte ich, um eine richtige Schätzung zu gewinnen, das Land nach allen Richtungen durchreisen müssen. Rechnet man die in Fesan sich aufhaltenden Araber- und Tuaregstämme hinzu, so dürfte die Zahl von zirka Zweihunderttausend nicht zu hoch gegriffen sein.

Wenn überhaupt von einer Nationalsprache bei einem so gemischten Volk wie dem Fesaner die Rede sein kann, so muß man das Kanuri (die Bornu-Sprache), das im allgemeinsten, namentlich auch von den Kindern gesprochen wird, als solche bezeichnen. Nächst dem hört man am meisten Arabisch sprechen, und sehr viele verstehen die targische sowie die Teda- und Haussa-Sprache. Ferner sprechen die Bewohner von Sokna und Udjila, welches letztere indes jetzt nicht mehr zu Fesan gerechnet wird, eine eigene berberische Sprache, die auffallende Ähnlichkeit mit dem Rhadamesischen hat. Ich habe Gelegenheit gehabt, mich mit dem Soknischen zu beschäftigen, und gefunden, daß zwei Drittel der Wörter ganz mit dem in Rhadames gesprochenen Dialekt übereinstimmen.

Dem Charakter nach sind die heutigen Fesaner ein gutmütiges und ehrliches Volk. Innerhalb der Grenzen des Landes ist man vor Räubern und Dieben sicher; man kann mitten in einem bewohnten Ort seine Sachen unbewacht liegen lassen, ohne besorgen zu müssen, daß sie gestohlen werden, trotzdem daß immer viele Tebu sich in Fesan aufhalten, die in ihrem eigenen Land sehr diebische Gelüste bekunden sollen.

Die Landestracht besteht bei den Männern aus dem Haik oder Barakan, der Mansuria (weites Hemd), kurzen Hosen, dem Fes und roten oder gelben Pantoffeln. Doch sieht man hier schon häufig die dunkelblauen oder weißen Toben von Sudan und Bornu, sowie auch der Litham der Tebu und Tuareg und ihre durch Risse ausgezackten Fellkleider nicht fehlen. Noch einfacher kleiden sich die Frauen, welche in der Jugend recht volle Formen und, da sie wie alle Weiber der nicht zivilisierten Völker klein sind, eine fast kugelartige Gestalt haben. Ihr einziges Kleidungsstück ist der Barakan, den sie rings um den Körper wickeln und festbinden; statt der Schuhe tragen viele aus Palmblättern geflochtene Sandalen. Arme und Beine werden mit schweren messingenen oder silbernen Ringen belastet, von denen oft einer allein das nette Gewicht von fast einem halben Pfund hat. Das Haar, dick mit Butter bestrichen, die im Verein mit dem darauffallenden Staub bald zu einer schmutzigen Kruste verhärtet, klebt in unzähligen kleinen Flechten um den Kopf. Die Kinder laufen ganz oder halb nackt umher bis zur Pubertät, die übrigens hier äußerst früh eintritt; säugende Mütter von zwölf, ja von zehn Jahren sind nichts Seltenes.

Nirgends wohl findet ein so schrankenloser Verkehr der Geschlechter statt wie in Fesan. Der junge Bursche lebt mit einem Mädchen, bis er ihrer überdrüssig ist, und bekümmert sich dann nicht im geringsten mehr um sie, noch um das gezeugte Kind. Wilde Ehen sind ebenso häufig wie legitime; es herrscht Vielweiberei, und das Gesetz gestattet dem Mann, seine rechtmäßigen Frauen zu verstoßen, die sich dann meist der öffentlichen Prostitution hingeben. So werden uneheliche Kinder in Menge geboren und, da keine Findelhäuser existieren, gleich nach der Geburt dem Verhungern preisgegeben, höchstens daß sich bisweilen eines solchen hilflosen Wesens, das seine

Mutter nachts auf die Türschwelle einer Sauya gelegt hat, ein mitleidiger Thaleb oder sonst ein Vorübergehender annimmt. Das Volk lebt sorglos in den Tag hinein; des Abends kauert jung und alt im Kreis und schaut dem pantomimischen Tanz der Mädchen zu. Dabei wird reichlich Lakbi und Busa genossen. Lakbi ist gegorener Palmensaft, ein nicht so stark berauschendes Getränk als Busa; letzteres wird aus Ngafolikörnern und Datteln bereitet, es ist sehr konsistent und weißlich von Farbe. Für die hier lebenden Türken brauen zwei Verbannte, ein christlicher Tscherkesse und ein Zigeuner, eine Sorte Dattelschnaps, der aber dem schlechtesten Kartoffelfusel noch weit nachsteht; eine bessere und unschädlichere Sorte verstehen die Juden in Tafilet zu destillieren. Datteln bilden auch, neben Sesometa, Basina und Brot aus Weizen, Gerste oder Ksob, die Hauptnahrung der Fesaner. Fleisch wird wenig und nur in den Städten gegessen; in Mursuk schlachtet man durchschnittlich pro Tag drei Kamele und ein Schaf oder eine Ziege, deren Fleisch für die gesamte, einschließlich der vor der Stadt in Palmhütten wohnenden Leute, wohl an achttausend Seelen starke Bewohnerschaft hinreichen muß. Bei den Hochzeitsfeierlichkeiten bemerkte ich keine Gebräuche, die von denen der Araber sonderlich abwichen; ebenso bei den Beerdigungen. Kaum ist der Leichnam des Gestorbenen erkaltet, so wird er hinausgetragen und ohne Sarg oder Kasten, bloß mit einem weißen Laken umwickelt, in einer flachen Grube verscharrt.

SIEBTES KAPITEL

Aufenthalt in Mursuk

Die Stadt Mursuk bildet ein zwei englische Meilen umfassendes Viereck, dessen Nord- und Südseite etwas länger sind als die West- und Ostseite. Sie ist von stellenweise geborstenen, aus an der Sonne getrocknetem Lehm errichteten Mauern umgeben, die eine Höhe von zwanzig bis dreißig Fuß haben, an der Basis zehn Fuß, oben aber nur zwei Fuß dick sind und von dreißig zu dreißig Schritt von viereckigen Türmen flankiert werden. An den Ecken der Ostseite befinden sich Bastionen, mit einigen Geschützen besetzt.

Eine breite Straße, echt negerisch »Dendal« genannt, führt in ziemlich gerader Richtung von Westen nach Osten durch die Stadt. In ihr steht gleich an dem stets von einem Doppelposten bewachten Tor das Zollhaus, zu meiner Zeit unbenutzt, da außer für Sklaven kein Zoll für ein- und durchgehende Waren erhoben wurde. Die Straße weiter verfolgend, gelangt man rechts an die Hauptwache und daneben an die Wohnung des Kaimmakams, des Gouverneurs der Festung. Schräg gegenüber auf der linken Seite steht das ehemalige englische Konsulatsgebäude, das jetzt der Katib el-mel, der Finanzdirektor, bewohnte. Von da an hat die Straße zu beiden Seiten nur kleine Hanut (Buden aus Holz oder Ton) – es ist der Bazar von Mursuk –, bis sie auf einen freien Platz mündet, dessen nordwestliche Seite die Kasbah (Schloß) und die Kischlah (Kaserne) einnehmen.

Die Kasbah, ehemals Residenz der Sultane von Fesan, war seitdem die Amtswohnung des türkischen Kaimmakam gewesen, von Halim-Bei aber verlassen worden, angeblich weil Djennun (Geister) darin hausten, in Wahrheit, weil der Wind überall durch die unverwahrten Tür- und Fensteröffnungen pfeift.

116

Trotz des Verfalls, in welchen die türkische Regierung den Palast geraten ließ, imponierte er jedoch äußerlich noch durch seine Masse, denn die Mauern sind mindestens achtzig Fuß hoch und manche wohl zwanzig Fuß dick. Das Innere freilich machte mir den Eindruck eines riesigen, von labyrinthischen Gängen und engen Kammern durchsetzten Erdklumpens. Einigermaßen ansehnliche Dimensionen hat nur der ehemalige Thronsaal, in dem die feierlichen Audienzen abgehalten wurden; alle übrigen Zimmer, auch die des Harem, sind klein und niedrig. Auf der einen Seite stößt das Schloß an die Kaserne, von den Türken gebaut und für dortige Verhältnisse geräumig genug, auf der anderen Seite an eine Djemma, in welcher die Sultane ihre Gebete zu verrichten pflegten. Sonst gibt es fast nur einstöckige, aus Tonklumpen errichtete Häuser mit platten Dächern; die wenigen, die zwei Stockwerke haben, gehören fremden Kaufleuten. Der Dendal ist die breiteste Straße, doch sind auch die anderen ziemlich gerade und nicht ganz so schmal wie gewöhnlich in afrikanischen Städten.

Im Osten der Stadt liegen die Kirchhöfe, auf deren einem sich das Grabmal des englischen Reisenden Ritchie befindet, der dem Klima von Mursuk zum Opfer fiel. Die Gräber der Fesaner machen sich, da kein Sarg dem einsinkenden Erdreich Widerstand leistet, durch muldenförmige Vertiefungen kennbar. Als Schmuck legen die Hinterbliebenen Straußeneier darauf nebst Scherben von zerbrochenen Töpfen und allerhand anderem Tongeschirr. Auf einem Grab bemerkte ich unter den Scherben ein defektes Porzellangefäß, dessen Bestimmung bei uns eine ganz andere ist, das aber hier vielleicht als Trinkschale gedient hat; auf einem anderen, offenbar dem eines Reichen, ein paar gesprungene Weinflaschen. Die Grabstätten der ehemaligen Sultane sind durch nichts von den übrigen Gräbern ausgezeichnet als durch etwas breiteren Raum und durch größere Haufen von Scherben und Straußeneiern.

Ich bin der Meinung, daß die Einwohnerzahl Mursuks gegenwärtig nicht ab-, sondern zunimmt. So schlecht auch die türkische Regierung sein mag, so hat sie doch den unsicheren Zuständen ein Ende gemacht, die unter den Sultanen in Fesan bestanden. Da zogen die Herrscher selbst plündernd und brand-

Mursuk

schatzend durchs Land, da bekriegten sich die Provinzen, ja die einzelnen Städte und Ortschaften untereinander in blutiger Fehde, da wetteiferten Tuareg und Tebu mit nomadischen Araberhorden in Überfällen und Beraubungen der Karawanen. Jetzt ist doch Ruhe und Sicherheit des Eigentums hergestellt. Aus den vielen leerstehenden Häusern darf man nicht auf den Verfall der Stadt und das Zurückgehen der Bevölkerung schließen. Durch starke Regenschauer werden die aus salzhaltigem Ton gekneteten Wände eines Hauses gelockert, die Insassen verlassen ihre vom Einsturz bedrohte Wohnung, errichten sich aber sofort an einer anderen Stelle ein neues Haus aus demselben unhaltbaren Material. Ganze Dörfer werden auf diese Weise verlassen und andere dafür aufgebaut.

In Mursuk hat die Landesregierung ihren Sitz, an deren Spitze der Kaimmakam steht. Den zweiten Rang nimmt der Kolrassi, der oberste militärische Beamte, ein. Er hat in der Regel fünfhundert Fußsoldaten und etliche Reiter unter seinem Befehl sowie vier Feldkanonen zu seiner Verfügung. Die Soldaten werden zum größten Teil aus Fesanern rekrutiert, doch werden auch Sklaven zum Dienst gepreßt. Alle Offiziere und Unteroffiziere sind Türken.

Der dritte Beamte ist der Katib-el-mel, Finanzdirektor, der die Abgaben einzieht, überhaupt dem gesamten Steuer- und Finanzwesen vorsteht, und der vierte im Range der Kawasbascha, der Polizeimeister, eigentlich nur der ausführende Arm des Kaimmakam.

Neben den genannten vier türkischen Beamten fungiert ein Eingeborener als Kadhi, oberster Richter, und zwar erbt das Amt wie früher unter den Sultanen so auch jetzt unter der türkischen Herrschaft in der Familie fort, ja, das Recht der Erblichkeit des Kadhiats in dieser Familie ist jetzt gewissermaßen gesetzlich anerkannt.

Auch das Amt des Schich-el-bled, des Bürgermeisters, hat sich seit längerer Zeit in einer Familie, in der Familie Alua fortgeerbt. Der Name Alua hat übrigens bei den neueren europäischen Reisenden einen guten Klang, denn Barth, Beurmann, ich selbst und nach mir Dr. Nachtigal standen mit der Familie in den freundschaftlichsten Beziehungen.

Ich hatte in Mursuk noch Gelder aus Europa zu erwarten, zirka fünfzehnhundert Taler von Gotha und hundert Pfund Sterling, welche mir die Londoner Geographische Gesellschaft als Reisestipendium gewährte, und da auch meine Ausrüstung in vielen Stücken gründlicher Nachhilfe bedurfte, mußte ich auf einen Aufenthalt von längerer Dauer Bedacht nehmen. Das Haus, das man mir zur Wohnung eingeräumt hatte, lag im nordöstlichen Teil der Stadt, also eigentlich nicht in dem fashionablen Viertel, zu dem nur der Dendal und die Umgebung der Kasbah gerechnet wird, es bot aber hinlängliche Bequemlichkeit. Erdgeschoß und Hof den Dienern überlassend, richtete ich mich im oberen Stockwerk ein, das ein Zimmer und eine große Veranda auf dem flachen Dach enthielt.

Sodann machte ich den hohen Würdenträgern des Landes meinen Besuch, zuerst natürlich dem Kaimmakam. Halim-Bei bewohnte, wie oben erwähnt, nicht die Kasbah, sondern ein großes am Dendal gelegenes Haus. Er empfing mich nicht nur mit konsularischen, sondern auch mit militärischen Ehren und versprach mir die schönsten Dinge; ein Revolver neuester Kon-

struktion, den ich ihm als Geschenk überreichte, schien enge
Bande der Freundschaft zwischen uns zu befestigen. Leider
sollte ich in der Folge erfahren, daß nicht alles Gold ist, was
glänzt! Bekanntlich müssen bei solchen Staatsbesuchen außer
dem Herrn des Hauses auch seine sämtlichen Diener und die
Hauptsklaven beschenkt werden, und denselben Betrag hat
jener bei seinem Gegenbesuch den Dienern des anderen zu
schenken. Man verständigt sich vorher über das Wieviel. Wenn
ich nicht irre, war ich mit Halim-Bei übereingekommen, daß
jeder zehn Mahbub schenken sollte. Sonderbare Steuer, die man
sich gegenseitig auferlegt! Wäre es nicht viel einfacher, wenn
jeder gleich seinen eigenen Dienern das Geld gäbe?

Der Reihe nach besuchte ich hierauf den Kolrassi, den Kadhi,
den Schich-el-bled und den Katib-el-mel. Bei letzterem lernte ich
einen Mann namens Mohammed Besserki kennen, den letzten
Sprößling der ehemaligen Beherrscher von Fesan.

Nachdem die Türken Fesan erobert hatten, war es ihnen
natürlich darum zu tun, so bald wie möglich ihre Herrschaft
über die neue Provinz dauernd zu befestigen, und sie glaubten
nicht sicherer zum Ziel zu kommen, als wenn sie die ganze
Sultansfamilie ausrotteten. So wurden zweihundert Mitglieder
dieses unglücklichen Herrschergeschlechts enthauptet, erdrosselt oder auf andere Weise umgebracht. Der kleine Mohammed
Besserki war dem gleichen Schicksal nur dadurch entgangen,
daß eine Sklavin, der er anvertraut war, mit ihm zu den Tebu
flüchtete. Fern von der Heimat, in Tibesti, wuchs er auf. Später
wagte er es, nach Fesan zurückzukehren, und die türkische
Regierung duldete ihn, wohl wissend, daß der arme Prinz ihr
nicht gefährlich werden könne, umsoweniger, als die ehemaligen Sultane, die alle ihre Untertanen wie Sklaven oder Leibeige-
ne behandelten, niemals die Liebe und Achtung der Fesaner
genossen hatten. Man verlieh ihm sogar zu seinem Lebensunterhalt zweihundert Palmen, was freilich zum Sterben zu viel und
zum Leben zu wenig war. Teils Mangel an Energie, teils aber
auch sein Stolz hielten ihn ab, beim Kaimmakam um eine weitere
Verleihung einzukommen. »Alle Palmen des Landes«, sagte er,
»sind ja mein rechtmäßiges Eigentum; wie sollte ich mir da ein
paar hundert davon bei den Türken erbetteln! Nein, lieber

Mursuk

darben!« Nur manchmal, wenn ein Opium- oder Haschischrausch seinen Mut gehoben hatte, sprach er die Absicht aus, nach Konstantinopel zu gehen und von dem türkischen Sultan als letzter Erbe der Herrscher von Fesan, als Abkömmling Mohammeds, sein Land zurückzufordern. Eines Tages, als er eine besonders reichliche Portion Opium zu sich genommen, sagte er plötzlich zu mir: »Ich habe eine einzige Tochter, sie ist nicht hübsch, nicht häßlich, fünfzehn Jahre alt, heirate sie, mein Freund, werde mein Schwiegersohn!« Ich äußerte mein Befremden darüber, daß er, der Sohn eines Sultans, der Nachkomme des Propheten, seine Tochter mit einem Christen verheiraten wolle; da rief er: »O Wunder, soll ich etwa mein Kind einem von den Türkenhunden zur Frau geben, die mir mein Land geraubt haben, oder einem Mann in Fesan, der einst Sklave meines Vaters gewesen ist? Lieber soll sie sterben. Aber dir will ich sie geben, o Mustafa Bei, und als Mitgift übertrage ich dir meine Rechte auf Fesan. Geh mit ihr nach Europa; die christlichen

Mächte werden deinen gerechten Anspruch unterstützen, der Sultan von Stambul wird das geraubte Land herausgeben müssen, du wirst zurückkehren und glücklich über Fesan herrschen!« »Und was verlangst du für deine Tochter und die Zedierung deiner Rechte?«, fragte ich. »Was ich verlange?« – und seine sonst so matten Augen begannen zu funkeln, frisches Blut schien durch seine Adern zu rinnen. »Ich verlange nichts als einige tausend Palmen, die mir ja ohnedies gehören und so viel Opium und Haschisch, wie ich brauche.«

Ich kam noch oft mit Mohammed Besserki zusammen. Er war in nüchternem Zustand ein Mann von guten Manieren und lebte bescheiden von dem dürftigen Ertrag seiner zweihundert Palmen, zu dem er sich noch ein kleines Nebeneinkommen durch Schreiben von Amuletten erwarb. Wenn auch nicht als letzter Sprößling der ehemaligen Herrscher des Landes, stand er doch als Faki, als Gelehrter, in Ansehen beim Volk, namentlich bei den Tebu-Reschade, bei denen er seine Jugend verlebt hatte.

Als der Kolrassi meinen Besuch erwiderte, lud er mich ein, eine Revue über seine Truppen abzuhalten. Ich galt nämlich in Fesan ohne mein Zutun für einen Militär höheren Ranges, wahrscheinlich weil mein Firman mir den Titel »Bei« zulegte; ein Offizier war mir als Ordonnanz beigegeben, und ging ich an einer Wache vorüber, so wurde herausgerufen und die Soldaten machten das Ssalam-Dur (Präsentieren des Gewehrs). Um ihn nicht zu verletzen, nahm ich die Einladung dankend an, denn ich merkte wohl, wie sehr er wünschte, daß ein Europäer seine Truppe in Parade defilieren sehe. Der Kolrassi war eine Zeitlang in Frankreich gewesen und hatte als Hospitant einen Kursus in der Militärschule zu St. Cyr durchgemacht. Er hielt sein Bataillon für das bestgekleidete, das bestgeübte und bestdisziplinierte in der ganzen Türkei. Und er mochte recht haben, wenigstens habe ich noch keine besseren türkischen Truppen gesehen. Einige von den Offizieren waren zwar zu der Revue in Pantoffeln erschienen, sei es der großen Hitze wegen oder weil sie keine Stiefel besaßen, aber die Mannschaft trug saubere Uniform, machte die Gewehrgriffe mit Präzision und marschierte selbst nach preußischen Begriffen tadellos.

Ein andermal mußte ich den Kolrassi in die Kaserne begleiten.

Betten gab es da nicht, auch waren die Säle nicht gedielt; doch fand ich die Pritschen rein gewaschen, jeder Soldat zeigte seine wollene Decke, seinen Brotbeutel und Tornister, Schuhe usw. vor, und die Gewehre, gute Enfieldbüchsen, standen in Ordnung an den Ständern. Den Leuten, meist von dunkler Hautfarbe, sah man keine Not an. Eben wurde ihnen das Essen gebracht, eine große Schüssel voll Reis mit Kamelfleisch für je sechs Mann.

Aus der Kaserne wurde ich in das Militärlazarett geführt, dessen Einrichtungen mir der türkische Arzt der Truppe bereitwilligst zeigte. Es enthielt zwölf Betten mit Matratzen, wollenen Decken und sonstigem Zubehör und übertraf an Reinlichkeit und Ordnung meine allerdings nicht hohen Erwartungen von einer türkischen Krankenanstalt. Beim Abschied bat der Doktor um die Erlaubnis, mich in meiner Wohnung besuchen zu dürfen, er möchte in einer wichtigen Angelegenheit unter vier Augen mit mir reden.

An einem der nächsten Tage trat er bei mir ein, und nachdem er sich überzeugt, daß wir allein seien und uns niemand hören könne, begann er mit geheimnisvoller Miene: »Es scheint, Mustafa Bei, du tust deine Augen nicht auf und bemerkst nicht, welche Menge Sklaven hier eingebracht und unter dem Schutz des Kaimmakams verkauft werden. Der Kolrassi hat mir gesagt, in den zwölf Monaten seit er hier in Garnison steht, waren es 4048 Köpfe. Er weiß die Zahl genau, denn alle Transporte kommen nur bei Nachtzeit in die Stadt, und der wachthabende Korporal, der das Tor öffnet, hat dem Kolrassi des Morgens zu melden, aus wieviel Köpfen der nächtlich einpassierte Transport bestand. Nun denke dir, für jeden eingehenden Sklaven läßt sich Halim-Bei zwei Mahbub und für jeden ausgehenden sein Schwiegersohn, der Kawasbascha, zweieinhalb Groschen bezahlen! Außer den Transporten, die durch Mursuk passieren, gehen aber noch mindestens ebensoviele durch andere Orte Fesans, und überall erhebt der Kaimmakam durch eigens dazu angestellte Agenten dieselbe Steuer pro Kopf. Die Einnahmen, die er sich dadurch neben seiner Besoldung verschafft, beläuft sich also, wie du leicht berechnen kannst, auf jährlich zwanzigtausend Mahbub.« Hier machte der Doktor eine Pause. Ich war natürlich neugierig zu erfahren, was einen türkischen Beamten veranlassen mochte, mir, dem Fremden, alle diese Tatsachen unaufgefordert mitzuteilen. Geschah es aus Menschenliebe, aus philanthropischem Mitleid mit dem Los der unglücklichen Sklaven? Oder wollte er seiner Entrüstung darüber Ausdruck geben, daß der Statthalter des Landes selbst dem Gesetz, das den Sklavenhandel in allen türkischen Staaten verbietet, auf so eklatante Weise Hohn sprach? Beides hielt ich nicht für wahrscheinlich. Das Rätsel löste sich indes, als er fortfuhr: »Und du wirst es nicht glauben, von all dem vielen Geld hat Halim-Bei, der schändliche Geizhals, weder dem Kolrassi noch mir je einen Para zukommen lassen! Nun bin ich überzeugt, wenn du das, was ich dir erzählt habe, an den Muschir nach Tripolis berichtest, so wird Halim-Bei auf der Stelle abgesetzt, obgleich er den Muschir immer reichlich beschenkte und ihm erst kurz vor deiner Ankunft zwölf Sklavinnen zugeschickt hat. Denn der Muschir muß fürchten, daß du sonst den Konsuln in Tripolis die Sache anzeigst oder daß du ihn selber in Konstantinopel verklagst.«

Neid und Habgier allein hatten also den Mann geleitet, indem er das gesetzwidrige und abscheuliche Treiben des Kaimmakam in seiner ganzen Blöße enthüllte. Mir kam indes die Kenntnis dieser genauen Details sehr erwünscht, und ich benutzte die Gelegenheit noch weiterer, möglichst vieler Notizen über den Betrieb des Sklavenhandels in Fesan und über die vorzugsweise daran teilnehmenden Personen, in der Absicht, sie dem Muschir in Tripolis sowie dem dortigen englischen Generalkonsul in einem ausführlichen Bericht mitzuteilen. Nur konnte dies nicht eher als bei der Abreise von Mursuk geschehen, wollte ich nicht jeden Versuch, in das Innere Afrikas vorzudringen, sofort aufgeben; denn sicher hätte man mich überall aufs feindseligste behandelt, wenn es ruchbar geworden wäre, daß ich dem einträglichen Menschenhandel entgegenwirkte. Ein wesentlicher Erfolg war überdies, das mußte ich mir leider sagen, von meinen beabsichtigten Schritten nicht zu erwarten. Was helfen alle Verbote seitens der türkischen Regierung in Konstantinopel, da ihre Beamten in den entfernten Provinzen, vom höchsten bis zum niedrigsten, sobald sie nicht streng überwacht sind, immer dem Handel mit Negern Vorschub leisten werden, um ihn als Einnahmequelle für sich auszubeuten. Es gibt nach meiner

Überzeugung nur ein Mittel, das dem Unwesen in wirklich erfolgreicher Weise steuern kann: Eine europäische Macht, sei es England, Frankreich oder Deutschland, muß in Fesan und in Rhadames ständige Vertreter halten und dieselben ausreichend besolden, damit sie den Lokalbehörden durch ihr Auftreten den nötigen Respekt einflößen. Der Konsularagent, den England früher in Mursuk hielt, bezog nur ein jährliches Gehalt von vierzig Pfund Sterling; die Folge davon war, daß z. B. Gagliuffi, der zuletzt zwölf Jahre als solcher fungierte, von den bedeutendsten Sklavenhändlern, den Schichs von Bornu, Uadai, Tebu usw., Geschenke nahm, ja sogar selbst, wie ich bereits erzählt habe, als stiller Kompagnon an einem schwunghaft betriebenen Sklavengeschäft interessiert sein soll.

Kurz nach meiner Ankunft in Mursuk kampierte eine von Tuat kommende Pilgerkarawane drei Tage lang vor der Stadt. Ich traf unter den Pilgern einen alten Bekannten, Mulei Ismael von der Sauya Kinta. Sein Erstaunen, mich hier wiederzufinden, war groß, und als er bei einem gemeinschaftlichen Gang durch die Straßen die uns begegnenden Soldaten vor mir Front machen und die Wachtmannschaften ins Gewehr treten sah, sagte er: »Ah, du stehst jetzt in türkischen Diensten!«

In Tuat war ich der Gast Mulei Ismaels gewesen; selbstverständlich sorgte ich daher jetzt meinerseits für seine Bewirtung. Ich schickte ihm morgens und abends eine große Schüssel Basina mit Kamelfleisch, mittags einen Teller voll ausgesuchtester Datteln nebst einem Topf Buttermilch dazu. Außerdem hatte ihm mein Diener ein halbes Pfund Tee und drei Hüte Zucker als Gastgeschenk von mir zu überbringen. Drei Hüte sind nämlich die zu einem halben Pfund Tee gehörige Quantität Zucker; weniger zu schenken, wäre ein Verstoß gegen die gute Sitte. Beim Abschied bedankte er sich für die ihm gesandten »zwei« Hüte Zucker, und auf meine Bemerkung, er müsse sich wohl irren, beteuerte er mit einem Eid, nicht mehr als zwei erhalten zu haben. Jetzt wurde der Diener zur Rede gestellt; er leugnete zwar hartnäckig und erbot sich, mit dem Koran in der Hand auf dem Grabe eines Marabut seinerseits zu beschwören, daß er die Sendung richtig abgeliefert habe. Allein ich konnte und mochte nicht glauben, daß Mulei Ismael, einer der reichsten und angesehensten Männer von Tuat, wegen eines Hutes Zucker einen falschen Eid abgelegt hatte, zumal er auf einer Pilgerfahrt nach Mekka begriffen war und während einer solchen die Mohammedaner sich mehr als sonst vor wissentlichen Vergehen hüten. Übrigens hatte ich den Diener auch schon zweimal auf einer Veruntreuung ertappt, und so entließ ich ihn auf der Stelle. Bald sollte ich Ersatz dafür bekommen.

Ein reicher Sklavenhändler aus Kordofan, der mit einer Ladung »Menschenfleisch« in Mursuk angekommen war, erkrankte hier schwer und ließ mich um meinen ärztlichen Rat und um Medizin ersuchen. Der Beschreibung nach mußte er die sogenannte Große Krankheit (mrd el kebir der Araber) haben, ich gab ihm vorläufig eine Auflösung von Kali hydrojodicum. Nach drei Tagen besuchte mich ein Freund von ihm, um mir zwei Mahbub für die Medizin zu behändigen, die ich jedoch nicht annahm, worauf er sagte: »Da du kein Geld nehmen willst, so wird dir mein Freund und Landsmann – ich verspreche es in seinem Namen –, wenn du ihn soweit wieder herstellst, daß er aufstehen und gehen kann, einen jungen Sklaven umsonst überlassen.« Für Afrikaner, die den Arzt möglichst gering zu bezahlen pflegen, war das ein ungewöhnlich splendides Anerbieten; denn ein männlicher junger Sklave wurde in Fesan zu der Zeit mit mindestens fünfzig Talern verkauft. Die Aussicht, einen Menschen aus der Sklaverei befreien zu können, bewog mich, selbst nach dem Kranken zu sehen. Meine Vermutung in betreff der Natur seiner Krankheit bestätigte sich; ich wandte nun die geeigneten äußerlichen Mittel an, und nach Verlauf von vierzehn Tagen war der Patient völlig genesen. Beim ersten Ausgang führte er mir den versprochenen Negerknaben zu. Er nannte ihn Abd-el-Faradj und gab an, es sei ein Königssohn, aus Bagermi gebürtig; auch unterließ er nicht zu betonen, man habe ihm bereits siebzig Real (zirka achtzig Taler) dafür geboten. Der unglückliche Kleine, ein Kind von sieben bis acht Jahren, zum Skelett abgemagert und so entkräftet, daß er kaum noch aufrecht gehen konnte, kroch auf allen vieren zu mir heran, um seinem neuen Herrn die Hand zu küssen, und sein erstes Wort war: »Ich bin hungrig!« Unter den furchtbarsten Strapazen, barfuß, beständig mit Hunger, Durst und Ermüdung kämpfend, hatte er den viermonatigen Weg durch die Wüste vom Tschad-See nach Fesan zurücklegen müssen. Seine Erinnerung schien infolge der namenlosen Leiden völlig geschwunden; er wußte nichts von seiner Herkunft und Vergangenheit zu sagen, ja hatte selbst die Muttersprache vergessen und sich dafür, auf dem Marsch mit anderen Sklaven aus Uadai, Bornu, Haussa usw. zusammengekoppelt, ein Gemisch aller dieser verschiedenen Sprachen angeeignet. Ich war erst unschlüssig, ob ich ihn bei mir behalten und auf meinen beschwerlichen Reisen mitnehmen sollte, aber der Gedanke, daß ohne Pflege das arme, schon so von Kräften gekommene Kind unfehlbar dem Tode verfallen wäre, überwog schließlich alle Bedenken. Da es eben um die Weihnachtszeit war, gab ich ihm – das deutsche Wort Weihnachten schien mir zu lang – den Namen Noël. Nun wurde er von meinen Leuten gründlich gesäubert, ich kaufte ihm Kleider, sorgte für angemessene Ernährung, namentlich mit Fleischkost, und nach kurzer Zeit sah ich zu meiner Freude seine verlorenen Kräfte vollständig wiederkehren. Der kleine Noël ist mir während mehrerer Jahre ein treuer, aufopfernder Begleiter gewesen. Jetzt befindet er sich in Berlin, wo ihn der Deutsche Kaiser auf seine Kosten erziehen läßt.

Einen weiteren und besonders wertvollen Zuwachs erhielt mein Gefolge an dem ehemaligen Diener Barths, dem alten Mohammed el-Gatroni. Derselbe hatte sich nach der Beendigung von Barths afrikanischer Reise an einem kleinen Ort in Fesan niedergelassen. Sobald er nun vernahm, es sei ein Europäer, ein Vetter von Abd-el-Kerim (so wurde Barth genannt) in Mursuk angekommen, machte er sich auf, um nach dem Befinden seines früheren Herrn zu fragen. Obschon er seiner Ehehälfte geschworen hatte, er werde nicht wieder auf weite Reisen gehen, nahm er die Aufforderung, in meine Dienste zu treten und mich nach Kuka zu begleiten, ohne Zögern an. Doch wollte er noch so lange wie möglich mit seiner Familie zusammen sein, und gerne erlaubte ich, daß er sie nach Mursuk brachte und dann mit seinem Tebuweib, seinem Sprößling, seinem Kamel, seiner Ziege, kurz mit seinem gesamten Haushalt in meine Wohnung einzog.

Zu Ehren des Muschir von Tripolis, der irgendeine neue

Auszeichnung vom Sultan erhalten hatte, veranstaltete der Kaimmakam ein öffentliches Fest, an dem er auch mich teilzunehmen bat. »Alles soll a la franca sein«, sagte er zu mir. »Wir werden Illumination haben, Musik wird spielen, du wirst tanzen sehen, und ein Maskenzug wird erscheinen.« Nachmittags ließ er einen Firman auf dem Dendal verlesen, der die Einwohner zum Illuminieren aufforderte, und abends wurden vor seiner Residenz sechs Lampen, mit Öl gefüllte Wassergläser, angezündet; vor jedem Haus und Hanut (Hütte) stand eine große oder kleine Laterne, ich selbst stellte meine Blendlaterne vor die Haustür. Bei dieser glänzenden Beleuchtung entwickelte sich der Aufzug, an der Spitze zwei Musikkorps mit bunten Papierlampen, gefolgt von unverschleierten Tänzerinnen. Den Glanzpunkt des Zuges bildete ein aus Stäben und gelben Lappen verfertigtes Kamel, das von zwei Männern statt der Beine im nachgeahmten Kamelschritt fortbewegt wurde und in der Tat komisch genug anzusehen war. Selbst der gravitätische Halim-Bei ließ sich herab, aus seiner Wohnung auf die Straße zu treten, um das Wunderwerk in der Nähe zu betrachten. Bis spät in die Nacht zog die Menge singend und lärmend durch die Stadt – eine echte Rhamadan-Belustigung.

Solche Unterbrechungen meines einförmigen Lebens in Mursuk kamen jedoch selten vor. Ich pflegte gegen sieben Uhr morgens aufzustehen. Nach dem Kaffee studierte ich mit Hilfe von Barths Vokabularien die Kanurisprache, die in Bornu und ziemlich allgemein auch in Fesan gesprochen wird. Hierauf wurden Besuche abgestattet oder empfangen und nachmittags ein Spaziergang vors Tor gemacht. Oder ich begab mich um vier Uhr zu der im lebhaftesten Teil des Dendal gelegenen Polizeiveranda und schaute dem Treiben des Marktes zu. Hier tauschten Fesaner, Tuareg und Tebu Erzeugnisse des Sudan, Elfenbein, Straußenfedern, Rhinozeroshörner, mit Bewohnern der Oasen von Rhat, Rhadames, Djalo, Tuat und Tafilet gegen europäische Waren aus. Sklaven aber werden nicht auf offenem Markt, sondern nur in den geschlossenen Häusern und Höfen verhandelt. Dazwischen boten junge Mädchen aus Fesan, meist von goldroter Hautfarbe, die Landesprodukte, also Getreide, Melonen, Gras, Milch, Eier und Hühner, feil. Meine Haupt-

Frauentypen auf dem Markt von Mursuk

mahlzeit nahm ich um sechs Uhr abends. Oft war dabei Besserki, der letzte Abkömmling der Fesan-Dynastie, mein Gast, und in der Regel blieb er auch zum Tee, obschon er diesen weniger liebte als Araki, Haschisch und Opium.

Anfang Januar unternahm ich einen kleinen Ausflug nach der Stadt Tragen, zwei Tagereisen östlich von Mursuk. Ich hatte schon am Abend vorher die Zelte außerhalb der Ringmauer aufschlagen lassen und kampierte darin mit meinen Leuten, damit wir uns gleich frühmorgens in Marsch setzen könnten. Während der Nacht wurde es aber so kalt, daß die Mündungen unserer Wasserschläuche vereisten und wir selbst vor Frost erstarrt waren. Wir mußten in die Stadt zurückkehren, um uns wieder zu erwärmen, und marschierten erst am folgenden Tag wirklich ab. Die Ausrüstung zur Reise war von mir ganz meinem neuen Diener, dem erfahrenen Gatroner, überlassen worden. Weil es nun mitten im Rhamadan war, wo er als strenggläubiger Muselman fastete, vergaß er leider, für den nötigen Mundvorrat zu sorgen, so daß es mit unserer Verpflegung diesmal sehr übel aussah. Denn in Hadj Halil, wo wir übernachteten, gab es nichts als drei Eier für alle zusammen, und hätte man auch Ngafoli (Sorghum, Sudangetreide) gehabt, es wäre nicht möglich gewesen, einen Brei daraus zu kochen, da uns ein heftiger, zwar nicht heißer, aber desto mehr Sand führender Gebli überfiel, der uns nötigte, unter den niedergewehten Zelten auf dem Boden liegenzubleiben.

Im übrigen aber lernte ich bereits auf diesem kurzen Marsch die unschätzbaren Eigenschaften des Mohammed Gatroni kennen. An den Späßen und der oft ausgelassenen Lustigkeit der anderen Diener nahm er keinen Teil, er schritt immer ernst und würdevoll einher; dagegen tat es ihm niemand gleich in der Behandlung der Kamele, in Geschicklichkeit und Raschheit beim Auf- und Abladen der Bagage, in der praktischen Anordnung der Märsche und im Auffinden guter Lagerplätze. Seine Treue und Hingabe, seine Ehrlichkeit waren über jeden Zweifel erhaben. »Ihr in eurer Religion, wir in unserer«, hatte er beim Eintritt in meinen Dienst zu mir gesagt, »aber wenn du willst, daß ich mit dir gehe, im Namen Gottes, wie ich für deinen Vetter mein Leben gewagt, bin ich auch für dich zu sterben bereit.« Und dies waren keine leeren Worte. Er hat bei vielen Gelegenheiten seine Aufopferung für mich bewiesen und die gute Meinung, die Barth von ihm hegte, stets vollkommen gerechtfertigt.

Stadt und Schloß Tragen sind nur noch ein großer Trümmerhaufen, zwischen dem etliche dreißig bewohnte Häuser stehen. Der bei weitem größte Teil der Bevölkerung wohnt, wie in Mursuk, in den zahlreichen Palmenhütten außerhalb der ummauerten Stadt. Auf einer kleinen Anhöhe im Südwesten befinden sich die Gräber der sogenannten Bornu-Statthalter, dreißig bis vierzig niedrige, wie von Maulwürfen aufgeworfene Hügel.

Mehr als Tragen selbst befriedigte mich der Weg dahin, der stundenweit zur Rechten und Linken mit Palmen besetzt ist. Die

Regierung könnte aus diesen Palmen einen größeren Ertrag ziehen, als die jetzigen gesamten Einkünfte von Fesan einschließlich aller Abgaben betragen. Aber aus Mangel an irgendwelcher Pflege sind die Bäume abgestorben, und die wenigen noch Früchte tragenden werden durch Abzapfen des Saftes zur Lakbibereitung getötet.

In meinem Zelt vor Tragen erhielt ich am 1. Februar die erschütternde Nachricht vom Tode Barths. Noch wenige Wochen vorher hatte ich Briefe nebst zwei Aneroids und einigen Thermometern von ihm empfangen. Wir standen in fortgesetztem brieflichen Verkehr, namentlich über die Sprachen Innerafrikas, und Barth zollte meinen Bemühungen, mit dem Studium derselben in seine Fußstapfen zu treten, die schmeichelhafteste Anerkennung. Plötzlich nun ein Brief von meinem Bruder, der mir den Tod des verehrten Mannes meldete! »Der ist im Paradies, Gott erbarme sich seiner!« sagte der alte Gatroner, als ich ihm die Trauerkunde mitteilte.

Halim-Bei hatte die Freundlichkeit gehabt, am selben Tag, an welchem der Schantat von Tripolis mit der Post in Mursuk eintraf, einen Kurier an mich abzusenden. Dieser erreichte unser Lager spät abends, doch da ihm das Licht in meinem Zelt die Richtung zeigte, ging er ohne zu rufen darauf los. Etwa noch fünfzig Schritte entfernt, wird er von meinem wachsamen Spitz grimmig angefallen, und als wir, durch das wütende Bellen des Hundes aufmerksam gemacht, herzueilen, sehen wir, wie der Ärmste am Boden hockt und ihm Mursuk mit seinen Zähnen den Burnus zerfetzt. Wir befreiten ihn von seinem Angreifer; ich legte einige Taler auf die Löcher seines ohnedies schon sehr mitgenommenen Burnus, ließ ihm ein reichliches Mahl vorsetzen, dann das Nachtlager im Zelt meiner Diener bereiten, und am anderen Morgen hatte er sich von dem gehabten Schrecken völlig wieder erholt.

Nach der Rückkehr von Tragen begann ich meine Weiterreise eifrig zu betreiben. Noch gab ich die Hoffnung nicht auf, daß ich nach Tibesti würde gehen können, obschon die Aussicht, über Borgu nach Uadai vorzudringen, immer schwächer wurde. Ein Tebufürst namens Maina Adem, der sich eben in Mursuk aufhielt, der Bruder des regierenden Königs von Kauar, bot mir an, ich möge mich mit meiner Karawane der seinigen bis Kauar anschließen. Seine Persönlichkeit machte einen günstigen Eindruck auf mich, und da man zu der Zeit nur mit größerer Karawane die Reise nach Bilma wagen konnte, war mir der Vorschlag willkommen. Als ich Maina Adem das erste Mal besuchte, bewirtete er mich mit frischer Goro-Nuß (Cola acuminata), die bei den Negern die Stelle des Tees und Kaffees vertritt. Getrocknete Goronüsse, Kola genannt, werden in Menge nach Fesan gebracht, frische aber sind hier sehr rar und ein kostbares Luxusgericht.

Es stand in Mursuk noch ein Koffer mit Kleidungsstücken und Büchern, den Beurmann dort zurückgelassen; obwohl die Sachen an sich wenig Wert hatten, benutzte ich eine Gelegenheit, sie nach Tripolis zu schicken, damit sie von dort an die trauernden Eltern des Verstorbenen expediert würden. Von einem ehemaligen Diener Beurmanns wurde ich angegangen, ihn aus dem Gefängnis zu befreien, in dem er wegen Falschmünzerei saß. Wie ich auf meine Erkundigungen erfuhr, war aber der Mann, ein Renegat, der alle schlechten Sitten des Islam angenommen, übel beleumundet; überdies wurde er in seiner Haft keineswegs übermäßig streng behandelt, man hatte sogar gestattet, daß er sich währenddem verheirate, und ich fand somit nicht Ursache, mich für seine Freilassung zu verwenden.

Mitte März traf endlich mein sehnlichst erwarteter Diener Hammed mit dem für mich erhobenen Geld sowie mit Kamelen, Waren und Lebensmitteln von Tripolis ein. Nachdem nun auch Maina Adem und sein fürstliches Gefolge sich reisefertig gemacht, wurde der 24. März zur Abreise bestimmt. Ich verbrachte jedoch diesen Tag noch in meinem vor der Stadt aufgeschlagenen Lager, da am folgenden Vormittag die Behörden von Mursuk herauskommen wollten, um mir feierlich Lebewohl zu sagen. Zur festgesetzten Stunde erschienen denn auch sämtliche Würdenträger: der Kaimmakam, gefolgt von allen seinen Leuten, selbst den Pfeifenträger und Kaffeemacher nicht ausgenommen, der Kolrassi, der Kadhi, ein Greis von 126 Jahren, mit seinem siebzigjährigen Sohn (er hatte noch ein erst fünf oder sechs Jahre altes Söhnchen, ein Beispiel von der lang dauernden Zeugungsfähigkeit der Orientalen), der Schich-el-bled und der

Vorsitzende des Rats, letztere zwei aus der mir befreundeten Familie Alua. Unter dem üblichen Zeremoniell ging die Abschiedsszene vor sich, nur mit den beiden Ben Alua tauschte ich herzlichere Worte. Mittlerweile nahmen auch meine Diener rührenden Abschied von den schwarzen Schönen, deren Herz sie während des Aufenthalts in Mursuk gewonnen hatten, und Mohammed Gatronis reizende Ehefrau, mit einem großen Korallenstück im rechten Nasenflügel, heulte ihren Schmerz über die Trennung von dem Gatten aus, ohne daß er sich davon erweichen ließ; Rührung zu zeigen, wäre gegen seine Würde gewesen. Am längsten verweilte der letzte Abkömmling des ehemaligen Herrschergeschlechts von Fesan bei mir, bis auch er endlich schweigend auf seinem Esel in die Stadt zurückritt.

ACHTES KAPITEL

Zwischen Fesan und Kauar

Am 25. März brach ich gegen Mittag bei schönstem Wetter von Mursuk auf. Ich hatte sieben Diener und fünf Kamele. Zwei Ghorianer mit ihren Kamelen wollten noch denselben Abend zu uns stoßen, und mit Maina Adem war verabredet, daß seine große Gofla (Karawane) am nächsten Tag nachfolgen und sich mit uns vereinigen sollte.

So gut das Wetter beim Ausmarsch gewesen war, so schlecht endete der Tag. Gerade mit Sonnenuntergang brauste plötzlich von Osten her ein Sandsturm heran, der die Luft völlig verfinsterte. Zum Glück befanden wir uns in unmittelbarer Nähe des Örtchens Hadj Hadjil und konnten denselben eben noch erreichen. An Aufschlagen der Zelte war natürlich nicht zu denken; wir legten uns, nachdem das Essen in einem Haus gekocht und verzehrt worden, zwischen Gepäckstücken auf die Erde nieder und waren, als wir morgens aufstanden, zollhoch mit Sand bedeckt.

Der Sturm tobte noch den ganzen Tag mit gleicher Gewalt, doch stellte sich gegen Abend Regen ein, der wenigstens den argen Sandstaub niederschlug, so daß es möglich wurde, unseren Marsch wieder fortzusetzen. Anhaltender Regen ist allerdings eine außergewöhnliche Erscheinung in Fesan, sie muß indes nicht gar zu selten vorkommen, denn auch andere Reisende berichten davon. Wir wateten durch tiefen Sand und kamen dann in einen Wald von wilden Palmen, in dem nach zweistündigem Marsch, da der Regen nicht nachließ, zur Nacht gelagert wurde. Hier traf uns Maina Adems Karawane und nächtigte dicht neben der unserigen. Er selbst war noch in Mursuk zurückgeblieben.

Auch die Nacht durch regnete es in einem fort, weshalb meine Diener, die ihr Zelt nicht aufgeschlagen hatten, bis auf die Haut durchnäßt wurden. Nachdem am Morgen ein tüchtiges Feuer und eine Tasse Tee ihre Lebensgeister wieder aufgefrischt, zogen wir um acht Uhr weiter, ohne den Aufbruch der Tebu-Gofla abzuwarten. In eineinhalb Stunden war Bidan erreicht, ein aus wenigen Palmhütten und Gärten bestehendes Dörfchen. Ich ließ halt machen und kaufte von den Bewohnern Datteln, um meine Kamele damit zu füttern, für die es auf dem Marsch durch den Palmenwald nichts zu fressen gab. Während wir hielten, zog die Tebu-Karawane an uns vorbei. Wir folgten ihr nachmittags und vereinigten uns wieder beim Bir Beranin, am Rand der Dünen. Immer noch blies ein heftiger Ostwind, der uns sehr belästigte, da er aus einem Strich, wo es nicht geregnet hatte, viel Sand herbeiwehte.

Die Gegend ringsum erhält ein eigentümliches Gepräge durch zahlreiche »Neulinge«, meist konisch geformte Hügel von zwanzig bis dreißig Fuß Höhe, die sich durch Anhäufung von Sand und Vermischung desselben mit Pflanzenstoffen, namentlich Ethel und Tamariske, gebildet haben; aus manchen ragt sogar noch ein Ethelbusch hervor. Sie finden sich in der ganzen Sahara und sind wohl zu unterscheiden von den äußerlich gleich aussehenden »Zeugen«. Diese entstanden nicht durch Anhäufung, sondern im Gegenteil dadurch, daß der lockere Sand um ein fest gefügtes Stück Erdreich herum vom Wind fortgeweht oder durch Wasser weggespült wurde, und so ein vereinzelter Hügel als »Zeuge« der früheren Terrainformation stehen blieb. Die »Zeugen« kommen seltener vor als die »Neulinge« und enthalten keine Wurzeln oder sonstige Pflanzenteile.

Eben hatten wir uns am Bir Beranin gelagert, als Maina Adem auf einem schönen Berberroß angeritten kam und vor meinem Zelt abstieg. Ich verdankte diese Ehre wahrscheinlich dem Appetit des Fürsten auf eine Zigarette und eine Tasse Kaffee, denn er war, wie ich in Mursuk bemerkte, zu geizig, um sich Tabak, Tee und Kaffee zu kaufen, obgleich er nach der Summe zu schließen, die er in dem einzigen Jahr 1865 dem Kaimmakam als Abgabe für verkaufte Sklaven entrichtete, wohl gegen zehntausend Mariatheresientaler bei sich haben mochte. In seiner Heimat Kauar vergräbt er das Geld, nur dann und wann vielleicht sein Auge am Glanz der blanken Silberstücke weidend. Das schöne Pferd, das er ritt, war zum Geschenk für seinen künftigen Schwiegersohn bestimmt, gemäß der bei den Tebu herrschenden Sitte, die erheischt, daß ein Vornehmer seiner Tochter bei ihrer Verheiratung ein Pferd als Aussteuer mitgibt.

Unser Weg führte jetzt beständig zwischen oft hundert Fuß hohen Sanddünen hin, bis wir nach anstrengendem Marsch die kleine Oase Mestuta erreichten, die sich zwei Stunden lang und eine halbe Stunde breit von Norden nach Süden erstreckt. Mestuta hat mehrere Brunnen mit leidlich gutem Wasser und im Norden die Ruinen eines alten Kastells aus der Zeit der Sultane von Fesan. Unter wilden Palmen ist der Boden mit einer dichten Pflanzendecke, meist gutem Kamelfutter, überzogen, worin Kaninchen und Ratten in Menge hausen. Die Luft ist mit einigen Tauben, Sperlingen und Schwalben, mit letzteren wohl nur vorübergehend, belebt.

Auf dem Marsch fiel mir der Unterschied zwischen Tebu-Kamelen und meinen arabischen recht in die Augen. Das Araber-Kamel, das wahrscheinlich durch die Araber oder Berber nach Nordafrika eingeführt wurde, hat plumpe Beine, einen

135

dicken Hals, überhaupt einen schwerfälligen, gedrungenen Körper mit starkem Haarwuchs. Das Tebu- oder Borgu-Kamel hat einen dünneren langgestreckten Hals, schmächtigere Beine und wird bedeutend größer. Südlich von Kauar kommt das Araber-Kamel nicht mehr vor, vom Norden nach Bornu oder Sudan gebrachte Kamele sterben dort nach kurzer Zeit, sei es infolge der veränderten Nahrung oder aus anderen Ursachen; umgekehrt kann das afrikanische Kamel ein nördlicheres Klima nicht vertragen. Das in der eigentlichen Zentralsahara lebende Tebu-Kamel hat sich in der verhältnismäßig kurzen Zeit von etwa tausend Jahren den natürlichen Bedingungen der dortigen Gegend angepaßt und zu einer ganz anderen Rasse umgebildet. Wie außerordentlich schnell das aus kalten Gegenden in die Sahara versetzte Schaf seine Art verändert, habe ich an anderem Ort hervorgehoben.

Südliches und nördliches Kamel

Wir verließen Mestuta um sieben Uhr morgens in der Richtung von 150 Grad und hielten diese Richtung den ganzen Tag über inne. Jenseits der Oase dehnt sich eine Sserir bis zum Fuß des Gurt el-Kebir aus, bei dem wir um elf Uhr vormittags anlangten. Der Gurt el-Kebir ist ein Ausläufer der südwestlich sich hinziehenden Dünen. Nach Übersteigung desselben hatten wir eine weite, niedrig gewellte Sandebene vor uns; um Viertel nach sieben erreichten wir Dekir. Hier mußte erst ein Brunnen gegraben werden, womit indes die Tebu, die an solche Arbeit gewöhnt sind, rasch zustande kamen. Das gefundene Wasser war leidlich. Abends bei Mondschein boten die Palmen mit ihren vertrockneten Zweigen, die von der Krone bis zur Erde am Stamm herunterhängen, einen seltsamen Anblick dar. Niemand pflegt hier die herrenlosen Bäume, und die herabgefallenen Datteln werden von vorüberziehenden Reisenden aufgelesen oder von den Kaninchen, Gazellen und Schakalen verzehrt.

Am 31. März brachen wir morgens von Dekir auf. In fast gerader Südrichtung immer im Tal und zwischen Palmen reitend, erreichte ich mit meinen Leuten um halb ein Uhr Gatron und lagerte auf einem von Palmen beschatteten Platz am Nordrand des Ortes. Es war dies ein Verstoß gegen den Karawanenbrauch, denn eine nach Süden ziehende Gofla soll immer an der Südseite eines Ortes oder Brunnens, eine nach Norden ziehende an der Nordseite lagern. Auch tat Maina Adem, als er mit der Tebu-Karawane, die unterwegs ihre Kamele hatte weiden lassen, vor Gatron ankam, höchst entrüstet darüber und ließ sein Lager an der Südseite aufschlagen. Überhaupt kehrte er, seit wir uns nicht mehr im Bereich des türkischen Gouvernements befanden, immer mehr seinen Fürstenstolz gegen mich heraus, während er in Mursuk dem Kaimmakam und auch mir gegenüber eine untergeordnete Rolle gespielt und man ihm dort nicht einmal die militärischen Ehren erwiesen hatte.

Ich fand bei den Marabutin in Gatron und ihrem Chef, dem Hadj Djafer, der zugleich Mudir des ganzen Gatron-Tales ist, die freundlichste Aufnahme und Bewirtung; mein Koch war vollkommen zur Untätigkeit verurteilt. Es freute sie, Mohammed Gatroni in meinen Diensten zu sehen, denn war er auch nicht aus dem Ort selbst gebürtig, so zählten sie ihn doch zu den Ihrigen. Natürlich revanchierte ich mich für die genossene Gastfreundschaft mit entsprechenden Geschenken an Zucker, Tee, Essenzen, Messern und anderen Kleinigkeiten.

Die Bewohner Gatrons, etwa tausend an der Zahl, sind sämtlich Schwarze, doch nicht von reinem Tebublut, sondern von sehr gemischter Abstammung; selbst die Marabutin, die den geringeren Teil der Bevölkerung ausmachen, haben keineswegs unvermischtes arabisches Blut in ihren Adern. Alle sprechen sowohl die Teda- als die Kanuri-Sprache und verstehen auch

Arabisch. Ihre Wohnungen sind teils Erd- teils Palmenhütten, zwischen denen eine alte Djemma und eine jetzt leerstehende Kasbah, früher Sitz der fesanischen Statthalter, hervorragen. Man baut etwas Gemüse, Korn, Weizen, Gerste, Ngafoli, Ksob an und zieht vorzügliche Datteln hoch. Aus den Blättern der Palmen verfertigen die Frauen zierliche Körbchen und Teller, die in ganz Tripolitanien beliebt sind. In ihrer Tracht zeichnen sich die Gatroner nicht von den übrigen Fesanern aus, nur wird hier namentlich zur Kleidung der Frauen schon mehr Sudan-Kattun als europäisches Fabrikat verwendet. Ich hatte viel von der Schönheit der schwarzen und braunen Gatronerinnen und von ihrer großen Gefälligkeit gehört, aber sei es, daß mir die Sterne nicht günstig waren oder daß in der gegenwärtigen Generation die gerühmten Reize verschwunden sind, ich entdeckte trotz alles Suchens nicht ein einziges hübsches Gesicht.

Am Tag unserer Ankunft gab es abends Musik und Tanz zur Feier der Wiederkehr des Mondes. In der Nacht vorher hatte nämlich eine Mondesfinsternis stattgefunden. Eigentlich soll der Mond im Augenblick, wo er wieder hervortritt, festlich begrüßt werden; da aber die meisten zur Zeit der Verfinsterung schon schliefen, war die Feier auf diesen Abend verschoben worden. Eine Gruppe von Männern führte, mit Stöcken bewaffnet, einen Tanz auf. Die jungen Mädchen bildeten einen dichten Kreis, in beiden Händen große Fächer von Palmzweigen schwingend, und sangen mit Begleitung der Musik, das heißt einer Trommel und gegeneinander geschlagener eiserner Handplatten. Innerhalb des Kreises gingen vier Knaben umher und wurden von den Mädchen gefächelt; auf ein gegebenes Zeichen aber begannen sie zu tanzen und zu springen und aus Leibeskräften in die Hände zu schlagen, während die Mädchen mit ihren Füßen den Takt dazu stampften. Bis lange nach Mitternacht dauerte der greuliche Lärm.

Im Lauf des folgenden Tages kam Hadj Djafer mit seinem Sohn und vielen Marabutin zum Besuch zu mir heraus. Ich übergab ihnen einen meiner Diener, der marschunfähig geworden war, und bat sie, ihn bei nächster Gelegenheit nach Mursuk zu schicken. Dann stellten sich einige Tebu ein, welche mir ihre Mietkamele zur Weiterreise anboten. Als ich ihnen aber sagte,

Tebu aus Gatron

daß ich nach Tibesti wolle, zogen sie, obgleich in Tibesti zu Hause, unter dem Vorgeben, den Weg dahin nicht gehörig zu kennen, das Anerbieten zurück, und ich merkte bald, daß Maina Adem seine Hand dabei im Spiel hatte. Die Sache verhielt sich so: Nach dem in Mursuk mit ihm verabredeten Reiseplan wollten wir uns in Tedjerri trennen; ich wollte von dort mit meinen Leuten unter Führung einer Anzahl zuverlässiger Tebu über Tao in Tibesti nach Bilma gehen, indessen er die gerade Straße nach Kauar verfolgen und mein Gepäck, von Mohammed Gatroni und einem anderen meiner Diener überwacht, dahin mitnehmen sollte. In Gatron empfing er nun die Nachricht: Tuareg, die um Salz einzuhandeln nach Kauar gekommen waren, hätten sich mit den Bewohnern zerstritten, sie seien hierauf samt ihren mitgebrachten Waren grollend wieder abgezogen und nach einer zwischen Gatron und Kauar liegenden Oase gegangen. Obgleich es nicht zu offenen Feindseligkeiten gekommen war, fürchtete er doch, von ihnen angefallen zu werden, wenn er ohne meine Begleitung reiste. Deshalb spiegelte er den Tibesti-Tebu vor, ich sei ein türkischer Spion, damit sie abgehalten würden, mich in ihr Land zu führen. Ich mußte somit den Plan, von Gatron nach Tibesti zu gehen, aufgeben und die Reise mit Maina Adems Karawane fortsetzen, hoffte jedoch, noch von Tedjerri aus mein Vorhaben ausführen zu können.

Am 2. April um sechs Uhr morgens, nachdem mir noch ein splendides Frühstück geschickt worden war, verließen wir Gatron. Zwei Stunden eines palmenreichen Weges gen Süden brachten uns nach Bachi und weitere zwei Stunden nach Medrussa. Beide Dörfer haben meist aus Palmzweigen geflochtene Hütten, die viel netter und freundlicher aussehen als die von Erdklumpen errichteten Häuser. Ihre Bewohner, in beiden zusammen kaum einige Hundert, sind durchweg schwarz und ebenso unschön wie die von Gatron. Doch führte mir Maina Adem zwei Tebu aus Tao zu von stattlicher Gestalt und auffallend hellbrauner Gesichtsfarbe. Sie waren mit eisernem Spieß und Schwert, einem großen Lederschild, dem Handdolch und dem Schangermangor (Wurfeisen) bewaffnet; trotz dieser martialischen Ausrüstung schien es aber mit ihrem Mut nicht weit her zu sein, denn als ich mich anheischig machte, einen etwa fünfhundert Schritt entfernten Palmbaum mit meinem Repetierstutzen zu treffen, liefen sie eiligst davon, und auch Maina Adem wollte das Resultat nicht abwarten.

In Medrussa gab Maina Adem eine Probe seiner sudanischen Willkür, indem er vier Lakbi tropfende Palmen ungeachtet des Protestes ihrer Eigentümer ohne weiteres für sich in Beschlag nahm. Abends, als ihm der genossene Lakbi zu Kopf gestiegen, ließ er mir durch einen Diener sagen, ich solle meinen Hund anbinden, die Tebu, die ihn im Lager besuchen wollten, fürchteten sich vor dem bissigen Tier. Da Mohammed Gatroni, dessen ich mich sonst als Vermittler zwischen mir und den Tebu bediente, das Wiederfinden einer früher von ihm verstoßenen

Frau ebenfalls durch zu reichlichen Lakbigenuß gefeiert hatte, schickte ich einen anderen Diener zum Fürsten mit dem Bescheid, er möchte sich um seine eigenen Angelegenheiten kümmern, und wenn ihm daran gelegen sei, daß mein Hund angebunden werde, so möge einer von seinen Leuten kommen und es versuchen. Am anderen Morgen früh besuchte mich der gnädige Herr selbst in meinem Zelt, erwähnte jedoch, obgleich von Mursuk nicht eben freundlich empfangen, mit keiner Silbe den gestrigen Vorfall. Er brach mit seiner Karawane um zehn Uhr auf; ich folgte, da Mohammed Gatroni noch allerlei mit seiner ehemaligen Ehehälfte zu verhandeln hatte, erst um elf Uhr.

Die Ruinen eines Dorfes links lassend, gelangten wir an das Ende des Palmenwaldes. Eine Anzahl Tebu, bis an die Zähne bewaffnet, ritten auf ihren Kamelen neben uns her, in der Hoffnung, daß ich in Tedjerri die Tiere bis Kauar von ihnen mieten würde. Um halb drei Uhr erreichten wir in südlicher Richtung den von einigen Palmen beschatteten Bir Ssuffra-Tedüssma und fanden hier Maina Adem mit der Tebu-Gofla auf guter Kamelweide lagern.

Am 4. April brach die vereinigte Karawane des Morgens auf. Der Fürst saß zu Pferd, von einer Schar Tebu umgeben, die zu seiner Begrüßung gekommen waren. Es kränkte seinen Stolz, daß ich meinen seidenen Sonnenschirm aufspannte; denn in Bornu und den Sudanländern haben allein die Sultane das Recht, einen Schirm zu tragen. Selbst in Fesan mußte noch vor zwanzig Jahren ein Kaufmann, weil er mit aufgespanntem Schirm in Mursuk eingeritten war, zweihundert Mariatheresientaler an den damaligen Kaimmakam bezahlen. Jetzt ist im ganzen türkischen Reich das Verbot aufgehoben. Maina Adem hätte mir gern meinen Schirm abgekauft oder ihn noch lieber zum Geschenk erhalten, aber ich wollte ihm absichtlich auch bei dieser Gelegenheit zeigen, daß ich in keiner Weise von ihm abhängig sei. Unser Verkehr blieb äußerlich ein freundschaftlicher, doch hegten wir eine gegenseitige Abneigung: ich, weil er es war, der mein Vorhaben, über Tibesti nach Kauar zu gehen, vereitelte, er, weil ich mich seinen Befehlen nicht unterordnete. Nach eineinhalb Stunden passierten wir links am Weg Kasaraua, jetzt nur drei oder vier Hütten. In gerader Ostrichtung davon liegt am Rand des Tales der Djebel Ekema, die erste Station auf dem Weg von Medrussa nach Tibesti. Wir gingen in der Richtung von 200 Grad im Tal weiter, das südlich von Kasaraua des Palmenwuchses ganz entbehrt, und hatten die Spitze des Ras Tedjerri, einer Erhebung des sonst flachen Talrandes, in gerader Ostrichtung vor uns. Die Sebcha von Tedjerri durchschreitend, erreichten wir um drei Uhr den Ort selbst nach mehr als achtstündigem schnellem Marsch.

Tedjerri bildet die politische Südgrenze von Fesan und steht wie Bachi, Medrussa und Kasaraua unter dem Mudir von Gatron. Es hat fünf- bis sechshundert Einwohner. Die Häuser, niedrige kleine Tonhütten, sind um ein Kastell herum gebaut, das in gewöhnlichen Zeiten unbewohnt ist, in Zeiten der Bedrängnis aber als Zufluchtsort dient, weshalb jeder Hausbesitzer dort ein zweites Haus stehen hat. Unter der türkischen Regierung kommt es indes äußerst selten vor, daß von unabhängigen Tuareghorden eine Rasia (Raubzug) gegen Tedjerri unternommen wird. Der Ort liegt am Südrand einer ausgedehnten Sebcha, und selbst in der näheren Umgebung finden sich noch Wassertümpel mit brackischem Wasser, doch gibt es auch Brunnen mit sehr wohlschmeckendem süßem Wasser.

Abends kam mein Diener Abd-el-Kader, ein Sokner, voller Freude ins Lager gelaufen, auf einen Hahn in seiner Hand zeigend. »Woher hast du den Hahn?« fragten ihn seine Kameraden. »Ich bekam ihn als Lohn für meine Arbeit, ich habe eben einer Besessenen den Teufel ausgetrieben.« – »Und der Teufel, wo blieb der?« – »Ich konnte ihn nicht fangen, er ist ins Wasser gefahren.« Dergleichen Wunder sind unter den unwissenden, leichtgläubigen Leuten nichts Seltenes, und Abd-el-Kader stand bei ihnen in besonderem Ansehen, sowohl weil er von einem früheren Aufenthalt in Bornu her geläufig Kanuri spricht, als auch weil er zu den Aissauin gehört, einer Brüderschaft, von dessen Mitgliedern das Volk glaubt, daß sie Wunder verrichten können. Zum Beweis ihrer Wunderkraft pflegen die Aissauin bei öffentlichen Festen lebende Kröten, Schlangen, Skorpione oder Nägel und zerhacktes Glas zu verschlingen.

Vier Tage unterhandelte ich in Tedjerri mit den Tebu-Reschade wegen der Vermietung von Kamelen nach Tibesti. Aber alle meine Bemühungen waren umsonst. Es blieb mir daher nichts übrig, als die Reise mit Maina Adem fortzusetzen. Und selbst nach Kauar konnte ich keine Tiere erhalten, so daß meine fünf Kamele über ihre Kräfte beladen wurden. Außer dem gewöhnlichen Gepäck mußte für fünf Tage Kamelfutter, ferner Datteln und Holz zum Kochfeuer für uns mitgenommen werden, denn die Wüste, die wir nun zu passieren hatten, bietet nicht ein Blatt, nicht einen Halm. Am 9. April morgens wurde abmarschiert, und bald befanden wir uns am Außenrand der Oase, die sich jedoch nach Südosten hin weiter erstreckt. Ab hier gibt es ringsum nichts als Sand, Kies und einzelne zerstreute Sandsteinblöcke. Wir verfolgten die Richtung von 175 Grad und gelangten nachmittags an den Djuri-Fluß, der hier nach Westen umbiegt und sich sechs Stunden weiter im Sand verliert. Die Araber nennen ihn Ued Had nach dem Kraut had, das in der Gegend wächst, wenn es geregnet hat, jetzt war freilich, da seit langem hier kein Regen fiel, nichts davon zu sehen.

Noch eine halbe Stunde östlich den Djuri entlang gehend, lagerten wir um drei Uhr. Ich wurde hier mit den Tebu, die uns von Tedjerri aus gefolgt waren, um den Mietpreis eines ihrer Kamele einig; sie ließen zwar auf Zureden Maina Adems etwas von ihrer übertriebenen Forderung nach, doch blieb der Preis immer noch sehr hoch. Allein es half nichts, ich mußte das Tier haben, die Überlastung meiner Kamele hätte mich sonst genötigt, den Weg meist zu Fuß zurückzulegen. Für meinen in Gatron entlassenen Diener hatte ich in Tedjerri Ersatz gefunden: Ein Neger, der durch den Tod seines Herrn frei geworden war, trat gern in meine Dienste, um auf diese Art in seine Heimat zu gelangen, obwohl er sich derselben, da er schon als Kind nach Fesan gekommen war, kaum erinnerte und nicht wußte, ob er aus Bornu, Haussa oder Bagirmi oder einem anderen der Negerländer herstamme.

Anderen Tags wurde früh um sechs Uhr aufgebrochen. Ein wütender Südostwind erfüllte die Luft mit Staub, der uns jede Fernsicht wegnahm. Nach Übersteigung einer Hügelkette kamen wir um zwei Uhr in das Tal Dendal-Galadima, um vier Uhr in das Tal Meschru und um sechs Uhr zu dem Brunnen Meschru am nördlichen Abhang eines niedrigen Höhenzuges. In diesen Tälern gibt es zahlreiche, bis zu fünfzig Fuß hohe »Neulinge«; alle aus pflanzlichen Überresten, namentlich des Ethelbaumes, bestehend, deuten sie darauf hin, daß der jetzt nur mit Sand und Kies bedeckte Boden früher eine nicht unbedeutende Vegetation zu ernähren imstande war. Dicht an unserem Weg lagen die Trümmer einer Marmorsäule. Meine Leute und die Tebu wollten in den Stücken versteinerte Menschenknochen erkennen. Ich glaube, eine Säule von so schönen Proportionen und einer Höhe von etwa zwanzig Fuß verrät unverkennbar römische Arbeit. Jedenfalls muß das Werk, da sich nirgends in der Nähe Kalkformation oder Marmor findet, von weither dahin gebracht worden sein. Die Römer mochten hier eine Etappenstation oder vielleicht nur ein Denkzeichen ihres Vordringens errichtet haben.

Der an diesem und dem vorhergehenden Tag herrschende Sturm hatte solche Mengen Sand in den Brunnen getrieben, daß der Wasserspiegel mit einer dicken trockenen Schicht bedeckt war. Einige von unseren Leuten mußten dreißig Fuß tief hinabgelassen werden, unten mit ihren Händen den Sand aufkratzen und ihn in Körbe füllen, welche dann die übrigen an Seilen heraufzogen. Nach zwei Stunden harter Arbeit erhielten wir endlich Wasser, zwar noch trübe, aber reichlich und gut. Rings umher lagen Massen von Kamel- und Menschenknochen, ein weites Knochenfeld. Selbst in meinem Zelt stieß ich auf einen Schädel, den meine Leute in der Dunkelheit beim Abräumen des Bodens übersehen hatten. Die Menschengerippe sind Überreste von verschmachteten Sklaven, deren Leichname man nicht der Mühe wert hält, in Gräber zu verscharren, sondern da, wo sie gefallen sind, liegen läßt. Nachdem wir am folgenden Morgen die Wasserschläuche gefüllt und unsere Kamele nochmals getränkt hatten, marschierten wir um halb zehn Uhr in der Richtung von 175 Grad weiter. Überall am Weg sieht man gebleichte Menschenknochen, an manchen noch Fetzen von dem blauen Kattun, den die Negersklaven tragen; man braucht nur diesen Gerippen zu folgen, so kann man den Weg nach Bornu nicht verfehlen. Furchtbar ermüdet durch den heißen Wind, der uns zwei volle Tage gepeinigt hatte, erreichten wir um

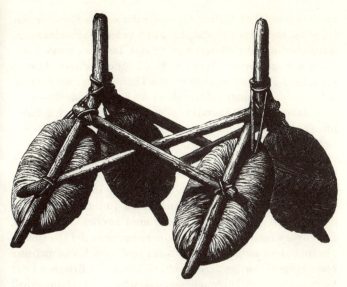
Kamelsattel der Tebu

acht Uhr den Lagerplatz. Das Wüstenreisen hatte mich bereits seine Strapazen tüchtig empfinden lassen und mir durch den steten Anblick von Gerippen umgekommener Menschen seine Gefahren vor Augen gestellt. Und es war noch ein weiter Weg bis zur nächsten bewohnten Oase!

Morgens gegen Viertel nach sechs, nicht so früh als es bei der entsetzlichen Tageshitze wünschenswert gewesen wäre, wurde am 12. April aufgebrochen. Zu beiden Seiten des Weges waren in einer Entfernung von etwa zwölf Stunden hohe, von Norden nach Süden laufende Bergketten sichtbar. Um elf Uhr gelangten wir an den Nordrand der Hochebene von Aloota kiu, die sich in bedeutender Steigung nach Süden zu erhebt. Die Hitze war zwar nicht so drückend wie an den beiden vorhergehenden Tagen, doch litten Menschen und Tiere sehr empfindlich von den Strahlen der Mittagssonne. Mein armer Hund hatte sich auf dem bis zu 70 Grad erhitzten Boden die Füße verbrannt und war unfähig zum Weiterlaufen; ich mußte ihn auf ein Kamel setzen. Ich selbst konnte vor Erschöpfung den ganzen Tag nichts essen, trank aber alle fünf Minuten gierig eine Tasse mit etwas Tamarindensaft gesäuerten Wassers. Maina Adem, dieser Wüstensohn, fand die Morgen, obgleich das Thermometer vor Sonnenaufgang fast nie unter +20 Grad fiel, noch zu kalt zum Reisen. Er wäre daher gern am Abend etwas weiter marschiert, ich ließ aber um sieben Uhr haltmachen und bestimmte ihn so, mit seiner Gofla ebenfalls zu lagern.

Am anderen Morgen, während er und die Seinigen noch in tiefem Schlaf lagen, brach ich mit meinen Leuten um halb fünf Uhr auf. Wir erreichten nach einer Stunde den Südrand der Aloota kiu und betraten um neun Uhr das Tümmo-Gebirge, von den Arabern wegen seiner Zerklüftung Uar oder War genannt. Es besteht ganz aus schwarzem oder vielmehr an der Oberfläche geschwärztem nubischem Sandstein und umschließt mehrere kesselartige Täler, in deren südöstlichstem die Brunnen oder Wasserlöcher von Tümmo liegen. Die schwarze Färbung erhält das Gestein teils unter dem Einfluß der Witterung, teils von den beigemengten Eisenerzen, zum Teil aber bestehen die Felsen vielleicht auch aus wirklichem schwarzem Basalt. Oben sind die Berge abgeplattet, und alle haben ziemlich gleiche Höhe, woraus sich schließen läßt, daß sie früher ein einziges Hochplateau bildeten.

Ich bestieg einen Berg östlich vom Weg, der mir der höchste zu sein schien, und fand seine Höhe zu neunhundert Meter, während der Paß über das Tümmo an seiner höchsten Stelle 715 Meter hat. Um ein Uhr traf ich wieder bei meiner Karawane ein, ging aber dann, während sie ihren Weg durch das Gebirge fortsetzte, nach einer fast zwei Stunden in südöstlicher Richtung entfernten Quelle, um mich an ihrem herrlichen frischen Bergwasser zu laben. Erst seit Menschengedenken ist diese Quelle den Karawanen bekannt, sei es, daß sie durch Zufall von einer verirrten Karawane aufgefunden wurde oder daß ein seinem Vaterland ungetreuer Tebu ihr Vorhandensein den Arabern verriet. Frisch ausgetretene Gazellenpfade und Haufen von Vogeldünger zeigen, daß täglich Hunderte von lebenden Geschöpfen die Quelle besuchen; aber vergebens sah ich mich nach

146

Spuren von Vegetation um, kein Halm war zu erblicken, nur in einigen Tälern des Tümmo-Gebirges sprießt nach anhaltendem Regen etwas Gras und Kraut hervor. Desto widerlicher berührte mich der Anblick umherliegender Knochengeripe, darunter der halbe Leichnam eines Negerknaben, der zur Mumie vertrocknet war, ehe die von weither kommenden Hyänen Zeit gehabt, ihn ganz zu verzehren. Der Unglückliche hatte sich jedenfalls von einer Karawane, während sie an der zwei Stunden entfernten Straße lagerte, heimlich weggestohlen, um an der Quelle seinen brennenden Durst zu löschen, und war dann hier dem Hunger zum Opfer gefallen.

»Warum bindest du die Wasserschläuche stets so aufs Kamel, daß die Mündung nach vorn zu liegen kommt?« fragte ich einst Mohammed Gatroni. »Das habe ich den Sklavenkarawanen abgesehen; man läßt die Mündung nach vorn hängen, damit die Sklaven nicht heimlicherweise trinken können, denn das Kamel steht dann gleich still und verrät durch sein Brüllen, wenn einer den Schlauch öffnet.« Nirgends traten mir die Schrecken und Greuel des Sklavenhandels so auf Schritt und Tritt entgegen wie auf dem Weg von Fesan nach Bornu. Hierher sollten diejenigen kommen, welche immer noch behaupten, die Mohammedaner behandeln ihre Sklaven mit Menschlichkeit und schonender Milde; sie würden dann nicht mehr wagen, sich und die Welt durch solche Lügen zu täuschen.

Am 14. April erfolgte der Aufbruch um halb sieben Uhr früh. Wir verließen das Gebirge in gerader Südrichtung und durchschritten mehrere trockene nach Südwesten verlaufende Rinnsale. Wir passierten auch ein durch zwei Hügel gebildetes Tor. Über niedrige Felsen steigend, gelangten wir um drei Uhr in die Ebene Emi-Madema und lagerten in derselben um sechs Uhr. Der Tag war weniger heiß gewesen, obschon die Hitze immerhin des Nachmittags 40 Grad im Schatten erreichte, doch war ich von der am vorigen Tag unternommenen Bergbesteigung und dem Ausflug nach der Quelle so ermüdet, daß mir Reiten wie Gehen gleich schwer wurde. Abends kamen nacheinander drei Spinnen in mein Zelt gekrochen, an Größe bei weitem die Buschspinne übertreffend, denn die eine maß von den Kopfzangen bis zum Ende des Leibes drei Zentimeter, von den Spitzen der beiden ersten Vorderbeine, die länger als die zweiten waren, bis zu den Spitzen der ausgestreckten hintersten Beine 8,6 Zentimeter; alle Beine waren stark behaart, die beiden vordersten schwarz, der ganze Leib hatte eine gelblich graue Farbe. Mohammed nannte sie Agrab-er-rih (Luftskorpion) und sagte, die Art sei auch von Barth in seinem Zelt gefunden worden und sehr häufig in diesem Teil der Wüste. Ihr Biß soll giftig sein.

Folgenden Tags begannen wir um halb sieben Uhr unseren Marsch. Immer südwärts gehend hatten wir links den Tji-Grunto, rechts eine unabsehbare Ebene. Nach zwölf Stunden lagerten wir an einem Brunnen, von den Arabern Ahmer-es-Schergi genannt. Die Brunnen des Landes, obgleich nicht tief, sind im schlechtesten Zustand und fast immer versandet. Solange das Gebiet von den Sultanen beherrscht war, sorgten diese für die Instandhaltung der Brunnen bis zum Jat; die türkischen Paschas aber kümmern sich nicht um die Brunnen südlich von Tedjerri und lassen selbst die in Fesan befindlichen meist verfallen. Gerade in der Umgebung der Brunnen liegen daher die meisten Gerippe von Menschen. Hat eine Karawane mit ihren durch Strapazen und Entbehrungen erschöpften Sklaven nach weiter Wanderung endlich einen Brunnen erreicht, dann findet sie ihn mit Sand gefüllt, und es muß oft erst tagelang gegraben werden, ehe man Wasser bekommt; unterdessen ist aber mancher der vom Durst Gepeinigten seinen Leiden bereits erlegen. Abends kamen wieder, wahrscheinlich durch das Kerzenlicht angelockt, mehrere Luftskorpione in mein Zelt.

Am 16. April morgens um halb sieben Uhr Aufbruch gen Süden. Bei völliger Windstille über eine kiesbedeckte ununterbrochene Ebene ziehend, ward mir schon um acht Uhr die Hitze fast unerträglich. Um halb vier Uhr erreichten wir Buddema, einen grünen kräuterreichen Strich Landes, wo meine Karawane lagerte, um die Kamele weiden zu lassen, während Maina Adem mit seiner Gofla weitermarschierte. Aber schon nachts um zwei Uhr zog ich ihm nach, und um sechs Uhr morgens waren die beiden Karawanen wieder beisammen.

Immer die Richtung nach Süden einhaltend, gelangten wir mittags zu der ausgedehnten Niederung Mafaras, doch erst um vier Uhr, ganz erschöpft von dem anstrengenden Marsch und der drückenden Hitze, an den mit einigen Talha- und Ethelbäumen beschatteten Brunnen. In seiner Nähe gab es reichlich Futter für die Kamele, und da auch die Menschen dringend einer Rast bedurften, wurde an dem Tag nicht weitergegangen.

Um die Glut der Tageshitze zu meiden, brach ich schon nachts um halb zwei Uhr auf, und diesmal ließ sich auch Maina Adem zum gleichzeitigen Abmarsch überreden. Wir waren ungefähr eine Stunde unterwegs, auf einer großsteinigen Hammada die südliche Richtung verfolgend, da riß der vordere Sattelgurt meines Kamels, und ich stürzte rücklings samt der aus zwei Kisten bestehenden Ladung zu Boden. Glücklicherweise fiel ich mit dem Kopf auf meine mitherabgerutschte Matratze, ich hätte mir sonst das Genick brechen können; so kam ich mit einigen Quetschungen davon. Es verging aber viel Zeit mit dem Wiederaufladen und Befestigen der Kisten; die Karawane war unterdes weitergezogen, und in der Dunkelheit verlor ich ihre Spur. Ich feuerte ein paar Notschüsse ab, um sie zum Halten zu veranlassen, und es ergab sich, daß ich mich fast eine Stunde westlich von ihr verirrt hatte. Als der Tag anbrach, befanden wir uns am Ausgang der Maferas. Hier wurde um acht Uhr zum ›Gielen‹ gelagert. Jetzt bemerkte ich erst, daß mir bei dem Sturz vom Kamel nicht nur ein Aneroid und ein Doppelfernglas, die in einem ledernen Futteral am Sattel hingen, abhanden gekommen waren, sondern daß auch mehrere von den in den Kisten verpackten Gegenständen zerbrochen oder beschädigt waren; zum Glück blieben die auch darin liegenden Aneroide unversehrt. Um halb zwei Uhr nachmittags setzten wir, obgleich die Sonne noch tüchtig brannte, den Marsch wieder fort. Gegen Osten in einer Entfernung von sechs bis acht Stunden war der Horizont durch Sanddünen begrenzt. Der Boden wurde immer hügeliger, wir hatten mehrere Engpässe zu passieren, und da infolge des Sturzes meine Glieder mich noch schmerzten, ließ ich um halb zehn Uhr abends lagern.

Es war Mitternacht geworden, ehe die Leute mit dem Abkochen fertig waren und man sich zur Ruhe legen konnte. Daher geschah der Aufbruch am anderen Morgen erst sehr spät. Nach zweistündigem Marsch auf einer Höhe angelangt, erblickten wir die grünen Dumpalmen der Oase Jat vor uns. Wir erreichten sie um zehn Uhr und machten bei den nur einige Fuß tiefen Wasserlöchern halt. Eins von meinen Kamelen, dem man schon vor mehreren Tagen die Ladung hatte abnehmen müssen, war nur mit Not noch bis zu der Oase mitgeschleppt worden; es fraß nicht mehr, mit einem Wort, es war, wie die Araber sagen, »bathal« (eigentlich »umsonst« und adjektivisch »schlecht«), das heißt völlig untauglich zum Gehen und Lastentragen. Nach einigem Zögern zog ich es daher vor, es schlachten zu lassen und der Karawane zum Besten zu geben. Der Jubel über das unverhoffte schwelgerische Mahl war groß. Das Fell teilten sich die Leute, um Sandalen daraus zu machen, obzwar das Kamelleder wenig dauerhaft ist. Ein kleiner Teil des Fleisches wurde in dünne Streifen geschnitten und getrocknet, zum Mitnehmen bestimmt, alles übrige mußte an Ort und Stelle verzehrt werden. Natürlich war aber die aus nur dreißig Köpfen bestehende Mannschaft unserer vereinten Karawanen trotz ihrer ungeheuren Leistungsfähigkeit nicht imstande, die ganze Quantität auf einmal zu vertilgen; es bedurfte dazu eines Ruhetags, den ich auch, gegen den Wunsch Maina Adems, gern bewilligte. Dieser hatte große Eile, weil er vor dem Fest Aid-el-Kebir, das in einigen Tagen bevorstand, in Kauar eintreffen wollte. Am Abend des nächsten Tages war richtig von der mehrere Zentner schweren Masse Fleisch samt Magen, Lunge und allen Eingeweiden kein Quentchen mehr übrig. Um die Knochen hatte dann mein Hund noch einen nächtlichen Kampf zu bestehen, wie meine Leute meinten, mit einer Hyäne; da er aber das Feld behauptete, vermute ich, daß sein Gegner nur ein Schakal gewesen. Ich war an dem Tag eben mit Schreiben beschäftigt, als ein plötzlicher Windstoß aus Süden mir das Zelt über dem Kopf fortschleuderte und mehrere Löcher hineinriß. Auch die Leute wurden bei ihrer Morgenmahlzeit unsanft gestört, indem der Sturm wahre Wolken von Sand und Staub darüber ausschüttete. Dabei stieg die Hitze auf 45 Grad im Schatten. Nach einer guten Stunde ließ indes die Gewalt des Windes nach, und mein Zelt konnte wieder aufgerichtet werden.

Die Oase Jat, von Westen nach Osten sich erstreckend, gewährt mit ihren Dum- und Talha-Bäumen den Wüstenreisenden einen höchst willkommenen Ruhepunkt. Für mich, der ich zum ersten Mal so weit nach Süden vordrang, bot namentlich der Anblick der Dumpalme eine das Auge erfreuende Abwechslung, denn sie hat nicht, wie die Palmenarten, die ich bis dahin gesehen, nur eine Krone auf einem schlank emporsteigenden Stamm, sondern sie teilt sich in mehrere Äste, deren jeder von einem Blätterdach gekrönt ist. Ihre Früchte erreichen die Größe eines Hühnereis; das grüne Fleisch, welches den Kern einen halben Zentimeter dick umhüllt, ist für meinen Geschmack sowohl frisch wie getrocknet ungenießbar und wird auch von den Eingeborenen nur in Zeiten von Hungersnot gegessen; der weiße, sehr harte Kern enthält, solange die Frucht grün ist, Milch wie die Kokosnuß.

Wasser, meist vorzügliches, findet sich hier in der geringen Tiefe von vier bis fünf Fuß. Der Brunnen gehört den Tebu-Reschade, welche sich von kleineren, schwach bewaffneten Karawanen für die Benutzung desselben für jedes Kamel bezahlen lassen. Von Maina Adem konnten sie aber natürlich den Zoll nicht erheben, und da ich in seiner Begleitung reiste, mußten sie auch meiner Karawane die unentgeltliche Benutzung des Brunnens gestatten.

Eine Stunde nach Mitternacht, 22. April, verließen wir Jat. Die gewöhnliche Karawanenstraße geht von hier südwestlich über die Oase Ssiggedim; unsere Tebu führten uns aber einen kürzeren Weg in der Richtung von 200 Grad über eine hügelige, mit Steinen bedeckte Hochebene. Dabei wurde ein Kamel der beiden Ghorianer, die von Mursuk aus mit uns reisten, »bathal«. Außer diesem ihrem eigenen hatten sie nur noch ein gemietetes, das auch schon mit vollem Gewicht belastet war, sie wußten sich daher keinen Rat, wie sie ihr Gepäck weiterschaffen sollten. Die Ärmsten dauerten mich, und ich bat Maina Adem, er möge gestatten, daß man die Ladung ihres kranken Tieres mit auf seine Kamele verteile, wozu er sich denn auch bereit finden ließ. Von den Tebu-Reschade hatten alle nur gegen unverschämt hohe Bezahlung den Weitertransport übernehmen wollen. Nachdem das Kamel seiner Last entledigt war, setzte sich die Karawane wieder in Marsch, während ein Ghorianer und einer von meinen Leuten mit ihm zurückblieben und es langsam weiterzutreiben suchten. Es zu schlachten, war keine Zeit, auch hätten die Besitzer den Verlust nicht so leicht verschmerzen können. Um neun Uhr zwang uns die unerträglich gewordene Hitze, mitten auf der kahlen Hochebene zu rasten, und kurz ehe wir nachmittags weitergingen, war das »bathale« Kamel mit seinen beiden Treibern wieder zur Karawane gestoßen. Der Weg führte nun ohne jegliche Abwechslung durch tiefen Sand über völlig ebenes Terrain, bis um sieben Uhr abends ein Hügel sichtbar wurde. Er liegt westlich nahe an der Straße und dient den Karawanen als Wegweiser, oft auch als Lagerplatz. Wir hielten nur an, um eine Partie der reichlich vorhandenen trockenen Kameläpfel einzusammeln, die wegen ihres Fettgehalts ein gutes Brennmaterial abgeben, und marschierten noch eine Stunde weiter. Um acht Uhr abends wurde am Weg gelagert.

Anderntags begann die Reise etwas vor Sonnenaufgang. Wir durchzogen eine großsteinige Ebene, wobei uns die Hitze, durch heißen Südwind verstärkt, furchtbar zusetzte. Endlich um drei Uhr nachmittags erreichten wir, das heißt der berittene Teil der Mannschaft, die Oase Igjeba, der zu Fuß marschierende war noch zurück. Maina Adem, dem, wie gesagt, viel daran gelegen war, vor dem großen Fest in seinem Wohnort Tiggemami anzukommen, wollte, daß noch an demselben Abend die Reise fortgesetzt wurde. In Rücksicht auf den erschöpften Zustand, in dem sich meine Leute sowie die Kamele befanden, erklärte ich ihm jedoch, ich würde nicht eher als am folgenden Tage nachmittags weitergehen. Nun beschwor er mich mit allen Eiden, die er von den Arabern gelernt hatte, ich möchte gleichzeitig mit ihm aufbrechen; denn es würde eine Schande für ihn sein und ihm von seinem Bruder, dem Sultan, nicht vergeben werden, mich in der Wüste zurückgelassen zu haben. Allein ich blieb standhaft. Hierauf beschloß er, seine Leute und die Tebu-Reschade vorauszuschicken und allein bei mir zu bleiben. Schließlich aber gab er auch diesen Plan wieder auf und ließ seine ganze Karawane ebenfalls bis zum folgenden Nachmittag in Igjeba lagern. Igjeba gehört schon zum Sultanat Kauar. Die Oase, kaum eine halbe Stunde breit, bietet wenig Reize, da die Dumpalme hier nur kümmerlich gedeiht und es daher an Schatten fehlt; doch findet sich überall süßes, rein schmeckendes Wasser in der Tiefe von nur zwei Fuß.

Ungeachtet der sengenden Hitze setzten wir uns am folgenden Tag nachmittags in Marsch. Die Gegend, welche wir in gerader südlicher Richtung passierten, hat kiesigen Boden und nirgends die geringste Erhebung. Abends bei Mondschein verschwammen der von Staub graue Himmel und die graue Bodenfläche in eins; es sah aus, als ob gar kein Horizont vorhanden wäre – eine höchst seltsame, beängstigende Erscheinung. Nach fast achtstündigem ununterbrochenem Marsch wurde um neun Uhr halt gemacht.

Schon viertel nach eins morgens ging es am 25. April weiter. Das Land wird von hier an etwas hügeliger. Um fünf Uhr sahen wir von einer Anhöhe herab die Oase Kauar vor uns liegen. Freudenschüsse wurden abgefeuert; Maina Adem warf ein fürstliches Prachtgewand über seine Reisekleidung; dem Pferd, das er ritt, war schon Tags vorher ein reiches, goldgesticktes Geschirr und ein Sattel mit vergoldeten Steigbügeln aufgelegt worden. Bei dem Ort Anay angelangt, stieg er ab, um die Huldigung der Bewohner entgegenzunehmen. Seine Leute aber schickte er weiter bis Annimimmi, wo sie ausruhen und dann nach ihrem Heimatort abgehen sollten. Ich mit meiner Begleitung lagerte unter den Palmen von Anay, froh, mich endlich wieder an einem bewohnten Ort zu befinden.

Kamelsattel der Teda

NEUNTES KAPITEL

Kauar und die Tebu

Kauar ist der arabische, Henderi-Tege der echte Teda-Name des Landes, der aber nur noch bei den im Osten wohnenden Tebu gebräuchlich ist. Die Grenze gegen Norden bezeichnet der zu Kauar gehörige Brunnen Jat.

Anay, der nördlichste Ort, liegt teils am Fuß eines Berges, teils auf der Höhe desselben und hat hundert bis hundertfünfzig Häuser und Hütten mit über fünfhundert Einwohnern. Die Häuser sind niedrig, sie haben nur eine Eingangstür, aber mehrere Abteilungen; die flachen Dächer bestehen entweder aus Palmzweigen oder aus einer Binsenart, die in Menge dort wächst.

Meinen Leuten zu Gefallen machte ich aus dem Festtag zugleich einen Rasttag in Anay. Ohnehin bedurften alle der Ruhe; denn mehr noch als durch die Strapazen der langen Märsche waren durch die fürchterliche Hitze und die Elektrizität der Luft unsere Kräfte erschlafft. Das Thermometer zeigte fast den ganzen Tag über zwischen vierzig und fünfzig Grad Celsius, und die Sonnenstrahlen hatten so intensive Macht, daß eine Stearinkerze, die ihrer Wirkung ohne Schutz ausgesetzt war, bis auf den Docht zusammenschmolz. Gern hätte ich den Leuten auch eine Ziege oder ein Schaf zum Opfern gekauft, man verlangte aber unerschwingliche Preise dafür, und meine Messer, Spiegeln, Nadeln, Mützen etc. fanden hier keine Liebhaber. Es war gut, daß ich mir von Fesan bedeutenden Vorrat Medra (Kautabak) mitgenommen hatte, denn hiergegen und gegen Medizin erhielt ich fast alles, was ich brauchte, im Tausch. Der Handel wurde meist mit den Frauen abgeschlossen, unter denen ich übrigens keine einzige hübsche sah. Ihre Hautfarbe ist ein entschiedenes Schwarz; nur bei einer, die einen Targi zum Vater hatte, war sie von hellerer Nuance. Des Festtags wegen erschienen alle in ihrem besten Kleid, viele auch mit frisch geflochtenem und butterbestrichenem Haar. Solche Frisur mag nicht wenig Zeit kosten: Flechten an Flechten, wohl sechzig bis achtzig, zwar nicht lang, aber sehr fein gewunden, hängen rund um den Kopf; nur die Stirn bleibt frei, aber von ihr aus zu beiden Seiten des Scheitels laufen wieder dichte Reihen der feinsten Flechten über den Schädel zum Hinterhaupt, und einige Frauen, wahrscheinlich besonders kokette, drehen noch einen Teil der Stirnflechten zu einem Wulst zusammen, der in Form einer Tüte oder eines Horns hoch emporsteht. Die Arme waren mit acht oder zehn halbzollbreiten Spangen, teils von Elfenbein, teils von schwarzem Holz oder von Horn, die Füße mit ein oder zwei dünneren Spangen von Messing oder Silber geschmückt. An den Fingern hatten die Vornehmeren Ringe von Blei oder Silber, und allen hing im rechten Nasenflügel ein Stückchen Koralle oder Knochen, worauf man besonderen Wert zu legen scheint. Ein langer dunkelblauer Schal, den man recht graziös zu drapieren versteht, umhüllt den Körper; darüber tragen die Reichen noch ein Hemd von blauem Sudankattun.

Von dem Berg, an und auf welchem Anay erbaut ist, hat man durch eine tiefe Kluft einen Felsen abgetrennt. Derselbe dient als Zufluchtsort in Zeiten der Not; er ist oben mit einer Mauer umgeben, die eine Anzahl bedeckter Kammern sowie Räume zur Unterkunft des Viehs einschließt und nur mittels einer Leiter zu ersteigen ist. Ich schickte mich an, hinaufzuklimmen, wurde aber von zwei Wächtern daran gehindert; da rief ich Hammed zu, er solle mir Büchse und Revolver bringen, worauf sie von ihrem Widerstand abließen, ja, der Amo-bui-nemai (Ortsvorsteher) kam selbst, um mir alles zu zeigen. Es gab indes nichts Merkwürdiges zu sehen, auch nach Inschriften suchte ich vergebens. Die Einwohner erzählten mir, Anay sei ein neuer Ort, ihre Vorfahren hätten in Kisbi, das jetzt zerstört und verlassen ist, gewohnt.

Die Oase hat ausgezeichnetes Wasser, das sich an vielen Stellen dicht unter der Oberfläche des Bodens befindet. Dattelpalmen gibt es in großer Menge, doch erreichen sie hier nicht mehr die

Höhe der Entwicklung wie in den nördlichen Oasen, und auch die Früchte sind von weit geringerer Qualität. Gemüse oder Getreide zu bauen, verwehren den Kauarern die in Air wohnenden Tuareg, welche ihnen Getreide vom Sudan zuführen, um Salz dagegen einzutauschen, folglich ein Interesse daran haben, daß sich die Bewohner nicht mit Landbau, sondern mit der Salzgewinnung aus ihren Sebchen beschäftigen. Das einzige Produkt, das ihnen diese Herren der Wüste zu kultivieren erlauben, ist Klee, der getrocknet ein treffliches Kamel-, Pferde- und Ziegenfutter abgibt. Für eine Hand voll Tabak oder ein Brechmittel tauschte ich zwei Bündel davon ein; vierundzwanzig solcher Bündel reichen hin, vier Kamele einen ganzen Tag reichlich zu füttern.

Von den anderen mohammedanischen Völkern wird den Tebu vorgeworfen, sie seien so ungastlich wie die Christen; ich hatte mich jedoch in dieser Hinsicht nicht zu beklagen. Wir wurden vielmehr in Anay sehr gut bewirtet, und meine Leute delektierten sich besonders an mehreren Schüsseln Ngafoli mit Soße aus Mlochia, dem Nationalgericht der Neger Innerafrikas. Für mich schickte der Amo-bui-nemai noch spät abends eine Schüssel Fleisch. Von wem die anderen Schüsseln gekommen waren, erfuhren wir nicht; vielleicht von einigen Frauen, deren Wohlwollen ich mir beim Handel erworben hatte. Denn die Tebu-Frauen führen die Herrschaft über ihre Männer, wie überhaupt das Volk, obgleich äußerlich zum Islam sich bekennend, im Familienleben noch vielfach seine alten Sitten beibehalten hat, wenn auch nicht ganz so hartnäckig wie die zum Mohammedanismus bekehrten Tuareg. Allerdings kommt es bei den Tebu jetzt schon vor, daß ein Mann zwei oder mehrere Frauen heiratet und daß Frauen wegen Unfruchtbarkeit oder aus anderen Gründen verstoßen werden. Indes wissen auch diese ihrerseits, die Männer durch List zu hintergehen. So kam eine Frau zu mir und verlangte Medizin, um ein Kind zu gebären, daß seit vier Jahren in ihrem Leib ruhe.

Nachdem uns am folgenden Morgen die Anayer noch einmal gastlich bewirtet hatten, brachen wir auf, ein gutes Andenken von ihnen mitnehmend. Ein halbstündiger Marsch in der Richtung von 150 Grad brachte uns nach Annikimmi, einem kleinen,

156

Schaf der Teda

nur halb so großen Ort wie Anay, ebenfalls am Fuß des Gebirges gelegen, das die Oase im Osten begrenzt. Auch Annikimmi hat oben auf dem Berg ein Kastell, in das sich die Bewohner bei Kriegsgefahr zurückziehen. Wir lagerten westlich vom Dorf unter ein paar dürftigen, nur wenig Schatten gewährenden Palmen. Wieder handelte ich gegen Tabak und Medizin getrockneten Klee als Futter für die Kamele ein. Dann schickte ich Mohammed Gatroni mit der Karawane nach Aschenumma voraus, während ich allein einen Abstecher nach Kisbi unternahm, der ältesten Stadt Kauars, die einst Residenz war, jetzt aber ganz verfallen ist. Binnen zwei kleinen Stunden erreichte ich die Stätte. Kisbi bedeckt einen niedrigen Hügel am Westufer der Oase, das sich nicht wie das östliche zu einem Gebirge erhebt. Es mag tausend oder noch mehr Einwohner gehabt haben. Die Häuser waren nicht von Stein, sondern aus Erde oder Ton gebaut; manche stehen noch aufrecht. Daß sich keine Moschee darunter befindet, ist erklärlich, da der Islam erst in neuerer Zeit unter den Tebu eingeführt wurde und ein großer Teil derselben ihn bis heute nicht angenommen hat. Bemerkenswertes bietet Kisbi in seinem jetzigen Zustand nicht, es müßte denn wahr sein, was man in Kauar behauptet, daß unter dem Boden große Schätze verborgen liegen. Der Abend dämmerte schon, als ich mich wieder auf den Weg machte, um meine bei Aschenumma lagernde Karawane aufzusuchen. Ich wußte zwar, daß der Ort in südöstlicher Richtung liegt; da aber Kauar durchschnittlich drei Stunden breit ist, irrte ich lange umher, ohne die Straße finden zu können. Da knallte aus der Ferne ein Doppelschuß, den der Gatroner vorsorglich als Signalschuß für mich abgefeuert. Er brachte mich auf die richtige Spur, und bald war nun die Straße erreicht. Einer von den Leuten kam mir mit einer Girba entgegen, aus der ich meine vom Laufen ganz ausgetrocknete Kehle wieder anfeuchten konnte. Nach einer weiteren Stunde Wegs langte ich endlich um neun Uhr in Aschenumma an. Man sagte uns hier, es seien eben Tuareg, die Salz abholen wollten, in Dirki und Bilma angekommen, und ich beschloß, ein Zusammentreffen mit ihnen womöglich zu vermeiden. Innerhalb der Grenzen von Kauar ist zwar der Reisende vor ihren Anfällen gesichert; Karawanen mit schwacher Mannschaft aber, die darüber hinaus nach Süden ziehen, sind in Gefahr, von Tuareg-Horden überfallen und ausgeplündert zu werden. Damit sie unserer Anwesenheit im Land nicht gewahr würden, verweilten wir den ganzen folgenden Tag vor Aschenumma; später überzeugte ich mich freilich von der Nutzlosigkeit dieser Vorsichtsmaßregel, denn die Kunde von der Ankunft eines Europäers verbreitet sich in diesen Gegenden mit fast telegraphischer Geschwindigkeit.

Aschenumma, wie die übrigen Orte an den westlichen Abhang des Mogodom-Gebirges angelehnt, hat, nach der Anzahl der Hütten zu schließen, wohl nicht mehr als zweihundert Einwohner. Die Wohnungen, sowohl die steinernen wie die Palmenhütten, sind sauberer und netter gehalten als die der Araber oder Tuareg und verraten eine gewisse Wohlhabenheit. Leider entspringt diese jedoch daher, daß die Männer, deren nur drei im Dorf anwesend waren, sich eifrig als Vermittler an dem Sklavenhandel zwischen Bornu und Rhat oder Fesan beteiligen. Auffallend dreist benahmen sich hier die Frauen; so gebrauchte eine die mit Wasser gefüllte Trinkschüssel meiner Diener, die vor meinem Zelt stand, ganz ungeniert als Waschbecken.

Morgens wurde die Reise fortgesetzt. Immer am Fuß des Mogodom-Gebirges entlang gehend, erreichten wir nach zwei Stunden Elidja, nur einen guten Büchsenschuß von Tiggemami, dem Wohnort Maina Adems entfernt, und weiterhin Rabus, wo wir zur Nacht blieben. Dieser an sich schon hochgelegene Ort mit etwa hundert Einwohnern wird von einer Burg überragt, die ohne Anwendung von Belagerungsgeschützen uneinnehmbar sein dürfte. Drei Stunden davon liegt Dirki, der zweite Hauptort von Kauar.

Anderntags kamen wir nach Schimmedru, dem drittgrößten Ort der Oase mit ungefähr achthundert Einwohnern. Wir wurden hier von Weibern und Kindern haufenweis umlagert und aufs freundlichste zum Bleiben eingeladen; allein eben um uns der allzugroßen Liebenswürdigkeit zu entziehen, gingen wir noch abends nach dem eine gute halbe Stunde entfernten ansehnlichen Doppelort Emi Madema. Auch hier ward uns eine sehr gastliche Aufnahme zuteil. Der Ortsvorsteher überwies uns sonderbarerweise ein Haus, das von einer vor kurzem verstoßenen Frau des jetzigen Sultans von Kauar bewohnt war. Indes empfing mich die Dame ganz artig und gestattete ohne Widerrede, daß wir die Hälfte ihres Hauses in Beschlag nahmen. Sie erklärte zwar, nicht mit so vielen Männern unter einem Dach schlafen zu wollen, wahrscheinlich weil sie auf eine Wiederverheiratung spekulierte, blieb aber trotzdem im Haus und schickte uns sogar ein Gericht von getrocknetem Gazellenfleisch. Von anderen Seiten bewirtete man uns gleichfalls reichlich, und noch abends bei Mondschein ließ der Ortsvorsteher öffentlich ausrufen, jede Familie solle zwei Kleebündel für die Kamele des Gastes hergeben, was auch alle bereitwilligst taten. Womit mögen die Tebu den Ruf der Ungastlichkeit, in dem sie stehen, sich zugezogen haben?

Am 1. Mai kam ein anderer Bruder des Sultans, begleitet von seiner Schwester, aus Dirki an, um mich zu begrüßen und mir eine Ziege als Gastgeschenk zu bringen. Die Prinzessin verlangte von mir Medizin, nach der sie einen Sohn gebäre; ich fragte, ob sie verheiratet sei, worauf sie naiv erwiderte: Jetzt noch nicht, aber sie werde sich nächstens verheiraten und dann von dem Mittel Gebrauch machen.

Zum erstenmal sah ich hier Buckelochsen mit den langen gewundenen Hörnern; sie werden von Bornu hierher gebracht und vertragen, wie es scheint, den Ortswechsel recht gut.

Am 2. Mai abends verließen wir Emi Madema, gingen aber nur eine halbe Stunde weit bis zu dem Dorf Muschei und lagerten westlich vor demselben beim Brunnen. Seine Bewohner, einige Reschade-Familien, sind als Diebe berüchtigt. In der Nacht näherten sich zwei von ihnen dem Lager, jedenfalls in diebischer Absicht; mein wachsamer Hund machte jedoch sofort Lärm, und als sie unsere Flintenschlösser knacken hörten, beeilten sie sich, uns »l'afia«, den Friedensgruß, zuzurufen. Dann entschuldigten sie ihre Annäherung damit, daß sie zuviel Lakbi getrunken und im Dusel den Weg verfehlt hätten.

Anderntags wurde früh das Lager abgebrochen. Wir zogen gerade südwärts, vom Gebirge ablenkend, und traten um sieben Uhr in einen dichten Wald von Dum- und anderen Palmen; es liegen mehrere Tebu-Dörfer darin, an deren südöstlichstem und bedeutendstem, Agger, wir vorbeikamen. Von neun Uhr an ›gielten‹ wir bei einem Brunnen. Das Thermometer wies nachmittags, in den Sand gestellt, +63 Grad, in der Sonne +74 Grad und im Schatten +43 Grad. Abends marschierten wir noch eine Stunde und lagerten dann unweit Bilma (Garu), der Hauptstadt des Landes. Ich war unterwegs benachrichtigt worden, daß der Sultan augenblicklich nicht in Bilma selbst, sondern eine halbe Stunde nordwestlich der Stadt in dem Dorf Kalala residiere. Dorthin nahmen wir bei Tagesanbruch unseren Weg, und nach kurzem Marsch hielt die Karawane, während meine Leute Flintenschüsse in die Luft feuerten, vor dem Palast des Sultans von Kauar.

Durch einige seiner Diener wurde mir eine elende Hütte neben der königlichen Residenz zur Wohnung angewiesen, und bald erschien Seine Majestät in höchsteigener Person. Die üblichen Begrüßungsformeln wurden gewechselt, halb in Arabisch, das der Sultan nur sehr unvollkommen sprach, halb in Teda;

dann entfernte er sich wieder. Die Baracke, in der wir wohnen sollten, erwies sich als viel zu klein; es war unmöglich, meine Leute und das Gepäck darin unterzubringen. Ich machte mich daher auf, um den Sultan zu bitten, er möge uns eine passendere Unterkunft verschaffen. Seine Majestät empfing mich vor seinem Haus im Sand hockend. Indem ich meine Bitte vortrug, überreichte ich zugleich den Empfehlungsbrief des Kaimmakam. Der Sultan nahm ihn verkehrt in die Hand, warf einen Blick hinein und sagte, er verstehe nicht Türkisch. Ich bemerkte, der Brief sei arabisch geschrieben, worauf er ihn zusammenfaltete und mit wichtiger Miene erklärte, er werde das Schreiben mit seinem Thaleb, der übrigens, wie ich später erfuhr, auch nicht lesen konnte, einer genauen Durchsicht würdigen. Indes stand er auf und ging mit mir durch das Dorf, bis ein geräumigeres, aus Salzklumpen errichtetes Haus für uns gefunden war. Vergebens warteten wir hier bis zum Abend auf ein Mahl, wir mußten uns endlich selbst etwas zum Essen zubereiten. Um den Sultan günstiger zu stimmen, schickte ich ihm, obgleich es nicht Sitte ist, die Geschenke sofort abzugeben, gleich am folgenden Morgen zwei Hüte Zucker, zwei Rasiermesser, einen Turban, einen Dolch, Rosenöl, sechs Taschentücher, eine Harmonika und zehn Taler in Geld, was zusammen einen Wert von reichlich zwanzig Talern repräsentierte. Mir war in Mursuk versichert worden, zwei Hüte Zucker allein sei ein genügendes Geschenk für den Fürsten der Tebu. Dies mag seine Richtigkeit haben, wenn man mit einer starken Araberkarawane ankommt, deren vierzig oder fünfzig Flinten dem Sultan den nötigen Respekt einflößen. Da ich aber nur wenige Leute bei mir hatte und er mich ganz in seiner Gewalt wußte, verhöhnte er die Diener, die ihm mein Geschenk überbrachten, stieß es zurück und ließ mir sagen, wenn ich nicht hundert Taler und einen Tuchburnus gäbe, dürfte ich weder in seinem Land bleiben, noch werde er gestatten, daß ein Tebu mich nach Bornu geleite. Was war dem feigen Räuber gegenüber zu tun? Auf keinem anderen Weg als durch Kauar konnte ich hoffen, ins Innere Afrikas zu gelangen, ich mußte mich also mit dem Beherrscher des Landes abfinden, und so fügte ich meinem Geschenk einen dunkelblauen, mit Gold gestickten Tuchburnus im Wert von dreißig Talern hinzu.

Jetzt nahm er das Geschenk an, er gab mir die Erlaubnis, solange ich wolle, in Kauar mich aufzuhalten, und versprach sogar, er werde eine Karawane nach Bornu zustande bringen oder mir wenigstens einen Führer dahin mieten.

Der Sultan, nach meiner Schätzung ein Mann von fünfundvierzig Jahren, hieß Maina Abadji. Seine Gesichtsbildung hatte weniger von dem europäischen Typus wie die seines Bruders Maina Adem; die Hautfarbe war schwarzbraun, auch an der inneren Fläche der Hand ganz dunkel. Letzteres ist als ein Zeichen von Vornehmheit anzusehen, denn bei den Geringeren entfärben sich infolge des hantierenden Gebrauchs die Handflächen sowie die Fußsohlen und werden schmutzigweiß. Die Sultanswürde in Kauar ist gleichzeitig in zwei verschiedenen Familien erblich, so zwar, daß nicht dem Vater sein Sohn, sondern immer dem Herrscher aus der einen Familie der älteste Prinz der anderen Familie auf dem Thron folgt. Beim Regierungsantritt muß der Fürst auf alle seine Besitztümer Verzicht leisten, damit er nicht die Mittel habe, Sklaven anzukaufen und mit deren Hilfe das Volk zu unterdrücken. In der Tat ist der Sultan nichts weiter als der höchste Schiedsrichter bei inneren Streitigkeiten und der Anführer im Krieg gegen einen äußeren Feind; er darf keine Abgaben von seinen Untertanen erheben und hat nicht das Recht über Leben und Tod. Und das gleiche Verhältnis wie in Kauar findet auch in den übrigen Reichen der Tebu statt, während sonst die Völker der schwarzen Rasse ihren Fürsten mit Leib und Gut sklavisch unterworfen sind.

Ich blieb vorläufig in Kalala, um meine Vorräte zu erneuern, da Ngafoli und Butter hier billiger zu haben waren als in den nördlicheren Orten und ich hoffen durfte, in dem benachbarten Bilma einiges von meinen Waren verkaufen zu können. Bilma, der südlichste bewohnte Ort von Kauar, hat über tausend Einwohner und ist hauptsächlich wichtig und berühmt wegen der in seiner Nähe befindlichen Salzminen. Die Stadt ist mit einer Mauer umgeben, im Inneren aber einer der schmutzigsten Orte, die ich je gesehen habe; die niedrigen, unregelmäßigen Häuser aus kotigen Salzklumpen machen namentlich auf den Reisenden, der eben die reinlichen Dörfer am Mogodom-Gebirge passiert hat, den widerwärtigsten Eindruck.

Übrigens muß ich hier einen sonderbaren Irrtum berichtigen, der, wie anderen Reisenden, auch mir begegnet ist. Der Ort heißt nämlich nicht Bilma, sondern Garu, er liegt nur in der Provinz Bilma. Urheber dieses Irrtums sind die Araber, welche sehr ungenau in ihren geographischen Bezeichnungen zu sein pflegen, indem sie z. B. Mursuk für Fesan, Stambul für die Türkei, Fes für Marokko und umgekehrt den Namen des Landes oder der Provinz für einen einzelnen Ort gebrauchen. Man kann von ihnen die Frage hören: »Wie weit ist es von Deutschland nach der Türkei?« Denn sie glauben gleich allen Wüstenbewohnern, jedes Land müsse durch eine Wüste oder durch das Meer von anderen getrennt sein, und können sich nicht vorstellen, daß ein Punkt Deutschlands ziemlich nahe an der türkischen Grenze, ein anderer viele Tagereisen davon entfernt ist.

Die Salzminen zwischen Garu und Kalala sowie nördlich von letzterem Ort bestehen aus weiten, von zwanzig bis dreißig Fuß hohen aus Salz- und Erdschutt eingefaßten Gruben, in deren Tiefe Wasser, wahrscheinlich über Steinsalzlager, von Osten nach Westen hindurchfließt. Dieses Wasser ist so salzhaltig, daß sich, begünstigt durch die starke Verdunstung hier im Zentrum der Wüste, binnen einigen Tagen eine mehrere Zoll dicke Kruste auf dem Wasser bildet, die dann durchstoßen und abgefischt wird. Während man das Meersalz erst gewinnt, nachdem alles Wasser teils verdunstet, teils durch die Erde aufgesogen ist, überzieht hier das Salz wie eine Eisdecke die Oberfläche des Wassers, und vermöge der schnellen Kristallisation produzieren diese gar nicht so umfangreichen Minen solche Quantitäten, daß sie einen großen Teil Zentralafrikas mit Salz versorgen. Die Tuareg aus Air führen es von hier nach dem Sudan, die Tebu und Araber nach Bornu und Bagirmi. Den Tuareg-Kelui ist es durch ihre numerische Übermacht nach und nach gelungen, die Bewohner Kauars in völlige Abhängigkeit von sich zu bringen; sie erlauben ihnen weder Ackerbau noch sonst irgendeine einträgliche Beschäftigung, mit Ausnahme des Sklavenhandels, zu treiben, damit sie zur Bearbeitung der Salzminen gezwungen sind. Dagegen bringen ihnen die Tuareg Getreide und Klei-dungsstücke sowie Sklaven vom Sudan, für welche sie aber den

(*) Ist das der heutige Sudan?

Preis entrichten müssen, den ihnen ihre Herren, die Tuareg, abverlangen. Hierher kommen denn auch die größten Karawanen, die überhaupt die Wüste durchziehen; die Einwohner sprechen von drei- bis viertausend Kamelen, und wenn es auch diese Völker bei Zahlenangaben mit den Hunderten oder Tausenden eben nicht genau nehmen, so mögen immerhin Karawanen von ungefähr tausend Kamelen der Wirklichkeit entsprechen. Das Salz wird zum Transport teils in Pulver zerrieben, teils in Formen von Tellern oder Säulenkapitälen gegossen; das in Tellerform ist unrein und mit vielen erdigen Teilen vermischt.

Während ich in Kalala war, begab sich der Sultan nach dem Norden, um auch die anderen Mitglieder der Karawane, mit der ich gekommen, zu brandschatzen. Mit seinem Bruder Maina Adem geriet er in heftigen Streit, wobei es sich wahrscheinlich auch um Geld handelte. Die beiden armen Ghorianer mußten ihm jeder fünf Taler bezahlen; im Jahr vorher hatte der eine von ihnen die Reise nach Bornu mit einer starken Karawane gemacht und deshalb beim Durchzug durch Kauar nur ungefähr einen drittel Taler zu entrichten gehabt. Um mich bekümmerte sich der Sultan weiter nicht mehr, als daß er mir seine Abreise und Wiederankunft melden ließ. Ohnehin fand ich mich bald veranlaßt, von Kalala aufzubrechen, da in der Provinz Bilma das Kamelfutter schlecht und teuer ist. Ich ging nach Schimmedru zurück, bei welchem Ort vorzügliches Agolkraut wächst, das die Kamele sehr lieben.

Ist auch die Zahl der in Fesan sich aufhaltenden Tebu keine geringe, so können sie doch dort noch nicht als heimisch betrachtet werden; erst mit Kauar hatte ich das Wohngebiet der Tebu, und zwar dessen westlichste Grenze, erreicht. Es dürfte deshalb hier der Ort sein, etwas näher auf die Eigentümlichkeiten dieses Volksstammes einzugehen.

Der gegenwärtige Stand der Forschung und Beobachtung über die Tebu läßt sich in folgenden Punkten zusammenfassen: 1. Es unterliegt wohl keinem Zweifel, daß die Tebu dasselbe Volk sind, das von den alten Autoren Garamanten genannt wird. 2. Ob die Garamanten der weißen oder der schwarzen Rasse angehörten, wissen wir nicht. 3. Die heutigen Tebu sind zum Teil von weißlich-gelber, überwiegend aber von rotbrauner bis ganz

schwarzen Hautfarbe, bei manchen ist sogar die innere Handflä-
che dunkelschwarz. 4. Alle Tebu haben krauses Haar und
gelbliche Bindehaut der Augen, mir wenigstens sind weder
Männer noch Frauen mit langem schlichtem Haar, wie es die
Berber haben, vorgekommen. 5. Die Teda-Sprache ist aufs
engste mit dem Kanuri verwandt. 6. Wir haben also in den
heutigen Tebu, will man sie nicht als besondere Rasse gelten
lassen, ein aus den Negern Zentralafrikas durch Verkehr mit den
weißen Bewohnern des nördlichen Afrika entstandenes und
entstehendes Mischvolk.

Diesem Mischlingscharakter entspricht auch die Gesichtsbildung der Tebu. Feine europäische oder kaukasische Züge sieht
man nicht selten mit tiefschwarzer Hautfarbe vereint. Nach den
Beobachtungen der Reisenden, die mit Tebu in Berührung
gekommen, zeigt ihre Physiognomie weit mehr negerische als
berberische Elemente. Ebenso herrscht in ihren Sitten und
Gebräuchen größere Übereinstimmung mit den Negern als mit
den Berbern. Sie tätowieren sich nicht farbig wie diese, sondern
machen gleich den Negern Einschnitte in die Haut; der Pflug,
dessen sich die Berber beim Feldbau bedienen, hat bei den Tebu,
wie bei allen Negervölkern, keinen Eingang gefunden.

Das Wohngebiet der heutigen Tebu liegt südlich von Fesan,
nördlich vom Tschad-See, östlich von Kauar einschließlich dieser Oase, und westlich von der sogenannten Libyschen Wüste.
Sichere Kenntnis des Landes läßt sich nur durch eigene An-
schauung europäischer Reisender gewinnen, denn die Eingeborenen begegnen allen Erkundigungen mit zurückhaltendem
Mißtrauen. Zudem haben die Tebu viel weniger Sinn für Geographie als die Araber und Berber: Sie wissen viele Berge nicht
zu benennen, welche sie jahraus jahrein mit ihren Karawanen
passieren, und geben selbst Tälern und Ebenen, Bergen und
Uadi in ihrer nächsten Umgebung keinen bestimmten Namen.
Noch schwieriger ist es, über die früheren Wohnsitze der Tebu-
Stämme etwas zu ermitteln, da sie keinerlei historische Überlie-
ferungen, weder schriftliche noch mündliche, besitzen. In Betracht des unleugbar gemeinsamen Ursprungs der Teda- und
der Kanurisprache könnte vielleicht eine genauere Erforschung
des Kanuri-Stammes auf die Spur leiten.

Alle Teda sind jetzt äußerlich zum Islam bekehrt, doch haben sie vom Wesen der mohammedanischen Religion wenig oder gar nichts in sich aufgenommen. Die unter den vorgeschriebenen Verbeugungen hergeplapperten Gebete bleiben ihnen unverständlich, denn kaum zehn Teda dürften des Arabischen mächtig genug sein, um die Sprache des Koran verstehen zu können. Einen Brief selbst zu verfassen oder auch nur zu lesen, sind sie nicht imstande. Dagegen wurde die bevorzugte Stellung, welche die Frauen bei den Tebu einnehmen, schlau zur Einführung des Islam benutzt. An diesen wurde zuerst das Bekehrungswerk vollzogen und ihnen dann, um auf die Männer einzuwirken, lesen und schreiben gelehrt. Daher kommt es, daß noch jetzt die Schulen mehr von Mädchen als von Knaben besucht sind. Natürlich geht der Unterricht nicht über die allerersten mechanischen Anfangsgründe hinaus, die Teda-Frau aber ist stolz darauf, eine Schriftgelehrte zu sein, und trägt zum Zeichen dessen stets ihre Schreibtafel mit sich, obwohl sie bei der Aussprache des Arabischen arge, oft höchst lächerliche Verstöße macht. So sprach unsere Hausfrau in Schimmedru, die sich für die gelehrteste Frau des Ortes hielt, »Bi'sm Allah« (im Namen Gottes) wie »Bi smin Allah« (in der Butter Gottes) aus, zum großen Gaudium meiner arabischen Diener. Mohammedanische Vielweiberei gehört hier noch zu den seltenen Ausnahmen. Man verheiratet sich in sehr jugendlichem Alter und schließt die Ehe vor einem Fakih, hier »Mallem« (Meister) genannt, durch mündliche Erklärung. Ein schriftlicher Heiratskontrakt wird nicht aufgesetzt. Auch sonst finden bei der Hochzeit keine besonderen Zeremonien statt, so wenig wie bei den Geburten und Begräbnissen.

Der sozialen Geltung nach ist das Volk in drei Klassen geschieden. Die erste Klasse bilden die Maina, d. h. die Edlen. Aus ihr gehen die Sultane hervor. Zur zweiten Klasse gehört das ganze übrige Volk mit Ausnahme der »asseba-itobi« und »duti«, d. h. Waffenschmiede. Letztere machen eigentümlicherweise für sich allein die dritte Klasse aus. Einerseits stehen sie in einem gewissen Ansehen, während sie andererseits tief verachtet sind. Wenn in Krankheitsfällen der Mallem (Fakih) keinen Rat mehr weiß, dann nimmt er seine Zuflucht zum Schwertfeger, und auch die Frau desselben wird als Orakel befragt. Einen Schmied zu schlagen oder zu töten, gilt als ein schweres Verbrechen oder vielmehr als Akt größter Feigheit. Aber kein Tebu würde mit einem Waffenschmied aus einer Schüssel essen oder unter einem Dach schlafen oder gar seine Tochter heiraten; ja, einen Tebu »asseba-itobi« heißen, ist eine infamierende Beleidigung, die nur mit Blut gesühnt werden kann. Ich habe vergebens nach den Ursachen dieser sonderbaren Verhältnisse geforscht. Wären die Schmiede vor langen Zeiten eingewanderte Fremdlinge, etwa Juden, welche die Erinnerung an ihre Religion verloren haben, so müßten sie sich doch äußerlich von den Tebu unterscheiden, was aber nicht der Fall ist, und weder sie selbst noch andere Eingeborene nehmen an, daß sie von fremder Abkunft seien.

Die Schmiede verfertigen nicht bloß Waffen: Degen, Spieße, Schangermangore (Wurfeisen), Bogen und Schilde, sondern auch Schmucksachen in Silber und Gold, freilich von roher, kunstloser Arbeit. Von sonstiger Industrie kann bei den Tebu wohl kaum die Rede sein. Die Frauen flechten einfache Matten aus Palmblättern; die Männer bereiten aus Knochen und Dattelkernen Teer und gerben mit der Rinde der Geredh-Akazie die Felle zu ihrer Kleidung wie zu den Wasserschläuchen; auch die Kamel- und Pferdesättel verfertigen sie sich selbst. Vorteilhaft zeichnen sich die Tebu vor den Arabern und Berbern durch die Reinlichkeit in ihren Wohnungen aus. Der Fußboden ist mit frischem Sand bestreut und wird nie von Ziegen oder Schafen betreten.

Die Kleidung sowohl der Männer wie der Frauen ist äußerst einfach. Die wohlhabenden Männer tragen Hosen von Sudankattun, darüber die sogenannte Tobe oder auch nur ein Kattunhemd, und auf dem Kopf den roten Fes, oder sie wickeln einen Turban derart um Kopf und Gesicht, daß nur ein schmaler Spalt für die Augen frei bleibt. Somit gehören die Tebu zu den Völkern, welche die alten arabischen Schriftsteller »Melathemin«, das heißt Schleiertragende, nennen. Melathemin sind alle Bewohner der Großen Sahara: die Tuareg, die Bewohner von Rhadames, von Ain-Salah, von Rhat, auch die nomadisierenden Araber von Tuat, wogegen die Araber und Berber, welche sich nicht dauernd dort aufhalten, keinen Schleier vors Gesicht zu nehmen pflegen. Wahrscheinlich zuerst als notwendiger und wirksamer Schutz bei heftigen Sandstürmen angewendet, wurde das Verschleiern zur beständigen Gewohnheit. In diesem Ursprung der Sitte mag auch der Grund zu suchen sein, warum die Tebu-Frauen, welche fast nie ihre Männer auf den Reisen durch die Wüste begleiten, das Gesicht unverschleiert lassen. Unter der armen Bevölkerung gürten die Männer bloß ein Ziegen- oder Schaffell um die Lenden. Knaben bis zu zehn Jahren, das heißt bis zur Pubertät, gehen ganz nackt. Allgemein und in großer Menge werden Ledersäckchen mit Koransprüchen als Amulette getragen, am Turban oder Fes, an den Armen und Beinen, um den Hals, am Schwert, Spieß und Bogen, kurz wo man sie nur immer anbringen kann; sogar die Pferde und Kamele behängt man damit zur Wahrung gegen den bösen Blick oder sonstigen Schaden.

Das Hauptkleidungsstück der Frauen ist ein längliches, meist blaues, doch auch buntgestreiftes Stück Kattun, welches sie derart um den Körper schlingen, daß der Kopf mitverhüllt wird, die Arme und Unterbeine aber sowie ein Teil des rechten Busens entblößt bleiben. Zwei bis drei Spangen aus Elfenbein oder Horn, Achat oder Kaurimuscheln zieren den Arm, Metallringe aus Silber oder Kupfer die Knöchel der Füße, und eine Schnur europäischer Glasperlen umgibt den Hals. In dem durchbohrten rechten Nasenflügel hängt ein zylindrisches Stück Koralle von einem Zentimeter Durchmesser und fünf bis sechs Zentimeter Länge oder, in Ermangelung von Korallen, ein Stück Elfenbein oder Knochen.

Ganz eigentümlich ist die Begrüßungszeremonie der Tebu. Begegnen sich zwei Bekannte auf der Straße, so sitzen sie in zehn Schritt Entfernung nieder, den Spieß aufrecht in der Hand haltend. Der eine ruft: »Lahin kennaho«, der andere erwidert: »Getta inna dünnia«, worauf beide gleichzeitig »Laha, Laha, Laha« ausrufen, je höflicher sie sein wollen, desto öfter. Endlich gehen sie aufeinander zu und drücken sich stark die Hand, ohne sie jedoch, wie es bei den Arabern Sitte ist, zu küssen.

Unter den Waffen verdient der Medjri oder Schangermangor, mit welchem Namen er uns zuerst durch die Araber bekannt geworden, besondere Erwähnung. Er gleicht einem Fleischer-

Tebufrauen

messer von etwa einem Fuß Länge, aus dem noch ein oder zwei spannenlange Klingen hervorstehen, und wird sowohl als Wurf- wie als Hauwaffe benutzt. Mit den Tuareg und anderen Wüstenvölkern haben sie den Armdolch gemein, der, ohne Griff drei bis vier Zoll lang, mit der Spitze nach oben, mit dem Griff gegen die Hand geneigt, an der inneren Seite des linken Vorderarms getragen wird. Außerdem haben sie ein breites, gerades Schwert mit Kreuzgriff, meist Solinger Fabrikat, eine acht bis neun Fuß lange Lanze von Akazienholz mit eiserner Spitze von einem halben bis zu einem Fuß Länge, einen fünf bis sechs Fuß langen Wurfspeer und einen runden oder ovalen Lederschild. Die Bemittelteren sind selbstverständlich auch im Besitz von Schußwaffen.

In Ermangelung irgendwelcher geschriebener Gesetze beruht die gesellschaftliche Ordnung zusammen mit der Rechtspflege lediglich auf Herkommen und Überlieferung. Seit Einführung des Mohammedanismus hat sich neben den weltlichen Richtern die Geistlichkeit eines Teils der Gerichtsbarkeit zu bemächtigen versucht, doch dürfte noch geraume Zeit vergehen, ehe die Geistlichen hier zu der Macht gelangen, die sie in anderen mohammedanischen Staaten ausüben. Die Sultane, welche den Titel »Derde« führen, werden auf Lebenszeit aus der Klasse der Maina gewählt. Ihre Machtvollkommenheit ist eine beschränkte, größer oder geringer je nach den persönlichen Eigenschaften des jedesmaligen Regenten. Sie dürfen keine Reichtümer besitzen und haben keine anderen Einkünfte als einen Anteil an der Beute der Rasien, an dem von durchziehenden Karawanen erhobenen Zoll und an den Geschenken der Reisenden. Steuern werden im Land nicht entrichtet.

Die Tebu haben sich bisher durchaus unfähig bewiesen, eine Nation oder einen Staat zu bilden. Sie wohnen zwar in Ortschaften beisammen, aber nirgends entwickelte sich ein festes, geordnetes Gemeinwesen, und auch wo, wie in Kauar, mehrere Ortschaften unter einem gemeinsamen Herrscher stehen, ist doch der Verband ein so lockerer, daß man kaum den Begriff einer staatlichen Organisation darauf anwenden kann. Noch trostloser gestalten sich die Verhältnisse in der jüngsten Zeit durch Einführung der mohammedanischen Religion, welche den letzten schwachen Rest von staatlicher Autorität untergräbt, ohne etwas anderes an die Stelle zu setzen. Denn der Mohammedanismus will keine Nation, er will nur Gläubige und überläßt dem Fakih oder Mallem, durch Nährung von Unwissenheit und Aberglauben die Leute zu beherrschen. So scheint es, daß auch der Zukunft dieses Volkes keine günstige Prognose zu stellen ist.

ZEHNTES KAPITEL

Von Kauar nach Kuka

Vergebens hatte ich in Schimmedru auf den Abgang einer Karawane gewartet; seit fünf Monaten war kein Mensch, keine Nachricht von Bornu in Kauar angelangt. Ich entschloß mich endlich, einen Führer nach Kuka zu dingen und dem Mann, der sich dazu bereitfinden ließ, namens Maina Jusko, den geforderten hohen Preis von sechzig Mariatheresientalern zu bewilligen. Am 21. Juni war alles zur Abreise gerüstet. Außer den vier Dienern, die ich von Fesan mitgebracht, hatte ich einen freigelassenen etwa siebzehnjährigen Sklaven bei mir, der flehentlich bat, mich bis in sein Vaterland begleiten zu dürfen, was ich ihm unter der Bedingung gestattete, daß er stets eine Doppelflinte tragen sollte, und den türkischen »Memfi« (so heißen die von den Türken nach Fesan verbannten Sträflinge) Ali, der in Mursuk von mir befreit worden war. Ferner schlossen sich mir an: ein Marabut und Sklavenhändler aus Gatron mit zwei Dienern und ein vornehmer Tebu, namens Kalli, ebenfalls ein Menschenverkäufer, mit zwei Dienern. Mit mir und dem Führer zählte also unsere Karawane im ganzen dreizehn Köpfe.

Der Aufbruch konnte erst bei vorgerückter Tageszeit erfolgen. Wir kamen daher nur bis Gobdoto, einem kleinen Ort der Tebu-Desa in Agger, und lagerten dort zwischen Talha-, Geredh-, Dum- und Palmbäumen. Auf einen der angenehmsten Mondscheinabende folgte in der Nacht ein Sturm, der uns die Zelte über dem Kopf wegriß.

Noch ganz mit Staub bedeckt setzten wir anderentags unseren Marsch fort und erreichten nach vier Stunden Kalala, wo ich in meine alte Wohnung einkehrte. Kaum waren wir angekommen, als der Sultan mich mit seinem Besuch überraschte. Er entschuldigte sich wegen der früheren Vorkommnisse und behauptete, mein Diener Abd el Kader habe ihn bei mir verleumdet, er sei stets bereit gewesen, mir Dienste zu erweisen. Abd el Kader nahm jedoch diese Anschuldigung nicht schweigend hin, sondern replizierte heftig und nannte den Sultan in Gegenwart seiner Untertanen, welche der für ihn so erniedrigenden Szene mit größter Gleichgültigkeit beiwohnten, einen Lügner und Wortbrecher. Schließlich ersuchte mich der Sultan, ihm eine schriftliche Bescheinigung auszustellen, daß mir in seinem Reich nichts Übles widerfahren sei. Ich schrieb einen Schein in deutscher Sprache, worin ich erklärte, von seiten seiner Untertanen seien meiner Reise keine ernstlichen Hindernisse in den Weg gelegt worden, er selbst aber habe sich grob und ungeschliffen gegen mich benommen. Zufrieden steckte er das, wie er natürlich glaubte, sehr belobigende Zeugnis ein, jedenfalls mit der Absicht, es durch seinen Sohn in Tripolis überreichen zu lassen, wenn er diesen das nächstemal zum Sklavenverkauf dorthin senden würde.

Die übrige Zeit des Tages wurde zu allerhand Einkäufen benutzt, namentlich ließ ich einen tüchtigen Vorrat Salz anschaffen, da weiter nach Süden diese unentbehrliche Würze gar nicht mehr zu haben ist. Früh am folgenden Morgen fand sich der Sultan abermals vor unserer Wohnung ein, um mir noch Zündhölzchen, Spiegel, Nadeln usw. abzubetteln. Meiner Weisung gemäß ließen ihn aber die Diener nicht eintreten; ja, sie verhöhnten ihn, als er mit leeren Händen abziehen mußte, den Gatroner ausgenommen, der vor einem König, auch einem ohne Reich und Macht, stets großen Respekt bezeigte.

Gegen vier Uhr nachmittags brachen wir auf, und bald lag das grüne Kauar hinter uns. Im Osten erblickten wir den Ort Alt-Garo, jetzt nur noch aus dem Brunnen Gissidi bestehend, und weiter östlich, etwa sechs Stunden entfernt, die Felsen von Braun, an deren Westabhang der Brunnen gleichen Namens sich befindet. Nachdem wir drei von Osten nach Westen streichende Sanddünen überstiegen hatten, erreichten wir diesen Brunnen und lagerten an demselben. Sein Wasser steht zwei bis drei Fuß unter der Oberfläche des Bodens.

Schon um drei Uhr morgens marschierten wir am 24. Juni ab.

Ungeheure Sandmassen, steile, oft hundert Fuß hohe Dünen, die auch hier mit bald mehr nördlicher, bald mehr südlicher Abweichung von Westen nach Osten ziehen, machten den Marsch für die Kamele äußerst beschwerlich. Indes darf man sich andererseits vom Sand der Wüste keine übertriebenen Vorstellungen machen, wie sie durch die phantastische Schilderung mancher Reisenden in Europa verbreitet worden sind. In Sebcha-Boden kann allenfalls jemand versinken und begraben werden, aber nie im Sand, der je tiefer, desto fester liegt. Bei dem gewöhnlichen, grobkörnigen Sand ist schon ein Einsinken bis an die Knie unmöglich, aber auch in trockenem Kalkstaub könnte ein Mensch nur da versinken, wo darunter sich Sebcha oder vom Wasser durchtränkter Triebsand befindet.

Um halb acht Uhr betraten wir die Tinger-Tinger-Ebene, einen platten, in meist regelmäßige Fünf- oder Sechsecke zerklüfteten Boden. Als wir sie überschritten hatten, rief uns der an der Spitze des Zugs marschierende Führer an, es sei eine Gofla in Sicht. Beim Näherkommen ergab sich, daß es eine kleine von Kuka kommende Karawane der Tebu-Desa war, nicht stärker als die unserige, die Getreide, Fische, Fleisch und Butter nach Kauar zu Markte brachte. Ich wollte einiges davon einhandeln, aber man forderte viel zu hohe Preise; überdies haben die getrockneten, halb faulen Fische aus dem Tschad-See nichts Verlockendes für einen europäischen Magen, während die Tebu, wie auch Barth erwähnt, sie sehr lieben. Die Tageshitze nötigte uns, von neun Uhr bis drei Uhr nachmittags zu ›gielen‹. Ich mußte jetzt den tiefen Sand zu Fuß durchwaten, denn mit einem Reiter auf dem Rücken hätte mein Kamel die steilen Sanddünen nicht herauf- und hinabzuklimmen vermocht. Durch eine schmale Rinne gelangten wir um sieben Uhr in das vegetationsreiche Sau gana (Kleines Sau), dessen von der Straße abliegender Brunnen bisweilen auch von Karawanen aufgesucht wird. Wir marschierten aber noch zwei Stunden weiter über die Sanddünen bis in das Sau kora (Großes Sau) und lagerten in der Nähe des Brunnens. Auch hier stand das Wasser zwei bis drei Fuß unter der Bodenfläche. Nachts kreisten eine Menge Hyänen mit entsetzlichem Geheul um unser Lager, doch hielt mein braver wachsamer Hund die trotz ihrer Wildheit sehr feigen

Bestien durch sein Bellen und Anspringen in respektvoller Entfernung. Es war mir ein willkommenes Zeichen, daß wir aus demjenigen Teil der Sahara, der von aller Flora und Fauna entblößt ist, in eine belebtere Region eintraten. Die Vegetation, die hier beginnt, hat einen ganz anderen Charakter als die, welche der von Norden kommende Reisende bisher gesehen.

Am 25. Juni verließen wir um drei Uhr nachmittags den Lagerplatz. Wir hielten uns noch etwas mehr östlich, etwa in der Richtung von 150 Grad, und hatten wieder Dünen und Sandberge in großer Menge zu überwinden, wobei ein Kamel des Tebu Kalli den Anstrengungen erlag. Inmitten dieses Sandmeeres sproßt indes hier und da ein einzelner Grashalm auf, zum Beweis, daß dieser Teil der Wüste auch bisweilen durch Regen befeuchtet wird. Der ganz oder fast ganz regenlose Teil ist die Strecke zwischen Sokna und Sau; dort zeigt sich allerdings, die Oasen ausgenommen, nicht die schwächste Spur von Vegetation.

Folgendentags früh ging es weiter, immer noch durch Sand und über zahlreiche Dünen. Um halb zehn Uhr wurde bei dem vereinzelt wie ein »Zeuge« aus dem weiten Sandmeer hervorragenden Etjukoi-Felsen haltgemacht. Er besteht wie alle diese Berge aus geschwärztem Sandstein und dient den Reisenden als Wegweiser, indem er die Hälfte des Weges zwischen Sau und Dibbela bezeichnet. Als die heißesten Tagesstunden vorüber waren, setzten wir unseren Marsch in gerader Südrichtung fort. Die Vegetation wird nach und nach merklicher, schon erscheinen ganze Flächen von weitem gesehen wie mit grünem Rasen bedeckt. Allein Sand und Dünen nehmen noch keineswegs ab, und bald waren Menschen und Tiere so ermüdet, daß wir ein paar Stunden Rast halten mußten. Um ein Uhr nachts gingen wir wieder vorwärts. Nun endlich verloren sich nach und nach die Dünen, und wir kamen in die sandige, jedoch nicht vegetationslose Ebene Ndalada. Nach viertägigem Waten und Stampfen im Sand konnte ich zum erstenmal wieder mein Kamel besteigen, eine Wohltat für mich, denn meine Kräfte hätten kaum länger standgehalten.

Der Tebu Kalli und der Marabut aus Gatron gingen voraus, um den nicht mehr fernen Dibbela-Brunnen ausfindig zu machen. Wir anderen folgten, und nachdem wir die Tetraska-

Felsen in einem Bogen nach Süden zu umgangen hatten, gelangten wir zur Dibbela-Oase und lagerten gegen Abend bei den
Wasserlöchern. Das Wasser, in zwei bis drei Fuß Tiefe, ist in den
Löchern unmittelbar am Gebirge etwas brakisch, in den mehr
nach Westen gelegenen süßer. Die Vegetation von Dibbela
gleicht der von Sau, doch gibt es hier viele Dum-Palmen, und ein
hohes Gras bietet gute Kamelweide.

Am nächsten Morgen nahm ich in einem der vielen, freilich
nur den Umfang einer mäßigen Tonne habenden Wasserlöcher
ein Bad, ungeachtet der zahllosen Mücken, die sich tagsüber
darin aufhalten. Während unsere Hausfliege zwischen Kauar
und Belkaschifari ganz fehlt und auch in Kauar bei weitem nicht
so häufig ist wie in den nördlichen Oasen Fesan, Tuat, Tafilet
und Draa, wo sie durch die süßen Datteln herbeigelockt wird,
finden sich Mücken noch südlich von Kauar in allen Brunnen,
aus denen sie nachts herausschwärmen und Menschen wie
Tieren mit ihren Stichen den Schlaf rauben. Zum Schutz gegen
sie hatte ich mir aus einem Turban, der ja gegen vierzig Ellen
langes dünnes Florgewebe enthält, eine »namussia« zusammengenäht, ein Netz, mit dem ich des Nachts den ganzen Körper
umschloß.

Nachmittags zogen wir in Südrichtung weiter. Zahlreiche
Spuren von Antilopen, Gazellen und Hyänen, einzelne Raben,
Aasgeier und kleine Singvögel deuteten an, daß wir uns am
Ausgang der Großen Sahara befanden. Die Gegend wird durch
Tebu, die hier jagen, bisweilen auch durch räuberische Tuareg
unsicher gemacht. Meinem Diener Abd el Kader, dem Teufel-
austreiber, erschien deshalb unsere gewöhnliche Nachtwache
kein genügender Schutz, er zog, allerlei Gebete murmelnd, mit
seinem Zauberstab einen weiten Kreis um das Lager. Solche
Beschwörung, arabisch »ihelgu« (sie beschwören), hält nicht
bloß, glaubt man, Räuber und Diebe, böse Geister und wilde
Tiere vom Lager fern, dasselbe soll dadurch sogar unsichtbar
werden. Von Räubern, Dieben und Geistern wurden wir nun
allerdings nicht behelligt; gegen Bestien aber muß der Zauber
wirkungslos geblieben sein, denn trotz des magischen Kreises
kamen die Hyänen dicht an das Lager heran und störten uns
durch ihr unaufhörliches Geheul. Im Süden wetterleuchtete es

zur Nacht, ein sicheres Zeichen, daß in den Tropen die Regenzeit eingetreten war.

Am 30. Juni langten wir nach gerade südwärts gerichtetem Marsch am Fuß der Berge an, welche die Oase A'gadem in Nordost und Ost begrenzen. Wir überschritten den Paß, gingen ohne Aufenthalt am Nordbrunnen vorbei und lagerten am Südbrunnen zwischen dichtem Gebüsch. Durch die frischen Fußspuren mehrerer Menschen und eines Kamels zur Vorsicht gemahnt, schickten wir den Führer Maina Jusko auf dem Pferd Kallis als Kundschafter aus. Er kehrte nach ein paar Stunden zurück in Begleitung einiger Tebu, die sich Bulguda nannten und angaben, sie hätten sich, acht Mann stark, beim Bergbrunnen eine Hütte gebaut, um eine Zeitlang in der Oase zu jagen und Fleisch an durchziehende Karawanen zu verkaufen; auch uns wollten sie Antilopenfleisch liefern, soviel wir brauchten, wenn wir einen oder zwei Tage dablieben. In der Tat hatten wir schon mehrere große Herden weißer, schnellfüßiger Antilopen gesehen.

A'gadem ist wegen seiner reichen Vegetation ein anziehender Ruhepunkt für Karawanen, aber zugleich, wie schon bemerkt, wegen der herumschweifenden Tuareg und Tebu ein gefährlicher Aufenthalt. Da die Karawanen seit Jahrhunderten immer auf denselben Plätzen zu lagern pflegen, haben sich dort Massen von Tierüberresten und Kamelunrat angehäuft, und infolgedessen wimmelt es an solchen Orten von Insekten, die auch uns sehr lästig wurden; Scharen weißer Ameisen drangen in alle unsere Sachen und Eßvorräte ein, und die Mistkäfer waren nicht aus den Zelten zu verbannen. Der Südbrunnen, wie alle Brunnen A'gadems zwölf Fuß tief, hat sehr süßes, aber trübes Wasser. Man erzählte mir, im Winter zuvor seien zwei Sklaven, die, mit einer Karawane aus der Tintümma-Steppe kommend, vom Durst gefoltert zu dem Brunnen vorauseilten, hineingestürzt und tot darin gefunden worden.

Für mich waren die Abende in der A'gadem-Oase die angenehmsten, die ich in der Sahara verlebte. Das steil ansteigende, romantisch zerklüftete Gebirge erscheint in der Dämmerung bedeutend höher, als es in Wirklichkeit ist. Man atmet hier zuerst wieder eine reinere, vom Sudan her etwas angefeuchtete Luft und sieht statt des grauen staubigen Horizonts einen tiefblauen Himmel mit klar funkelnden Sternen über sich. Sobald sich die Sonne gesenkt hat, ertönt aus dem Gebüsch, hier von einer Akazie, dort von einer vielwipfeligen Dumpalme, das zarte Gezwitscher der Vögel, die erst mit der Abendkühle zum Leben zu erwachen scheinen. Und auch wir lebten erst auf, nachdem die Sonne hinter den Sanddünen im Westen verschwunden war. Ein Teppich wurde aus dem Zelt geholt, die Teemaschine summte, zu dem Mahl von Brot oder Fleischextrakt, mit Linsen oder Erbsen gemischt, lieferte ein Kaninchen oder eine Gazelle den Extrabraten. So schwelgten wir in lang entbehrten Genüssen und sanken erst spät dem Schlaf in die Arme.

Am 2. Juli nachmittags aufbrechend, nahmen wir die Richtung von 160 Grad, worüber ich sowohl wie der Marabut unsere Verwunderung äußerten, dieser, weil er von seinen früheren Reisen her sich erinnerte, die Tintümma immer in gerader Südrichtung durchschnitten zu haben, ich, weil auf meiner Karte ebendiese Richtung vorgezeichnet war. Kalli fand zwar auch, daß wir zu weit östlich gingen, er meinte jedoch, der alte Maina Jusko verdiene unbedingtes Vertrauen, da er schon zum sechzehnten Mal den Weg zwischen Kauar und Bornu zurücklege. Wir durchzogen eine hochgewellte Ebene, verloren gegen Abend die Berge von A'gadem aus dem Gesicht und lagerten um zehn Uhr.

Anderntags ging es von vier Uhr morgens an in die östliche Richtung weiter. Nach Aussage der Leute hatten wir nun erst die eigentliche Tintümma vor uns; die Gegend unterschied sich indes nicht im geringsten von der, aus welcher wir eben herkamen. Als wir um neun Uhr der Hitze wegen anhielten, da bekannte Jusko offen, daß wir uns verirrt hätten. Auf unser Andringen mußte er sogleich das Pferd Kallis besteigen und fortreiten, um weiter westlich nach dem Weg zu suchen. Von einem Weg kann man freilich in diesem nördlichen Teil der Tintümma kaum reden; nur Kamelunrat, Knochen gefallener Tiere, zerbrochene Gefäße usw. bezeichnen die einzuschlagende Richtung auf dieser weiten Steppe, in der kein Berg, kein Baum sich als Merkmal darbietet. Da Jusko nach Verlauf mehrerer Stunden noch nicht zurück war, ritt ihm Kalli auf dem Pferd des

Antilopen in der Tintümmasteppe

Marabut nach. Beide kamen aber wieder, ohne den Weg gefunden zu haben, und es ergab sich nun, was ich übrigens schon verschiedentlich wahrgenommen hatte, daß der alte Jusko nicht mehr fähig war, durch so unwegsames Gebiet und nach so entferntem Ziel als Führer zu dienen. Wir beratschlagten, was zu tun sei. Ich erbot mich, die Karawane mit Hilfe des Kompaß durch die Steppe zu leiten, überzeugt, daß ein fortgesetzter, mehr nach Westen statt nach Osten gerichteter Marsch uns nach Belkaschifari bringen müßte; allein niemand traute dem Instrument, und selbst meine Diener, besonders der Gatroner, verweigerten den Vormarsch. Es wurde also beschlossen, umzukehren und zu sehen, ob einer der in A'gadem jagenden Bulguda sich uns als Führer verdingen wolle. Noch denselben Tag wurden fünf Stunden rückwärts marschiert, und am folgenden Tag langten wir nach siebenstündigem Marsch wieder am Südbrunnen von A'gadem an.

Auf die Kunde von unserer Rückkehr erschienen die Bulguda im Lager. Sie brachten uns Fleisch von ihrer Jagdbeute als Gastgeschenk und legten es zu drei gleichen Teilen dem Marabut, Kalli und mir jedem vor sein Zelt. Da ich aber erklärte, bei so unrichtiger Verteilung – Kalli und der Marabut waren nur je drei Mann, ich hingegen sieben Mann stark – das Geschenk nicht annehmen zu wollen, hoben sie die Portionen wieder auf und verteilten nun das Ganze nach der Kopfzahl. Außerdem kaufte ich von ihnen für zwei Mariatheresientaler fünfzig Pfund ausgezeichnetes getrocknetes Antilopenfleisch. Die Bulguda wie die Tebu überhaupt betreiben die Jagd mit abgerichteten Hunden von der Größe unserer Spitze, rötlichbraun und wahrscheinlich zur Windspielrasse gehörig, welche das Wild anfallen und festhalten, bis der herankommende Jäger es mit einem Spieß tötet. Vier solcher Hunde werden zum Erjagen einer Antilope gebraucht. Unsere Bulguda hatten deren zwölf bei sich. Wandernde Tebustämme führen oft eine große Menge Jagdhunde mit, woraus bei den Arabern die Sage entstanden ist, die Frauen der Tebu-Männer seien Hunde, die nur des Nachts Menschengestalt annehmen, bei Tag aber dem Wild nachlaufen, um die Familie mit Fleisch zu versorgen.

Einer der Bulguda ging ohne langes Handeln auf unseren Antrag, gegen fünf Taler Lohn die Karawane bis Belkaschifari zu führen, ein. Sein Kamel mieteten Kalli und der Marabut zum Transport von Wasser für ihre Pferde.

Am 5. Juli machten wir uns, von dem neuen Führer geleitet, wieder auf den Weg und marschierten viereinhalb Stunden ziemlich genau in derselben Richtung, aus der wir tags zuvor gekommen waren. Vom folgenden Morgen an aber ging es fast acht Stunden lang mit geringen Abwechslungen gerade südwärts, worauf der Sonnenhitze halber unter einigen vereinzelt stehenden Tumtum-Bäumen gerastet wurde. Der Tumtum-Baum, von der Höhe unserer Kernobstbäume, hat anstelle der Blätter lange grüne Dornen und soll genießbare Beeren tragen; ich sah ihn außer in der Tintümma auch in Kanem häufig, sehr selten schon in Bornu. Als wir nachmittags zwei Uhr weiterzogen, schlug der Bulguda eine fast ganz südöstliche Richtung ein, in der er uns noch sechs Stunden fortmarschieren ließ. Herden von Antilopen und Gazellen, auch einige Strauße jagten flüchtigen Fußes über die grasbewachsene Steppe. Hier und da lag noch ein Sandsteinfels zutage; es war die letzte Steinbildung, der ich nach Süden zu begegnete, weiterhin bis an den Tschad-See hinunter fehlt jede Spur von Steinen.

Schon nachts um zwei Uhr setzten wir uns wieder in Marsch. Zu meinem Befremden wurde bald die südöstliche, bald die südwestliche Richtung verfolgt, bis wir um neun Uhr vormittags in einer kesselförmigen Einsenkung, in der einige Tumtum-Bäume standen, haltmachten. Jetzt erklärte unser Bulguda, diese Bäume seien ihm unbekannt, wir müßten den Weg verfehlt haben; er wolle sich sogleich mit seinem Kamel aufmachen, um den richtigen Weg, der nicht fern sein könne, zu suchen, und wenn er ihn gefunden habe, uns von hier abholen. Mir erschien es in höchstem Grade unwahrscheinlich, daß ein Mann, der auf seinen Jagdzügen die Steppe nach allen Richtungen durchstreifte, sich verirrt haben sollte; das ganze Benehmen des Bulguda bestärkte mich vielmehr in dem Verdacht, er habe uns absichtlich vom Weg abgelenkt, damit wir durch Wassermangel umkämen und dann die Karawane ihm und seinen Spießgesellen als Beute in die Hände fiele. Daher widersetzte ich mich seiner Entfernung; wenigstens müsse er, sagte ich, sein Kamel als Pfand zurücklassen. Allein, ich wurde überstimmt, und man ließ ihn davonreiten. In der sicheren Erwartung, noch vor Abend Belkaschifari zu erreichen, hatten wir sehr geringen Wasservorrat mitgenommen; nur ein einziger Schlauch voll blieb uns, als der Tag zu Ende ging. Unsere Lage war somit in der Tat eine höchst gefährliche. Von A'gadem, hätten wir zum zweitenmal dahin umkehren wollen, trennte uns ein Weg von achtundzwanzig bis dreißig Stunden, und führerlos ohne Wasser in der Irre umherzuziehen, hieß dem sicheren Tod entgegengehen.

Die Nacht brach herein, aber der Bulguda kam nicht, wir mußten die Hoffnung auf seine Wiederkehr aufgeben und versuchen, ob wir nicht selbst den Weg entdecken könnten. Zu dem Zweck ritt Kalli zu Pferd, begleitet von seinem Diener auf einem Meheri, in westlicher Richtung, der Gatroner mit Maina Jusko, beide auf Kamelen, in östlicher Richtung fort. Letztere kehrten jedoch nach kurzer Zeit unverrichteter Sache zurück. Morgens gegen neun Uhr verteilte ich an jeden eine Tasse Wasser; schon am Tag vorher hatten wir nichts mehr gegessen, um den Durst nicht zu vermehren. Ein Versuch, Wasser aus der Erde zu graben, blieb erfolglos; der Boden war zwar angefeuchtet, aber nur vom Regen, bis zu einer Wasserschicht hätte man mindestens fünfzehn bis zwanzig Fuß tief graben müssen. So kam der Mittag heran, die Hitze steigerte unsere Qualen. Ich rief alle Leute zusammen und teilte unser letztes Wasser aus, nachdem ich es stark mit Zitronensäure versetzt hatte. Dem kleinen Neger Noël gab ich noch einen Teil von dem meinigen und tat ihm auf seine Bitte etwas Mehl hinein. Rührend war es mir, daß die sonst so gefühllosen Mohammedaner darauf bestanden, auch Mursuk, der wie tot in meinem Zelt lag, müsse den letzten Trunk mit ihnen teilen.

Noch schreckliche Stunden vergingen. Meine Eingeweide fingen mich an zu schmerzen, es war mir, als träten die Augen weit aus dem Kopf. Bei all dem war es ein Glück, daß wir uns in der südlichsten Zone der Sahara befanden, in gerader Richtung kaum mehr als achtzehn deutsche Meilen vom Tschad-See entfernt, denn die Luft enthält hier schon einige Grade Feuchtigkeit; zwischen Kauar und Fesan oder noch weiter nördlich wären wir unbedingt dem Durst erlegen. Bereits an der Aussicht auf Hilfe verzweifelnd, sahen wir gegen Abend in Südost schwarze Wolken aufsteigen. Nach einem heftigen Donnerschlag fielen einzelne dicke Tropfen, dann strömte ein förmlicher Platzregen herab. Eiligst wurde, was nur an Töpfen, Tassen und sonstigen Gefäßen vorhanden war, hingestellt und der vom Himmel kommende Segen darin aufgefangen. Wir schlürften am Boden liegend alle Pfützen aus, um die Wette mit den Kamelen, die sofort ihre Bande zerrissen hatten, um sich an dem kostbaren Naß zu laben. Nachdem wir uns satt getrunken, konnten noch zwei große Schläuche mit Wasser gefüllt werden. Merkwürdigerweise blieb der Regen auf die Niederung, in der wir lagerten, beschränkt, ringsumher war kein Tropfen gefallen. Kurz vor Einbruch der Nacht traf ein Schuß von Westen her unser Ohr. Es war das Signal Kallis. Nach wenigen Minuten kam er angesprengt, schon von weitem uns zurufend, er habe den Weg gefunden und bringe uns Wasser mit. Bald folgte sein Diener auf dem Meheri, das mit vier Schläuchen voll Wasser beladen war. Sie waren, nachdem sie endlich den Weg entdeckt, bis zu dem Brunnen von Belkaschifari geritten und deshalb so lange ausgeblieben. Die Spur des Bulguda hatten sie eine kurze Strecke verfolgt, dieselbe bog aber dann gleich direkt nach Norden um; somit bestätigte sich mein Verdacht, daß er das Lager nur verließ, um nach A'gadem zurückzueilen und wahrscheinlich mit seinen Raubgenossen die Habe der unterdessen verschmachteten Reisegesellschaft zu erbeuten. Man kann sich unsere Freude über die glückliche Rettung aus so entsetzlich drohender Todesgefahr vorstellen. Da es an Brennholz nicht fehlte, wurde ein tüchtiges Feuer angezündet und eine Portion Antilopenfleisch darauf gekocht, mit der wir unsere hungrigen Mägen befriedigten.

Am anderen Morgen brach die Karawane auf, und um zehn Uhr erreichten wir unter Kallis Führung den nach Süden gehenden Weg. Nach vierstündigem Marsch kamen wir nachmittags an den Brunnen Belkaschifari und lagerten in seiner Nähe. Wir priesen uns glücklich, nun die Sahara im Rücken zu haben, die sich am vorigen Tag noch in ihrer schrecklichsten Gestalt gezeigt, als wolle sie sich mit unverlöschlichen Zügen unserem Gedächtnis einprägen.

Den folgenden Tag verbrachten wir noch bei dem Brunnen, der fünfundzwanzig Fuß tief ist und von den Tebu Beduaram genannt wird. Ich verlangte jetzt von Maina Jusko die Hälfte des ihm gezahlten Führerlohns zurück, da er sich durchaus untauglich erwiesen hatte und wir durch seine Schuld beinahe ums Leben gekommen wären. Allein so sehr ich in meinem Recht war, konnte ich doch nichts gegen ihn ausrichten, denn wohl wissend, daß ich ihn wegen der bewiesenen Unfähigkeit in Anspruch nehmen würde, hatte er das Geld in Agadem vergraben.

Früh, Viertel nach fünf, verließen wir am 11. Juli Belkaschifari. Der Weg, gut ausgetreten, führt direkt nach Süden. Die Vegetation auf dem immer noch großwelligen Boden gewinnt nach und nach an Mannigfaltigkeit. Zunächst treten neue Gräser auf, darunter manche, die genießbares Korn tragen, wie das sehr langhalmige »ambra«; dann schmücken sich die Wiesen mit Buschwerk; weiterhin werden die Büsche zu einzelnen Wäldchen; endlich folgt der große Mimosenwald, der wie ein Band, an manchen Stellen vier bis fünf Tagereisen breit, den afrikanischen Kontinent von der Westküste bis an das Rote Meer zu durchziehen scheint. Natürlich darf man dabei nicht etwa an einen jener undurchdringlichen Urwälder denken, wie ich sie später an der Küste von Guinea kennengelernt habe. Der

Mimosenwald gleicht vielmehr einer lichten, luftigen Parkanlage mit ausgedehnten Grasflächen zwischen den Gebüschen und Baumgruppen.

Bis in die jüngste Zeit wohnten hier mehrere Tebustämme, sie wurden aber von den Tuareg vertrieben, ohne daß diese selbst sich in den verlassenen Wohnsitzen niederließen. Dagegen hat die Tierwelt in großartigem Maßstab von dem Wald Besitz genommen, auch die Giraffe, die früher hier nicht vorkam, hat sich jetzt eingebürgert. Ungeheure Schwärme von Vögeln haben hier ihre Brutstätten; auf einem einzigen Baum sind zwanzig, dreißig, bis fünfzig Nester, und an die dünnen Zweige hängt der Webervogel sein schwebendes Nestchen.

Abends und in der Nacht fiel ein starker Gewitterregen, der uns verhinderte, Feuer um das Lager zu unterhalten, wie wir jetzt immer zum Schutz gegen die wilden Tiere zu tun pflegten.

Die Nachtmärsche mußten jetzt eingestellt werden, weil hier eine Menge giftiger kleiner Schlangen, deren die Leute am Tag etliche mit Stöcken totschlugen, das Reisen im Dunkeln sehr gefährlich macht. Wir rückten deshalb erst um sechs Uhr morgens aus. Immer dichter ist die Gegend von Tieren bevölkert, man glaubt in einem Tiergarten zu sein. Das Kargum, eine rot und weiß gefleckte Antilope, kam uns in ganzen Herden zu Gesicht; zahllose kleine Schmetterlinge, meist in den buntesten Farben prangend, gaukelten von Busch zu Busch. Der Boden besteht aus feinem weißem Sand, nicht das kleinste Steinchen ist in ihm zu sehen. Dies sowie seine hochwellige Gestaltung läßt darauf schließen, daß alles Land von hier bis an den Tschad-See einst von Wasser bedeckt und dann vielleicht lange Zeit Sanddüne war, bis es allmählich, durch tropische Regen befruchtet, Gräser, Sträucher und Bäume hervorbrachte und sich später in Humus umbilden wird. Wir lagerten abends um fünf Uhr, nachdem wir eben ganz frische Löwenspuren bemerkt hatten.

Am 13. Juli wurde ausnahmsweise, weil wir den Brunnen Kufe, bei dem es nicht sicher sein soll, zu früher Tageszeit passieren wollten, schon von ein Uhr an durch den dunklen Wald marschiert. Bei Tagesanbruch flohen fünf hochköpfige Giraffen quer über unseren Weg. Kalli wollte sie verfolgen, kam indes zu spät; ihre Spur ist der Kamelspur sehr ähnlich. Weiterhin brachen mehrere Wildschweine aus einem Dickicht hervor, es muß also stehendes Wasser in der Nähe sein. Zahlreiche Brunnen, bald rechts, bald links vom Weg, geben Zeugnis, daß der Wald, wie erwähnt, früher von Menschen bewohnt gewesen ist.

Die Gegend behält ihren waldigen Charakter, doch wird das Terrain jetzt mehr und mehr eben. Als wir um halb acht Uhr den Brunnen Kufe erreichten, überraschten wir einen Löwen bei seinem Frühstück, einer Kargum-Antilope. Unsere Ankunft verscheuchte ihn, und sofort schwebten Hunderte von Raben und Geiern herab und stürzten sich auf das erwürgte Tier. Um den Brunnen herum, der fünfundzwanzig Fuß tief und mit Holz ausgedielt ist, standen große Wasserlachen, aus denen unsere Kamele getränkt wurden. Ohne die Zelte aufzuschlagen, lagerten wir unter Talha-Bäumen, während die darauf sitzenden Singvögel und Lachtauben sich durch unsere Anwesenheit in ihrem Konzert nicht stören ließen. Gern hätte ich ein saftiges Stück Fleisch aus der fast noch zuckenden Antilope geschnitten und es meinem Frühstück hinzugefügt, aber die Mohammedaner, so sehr sie selbst heimlich danach verlangen mochten, erklärten das Fleisch für »djiffa«, unkoscher, und um ihnen kein Ärgernis zu geben, entsagte ich ebenfalls dem Genuß.

Von Kufe zogen wir noch viereinhalb Stunden gerade südwärts bis zu dem Brunnen Asi, dessen Wasser ich besonders wohlschmeckend fand. Überhaupt fehlte es uns nun nicht mehr an gutem Trinkwasser, und wir brauchten keinen Vorrat in Schläuchen davon mitzunehmen, da es überall volle Lachen und Regenlöcher gab.

Am 14. Juli verfolgten wir von Viertel nach fünf Uhr morgens an die Straße weiter, die in geradester Richtung nach Ngigmi führt. Um neun Uhr kam uns eine verdächtige Gofla, von neun Reitern begleitet, entgegen, lenkte aber, sowie sie unserer ansichtig wurde, ins Dickicht des Waldes ein. Wir machten halt und setzten unsere Waffen in Bereitschaft; es ließ sich indes nichts wieder blicken, und so zogen wir, nachdem das Frühstück gekocht war, unbehelligt weiter. Der Wald ist hier häufig von grünen Wiesen unterbrochen, auf denen ich Spuren des Flußpferdes, dann Unrat und Knochen dieses Tieres entdeckte, ein

Zeichen von der Nähe des Tschad-Sees. Hier und da steht eine wasserliebende Dum-Palme.

Ein Marsch von zweieinhalb Stunden brachte uns am anderen Morgen nach Ngigmi, dem ersten bewohnten Ort an der Nordgrenze von Bornu. Wer sich den Tschad-See als einen blanken Wasserspiegel vorstellt, wird bei dessen Anblick sehr enttäuscht sein, denn nur stellenweise sieht man offenes Wasser in der unendlichen, mit Rohr und Schilf bedeckten Fläche. Eine sehr angenehme Musik war mir das Brüllen der Rinder, die in Herden an uns vorüberzogen. Wie lange hatte mein Ohr diesen heimatlichen Laut nicht mehr gehört! Wir schlugen unsere Zelte dicht vor dem Dorf auf, und bald kamen die Bewohner, welche Kanembu sind, neugierig heraus. Sie hielten uns für den Vortrab einer großen Karawane, waren daher sehr verwundert, als wir ihnen sagten, daß niemand weiter folge, da, wie sie uns mitteilten, Tuareg, mit Uled Sliman verbunden, Kanem nach allen Richtungen raubend und plündernd durchzögen. Von den Frauen wurden mir Eßwaren zum Kauf oder zum Tausch gegen Glasperlen und Nadeln angeboten. Ich bezahlte ihnen für frische Fische, ein Lamm, zwanzig Pfund Butter und etwas Mehl zwei Mariatheresientaler. Abends badete ich an einer offenen Stelle, wo die Kühe getränkt zu werden pflegen, im Tschad, nachdem mir die Eingeborenen auf meine Erkundigung versichert hatten, es komme hier äußerst selten vor, daß ein Mensch von einem Krokodil angefallen werde. Nicht weit von der Badestelle sah ich dann vier Hippopotamen ihre plumpen Köpfe aus dem Wasser strecken, und da mich Kalli und der Marabut gebeten hatten, ich möge vor den Bewohnern Ngigmis meinen Repetierstutzen abfeuern, benutzte ich die Gelegenheit, ihnen von der Wirksamkeit unserer Waffen eine Probe zu geben. Ich schoß unmittelbar hintereinander vier Schüsse auf die Flußpferde ab und hatte das Glück, daß zwei davon tödlich getroffen wurden. So viele Kugeln fast gleichzeitig aus ein und demselben Rohr kommen und auf so weite Entfernung wirken zu sehen, flößte den Leuten natürlich keinen geringen Respekt vor uns ein. Eine solche Einschüchterung war allerdings unserer Sicherheit wegen nötig, denn erst tags zuvor hatten zwanzig Budduma, Inselbewohner vom Tschad, eine kleine Tebu-Gofla

Am Tschad-See

hier ausgeplündert und ihre drei Kamele weggeführt. Wir mußten ihnen also die Lust nehmen, sich etwa auch an unserer schwachen Karawane zu vergreifen.

Ngigmi ist ein offener, aus oben zugespitzten Rohrhütten bestehender Ort. Die Einwohner, gegen fünfzehnhundert an der Zahl, sind Kanembu, d. h. Bewohner von Kanem, die sich äußerlich in nichts von den Tebu oder Kanuri unterscheiden und auch wie diese die Bornu-Sprache reden. An ihrer Spitze steht ein Ältester, der einen jährlichen Tribut von getrockneten Fischen an den Sultan von Bornu zu entrichten hat. Nur zur Regenzeit ist der Ort vom See umgeben; sonst liegt er einen guten Büchsenschuß vom Ufer entfernt.

In der Nacht überraschte uns ein furchtbarer, von Sturmwind begleiteter Regen. Dem Sturm hielt mein gut befestigtes Zelt wacker stand, aber das Wasser flutete von unten mit solcher

Gewalt herein, daß ich glaubte, der Tschad sei ausgetreten. Vergebens rief ich nach Hilfe; meine Leute, deren Zelt der Sturm weggerissen, hörten mich nicht. Doch gelang es mir mit eigener Anstrengung, die Säcke mit Zucker und anderen Waren, welche durch das Wasser beschädigt werden konnten, auf die Kisten zu retten. Wie immer in der tropischen Region zog das Unwetter rasch vorüber, und kurz nach Mitternacht hatte sich der Himmel wieder völlig aufgeheitert. Obgleich unser Lager in der unmittelbaren Nähe eines bewohnten Ortes stand, wurden wir bis zum Morgen doch durch Hyänen, einer größeren Art als die in der Wüste, beunruhigt; vor dem Gebell meines Hundes zeigten sie keine Scheu, nur durch öfteres Abfeuern der Gewehre ließen sie sich zurücktreiben.

Als wir am nächsten Morgen aufbrachen, schlossen sich die Tebu, die hier beraubt worden waren, und einige Bewohner von Ngigmi mit Lastochsen unserer Karawane an, um in möglichst starker Begleitung den Bereich der räuberischen Budduma zu durchreisen. Wir zogen immer hart am Rand des Sees entlang, der durch hohes Schilfrohr, in dem zahlreiche Wasservögel sich tummelten, kenntlich war. Um halb elf Uhr kamen wir an den Hütten von Udi vorbei. Diese standen augenblicklich leer; sie werden nur zeitweise von Leuten bewohnt, die hierherkommen, um aus der Asche des Suak-Baumes ein Surrogat für Salz zu gewinnen. So wie kein Steinchen, so findet sich nämlich in der ganzen Gegend auch kein Salz, und die hier wachsenden Pflanzen sind so arm an Salzgehalt, daß den Kamelen, Rindern, Schafen und Ziegen von Zeit zu Zeit, wie man behauptet, Salz gegeben werden muß. Wenn nun die Karawanen von Bilma länger als gewöhnlich ausbleiben, dann sucht man aus der Asche einiger Bäume, namentlich des Suak, durch Auskochen einen notdürftigen Ersatz zu produzieren.

Um halb fünf Uhr passierten wir Kinsangale, einen gerade von Aschensiedern bewohnten Ort, aus hundert Hütten bestehend. Gegen Abend entfaltete sich in der Landschaft ein ungemein reges und mannigfaltiges Tierleben. Schmetterlinge und Libellen gaukelten von Blume zu Blume, Singvögel flogen aus dem dichten Gebüsch, das die Wiesen am Tschad-See umsäumt, und erhoben sich über uns in die klare Luft, während die

Frauen der Kanembu am Tschad-See

Wasservögel, weiße und schwarze Störche, Pelikane, Enten, Gänse usw. auf den Wiesen ohne Scheu ihr Futter suchten; Antilopen- und Gazellenherden eilten zur Tränke an den Tschad, Wildschweine durchwühlten den Boden nach Wurzeln und stürzten bei unserer Annäherung entweder geraden Wegs in den Wald zurück oder verbargen sich in das hohe Röhricht; hier ging ein Flußpferd, unbekümmert um uns, schnaufend seiner Nahrung nach, dort verschwand ein vier bis fünf Fuß langer Kaiman erschreckt im Sumpf oder Schilf des Ufers. Alles war mir fremd und neu, bei jedem Schritt bot sich etwas nie Gesehenes meiner Betrachtung dar. Leider wurden aber unsere Kamele von Fliegenschwärmen bis aufs Blut gepeinigt, so daß sie kaum zu halten waren und immer ihre Ladung abzuwerfen suchten, um sich am Boden zu wälzen. Um sechs Uhr kamen wir nach Kindjigali, einem großen Ort, wo viele Sklaven aus Ngigmi mit Aschesieden beschäftigt waren, die sich sofort in unverschämter Weise an uns herandrängten. Ich mußte einige Schüsse über ihre Köpfe weg abfeuern, ehe wir sie los wurden. Später indes, nachdem die Zelte aufgeschlagen waren, handelten wir sehr wohlschmeckende Fische gegen Salz von ihnen ein.

Anderentags, den 17. Juli, führte uns der Weg von den Gestaden des Tschad weg durch einen nicht sehr dichten, gleichwohl aber von Tieren reich belebten Wald. Nach einem Marsch von fünf Stunden erreichten wir den Ort Barua und beschlossen, daselbst zu bleiben. Barua, etwa so groß wie Ngigmi, ist mit einer Erdmauer umgeben. Die Einwohner verkauften uns Lebensmittel gegen Salz, wovon ich zum Glück großen Vorrat aus Bilma mitgenommen hatte.

Am folgenden Morgen ging es in der Richtung von 170 Grad wieder vorwärts. Durch einen luftigen Wald, dessen Bäume mit Nestern der kleinen Singvögel wie mit Birnen behängt waren, gelangten wir nach einigen Stunden an die Sümpfe und Hinterwässer des Waube-Flusses. Das Passieren desselben nahm viel Zeit in Anspruch und war mit großen Beschwerlichkeiten verbunden, indem wir die Sümpfe auf weiten Umwegen umgehen, die Wasserlachen mit den störrischen Kamelen durchwaten mußten. Für alle Beschwerden entschädigten mich aber reichlich die entzückenden, stets wechselnden Landschaftsbilder, welche die tropische Sonne im Bund mit der Wirkung des Wassers auf diesem jungfräulichen Boden erzeugt.

Endlich um drei Uhr erreichten wir das Ufer des Komadugu Waube. Drüben am anderen Ufer sahen wir im Schatten von Tamarindenbäumen den Ort Jo liegen. Mehrere von dessen Bewohnern kamen, die blaue Tobe über dem Kopf haltend, zu uns herübergeschwommen. Sie sagten uns, der Vorsteher des Orts müsse jede hier ankommende Karawane durch einen Boten dem Sultan von Bornu anmelden, und wir könnten dem

Boten Briefe nach Kuka mitgeben. Ich schrieb einige Zeilen an den Sultan, womit ich ihn von meiner bevorstehenden Ankunft benachrichtigte und um gute Aufnahme bat, indem ich den Empfehlungsbrief des Kaimmakam von Fesan beischloß.

Am Morgen wurde über acht leeren Kürbisflaschen ein luftiges, aber sicheres Floß zusammengebunden und darauf in drei oder vier Fahrten unser Gepäck ans andere Ufer geschafft. Ein Teil meiner Leute ritt auf unseren Kamelen durch den Fluß, der in der Mitte so tief war, daß die Tiere schwimmen mußten. Ich selbst zog es vor, hinüber zu schwimmen, und nahm auch meinen Hund, der wie seine Landsleute, die Araber, sehr wasserscheu ist, an einem Schwimmgürtel mit mir. Der Marabut setzte sich inmitten seiner Siebensachen auf das nicht mehr als sechs Fuß lange und drei Fuß breite Floß: So kam er zu unserem Ergötzen wie eine Ente in ihrem Nest angeschwommen. Da es zu spät geworden war, noch weiter zu gehen, lagerten wir nicht fern vom Ufer an einem viereckigen, von hohen Erdwällen eingefaßten Platz, der dem Sultan, wenn er hierherkommt, zum Lagerplatz dient und deshalb das Schloß des Sultans genannt wird. Seit vierzig Tagen hatte es hier geregnet, und seit siebenundzwanzig Tagen war der Waube in Fluß.

Jo liegt am rechten Ufer, der Ort ist mit Mauern umgeben. Seine Bewohner, deren Zahl sich auf achthundert belaufen mag, ernähren sich von Ackerbau und Viehzucht, und zur Zeit, wenn der Komadugu (d. i. der Fluß) Wasser genug hat, was freilich nicht länger als vier Monate im Jahr währt, auch vom Fischfang. In dieser Zeit findet die Kommunikation mit dem jenseitigen Ufer durch Schwimmen statt; wer aber des Schwimmens unkundig ist, wie die Ankömmlinge aus dem Inneren des Landes, der bedient sich zum Übersetzen eines leeren Schlauchs oder eines zwei leere Kürbisflaschen verbindenden Stockes, auf dem er rittlings sitzend sich mit Händen und Füßen hinüberrudert.

Am 20. Juli verließen wir die Ufer des Waube. Anfangs der Sümpfe und Hinterwasser wegen uns etwas westlich haltend, erreichten wir Beggel, zwei Dörfer, deren Hütten kaum aus den hohen Argum-Feldern herausragten. Im ganzen ist indes die Gegend nur dünn bevölkert. Nachdem wir gerastet hatten, ging es in südlicher Richtung weiter. Wilde Tiere werden nun, je mehr der Mensch sich angesiedelt hat, seltener, aber Vögel, namentlich Wasservögel wie Enten, Störche und Pelikane sind auch hier sehr zahlreich.

Am anderen Morgen wurde um halb sechs Uhr aufgebrochen. Je näher wir der Hauptstadt kamen, umso dichter wurde die Bevölkerung, wobei man freilich nicht den Maßstab europäischer Länder anlegen darf. Um halb elf Uhr passierten wir die angebauten Felder von Golaro, einem etwas westlich vom Weg gelegenen Dorf, und um elf Uhr wurde gelagert. Hier trennten sich Kalli und der Marabut von mir, da sie noch denselben Tag die Stadt erreichen wollten. Ich hingegen wollte absichtlich nicht abends in Kuka ankommen, denn ich wußte nicht, ob man ein Haus für mich in Bereitschaft gesetzt, und es ist überhaupt Sitte, daß Fremde morgens in eine Stadt einziehen. Um indes so weit wie möglich mich der Stadt zu nähern, ließ ich, sobald unser Frühstück zubereitet und verzehrt war, wieder aufbrechen. Unmittelbar rechts am Weg passierten wir den kleinen, nie austrocknenden See Ngaldjim – so wird im Kanuri jeder kleine See genannt –, und um sechs Uhr wurde zwischen den beiden Dörfern Daurgo, vier Stunden von der Hauptstadt entfernt, zur Nacht gelagert.

Frühmorgens zogen meine Diener neue Kleider an, die ich zu diesem Behufe gekauft hatte; dann wurde abmarschiert. Vormittags neun Uhr hielt meine Karawane an dem Nordtor von Kuka.

ELFTES KAPITEL

Empfang und Aufenthalt in Kuka

Obwohl ich nicht der erste Europäer war, der die Hauptstadt Bornus besuchte, hatte doch die Kunde von meiner Ankunft eine große Menge Neugieriger vor das Tor gelockt, die den Christen, den Weißen mit den hellen Augen und dem blonden Haar, sich in der Nähe betrachten wollten. Die zu meinem Empfang bestimmte Ehren-Eskorte erwartete mich jedoch am Westtor, durch welches die Karawanen gewöhnlich in die Stadt einziehen, und dort hatte sich eine ebenso große Voksmenge versammelt. Meine Leute luden ihre Flinten mit dreifacher Ladung und ließen sie tüchtig knallen, so daß die Kukaer verwundert meinten, die Flinten der Christen knallen so stark wie Kanonen. Hauptgegenstand der Neugier bildeten aber natürlich ich und mein Hund. »Seht den Christen, seht seine Kleider, seine Schuhe (ich hatte europäische Halbstiefel an, war überhaupt europäisch gekleidet). – Er hat Augen wie eine Katze, der Ungläubige, der Heide. – Wo mag er her sein? Ist er ein Engländer oder ein Deutscher? – Und seht doch sein Tier, es soll eine Hyäne sein oder der Sohn einer Hyäne. – Ob seine Diener auch Christen sind?« So schwirrte es in dem Haufen durcheinander. Dazwischen rief man mir auch von vielen Seiten ein Willkommen zu: »Sei gegrüßt in Bornu! – Gottlob, daß du angekommen bist! – Ist es dir gut gegangen in der Wüste? – So Gott will, hast du keinen Durst gelitten! – Friede sei mit dir!« Jetzt kam ein Reiter, ein Beamter des Sultans, vom Westtor her angesprengt. Ich stieg von meinem Kamel und ging auf ihn zu oder wurde vielmehr von dem mich umdrängenden Volk zu ihm hingeschoben. Wir begrüßten uns auf Kanuri. Hierauf erklärte er mir, er sei beauftragt, mich zu dem mir angewiesenen Haus zu geleiten.

Gefolgt von dem ganzen Volkshaufen, aus dem ich zwar noch öfter die Worte »Ungläubiger« und »Heide« vernahm, der mir aber keineswegs feindselig gesinnt zu sein schien, gingen wir durch mehrere Straßen und traten dann zunächst in das Haus eines gewissen Tittaui. Derselbe, das Faktotum aller Europäer, die Kuka besuchen, nahm mich, wahrscheinlich als willkommene Beute, äußerst freundlich und zuvorkommend auf. Ich traf bei ihm einen Bekannten aus Mursuk, den reichen Tripolitaner Scherif Hascheschi, der einige Monate früher als ich von dort nach Bornu abgereist war. Beide begleiteten mich nach dem zu meiner Wohnung ausersehenen, nichts weniger als komfortabel eingerichteten Haus. Auf meine Beschwerde entgegneten indes sowohl Tittaui als der Beamte des Sultans, ein wohlbeleibter Neger mit verschmitzter Miene und einem zweistöckigen spitzen Strohhut auf dem Kopf, der ihm fast das Aussehen eines Chinesen gab: Ein anderes sei nicht verfügbar, ich dürfe überhaupt in Kuka keine Häuser wie in Tripolis oder Stambul erwarten. Da ich hierauf nichts weiter erwidern konnte, gebot ich meinen Dienern, das Gepäck herbeizuschaffen.

Das Haus enthielt zwei Zimmer, eines von zehn Fuß und eines von sechs Fuß im Geviert, die durch einen kleinen Hof verbunden waren. Letzteren ließ ich, um doch etwas mehr Wohnraum zu gewinnen, mit einem Mattendach überdecken. Für die Diener war eine Art Vorzimmer da, und hinter dem Haus befand sich ein geräumiger Hof, dessen Umfassungsmauern aber eingestürzt waren; an ihrer Stelle wurden auf Tittauis Anordnung Wände von Matten errichtet und mittels Stangen befestigt. Ehe sich der Beamte entfernte, versicherte er wiederholt, der Sultan sei über meine Ankunft sehr erfreut, er biete mir ein herzliches Willkommen und werde es mir, als seinem Gast, an nichts fehlen lassen; Tittaui insbesondere habe Befehl, alle meine Wünsche zu erfüllen. Ich fragte ihn noch, wann ich dem Sultan meine Aufwartung machen könne, und erhielt zur Antwort, ich möge nur erst ausruhen, der »Mai« (König oder Sultan) werde mich schon benachrichtigen, zu welcher Zeit er mich empfangen wolle.

Im Laufe des Tages überbrachten zuerst Diener Tittauis das Gastgeschenk ihres Herrn: ein Schaf, ein Becken voll Reis und ungefähr zwanzig Pfund Butter; sodann schickte der Sultan eine Kamelladung Reis, eine Kamelladung Weizen (zu je drei Zentner), eine lederne Büchse voll Butter (zirka hundert Pfund), zwei Töpfe Waldhonig, zwei Kürbisse, Gänseeier (von den wilden Gänsen des Tschad) und dreißig Hühner. Der Großwesir, in Bornu Dug-ma oder Dig-ma genannt, sandte mir eine Kuh, der Scherif Hascheschi ein Schaf, und auch von einzelnen Privatpersonen wurden mir Hühner und anderes Eßbare ins Haus geschickt. Leider mußten alle diese Gastgeschenke honoriert, das heißt den Dienern, welche sie überbrachten, hohe Trinkgelder gezahlt werden. In Fesan beruht das Trinkgeldergeben wenigstens auf Gegenseitigkeit, hier in Kuka aber war davon keine Rede. Für die Geschenke, welche ich dem Sultan sowie den ersten Beamten und Vornehmen des Landes zuschickte, erhielten meine Diener nichts, während ich für jedes geschenkte Huhn, für jede Schüssel Reis eine fest normierte Trinkgeldsteuer zu entrichten hatte. Sicher wäre ich weit besser gefahren, wenn ich die Speisen für mein Geld hätte kaufen können.

Bald empfing ich auch Besuche von Kaufleuten aus Tripolis, Mursuk, Mekka, Kano und von anderen vornehmen Weißen, die neugierig waren, den so lange angekündigten Christen zu sehen, und sich überzeugen wollten, ob alles wahr sei, was man über ihn berichtet hatte. Bis zum Abend löste ein Besuch den anderen ab. Als endlich das Haus leer wurde, brachten wieder Diener des Sultans sechs große Schüsseln voll Speisen, von denen jede für zehn Mann genügt hätte. Zugleich kam Tittaui, um mir mitzuteilen, daß der Sultan mich am folgenden Tag erwarte.

Durch einen starken Gewitterregen ward ich verhindert, mich am Vormittag zum Sultan zu begeben. Als nachmittags das Wetter sich aufklärte, holte mich Tittaui zu Pferd ab, auch für mich ein Pferd mitbringend, da das Residenzschloß fast eine Stunde von meiner Wohnung entfernt war. Ich hatte mir noch kein Pferd kaufen können, sondern mußte damit bis zum nächsten Markt warten, der nur einmal in der Woche abgehalten wird.

Vor dem Schloß angekommen, wurde ich zunächst dem Dugma, namens Ibrahim, vorgestellt, der kein Wort Arabisch verstand, und dann durch mehrere Vorhöfe nach einem überbauten, von zwei Höfen eingeschlossenen Platz geführt. Er war von Eunuchen, Hofleuten und Beamten angefüllt. Auch mehrere Söhne des Sultans befanden sich darunter, noch unerwachsen und deshalb in einfache blaue Toben, nicht so reich wie die Eunuchen, gekleidet. Der Dug-ma hieß mich hier niedersitzen und warten, doch waren weder Teppiche noch Matten zu sehen. Kaum hatte er uns verlassen, so ergingen sich die Eunuchen im Verein mit den Beamten und den Kindern des Sultans in den albernsten und beleidigendsten Spötteleien: »Sind die Christen nicht Heiden? – Haben sie eine Idee von Gott? – Können sie lesen und schreiben? – Warum kommen die Hunde hierher? – Der Sultan sollte sie umbringen lassen, wie es der Sultan von Uadai macht.« Ich schwieg und tat, als verstände ich ihr Kanuri nicht, denn man hatte mir gesagt, daß nirgends die Eunuchen so angesehen sind wie am Hofe von Bornu. Obgleich der Sultan auf meinen Besuch vorbereitet war, mußte ich über eine halbe Stunde in dem höchst unbehaglichen Raum verharren. Endlich kam der Dug-ma zurück und winkte uns, ihm zu folgen. Ich trug mit Ausnahme des Fes ganz europäische Kleidung: Hosen, Weste und Rock aus grauem Sommerzeug und Halbstiefel, während alle Reisende vor mir sich als Mohammedaner vermummt hatten, ohne daß sie sich indes die Demütigungen, denen jeder Christ hier ausgesetzt ist, dadurch ersparen konnten. Über einen zweiten Hof gelangten wir in eine Art großen, durch Erdsäulen gestützten Saal, und in einem Winkel desselben, auf einer mit Teppichen belegten Erhöhung sah ich den Sultan Omar sitzen. Diese erste Vorstellung hatte den Charakter einer Privataudienz und nur den Zweck, die Neugier des Sultans zu befriedigen. Bei offiziellem Empfang, der immer des Morgens stattfindet, erscheint der Sultan inmitten des versammelten Rates und von seinen Söhnen und nächsten Anverwandten umgeben. Ich begrüßte den Herrscher, und er hieß mich willkommen, indem er mit der Hand auf den Boden deutete, der aber ebenfalls nicht mit Teppichen oder Matten belegt war. Nachdem ich mich gesetzt oder vielmehr hingehockt hatte, begannen die gewöhnlichen Fragen nach der Gesundheit, wie ich das Reisen vertrage usw., die von mir in gleicher Weise erwidert wurden, wobei ich nicht unterließ, nach arabischem

Sprachgebrauch – der Sultan versteht sehr gut Arabisch, und die ganze Unterredung wurde in arabischer Sprache geführt – hier und da einzufügen: »Gott erhalte die Seele des Sultans! – Gott verlängere das Leben unseres gnädigen Herrn! – Gott gebe dem Sultan Segen und Frieden.« Sodann aber fragte er mich: »Wo befindet sich dein Sultan? Bringst du mir einen Brief von ihm? Ist es der, der über halb Deutschland im Norden regiert?« Und ich erwiderte: »Mein Sultan befindet sich sehr wohl. Da ich als Privatmann reise, konnte er mir keinen Brief für dich mitgeben, was er sicher getan haben würde, wenn seine Regierung selbst mich zu der Reise abgesandt hätte!« – »Wie geht es Abd el-Kerim (Heinrich Barth)? Der war ein großer Freund von mir, er war Engländer.« – »Er ist leider tot, doch er war kein Engländer, sondern ein Deutscher wie ich.« – »Nicht möglich; wir kannten ihn hier nur als Engländer. Wann ist er gestorben? Gott habe Erbarmen mit ihm!« – »Als ich in Mursuk war, brachte mir der Kurier noch einen Brief von ihm; mit dem nächsten Kurier aber erhielt ich durch meinen Bruder die Nachricht von seinem Tod. Das sind jetzt ungefähr acht Monate her.« – »Wohin gedenkst du zu gehen? Willst du nach Uadai, nach Bagirmi? Ich will dich sicher hinbringen lassen. Sei mir willkommen! Aber ehe die Regenzeit aufhört, kannst du nicht reisen. Es soll dir hier an nichts fehlen.« – »Mein Wunsch ist, über Bagirmi nach Uadai zu gehen, und ich erflehe den Segen Gottes auf dein Haupt, wenn du mich dahin geleiten lassen willst.« – »Wir werden sehen. Sei nochmals willkommen! Alles, was du wünscht, soll geschehen.« Mit diesen Worten und einer Handbewegung, wie sie ein Ludwig XIV. nicht königlicher hätte machen können, verabschiedete er mich. Ich stand auf, grüßte militärisch, indem ich den Fes aufbehielt, und verließ mit Tittaui den Saal, während der Dugma noch darin zurückblieb. Die Kleidung, welche der Sultan bei dieser Gelegenheit trug, war ganz die eines reichen Tripolitaner Kaufmanns: schwarzer Tuchburnus, weißseidener Haik, Kaftan von rotem Tuch, weißer Turban; seine weiten Beinkleider konnte ich, da er mit untergeschlagenen Beinen saß, nicht sehen; die gelbledernen Pantoffeln standen vor ihm auf dem Boden. Daneben lag zu seiner Rechten ein Säbel in kostbarer silberner Scheide, ein Geschenk der Königin von England, das ihm von

196

Vogel überbracht worden war, zur Linken ein Paar reich ausgelegte Pistolen. Der Saal hat keine Fenster, sondern erhält sein Licht außer durch die Haupttür durch eine kleinere hinter dem Sitz des Sultans und eine an der Decke befindliche Öffnung; auch sonst entbehrt er jeden Zierats. Matten und Teppiche fehlen wahrscheinlich deshalb, damit die Untertanen, wenn sie vor dem Sultan erscheinen, ihr Gesicht in den Staub drücken und Sand auf ihr Haupt streuen können.

Aus dem Schloß führte mich Tittaui zur Wohnung des Dugma. Obgleich wir wußten, daß er nicht anwesend war, mußte der Etikette genügt werden, welche vorschreibt, daß man ihm zunächst nach dem Sultan die Aufwartung mache. Sodann stattete ich dem Anführer der Kavallerie und dem Befehlshaber der Infanterie meinen Besuch ab. Beide waren zu Hause und empfingen mich ohne viele Zeremonien. Ich fand in ihnen zwei Neger von großer und fetter Statur, deren Anzug durchaus nichts Militärisches hatte, so daß sie eher wie wohlgenährte Türsteher aussahen als wie Höchstkommandierende der bewaffneten Macht des Landes. Vor dem Haus des Generals der Infanterie standen fünfzehn Kanonen verschiedenen Kalibers und ein kleiner Mörser. Tittaui sagte mir, sie seien in Kuka selbst fabriziert, und in Anbetracht der unvollkommenen Hilfsmittel konnte ich dem Fabrikat, obgleich es natürlich mit unseren Geschützen neuer Konstruktion keinen Vergleich aushält, meine Anerkennung nicht versagen. Schließlich besuchte ich noch den Mallem (Schriftgelehrten, eigentlich Meister) Mohammed, einen sehr einflußreichen Mann, und ritt dann zu meinem Haus zurück.

Wie tags zuvor schickte mir der Sultan wieder eine Menge Speisen. Auch füllte sich der beschränkte Raum wieder mit lästigen Besuchern an. In der Nacht fiel ein starker Gewitterregen, und da das Haus, wie ich zu meinem Leidwesen bemerkte, keineswegs wasserdicht war, wurden meine Sachen, ja ich selbst, arg durchnäßt.

Es war nun Zeit, daß ich dem Sultan meine Geschenke überreichte. Ihr Wert belief sich im ganzen auf ungefähr hundertachtzig bis zweihundert Taler, und Tittaui, dem ich sie vorher zeigte, hatte sie für gut und würdig befunden. Das

Hauptstück bildete der amerikanische Repetierstutzen, womit ich die zwei Flußpferde erlegt hatte. Dem Sultan war die Kunde von dem wunderbaren Schuß hinterbracht worden, und er wünschte das Gewehr zu sehen, das heißt zu besitzen; ich konnte also nicht umhin, es ihm anzubieten. Statt dessen behielt ich einen sehr schönen Revolver in Mahagonikästchen, der eigentlich für ihn bestimmt gewesen war. Ich hoffte, das seltene Gewehr, das alle Waffen im Arsenal des Sultans verdunkelte, werde mir dessen volle Zufriedenheit eintragen. Das war indes nicht der Fall. Wie sehr ich auch immer betonen mochte, daß ich kein Gesandter des Königs von Preußen sei, sondern als einfacher Privatmann reise, schien er doch etwas ganz Besonderes von mir erwartet zu haben. Darum würdigte er die übrigen Geschenke: Burnusse, Seidenstoff, einige schön gearbeitete Messer, Zucker, Essenzen, Tee und dergleichen, kaum eines Blicks, freilich alles Dinge, die er sich von Tripolis oder Kairo kommen lassen konnte und die ihm alljährlich von den Arabern und Berbern gebracht wurden. Selbst eine Sonnenuhr erregte nur in geringem Grad seine Aufmerksamkeit. Da kam ich auf den Einfall, ein etwas schadhaft gewordenes Aneroid, das für mich nicht mehr ganz brauchbar war, hinzuzufügen, und nachdem ich ihm den Gebrauch desselben erklärt, hatte ich endlich den gewünschten Eindruck hervorgebracht. Er war stolz auf den Besitz eines Instruments, welches das Wetter vorher anzeigte. Wenn er nun morgens in der Ratsversammlung sah, daß die Nadel seines Aneroids um einige Striche abwärts schwankte, prophezeite er mit wichtiger Miene für den Nachmittag Regen und Sturm, und da während der Regenzeit in Bornu fast jeden Nachmittag Gewitter losbrechen, traf seine Prophezeiung regelmäßig ein.

Dem Dug-ma sandte ich Geschenke im Wert von zirka sechzig Talern, worunter ein grüner, mit Gold gestickter Tuchburnus das kostbarste war. Auch Tittaui wurde mit Sachen von geringerem Wert beschenkt, wobei ich ihm, wenn er mir in allem behilflich wäre, bei meiner Abreise das Dreifache zu geben versprach. Als Gegengabe für die mir überbrachten Speisen und Eßwaren verausgabte ich in den ersten zwei Tagen meines Aufenthalts in Kuka mehr als achtzehn Dutzend Taschentücher,

Rüstungsstücke, Wurfeisen, Streitaxt und Dolche aus Bornu

zwei Dutzend Messer und ungefähr fünftausend Nadeln. Sehr bald kam ich dahinter, daß Tittaui nicht nur seine Dienste sich möglichst teuer bezahlen ließ, sondern obendrein die Kukaer gegen mich aufzureizen suchte, indem er ihnen heimlich sagte, ich sei gekommen, um dem Sklavenhandel entgegenzuwirken. Es galt daher, mich durch einen raschen Schritt von seiner Protektorschaft zu emanzipieren.

Ich ließ mich beim Dug-ma melden und ersuchte ihn in der bereitwillig gewährten Audienz, er möge das sogenannte Christenhaus, das diesen Namen erhielt, weil es von Barth, Overweg und Beurmann und, wie ich glaube, auch von Denham, Clapperton und Dr. Oudney bewohnt worden war, auch mir zur Wohnung einräumen. Der Dug-ma wunderte sich zu hören, daß ich nicht darin wohnte, da seines Wissens der Mai eben dieses Haus für mich einzurichten befohlen hätte. Natürlich hatte ich nichts Eiligeres zu tun, als mit Sack und Pack aus meiner Wohnung nach dem Christenhaus überzusiedeln. Eine Negerfamilie, die sich in letzterem jedenfalls ohne Wissen des Sultans eingenistet hatte, wurde in die dazugehörige Nebenhütte verwiesen, und ich nahm mit meinen Dienern das hinlänglich geräumige Hauptgebäude in Besitz. Von der Straße trat man durch eine schwere, aus dicken Baumästen und Dornen zusammengeflochtene Türe zuerst in ein Vor- oder Dienerzimmer, um dessen Wände rings eine tönerne Bank lief. Die Tür gegenüber führte auf einen weiteren Hof. Hier breitete ein hochstämmiger Gummibaum, von Hunderten kleiner Webervögel bevölkert, seine dunkelgrünen fleischigen Blätter aus; sie dienten als Schutz- und Regendach des aus Matten hergerichteten Stalles für die zwei Pferde, die ich mir als in Kuka unentbehrlich gekauft hatte. In einer auf der anderen Seite des Hofes befindlichen Kammer wurde mein Reisegerät, die Zelte, Stangen, Kamelsättel, Eimer, Schläuche usw. aufbewahrt, und als Wächter wie Konservator der Sachen quartierte sich mein Diener Hammed Tandjaui darin ein. Wenn auf dem Marsch der alte Mohammed Gatroni die Hauptperson war, so stand bei kürzerem oder längerem Aufenthalt Hammed an der Spitze des Dienstpersonals; er hatte Sinn für Reinlichkeit, verstand zu waschen und zu bügeln, das Zelt oder Zimmer wohnlich herzurichten, und war, im Gegensatz zu dem mürrischen Gatroner, immer lustig und guter Dinge. Durch seine Rüstkammer kam man in einen kleineren mit Matten überdachten Hof, den Mittelpunkt des Hauses, denn auf ihn mündeten mein Schlaf- und Wohnzimmer nebst einem anstoßenden Kabinett für die Waren und sonstigen Wertgegenstände und noch drei Zimmern, von denen eins als Küche benützt wurde, die anderen beiden aber, weil sie in zu verfallenem Zustand waren, zu nichts verwendet werden konnten. Im Osten grenzte an das Haus ein großer ummauerter Garten, in dem die vielen Tiere, die ich geschenkt bekam, Platz fanden. Man brachte mir nämlich nicht bloß eßbares Getier, sondern auch Perlhühner, verschiedene Wasservögel, ein Ichneumon, Gazellen, Igel und sogar zwei Strauße. Letztere, bekanntlich zu den gefräßigsten Tieren zählend, umkreisten stundenlang mit Blitzesschnelle den ganzen Garten, denn nur durch fortwährend rasche Bewegung sind sie die Masse der herabgeschluckten Gegenstände zu verdauen imstande. Kam ihnen aber bei diesen Schnelläufen etwa mein Hund Mursuk in den Weg, so versetzten sie ihm einen so derben Schlag mit der Klaue, daß er sich winselnd zurückziehen mußte.

Absichtlich hatte ich Tittaui, weil ich seine Intrigen fürchtete, von dem Umzug nicht in Kenntnis gesetzt. Er war daher, wie man sich denken kann, sehr erstaunt, als er meine bisherige Wohnung leer fand und, zum Christenhaus eilend, von dessen Dach bereits meine Bremer Flagge lustig flattern sah. Den Ärger, daß ich dem Netz seiner Habgier entschlüpft war, suchte er unter dem heuchlerischen Bedauern zu verbergen, ich würde nun ohne Schutz und Sicherheit sein, worauf ich jedoch erwiderte, in der Hauptstadt des Schichs Omar glaubte ich einen besonderen Schutz nicht nötig zu haben.

Der Schmutz in den vom Regen aufgeweichten Straßen machte es mir mehrere Tage unmöglich, aus dem Haus zu gehen, schützte mich aber nicht vor den Besuchen von Neugierigen und Bettlern. Als die Wege wieder einigermaßen passierbar geworden, machte ich dem ältesten Sohn des Sultans, Bu-Bekr, meinen Besuch. Zwar verwundert, daß ich allein zu ihm kam, d. h. ohne Begleitung Tittauis, welcher den gesamten Verkehr christlicher und arabischer Besucher mit dem Hof von Kuka vermittelt, empfing mich doch der Prinz und mutmaßliche Thronfolger recht zuvorkommend, und die Geschenke, die ich vor ihm ausbreitete, ein blauer mit Gold gestickter Tuchburnus, ein Turban, eine Harmonika, ein Rasiermesser, ein Dolch, mehrere Hüte Zucker, Essenzen u. dgl., stimmten ihn augenscheinlich immer freundlicher. Es fiel mir auf, daß er kein Wort Arabisch sprach, während ich ihn bei späteren Zusammenkünften das

Arabische, wenn auch nicht sehr geläufig, reden hörte. Noch mehr verwundert als der Prinz war Tittaui selbst darüber, daß ein Christ es gewagt hatte, ohne ihn eine zum Hof gehörige Person zu besuchen. Zugleich gab ich ihm ein weiteres Zeichen meiner Unabhängigkeit, indem ich mir nicht durch ihn, sondern durch den ersten Diener des Dug-ma ein Pferd kaufen ließ.

Am Milud-Fest mußte ich der Sitte gemäß vor dem Sultan erscheinen. Da aber den ersten Tag die Menge der Gratulanten zu groß war, begab ich mich erst am zweiten Festtag ins Schloß. Ich hatte die Ehre, sofort vorgelassen zu werden, obwohl wieder in den Höfen und Galerien viele Hunderte des Augenblicks harrten, wo sie sich vor ihrem Herrscher würden in den Staub werfen und ihr Haupt mit Sand bestreuen können. Diesmal waren in dem großen Empfangssaal die Wände und die das Gebälk tragenden Erdsäulen mit buntem Kattun behangen, den erhöhten Sitz des Sultans schmückte ein kostbarer weißer Teppich, und die Wand dahinter war bis auf Manneshöhe durch schwarzes mit roter Seide und durch rotes mit gelber Seide und an den Rändern mit Goldarabesken gesticktes Tuch verkleidet. Das Ganze machte einen recht guten Effekt. Der Sultan trug reiche Kleider von Tuch und Seide, seinen Thron aber bildete ein plumper westfälischer Bauernschemel, über dessen Strohsitz ein rotseidenes Kissen lag. Wie dieses seltsame Möbel dahin gekommen sein mochte, war mir unerklärlich, und ich nahm mir vor, bei nächster Gelegenheit mich darüber belehren zu lassen. Nach Beendigung der kurzen Empfangszeremonie zeigte mir der Sultan seine Revolver, fünf an der Zahl, alle neuesten Fabrikats und mit doppelten Springfedern; vermutlich waren die von Beurmann darunter.

Vor dem Schloß waren die Soldaten in Parade aufgestellt. Sechs Fahnenträger mit zwei weißen, zwei roten und zwei grünen Fahnen von Seide standen in der Mitte der dem Schloß zugekehrten Front. Die Kleidung der Soldaten bot eine wahre Musterkarte der buntesten Verschiedenheit dar. Einen langen Tuchkaftan trugen zwar fast alle, aber er war bei dem einen blau, bei dem anderen grün, beim dritten gelb; einige hatten Westen darunter, andere Toben, einige enge Hosen von Tuch, andere weite von Kattun, noch andere gar keine; als Kopfbedeckung hatte der eine den roten Fes, der andere den Turban, der dritte eine weiße Mütze, während die Mehrzahl barhäuptig war. Ihre Gewehre, durchgängig mit Bajonett versehen, waren zum Teil ausgediente französische und deutsche Steinschloßgewehre, zum Teil alte arabische. Obwohl die Anführer und der Höchst-kommandierende, wie Böcke umherspringend, sich bemühten, die Leute in Ordnung zu halten, herrschte doch die lächerlichste Konfusion, und als gar eine Art Tanz begann, indem die Mannschaften der einen Front, in ihrem langen Tuchkaftan, den Oberkörper taktmäßig verneigend, mit gefälltem Gewehr langsam auf die der gegenüberstehenden zuhüpften, da fürch-tete ich, das Lachen nicht länger unterdrücken zu können, und entfernte mich eiligst. Dem Adjutanten des Generals, der mir als Erklärer zur Seite gewesen war, hatte ich gesagt, ich fände alles ganz wie bei den Türken: ein Urteil, das ihm aus dem Munde eines Rumi und Christenhundes, also eines Kenners in militäri-schen Dingen, äußerst schmeichelhaft erschien; er teilte es sogleich seinem Chef mit, und dieser wird sicherlich nicht verfehlt haben, dem Sultan das seinen Truppen zuteil geworde-ne Lob zu hinterbringen.

Obwohl der Sultan, seit ich ihm meine Geschenke überreicht, freundlich gegen mich war, hatte er mir doch das übliche Gegengeschenk, ein Pferd, noch nicht zukommen lassen, und ich merkte, daß die Kognaua oder, wie Barth übersetzt, Hofräte, deren Würde in den reichen Familien erblich ist, doch von dem jedesmaligen Sultan bestätigt werden muß, diese Säumnis als Ungnade auslegten und infolgedessen anfingen, mir mit Miß-achtung zu begegnen. Und wie am Hofe raunte man sich, nach den Berichten meiner Diener, auch in der Stadt einander zu: »Der Sultan begünstigt den Christen nicht mehr, er wird ihn wohl aus dem Land jagen oder vielleicht töten.« Ich benutzte deshalb die Audienz am Milud-Fest, um die Angelegenheit in geziemender Weise zur Sprache zu bringen. Sultan Omar ent-schuldigte sich sehr und versicherte, er habe nur aus dem Grund so lange gezögert, weil er mir ein recht passendes Pferd schen-ken wolle; falls sich aber binnen drei Tagen kein solches fände, würde ich eines seiner eigenen Reitpferde erhalten. Schon am Abend des folgenden Tages führte mir der Oberst der Eunu-

Reiter der Leibgarde des Sultans von Bornu

chen einen prächtigen Araberhengst, einen Schimmel, aus dem Marstall des Sultans zu. Nun kamen alle die Höflinge und Schmarotzer, um mir mit heuchlerischer Miene ihre Glückwünsche zu dem kostbaren Geschenk darzubringen, im Herzen aber mochten sie denken: Oh, ein Christ besteigt des Sultans Pferd! Was sagt dazu unser gnädiger Herr Mohammed im Paradies, Gruß und Friede über ihn, und Fluch über alle Christen!

Nicht ganz blieb ich von den gefährlichen Krankheiten verschont, denen namentlich die Weißen zur Regenzeit hier ausgesetzt sind, und nur große Dosen Opium und Chinin konnten dem Durchfall und Fieber, womit der gewöhnliche Sumpftyphus beginnt, Einhalt tun. Da die Wände meiner Wohnung aus bloßer Tonerde bestanden, sogen sie wie ein Schwamm die Nässe ein, und bei starken Regengüssen gewährte das platte Dach auch von oben keinen genügenden Schutz. Indes waren die Regen, je näher das Ende der Regenzeit heranrückte, wenn auch noch reichlich, doch weniger von Gewittern begleitet als zu Anfang und in der Mitte derselben, wo fast kein Regenschauer ohne Gewitter kommt und oft tagelang der ganze Horizont in Feuer und Flammen zu stehen scheint. Früher schon habe ich bemerkt, daß die Gewitter selten vormittags, meist nachmittags und in der Nacht sich entladen. Solange die Regen dauerten, war an Exkursionen außerhalb der Stadt nicht zu denken, man mußte doch in der Stadt selbst weite Umwege machen, um die oft mehr als drei Fuß tiefen Wasserlachen zu umgehen, ja, der Verkehr mit der Hauptstraße im Westort blieb von Anfang August an ganz unterbrochen wegen zwei breiter und tiefer Lachen, die selbst für Pferde schwer passierbar waren. Während der Zeit beschäftigte ich mich mit Schreiben von Briefen und Berichten in die Heimat, um sie der großen Sklavenkarawane mitzugeben, die sich zur Reise nach dem Norden rüstete. Über viertausend Sklaven sollten den Schrecken der Wüste, Hunger, Durst, Ermattung und Hitze entgegengehen und, wenn sie denselben nicht erlagen, in fernen Ländern ihr Dasein mit harter Dienstbarkeit hinbringen, ohne Aussicht, je ihr Geburtsland wiederzusehen. Eine so große Karawane, im ganzen aus mehr als sechstausend Menschen nebst der nötigen Zahl von Lasttieren bestehend, konnte natürlich nicht an einem Tag abmarschieren, es dauerte fast fünfzehn Tage, bis sämtliche Abteilungen Kuka verlassen hatten.

Sultan Omar hatte mir in öffentlicher Audienz versprochen, ein Schreiben von mir an den Sultan von Uadai durch einen Kurier befördern zu lassen, und in meiner Gegenwart einen Kogna namens Hammed ben Ibrahim, dessen Vater aus Uadai gebürtig war und in den Diensten des Schich el Kanemi el Kebir, des Vaters des jetzigen Sultans von Bornu, sich emporgeschwungen hatte, mit der Abfertigung des Kuriers beauftragt. Er hatte noch hinzugefügt: »Ich werde dein Gesuch durch einen Brief von meiner Hand unterstützen; nachdem du ihn gelesen hast, siegele ihn zu und bringe ihn mit dem deinigen zu Hammed ben Ibrahim.« Darauf ging ich nach Hause und schrieb meinen Brief an den Sultan von Uadai. Ich ersuchte ihn darin, er möge erlauben, daß ich seine Hauptstadt Uara betrete, und mir im Namen Gottes und seines Gesandten Sicherheit für meine Person zusagen; falls er aber nicht geneigt sei, meinem Gesuch zu willfahren, möchte er mir die Papiere, Bücher und Effekten Abd el Uahed's (Eduard Vogel) sowie diejenigen Ibrahim Bei's (M. v. Beurmann), die, wie ich erfahren hätte, in seiner Verwahrung seien, mit dem zurückgehenden Kurier zukommen lassen. Gegen Abend begab ich mich, obgleich Sultan Omar seinen Brief noch nicht geschickt hatte, zu Hammed ben Ibrahim. Der Herr Hofrat empfing mich äußerst höflich und eröffnete mir im Lauf des Gesprächs, ich hätte ein Pferd für den Kurier zu kaufen sowie den Botenlohn zu bezahlen, zugleich mit der Frage herausrückend, wieviel ich zu geben gesonnen sei. Tittaui habe ihm gesagt, ich würde, was den Geldpunkt betrifft, keine Schwierigkeiten machen. Ich antwortete ausweichend, ritt aber sogleich zum Dug-ma, der inzwischen, da ich ihn ärztlich behandelte, mein warmer Freund und Beschützer geworden war. Diesem stellte ich vor, der Sultan habe doch dem Kogna Ibrahim befohlen, in seinem Namen den Kurier abzufertigen; es sei ja auch wider alle Sitten, daß der Sultan einen eigenen Brief durch den Boten eines Untergebenen oder Fremden überbringen lasse, und in Uadai würde dies gewiß einen schlechten Eindruck machen usw. Nachdem mich der Dug-ma ruhig angehört, sagte er, ich möge unbesorgt sein, er werde selbst mit dem Sultan reden und sei überzeugt, daß sich die Sache zu meiner Zufriedenheit ausgleichen werde. Anderntags wurde mir der Brief des Sultans behändigt, und als ich ihn Hammed ben Ibrahim übergab, erwähnte derselbe nichts mehr von dem Pferd und dem Botenlohn für den Kurier. Nur äußerte er den Wunsch, irgendetwas Besonderes aus meinem Vaterland zu sehen, worauf ich erwiderte, sobald ein Antwortschreiben des Sultans von

Sattel, Sattel- und Speerspitzentasche eines Fürsten von Bornu

Uadai eintreffe, gleichviel ob günstig oder abschlägigen Bescheid enthaltend, könne er auf ein hübsches Geschenk von mir rechnen. Mit diesem Versprechen für die Zukunft begnügte er sich indes nicht; er meinte, es würde kein Segen bei der Sache sein, wenn ich ihm nicht vorher etwas schenkte. Da war allerdings nicht länger zu widerstehen; ich sandte ihm denn ein

Goldstück (die Goldmünzen werden hier durchbohrt und von den Favoritinnen an einer Schnur um den Hals getragen), einen tunesischen Fes, ein Stück leichten Kattun, ein Fläschchen Rosenöl und ein Messer, zusammen etwa zwölf Taler an Wert.

Bei einer Audienz legte mir Sultan Omar seine zerbrochenen Uhren vor und bat mich, sie wieder ganz zu machen, in der Meinung, jeder Christ verstehe sich selbst auf die Anfertigung aller Erzeugnisse, die aus den Christenländern nach Afrika kommen; ich bedauerte, seinem Wunsch nicht entsprechen zu können. Ferner zeigte er mir ein Fernglas, in dessen Futteral die Etikette »Schmidt – Halle« klebte, angeblich ein Geschenk Beurmanns, eine Bussole von ausgezeichneter Arbeit und ein astronomisches Teleskop, das im Besitz Vogels gewesen war.

Unterdessen fingen meine Geldmittel an, auf die Neige zu gehen. Der Haushalt nebst dem baren Lohn für die Diener und Arbeiter, der Ankauf eines Pferdes und der Geschirre für zwei, das Honorar an die Sprachlehrer, besonders aber die Trinkgelder und Geschenke nahmen meine Kasse weit mehr, als ich berechnet hatte, in Anspruch. Auch in der Erwartung, einen Teil meiner Waren in Kuka vorteilhaft zu verkaufen, sah ich mich getäuscht; vieles ursprünglich zum Verkauf bestimmte war als Geschenk in die Hände der unersättlichen Höflinge gewandert, und für das übrige: Spiegel, Nadeln, Messer, Ringe, gelang es mir nicht, die rechten Käufer zu finden. Eine Anzahl Burnusse, die zwei Revolver in Mahagonikästchen, die ich noch besaß, und anderes mußte zu Geschenken an Negerfürsten, deren Söhne, Brüder, Mütter, Onkel, Minister und Hofgesinde aufbewahrt bleiben. An barem Geld hatte ich zwar noch eine kleine Reserve in Gold, allein dieses letzten Notpfennigs durfte ich mich nicht entäußern, da ich nicht wissen konnte, welches der Endpunkt meiner Reise sein würde und ob ich nicht mit meinen Dienern in einem Hafenort würde verweilen müssen; zudem hätte man hier die Goldmünzen kaum zum halben Wert genommen. Unter diesen Umständen war ich genötigt, mir von einem Kaufmann zweihundert Taler zu leihen und für fünf Monate hundert Prozent Zinsen zu bewilligen, d. h. einen Schuldschein über vierhundert Taler auszustellen. Meine Schuld wurde später in Tripolis ausbezahlt.

ZWÖLFTES KAPITEL

Die Hauptstadt Kuka, der Markt und das Reich Bornu

Das heutige Kuka wurde erst in neuester Zeit von dem Vater des jetzt regierenden Sultans, dem Schich Mohammed el Kanemi, erbaut. In Bornu wird die Stadt nie anders als »Kuka« genannt, wogegen man im Sudan, vorzugsweise in Kano, ausschließlich den Namen »Kukaua« hört. Sie erhielt den Namen Kuka von einer einzelnen Adansonie (»kuka« heißt im Kanuri der Riesenbaum, Adansonia digitata), welche, weil der Baum sonst in dieser Gegend noch nicht vorkommt, als besonders merkwürdig erschien, und es ist daher falsch, Kukaua mit »die an Kukabäumen reiche Stadt« zu übersetzen. Kukaua, die Pluralform von Kuka, bedeutet vielmehr: »Die zwei Kuka«.

In der Tat besteht die Stadt aus zwei Teilen, zwei länglichen Vierecken, die durch eine zehn Minuten breite Ebene voneinander getrennt sind. Der westliche, größere Teil heißt Garfote oder Billa-Futebe, der östliche Gergedi oder Billa-Gedibe, eine dazwischen befindliche Gruppe von Häusern und Hütten hat den Namen Ngemsegeni. Außerdem stehen ringsherum zerstreut viele einzelne Häuser und Gehöfte.

Gergedi ist der Sitz der Regierung; hier residiert der Sultan, hier wohnen seine Söhne und Brüder sowie die obersten Beamten des Reiches, und auch die meisten Soldaten und Eunuchen sind hier einquartiert. Garfote hat mehr den Charakter einer Handelsstadt; es ist Wohnort der fremden Kaufleute aus Tripolis, Fesan, Kairo usw., und in seinen Mauern befindet sich die Hauptmoschee. Beide Stadtteile sind mit ungefähr zwanzig Fuß hohen und an ihrer Basis fast ebenso breiten Erdmauern umschlossen, die von außen gerade, von innen aber, damit bei einer

Belagerung die Verteidiger bequem zu den oben angebrachten Schießscharten gelangen können, treppenförmig aufsteigen.

Die Bauart von Kuka weicht wesentlich von derjenigen der nordafrikanischen Städte ab, indem hier die Nationalbehausung der Neger vorherrscht. Es ist dies eine kunstvoll von dünnen Baumästen gefügte Hütte mit spitzem, regendichtem Strohdach, die auf einer runden Basis von fünfzehn bis zwanzig Fuß Durchmesser sich zehn bis fünfzehn Fuß hoch erhebt. Um die Wände rankt sich im Sommer, das heißt während der Regenzeit, das grüne Laub der Kürbisse oder Melonen, und nie unterläßt man es, die Dachspitze mit einem, manchmal mit mehreren Straußeneiern zu schmücken. Als Eingang und zugleich als Lichtzulaß dient eine niedrige, mit Matten zu schließende Öffnung. Das Innere enthält nichts als ein paar Kürbisflaschen, Töpfe, Lederbüchsen, Matten und in einigen ein breites mannslanges Rohrbett. Gekocht wird meistens im Freien unter einem gegen Sonne und Regen schützenden Dach. Zur Wohnung einer Negerfamilie, einem sogenannten Fato, gehören in der Regel drei bis vier solcher Hütten, die innerhalb einer Umzäunung von Ton oder Matten zusammenstehen. Die Häuser des Sultans, der Vornehmen und der fremden Kaufleute aber sind aus Erdklumpen errichtet und haben flache Dächer, von denen der Regen nicht genügend ablaufen kann, so daß sie nach jedem starken Regenguß der Reparatur bedürfen.

Von weitem gleicht Kuka, da es der Türme und sonstiger hoher Gebäude ermangelt, hingegen fast alle Höfe und Hütten mit Bäumen beschattet sind, eher einem Wald als einer Stadt. Natürlich nisten auf den Bäumen Schwärme von Vögeln. An die Zweige des Korna-Baums und der Akazie hängt der kleine Webervogel, der unermüdliche muntere Sänger, sein beutelförmiges Nestchen; über fünfzig dergleichen kann man nicht selten an einem einzigen Baum sehen. Turteltauben und graue Waldtauben beleben die höchsten Baumwipfel. In der Regenzeit kommen die Wasservögel von den Ufern des Tschad-Sees hierher, und stets, bei Tag wie bei Nacht, schweben über den Straßen und Plätzen die Aasgeier, ohne welche, da sie rasch alle Fleischabfälle vertilgen, Kuka ein Herd der Pest wäre.

Beide Stadtteile haben nur eine breite und ziemlich gerade

Straße, den »Dendal«, von Barth sehr passend mit »Königsstraße« übersetzt. Links und rechts von ihr ist ein Labyrinth enger und krummer Gassen. Steine zum Pflastern gibt es nicht, die Straßen bilden daher in der trockenen Jahreszeit ein Staubmeer und in der nassen Lachen, Sümpfe und Seen, die oft selbst zu Pferd nicht zu passieren sind.

Das Leben in der Hauptstadt beginnt des Morgens nicht eben sehr zeitig. Zuerst durchziehen die Bauern aus der Umgegend die Straßen und bieten laut schreiend ihre Produkte feil. Alle, auch die schwersten Lasten, werden auf dem Kopf getragen; Negerfrauen und Mädchen balancieren Gefäße, die vierzig bis fünfzig Liter Wasser enthalten, auf dem Kopf und verlieren infolge des Drucks vorzeitig das Haupthaar an den betreffenden Stellen.

Wenn die Stadtbewohner sich vom Lager erhoben haben, waschen sie sich sorgfältig Gesicht und Hände, versäumen auch nicht den Fußboden auszukehren, denn im Punkte der Reinlichkeit unterscheiden sich die Kanuri auf das Vorteilhafteste von den Berbern und Arabern Nordafrikas. Nach eingenommenem Frühstück geht es an die Arbeit. Die meisten Hantierungen werden im Freien betrieben, und auch die Handwerker: Baumwollweber, Sattler, Waffenschmiede, Schuster, schlagen ihre Werkstätten auf der Straße, vor der Tür ihrer Wohnung, auf.

Am belebtesten ist der östliche Stadtteil vormittags um zehn Uhr. Da sprengen die hohen Würdenträger, die Prinzen und Anverwandten des Sultans auf feurigen Rossen, gefolgt von einer Schar keuchender Sklaven zu Fuß, den Dendal entlang, um sich in die Ratsversammlung (Nokna) zu begeben. Jener Reiter dort in reicher arabischer Tracht ist Aba Bu-Bekr, der älteste Sohn des Mai; aber vor dem Eingang des Schlosses angekommen, muß auch er so gut wie alle anderen seine gelben Stiefel und den seidenen Turban ablegen, denn niemand, hoch oder niedrig, darf anders als barhaupt und barfuß vor dem Sultan erscheinen; auch er muß sich zur Begrüßung auf den Boden werfen, das Gesicht platt auf die Erde drücken und mit der Rechten eine Handvoll Sand aufs Hinterhaupt streuen. Die Ratsversammlung dauert ungefähr eine Stunde, die meist mit Stadtklatsch und Besprechung der unwichtigsten Vorfälle hingebracht wird. Wer dem Sultan die frischeste und pikanteste Neuigkeit mitzuteilen weiß, ist der erklärte Günstling des Tages. Solange ich in Kuka weilte, war meine Person der beliebteste Gegenstand des Gesprächs. Daß der Weiße selbst auf den Markt gegangen sei und dies oder jenes gekauft habe, daß der Christ, ohne daß man wisse warum, spazieren geritten sei, kurz jeder Schritt, den ich tat, wurde beobachtet und als ein Ereignis weitläufig durchgesprochen. Gegen Ende der Versammlung bringen Sklaven des Sultans kolossale hölzerne Schüsseln voll Speisen in den Saal – an einer einzigen solchen Schüssel haben sechs bis acht Mann zu tragen –, womit die Anwesenden bewirtet werden.

Sind die Teilnehmer an der Ratsversammlung nach Hause zurückgekehrt, dann erstirbt das Leben auf den Straßen; alles zieht sich in das Innere der Wohnungen zurück, um während der heißen Tagesstunden der Ruhe zu pflegen oder zu schlafen. Aber zwischen drei und vier Uhr nachmittags entwickelt sich wieder ein anderes Bild. Herden von Kamelen, Schafen und Rindvieh werden durch die engen Gassen getrieben, und der tägliche Markt beginnt, der bis zum Abend sowohl in dem westlichen Stadtteil als vor den Toren der Oststadt abgehalten wird. Auch in der Stadt selbst liegen in Buden oder auf freiem Raum Butter, süße und saure Milch, Eier, Knoblauch, Erdnüsse, Zwiebeln, gesäuerte Brote, Hühner und täglich frisches Rindfleisch zum Verkauf aus.

Die große Münze bildet auch hier wie in ganz Zentralafrika der Mariatheresientaler mit der Prägung vom Jahr 1780. Als Kleingeld kursieren zumeist die Muscheln einer Cypraea-Schnecke von der Größe einer kleinen Haselnuß, die vom Ostindischen Archipel, namentlich durch den Golf von Guinea an die Südostküste Afrikas gebracht und von da weiter ins Land eingeführt werden. Sie heißen bei den Arabern »kauri«, bei den Kanuri »kungena«, bei den Haussa-Negern »kerdi«. Das Wertverhältnis der Kauri zum Bu-Thir (Mariatheresientaler) stellt sich an den verschiedenen Orten verschieden; es steigt, je tiefer man von der Küste in den Kontinent eindringt. Doch suchen auch die Herrscher und die Großen des Landes den Kurs, je nachdem es ihr Vorteil mit sich bringt, künstlich hinaufzutreiben oder herabzudrücken. Vor noch nicht langer Zeit waren auch noch die hier gewebten langen und schmalen Streifen Baumwollzeug, Gabaga genannt, als Geld im Gebrauch. Übrigens findet allerorten mehr oder weniger Tauschhandel statt.

Mit Sonnenuntergang nimmt der Kanuri seine Hauptmahlzeit ein. Nach derselben versammeln sich in Kuka die Männer auf den öffentlichen Plätzen, wo sie unter einem mächtigen Gummibaum einander mit Neuigkeiten unterhalten, während die Damen, die sich hier von der mohammedanischen Sitte des Verschleierns emanzipiert haben, Besuche machen oder promenieren oder geradezu auf Liebesabenteuer ausgehen. Von ehelicher Treue haben sie, freilich auch die Männer, äußerst laxe Begriffe. Besonders zeichnen sich durch Sinnlichkeit die Pullo- oder Fellata-Frauen aus, deren Hautfarbe, ein helles Bronze, eine eigene Nuance bildet zwischen dem Weiß der Kaukasier, dem Gelb der Malaien und dem Rot der amerikanischen Indianer. Selbst Jünglinge von fünfzehn und Mädchen von zwölf Jahren nehmen an dem nächtlichen Treiben teil, und daß es dabei an unschuldigem Spiel und Gesang nicht sein Bewenden hat, ist bei dem heißen Temperament und der luftigen Bekleidung kaum anders zu erwarten.

Unter der Regierung des jetzigen Sultans hat Kuka weit und breit in den Negerländern den Ruf einer vorzüglichen Hochschule erlangt, und es mögen wohl zwei- bis dreihundert junge Leute im Alter von zwanzig bis fünfundzwanzig Jahren daselbst studieren. Ihr Studium besteht aber in nichts weiter, als daß sie die zum Beten notwendigen Surate auswendig und die arabische Schrift mechanisch lesen und schreiben lernen, ohne von dem Inhalt nur ein Wort zu verstehen. Statt aller Bekleidung tragen sie ein Ziegenfell um die Hüfte geschlungen; eine hölzerne Tafel, ein kleines irdenes Tintenfaß, ein paar Schreibfedern aus Rohr und eine Kürbisschüssel machen ihre ganze Habseligkeit aus. So ziehen sie bettelnd und, namentlich die Lebensmittelverkäufer, brandschatzend den Tag über durch die Straßen, denn nur ein Teil erhält Wohnung und Beköstigung in den Häusern der Vornehmen, bei denen es Sitte ist, ihre Söhne mit einigen Studenten zusammen unterrichten zu lassen. Nicht viel mehr Verständnis als die Schüler haben die Lehrer vom Arabischen, und da Kanuri keine eigene Schriftsprache besitzt, ist eine fortschrittliche Bildung des Volkes fast unmöglich. Für den Gelehrtesten der Gelehrten galt damals Mohammed Komami, weil er ziemlich korrekt arabisch schreiben, wenn auch nicht sprechen konnte. Allein, obgleich er sich fast mit jeder Karawane aus Tunis, Tripolis und Ägypten Bücher schicken läßt, dürfte er doch den Ruf der Gelehrsamkeit mehr seinem Reichtum, den er durch lukrative Geschäfte zu vermehren weiß, als seinen Büchern verdanken.

Jeden Montag wird der große Markt vor den Westtoren von Garfote abgehalten. Zunächst am Tor werden vor einem Schuppen Pferde verauktioniert. Den Pferden von Bornu gibt man im ganzen Negerland den Vorzug, und in der Tat lassen es sich die hiesigen Händler angelegen sein, durch Kreuzung mit von Norden eingeführten Pferden immer die Rasse wieder aufzufrischen und kräftig zu erhalten. Ich erstand ein brauchbares, aber kleines und kurzgebautes Reitpferd für zwanzig Taler; ehe ich Kuka verließ, sank der Preis für dieselbe Qualität auf zehn bis sechs Taler herab. Große Staatspferde und Grauschimmel, die in Tripolitanien mit zwanzig bis dreißig Taler zu haben sind, erzielten Preise von hundert bis hundertfünfzig Taler. Durch eine lange Reihe von Verkäufern der gröberen Matten, die zur Einfriedung der Höfe, zur Dachbedeckung oder, mit Dornen zusammengeflochten, zum Verschluß der Türöffnungen dienen, gelangt man auf den Platz, wo die Kamele, die Rinder und Esel zum Verkauf stehen. Dicht daran stößt der Sklavenmarkt. Weißhaarige Greise und Matronen, Säuglinge, an fremden Brüsten saugend, junge Mädchen und kräftige Männer, Leute aus Bornu, Bagirmi, Haussa, Logon, Musgu, Uadai und noch entfernteren Landstrichen werden zur Auswahl feilgeboten. Die einen sind ganz nackt, andere haben einige Lumpen um die Hüften geschlagen; die Leute aus Musgu sind daran kenntlich, daß ihre Ober- und Unterlippe, mit einem großen Stück Kupfer, Zinn oder Kürbisschalen durchwachsen, wie ein Rüssel vorstehen und beim Sprechen geräuschvoll aufeinander klappen. Tätowierungen am Körper haben mehr oder weniger alle, auch die Bornuer, Haussaner und Tebu pflegen sich mit drei Längsschnitten die Wangen zu tätowieren. Zwischen den Gruppen der

Sklaven gehen die Käufer umher, messen mit der Hand deren Höhe (man spricht von vier-, fünf-, sechs-, siebenspannigen Knaben oder Mädchen), besehen die Zähne, erkundigen sich nach dem Appetit, denn Hunger haben hält man für gleichbedeutend mit gesund sein, und gefällt ihnen die Ware, so wird der Handel abgeschlossen. Junge Burschen kosteten damals fünfzehn bis dreißig Taler, junge Mädchen, unter denen die Fellata die gesuchtesten sind, dreißig bis sechzig Taler, betagte Männer und Frauen, desgleichen kleine Kinder drei bis zehn Taler. Auf den Montagsmarkt werden manchmal Tausende von Sklaven zum Verkauf gebracht, Partien von Hunderten gibt es schon auf dem täglichen Markt.

Nun folgen die Getreidehändler mit großen Ledersäcken voll Weizen, Gerste, Argum, Ngafoli, Reis und anderen Körnerfrüchten; hinter ihnen stehen ihre Lastochsen oder Kamele. Auf einem großen Platz wird Vieh geschlachtet und das Fleisch in Stücken verkauft, auch gleich von Garköchen an einem auf Sandhaufen brennenden Feuer geröstet. Eine von hier abbiegende Straße enthält die im Land gefertigten Kunstarbeiten: zierliche Matten aus Dum, von denen die feinsten, nur fünf Fuß langen und zweieinhalb Fuß breiten mit einem halben Taler bezahlt werden; einfache und buntbemalte Türvorhänge von Stroh zum Schutz gegen das Eindringen der Fliegen; elegante Deckel und Untersätze, ebenfalls aus Dum geflochten, die mit der Leichtigkeit der Pappe die Dauerhaftigkeit des Leders verbinden; Schüsseln in jeder Größe, aus Kürbisschalen oder aus Holz geschnitzt, manche schön bemalt und auf drei oder vier Füßen ruhend, die Deckel mit verzierten Handgriffen versehen; endlich Töpfe, Schüsseln und Krüge von gebranntem Ton, letztere so groß, daß sie gegen zweihundert Liter Wasser fassen. In der nächsten Straße ist der Fischmarkt. Frische und getrocknete Fische vom Tschad-See liegen hier aus, von sechs Fuß Länge bis auf Handgröße. Diese Straße mündet auf einen Platz, wo hohe Stöße Brennholz aufgeschichtet stehen und daneben Körbe voll Holzkohlen. In der unmittelbaren Nähe haben die Grobschmiede ihre Werkstätten aufgeschlagen, indem sie zwei Schläuche als Bälge gebrauchen und das Feuer in einem Erdloch damit anblasen. Sie verfertigen Beile, Hacken und gröberes

Eisenzeug. Weiterhin halten die Feinschmiede an Gestellen oder in Buden ihre Arbeiten feil: Spieße, Wurfeisen, Bogen, Schilde und Pfeile; messingene und eiserne Fuß- und Armringe für die Frauen; Scheren, Messer und Zangen. Die Zange ist ein sehr wichtiger Artikel in Bornu, jedermann trägt eine kleine Zange im Lederfutteral mit sich, um die Dornen damit aus den Füßen zu ziehen, welche überall in Feld und Wald den Boden bedecken. Nach den Schmieden kommen die Lederarbeiter. Außer Getreidesäcken und Wasserschläuchen liefern sie die mannigfachsten Erzeugnisse von Leder: Büchsen, Schächtelchen, Kisten, gelbe und rote Pantoffeln mit und ohne Stickerei, Sandalen, Sporen, Pferdegeschirre. Auch eine kleine Auswahl von Löwen- und Leopardenfellen findet man bei ihnen. Hieran reihen sich die zahlreichen Verkaufsstände für fertige Kleider. Baumwollene Gewänder, einfache wie kunstvoll gestickte, im Land gefertigte weiße Toben, Kulga genannt, feinere dergleichen aus Kano, Beinkleider von fabelhafter Weite, weiße Kattunmützen, dunkelblaue Frauentücher und Frauenhemden sind in großer Menge und jedem Bedürfnis genügend zu haben. Den Fruchtmarkt fand ich, da es zur Winterszeit war, nicht sehr reichlich versehen. Es gab Datteln, aber fast so teuer wie in Europa, Koltsche (Erdmandeln), eine Art Tomate, größer als die unsrigen und von bitterem Geschmack, Fukus (eine Gurkenart) und verschiedene eßbare Waldbeeren.

Einige Zelte sind zu Wechslerstuben eingerichtet, in denen man Taler gegen Muscheln umsetzen kann. Gold hat hier gar keinen Kurs, und spanische wie französische Taler sind nur mit Verlust anzubringen. In allen Straßen stehen Verkäufer von Trinkwasser, die aus großen Krügen jedem, der Durst hat, gegen wenige Muscheln einen Trunk reichen. Überall herrscht geschäftiges Treiben, und obgleich weder Polizei noch Militär sich blicken läßt, kommt es doch nie zu störenden Unordnungen; Streitigkeiten oder kleine Diebstähle werden auf der Stelle vom Marktrichter abgeurteilt.

Daß der Markt von Kuka eine solche Ausdehnung erlangt hat und mit dem von Kano rivalisieren kann, verdankt er der vollkommenen Handels- und Gewerbefreiheit, die der Einheimische wie der Fremde in Bornu genießt. Kein Gewerbe unter-

216

liegt einer Steuer, und alle Waren gehen zollfrei ein. Selbst die großen Karawanen aus dem Sudan, aus Tripolis und den übrigen Berberstaaten haben keinen anderen Zoll zu entrichten als eine kleine Abgabe, welche die Torwächter der Stadt für sich in Anspruch nehmen, die aber so geringfügig ist, daß sie gar nicht ins Gewicht fällt. Die einzigen baren Einnahmen, die der Sultan aus dem Markt bezieht, sind die Summen, für welche die beeidigten Versteigerer der Pferde und Kamele ihre allerdings sehr einträglichen Stellen erkaufen müssen; für jedes versteigerte Pferd oder Kamel erhält der Auktionator einen Taler. Sogar die Geschenke an den Sultan und an seine Beamten, die sonst in allen Negerländern von den fremden Kaufleuten verlangt werden, kommen hier in Wegfall. So erzählte mir mein Reisegefährte, der Marabut von Gatron, ein wohlhabender Kaufmann und Sklavenhändler, er habe, obgleich er schon dreimal die Reise von Fesan nach Bornu gemacht habe, Sultan Omar noch nie gesehen, und er gedenke auch künftig nicht an den Hof zu gehen, weil man dort nicht mit leeren Händen erscheinen könne. Wenn andere Kaufleute dem Sultan Geschenke darbringen, so geschieht es aus Spekulation, denn dieser pflegt, zumal wenn die geschenkten Gegenstände seine Neugier und Aufmerksamkeit erregen, die Gabe durch ein Geschenk von einem oder zwei Sklaven oder einem Pferd zu erwidern. Freilich kosten ihn die Sklaven nichts; wenn er deren bedarf, so wird irgendwo eine Menschenrazzia angestellt und die benötigte Anzahl für ihn eingefangen. Der Scherif Hascheschi, der kurz vor mir von Tripolis angekommen war, erhielt für ein Geschenk im Wert von etwa hundertfünfzig Talern mehrere Sklaven und Sklavinnen, die er in Ägypten zu je zwei- bis dreihunder Taler verkaufen kann, und ebenso wurde einem christlichen Kaufmann aus Tripolis, der einen großen Spiegel, Tuch und Seidenstoffe überreicht hatte, von Sultan Omar ein bedeutend wertvolleres Gegengeschenk verehrt.

Bis jetzt ist der einzige sichere Weg von der Küste des Mittelländischen Meeres nach Bornu der, welcher von Tripolis aus durch die Sahara über Fesan und Kauar geht. Auf diesem Weg aber, der mit beladenen Kamelen nicht in kürzerer Zeit als in sechs bis acht Monaten zurückzulegen ist, werden europäische

Kaufleute nie mit den Arabern und Berbern zu konkurrieren vermögen, denn die letzteren, an die Strapazen der Wüstenreise gewöhnt, bringen Zeitverlust, Gefahr und Beschwerden nicht in Anschlag. Ganz anders wäre es, wenn England, Deutschland und Frankreich, welche Länder Innerafrika hauptsächlich mit Waren versorgen, es unternehmen wollten, einen direkten Weg von der Küste über Jola herzustellen. Würde derselbe auch vorerst nur bis Jola geführt, so wäre dies schon ein ungeheurer Gewinn für den europäischen Handel, da die Bornuer, Bagirmier, Haussaner und andere Völker Innerafrikas sehr bald gewahr werden müßten, um wieviel vorteilhafter es für sie sei, die Waren dort von den Europäern selbst einzutauschen, als sie sich von den Arabern und Berbern auf dem weiten Weg durch die Wüste bringen zu lassen.

Produkte, die aus Bornu in Masse exportiert werden könnten, sind: Pferde, Rinder, Esel, Schafe, Ziegen, Wildbret, Elfenbein, Straußenfedern, getrockente Fische, Honig und Wachs, Häute, Löwen-, Panther-, Leoparden- und andere Tierfelle, ferner Getreide, Koltsche und sonstige Bodenerzeugnisse, deren Kultur die Einwohner bei entsprechendem Absatz fleißig betreiben würden. So ließe sich der Anbau von Baumwolle, Tabak und Indigo sehr erweitern, sowie Gummi aus dem großen Mimosenwald nördlich vom Tschad zu einem wichtigen Exportartikel machen.

Von europäischen Waren brauchen die Bornuer Kattun, Tuch, Papier, Rasiermesser, Steinschloßflinten, Nadeln, kleine Spiegel, Glaskorallen, echte Korallen, Bernstein, Weihrauch, Pulver, Blei, Schwefel, Salpeter, Salz und, vorläufig nur als Luxusartikel der Reichen, auch Zucker. Kaffee und Tee sind den Bewohnern von Bronu ganz entbehrlich, sie kauen dafür den ganzen Tag die Bohne der Goronuß. Daß die nach Zentralafrika eingeführten Waren, namentlich Spiegel, Nadeln, Messer, Schwerter, Büchschen, Papier, zum großen Teil deutsches Fabrikat sind, habe ich an anderer Stelle bereits hervorgehoben.

Genug, Europäer werden sich nicht eher an dem Handel nach Bornu beteiligen können, als bis ein direkter Weg vom Ozean nach dem Tschad-See eröffnet ist. Die den Tschad-See umgebenden Länder: Kanem, Bornu, Uadai und Bagirmi, gehören zu den produktionsfähigsten der Erde und ihre Bewohner zu den tolerantesten und umgänglichsten Afrikas. Wenn in neuerer Zeit einige ihrer Herrscher sich feindselig gegen die Christen gezeigt haben, so ist dies lediglich den Einflüsterungen der fanatischen Araber und ihrer Zöglinge, der Berber, zuzuschreiben. Von hier, aus dem Herzen Afrikas, wäre dann leicht eine fahrbare Straße anzulegen, auf der Warentransporte in dreißig Tagen den Golf von Guinea erreichen würden.

Omar, der jetzige Beherrscher von Bornu, ist der erste Sultan aus der Familie der Kanemiin; eigentlicher Gründer der Dynastie aber war sein Vater, der Schich Mohammed el Kanemi. Dieser hatte sich in den zwanziger Jahren dieses Jahrhunderts neben den schwachen Sultanen der Ssaefua-Dynastie eine ähnliche Machtstellung zu verschaffen gewußt, wie sie etwa der Major domus bei den merowingischen Königen besaß, nur mit dem Unterschied, daß er seiner Würde, um die Unterstützung der Araber und Kanembu gegen das zum größten Teil noch aus Kerdi (Heiden) bestehende Volk zu gewinnen, einen geistlichen Charakter verlieh und einen religiösen Nimbus um sich verbreitete. Deshalb führte er den Titel Schich, der bei den Mohammedanern dem Vorsteher einer Sauya oder dem Oberen einer religiösen Gemeinschaft beigelegt wird. Auch sein Sohn Omar, der Erbe seiner Macht, nannte sich noch Schich, bis er, nachdem im März 1846 der letzte Ssaefua-Sultan und kurz darauf in der Schlacht bei Minarem dessen Bruder getötet worden waren, als Alleinherrscher den Thron von Bornu bestieg. Nun nahm Omar den Titel »Mai«, d. h. König oder Sultan, an; indes pflegen ihn die Araber, Tebu und Tuareg aus alter Gewohnheit immer noch Schich zu nennen.

Obgleich der »Mai« jeden Vormittag seine Brüder und Söhne, die hohen Staatsbeamten und die Kognaua (Hofräte) zur Nokna (Ratsversammlung) ruft, regiert er doch tatsächlich ganz so absolut und unbeschränkt wie jeder andere mohammedanische Despot. Er vereinigt in seiner Person die weltliche und geistliche Gewalt, ist Herr über Gut und Leben seiner Untertanen, setzt die Beamten ein und ab und kann auch die Rechtssprüche der Kadhi nach Gutdünken umstoßen. Der mutmaßliche Thronfolger, gleichgültig ob Sohn, Bruder oder Vetter des Sultans, hat den Titel Yeri-ma, doch scheint er dem jetzigen Kronprinzen Aba Bu-Bekr, des Sultans ältestem Sohn, nicht beigelegt zu werden. Ein besonderer Titel, Kabiske-ma, kommt auch dem Sohn der ältesten Schwester des Sultans zu, was an die Thronfolge in den Berberstaaten erinnert, nach welcher nicht der Sohn, sondern der Schwestersohn des Herrschers demselben folgt. Die übrigen männlichen Verwandten des Mai heißen Maina und werden gewöhnlich »Aba« (mein Herr) angeredet. Diejenige von den rechtmäßigen Frauen des Sultans, welche den Vorrang vor allen anderen hat, wird Gumssu, seine Mutter Magera tituliert.

Großen Einfluß am Hof von Bornu, wie an jedem anderen mohammedanischen Hof, haben die Eunuchen (Adim). Sie werden vom Sultan mit Gunstbezeigungen und Reichtümern überhäuft, sie gehen am reichsten gekleidet, besitzen die schönsten Pferde, wohnen in den stattlichsten Häusern und schwelgen in Prunk und Wohlleben. Kein Wunder daher, daß sie sich durch hochmütiges, indolentes Wesen auszeichnen; es ist gefährlicher, einen Adim als einen Kogna zu beleidigen. Freilich fällt ihr Vermögen, da sie als von der Fremde eingeführte Neger keine Verwandten im Land haben, bei ihrem Tod wieder an den Sultan zurück. Der oberste sämtlicher Eunuchen ist der Yura-ma, der Aufseher über die Weiber der Mistre-ma. In den Händen eines Kastraten befindet sich auch das wichtige Amt des Schatzmeisters, des Mala (wahrscheinlich aus dem Arabischen von »mel«, Schatz).

An der Spitze der Staatsbeamten steht der Dig-ma oder Dug-ma, eigentlich Minister des Inneren, in Wirklichkeit aber, wenigstens zu meiner Zeit, der alleinige Minister und erster Ratgeber des Sultans. Unter ihm fungieren der Ssiggibada, Ministerialdirektor, und der Ardjinoma, sein Geheimsekretär.

So lange die Ssaefua-Dynastie regierte, gab es zwölf höhere Beamte, die man mit dem gemeinsamen Namen Buya derdaye, d. h. die Großen des Königs, bezeichnete; jetzt gehören die Würdenträger zu den Kognaua, und mit den Titeln sind jetzt meist andere Funktionen als damals verbunden. Besoldung vom Staat empfangen die Kognaua nicht, aber der Sultan verleiht ihnen einträgliche Ländereien oder Statthalterschaften von Pro-

Fußsoldaten des Sultans von Bornu

vinzen und Städten, aus denen sie so viel zu ziehen wissen, daß sie ihrerseits dem Sultan jährlich bedeutende Geschenke machen können.

Die bewaffnete Macht des Reiches, der eine militärische, wennschon sehr mangelhafte Organisation nicht abzusprechen ist, besteht aus etwa tausend Mann mit Flinten bewaffneter Fußsoldaten, aus ebensoviel gleichfalls mit Flinten und aus

dreitausend mit Bogen und Pfeilen, Lanzen und Schangerman-
gorn bewehrten Reitern. Außerdem aber hält jeder Große je
nach seinem Vermögen eine größere oder geringere Zahl unre-
gelmäßiger Truppen zu Fuß und zu Pferd, so daß Bornu im
ganzen wohl fünfundzwanzig- bis dreißigtausend Kämpfer ins
Feld stellen kann. An Artillerie verfügt der Sultan über ungefähr zwanzig in Kuka selbst gefertigte metallene Kanonen verschiedenen Kalibers, auf schlechten Lafetten oder rohen Holz-
klötzen ruhend, sowie über zwei Mörser, die aber im Krieg kaum
verwendbar sein möchten. Der Höchstkommandierende der
Fußtruppen ist der Katschella Nbursa, der mit Flinten bewaffneten Reiter der Katschella blall oder Kaiga-ma, der Bogenschüt-
zen und Lanzenträger der Katschella Nbanna oder Yalla-ma; der
Hauptmann einer Kompagnie von hundert Mann heißt einfach
Katschella. Die Soldaten erhalten wie die Zivilbeamten keinen
Sold, sondern Stücke Land, von dessen Anbau sie ihren Lebensunterhalt gewinnen können.

Eine echt afrikanische Waffengattung sind die Bornuer Bo-
genschützen, etwa tausend Mann stark. Außer Bogen, Pfeil und
Köcher haben sie zwei bis vier Wurfspieße, eine lange Lanze, den
gefährlichen Schangermangor und den Schild, und ein über die
Schulter geworfenes Tigerfell gibt ihnen ein wirklich martiali-
sches Aussehen. Der Bogen ist von festem, biegsamem Holz, die
Sehne von gedrehtem Leder, als Pfeile dienen eineinhalb Fuß
lange Rohrstäbe mit drei Zoll langer, meist in Gift getränkter
Eisenspitze, der lederne Köcher hängt an Riemen auf dem
Rücken. Zum Schaft der Wurfspieße und Lanzen nimmt man
das sehr zähe und dauerhafte, aber verhältnismäßig leichte Holz
von der Wurzel des Ethelbaumes. Leicht sind auch die Schilde,
teils aus Büffelleder, teils aus getrockneter Rhinozeros-, Hippo-
potamus- oder Elefantenhaut, teils aus dickem Schilfrohr, das
vor dem Kampf durch Anfeuchten zäher gemacht wird; ein
Schild, der den ganzen Mann deckt, wiegt nur vier bis fünf
Pfund. Den Schangermangor, dessen Gebrauch im Sudan westlich über Bornu hinaus unbekannt zu sein scheint, in der Sahara
aber bis zum Ozean verbreitet ist, habe ich schon früher be-
schrieben; in Bornu sah ich deren auch aus Holz, zum Teil mit
künstlicher Schnitzerei verziert.

Panzerreiter des Sultans von Bornu

Des Sultans berittene Leibgardisten tragen unter ihrer Tobe einen Maschenpanzer, der den ganzen Leib nebst Armen und Beinen umschließt, und auf dem Kopf eine kupferne oder eiserne Platte, von der ringsum ein gleiches Netz bis auf die Schultern herabfällt, so daß nur ein kleiner Teil des Gesichts frei bleibt. Auch der Sultan, die Prinzen und Vornehmen legen im

Krieg, um gegen das Eindringen der Pfeile und Wurfspieße geschützt zu sein, solche Panzerkleider an, die zu sehr teuren Preisen aus Ägypten bezogen werden. Brustpanzer aus Eisenplatten für weniger Bemittelte liefern die einheimischen Waffenschmiede. Wie schwer müssen die Pferde an diesen gepanzerten Reitern zu tragen haben, zumal man auch die Tiere selbst zum Schutz gegen Pfeile und Spieße bis an die Knie in dickwattierte baumwollene Decken hüllt und ihre Köpfe vorn und an den Seiten mit messingenen oder silbernen Platten behängt!

So wenig das Bornuer Kriegsheer sich mit einer europäischen Armee zu messen vermag, so ist es doch stark genug, nicht bloß die Landesgrenzen vor feindlichen Einfällen zu sichern, sondern auch die Fürsten der umliegenden Staaten zu Vasallen des Herrschers von Bornu zu machen. Immerhin gebieten indes alle diese Vasallenfürsten unumschränkt über Freiheit und Leben ihrer Untertanen, wie sie auch Razzias gegen die benachbarten Negerstämme auf eigene Faust vollführen dürfen.

Die Eingeborenen von Bornu, die Kanuri, sind eine im ganzen wohlgestaltete Menschenrasse. Ihr Körperbau hält ungefähr die Mitte zwischen den vollen plastischen Formen der Haussa-Neger und der sehnigen Magerkeit der Tebu; unter den Vornehmen gibt es allerdings auch viele fette und korpulente Gestalten. Die Beine stehen in richtiger Proportion zum Oberkörper und entbehren nicht, wie bekanntlich bei den meisten Negerstämmen, der Waden. An Größe erreichen die Männer das europäische Durchschnittsmaß, während das weibliche Geschlecht ziemlich weit hinter demselben zurückbleibt. In der Kopfbildung prägt sich entschiedener als im Wuchs der echte Negertypus aus: krauses wolliges Haar, rundes Gesicht, vorstehende Backenknochen, wulstige Lippen; nur tritt die Nase mehr als sonst bei den Negern aus dem Gesicht heraus; ich sah äußerst selten ganz platte, häufig vielmehr wirkliche Adlernasen. Drei Längsschnitte auf der Wangenhaut fehlen nie. Der Ausdruck in den Gesichtszügen, namentlich im Blick, verrät bei den meisten Gutmütigkeit und Wohlwollen und hätte mich noch sympathischer berührt, wenn nicht durch die gelbliche Bindehaut des Auges die vorteilhafte Wirkung etwas abgeschwächt würde. Das Kopfhaar wird von den Männern glatt abgeschoren, und tagelang lassen sie die heißen Strahlen der Tropensonne auf den kahlen Schädel brennen, nur die Wohlhabenderen bedecken das Haupt mit einer weißen baumwollenen Mütze, die Vornehmen mit einem roten Fes. Hingegen verwenden die Frauen Sorgfalt auf ihre freilich nicht langen Haare, indem sie dieselben entweder in eine Menge kleiner Zöpfe flechten, die rund um den Kopf herabhängen, oder in einen helmartig von hinten nach vorn über dem Kopf liegenden Wulst zusammenbinden.

In betreff der geistigen Fähigkeiten stehen die Kanuri den Nachbarvölkern keineswegs nach; ihre natürlichen Neigungen sind vorwiegend dem Guten zugewendet, daher Völlerei und andere Laster, denen sich z. B. die Maba von Uadai oder die Abessinier hingeben, in Bornu selten oder gar nicht vorkommen. Die mohammedanische Sitte der Vielweiberei haben nur die Fürsten und Großen angenommen, der Mann aus dem Volk führt ein geordnetes Familienleben mit einer Frau, und manche Ehe ist mit einem Dutzend Kinder gesegnet. Obwohl die Mädchen meist schon mit zwölf Jahren die geschlechtliche Reife erlangen, heiraten sie selten vor dem sechzehnten Jahr; freilich gestatten sich die Töchter der Reichen vor ihrer Verheiratung große Freiheiten im Umgang mit Männern, ohne daß der Bewerber um ihre Hand daran Anstoß nimmt. Nach der Verheiratung aber ist die Frau Eigentum des Mannes, und Ehebruch wird in Kuka, wie es scheint, nach den strengen Gesetzen des Koran bestraft. Indessen, wenn auch die Frau dem Mann fast wie eine Sklavin untertan ist und erst als Mutter zahlreicher Nachkommenschaft zu einer etwas geachteteren Stellung gelangt, so hat sie doch hier nicht wie sonst bei den Bewohnern Zentralafrikas die Last der Arbeit allein zu tragen. Vielmehr machen die Kanuri unter den Negern, denen im allgemeinen mit Recht Trägheit und Arbeitsscheu vorgeworfen wird, eine rühmliche Ausnahme. Mann und Frau bebauen gemeinschaftlich das Feld und bringen gemeinschaftlich die Produkte oder Waren zum Verkauf; die Frauen spinnen und weben die Baumwolle, die Männer nähen die langen Stoffstreifen zu Kleidungsstücken zusammen, welche sie oft mit fleißiger Handstickerei bedecken. Von anderen Handwerkern, den Schuhmachern, Schmieden, Töpfern, Korb- und Mattenflechtern usw., haben wir schon bei der Schilderung des Kukaer Marktes gesprochen, genug, die Bornuer sind unstreitig das betriebsamste und zivilisierteste von allen Negervölkern. Und diese Betriebsamkeit ist dem Volk um so höher anzurechnen, da leider die Fürsten und Großen ihm kein gutes Beispiel geben, im Gegenteil Arbeiten für etwas Erniedrigendes ansehen und sich beschimpft glauben würden, wenn sie zu Fuß gehen, auf dem Markt etwas einkaufen oder gar Feld- und Handarbeit verrichten sollten.

Neben den gewerblichen Hantierungen versäumen aber die Frauen auch nicht die Pflege und Erziehung ihrer Kinder; Schulen, in welche die Knaben geschickt werden, um einen äußerst dürftigen Unterricht zu empfangen – die Mädchen sind ganz davon ausgeschlossen –, gibt es nur in den wenigen größeren Städten. Welch wichtigen Faktor die Familie im Leben der Kanuri bildet, davon zeugt unter anderem die Reichhaltigkeit ihrer Sprache an Bezeichnungen für die verschiedenen Verwandtschaftsgrade. Sie haben z. B. ein eigenes Wort für den älteren Bruder, gaya, und für den jüngeren Bruder, kerami, für den Oheim von väterlicher und von mütterlicher Seite, für eine eben erst Witwe gewordene Frau und für eine Witwe, wenn sie sich wieder verheiraten darf.

Als Staatsreligion in Bornu gilt seit Jahrhunderten der Mohammedanismus. Die Dynastie, alle Vornehmen und die Bewohner der größeren Ortschaften bekennen sich dazu. Dennoch hat der Islam im Volk keine Wurzel geschlagen und wird es auch nie, er scheint in Afrika über eine gewisse Grenze nicht hinaus zu können. Man nahm den Eingeborenen ihren uralten Fetischdienst, ohne daß sie für die Idee des Monotheismus gewonnen wurden, nicht einmal ein Wort besitzen sie in ihrer Sprache für Gott, denn kema-nde, womit sie das Fremdwort Allah übersetzen, heißt Herr im bürgerlichen Sinn; gebetet aber wird ausschließlich in arabischer Sprache, die weitaus den meisten unverständlich ist. Früher verehrten sie einen Waldteufel, Koliram, und einen Wasserteufel, Ngamaram; jetzt feiern sie gar keine Gottheit mehr, und ihre ganze Religion besteht in allerlei Aberglauben und einigen äußerst verworrenen Vorstellungen der Mohammedaner von Paradies und Hölle. Daher haben auch die religiösen Feste keine tiefere Bedeutung für sie, sondern

werden nur mit wiederkehrenden Naturerscheinungen, wie
Vollmond, Eintritt der Regenzeit und dergleichen, in Verbindung gebracht.

DREIZEHNTES KAPITEL

Reise nach Uandala

Ich faßte den Plan, die Zeit bis zur Wiederankunft des an den
Sultan von Uadai geschickten Kuriers mit einem Besuch des
Landes Uandala (Mandara) auszufüllen.

Dieses kleine Land war vor mir erst von zwei Europäern
besucht worden, von Denham und von Vogel. Letzterer hinter-
ließ über seinen Besuch kaum eine dürftige Notiz; von ersterem
besitzen wir eine ausführliche Schilderung des durch Araber
und Bornuer zum Einfangen von Sklaven unternommenen
Kriegszugs, den er dahin begleitete. Von Barth wird Uandala ein
Bergland und die Bewohnerschaft ein Gebirgsvolk genannt, was
aber auf Irrtum beruht, denn das Gebiet erstreckt sich nur bis an
den nördlichsten Abhang der Berge, und seine Bewohner, eng
verwandt mit den Logone, Gamergu, Kanuri und Budduma,
haben nichts gemein mit den weiter südlich wohnenden Berg-
völkern. Uandala ist vielmehr ein echtes Sumpf- und Wasser-
land, das während der ganzen Regenzeit teils durch die vom
Gebirge herabkommenden Flüsse und Bäche, teils durch den
austretenden Tschad-See überschwemmt wird, wie denn auch
der Name Uandala, Wangara, Mandara, Mandala in den verschiedenen Negersprachen Sumpf bedeutet.

Sultan Omar erteilte nicht nur bereitwilligst die Erlaubnis zur

Reise, sondern bot mir auch seinen Vorreiter Almas (d. h. Perle) als Kam-mai-be (Mann des Königs, königlicher Botschafter) zur Begleitung an. Dieser Mann, Sohn eines Vornehmen in Uandala, aber schon als Kind von den Türken in die Sklaverei geschleppt und später nach Tripolis verkauft, war nach seiner Freilassung mit Eduard Vogel nach Kuka gekommen und, als Vogel nach Uadai abreiste, von Sultan Omar mit dem Amt des Vorreiters betraut worden. Dessen ältester Sohn, Aba Bu-Bekr, der eine Tochter des Sultans von Uandala zur Frau hat, versah mich mit einem Empfehlungsschreiben an letzteren und überließ mir gleichfalls einen seiner Diener. Mohammed el Alamino, ein mächtiger und angesehener Beamter in Bornu, stellte einen ehemaligen Diener Vogels, Dunkas, beritten und mit Flinte bewaffnet zu meiner Verfügung, mit dem Bemerken, daß ich ihn, wenn es mir beliebe, für immer behalten könne. Von meinen eigenen Leuten sollten der Gatroner, Hammed, Ali und Noël mich begleiten. Das schöne Pferd, das mir der Sultan geschenkt hatte, gab ich zum Alamino, in dessen Haus in Kuka ich auch meine wertvolleren Effekten, in Kisten verpackt, aufbewahren ließ; alles übrige nebst einem kranken Sklaven nahm ein mir befreundet gewordener Scherif von Medina zu sich. Zum Reiten für mich und den Gatroner wurden zwei kleine wohlfeile Pferde und zum Transport der Sachen drei Lastochsen angeschafft. Letztere Tiere, Kanemo genannt, kosteten nur zwei Taler das Stück und tragen mindestens ebensoviel wie ein Pferd, während sie mit dem magersten Futter vorliebnehmen. Leider lassen sie sich nur schwer lenken, und ein anderer Übelstand ist, daß man keine praktischen Sättel für sie hat; die Last wird ihnen in zwei großen Ledersäcken über den Buckel geworfen. Führt nun der Weg durch dichtes Gebüsch, so kommt es oft vor, daß die Säcke sich abstreifen und nach hinten herunterfallen.

Der 8. September (1866) war der zur Abreise bestimmte Tag. Um sieben Uhr morgens schickte ich die Leute unter Almas' Führung voraus, mit dem Befehl, mich in dem Dorf Hadj Aba zu erwarten. Ich selbst hatte noch allerlei zu besorgen, so daß es zehn Uhr wurde, bis ich durch das Südtor die Stadt verließ. Beim heitersten Wetter ritt ich zwischen den in voller Pracht stehenden Getreidefeldern hin, die Richtung von 200 Grad verfolgend.

Um zwölf Uhr fand ich meine Leute eine Viertelstunde vor Hadj Aba im Schatten eines mächtigen Tamarindenbaumes gelagert. Wir rasteten hier der Hitze wegen und trafen dann gerade noch zu rechter Zeit im Dorf ein, um vor einem heftigen Gewitterregen Schutz zu finden. In Kuka hatte man mir versichert, die Regenzeit sei zu Ende, und ich hatte der Versicherung, obgleich noch etwa vierzehn Tage bis zum Eintritt der Sonnenwende fehlten, um so eher Glauben geschenkt, als in der Tat seit mehreren Tagen kein Regen mehr gefallen war. Durch diesen Irrtum wurde aber, wie wir später sehen werden, der Zweck meiner Reise nach Uandala großteils vereitelt, denn der beständige Regen, der in der Nähe des Gebirges noch länger anhält als in der offenen Ebene, erweichte den Boden dermaßen, daß an ein Herumreisen im Land nicht zu denken war. Sobald indes der Regen in Hadj Aba etwas nachließ, flüchtete ich mich wieder ins Freie, vertrieben durch die fabelhafte Masse von Flöhen, die den Aufenthalt in der Hütte zur unerträglichen Pein machte.

Auch als wir am anderen Morgen aufbrachen, regnete es wieder, und immer grundloser wurden die Wege. Jetzt begannen Schwärme von Fliegen und Blutwespen unsere Tiere zu peinigen, doch sind sie glücklicherweise nicht so gefährlich wie die Nbussoni genannte Fliege, die in Logone und Bagirmi häufig sein und mit einem einzigen Stich ein Pferd töten soll, die ich übrigens nach der Beschreibung, welche mir die Eingeborenen davon machten, mit der berüchtigten Tsetse-Fliege für identisch halte. Die Gegend ist schön, wenn auch nicht dicht bewaldet. Hier und da ist der Waldpark von Ngafoli- und Morumfeldern oder von Geländen mit Bohnen und Karres, einer säuerlich schmeckenden Gemüsepflanze, unterbrochen. Um halb elf Uhr erreichten wir das Dorf Fortua, ein Besitztum des Katschella blall. Ich fand bei den Bewohnern gastliche Aufnahme und beschloß, da die Ochsen der Weide bedurften, den Tag dort zu bleiben. Von drei Uhr bis Sonnenuntergang zogen förmliche Wolken von Heuschrecken von Norden nach Süden, wahrscheinlich aus der Tintümma kommend, über das Dorf.

Der allgemeine Name für Heuschrecke ist Kafi, für die einzelnen Arten gibt es aber verschiedene Namen: Die Wüstenheuschrecke heißt komono, von den in Bornu heimischen heißt die gelbgrüne debu, die grasgrüne ssogundo und eine kleinere Art duxa. Gegessen werden von den Eingeborenen die komono, debu und ssogundo; letztere, die meist aromatische Kräuter frißt, hat in der Tat einen gar nicht üblen Geschmack. Gegen Abend schoß ich eine Waldtaube und zwei Turteltauben, die durch das Zirpen der Heuschrecken ins Dorf gescheucht worden waren. Die Nacht brachte ich, um nicht in einer Hütte von Flöhen zerstochen zu werden, in meinem Zelt zu; aber die Vorsicht half mir nichts, denn statt der Flöhe plagten mich hier die überall eindringenden Schnaken so, daß ich kein Auge zutun konnte. Besonders während der Regenzeit sind tags die Fliegen, nachts die Mücken oder Moskitos eine schreckliche Plage, der Reisende sollte daher nie versäumen, ein namussia (Fliegenzelt) mit sich zu führen.

Früh gegen fünf Uhr gingen wir in gerader Südrichtung weiter durch den lichten, leider sehr sumpfigen Wald. Als Königin der Bäume ragt wieder über alle die schattenreiche Tamarinde empor. Sporadisch tritt nun auch der Riesenkaktus, Kandelaberbaum, auf. Die vierfüßige Tierwelt scheint in dem Wald nicht stark vertreten, sie hat wohl zum Teil den Ansiedlungen der Menschen weichen müssen. Dagegen wimmelt es von gefiederten Bewohnern der Lüfte; das Nest des Webervogels, nur am unteren Ende offen, damit Regen und Sonne nicht eindringen können, hängt von allen Zweigen herab; auch ein anderer kleiner Singvogel, der Fani, webt sich aus Baumwollfasern sein künstliches Nest. Wir lagerten in dem Dorf Solum, von den Bewohnern freundlich aufgenommen, wie überhaupt von hier an südwärts nirgends mehr feindselige Gesinnung gegen den »nassara« anzutreffen ist; wird ja auch in Kuka der Christenhaß, den einzelne Bewohner kundgeben, ihnen nur von den fanatischen Arabern und Berbern beigebracht.

Trotzdem ich von dem strömenden Regen oft bis auf die Haut durchnäßt wurde, hatte ich mich guter Gesundheit zu erfreuen. Bei meinen Leuten aber äußerten sich bereits die schädlichen Einflüsse der beständigen Nässe und besonders der faulen Sumpfluft. Hammed und Dunkas erkrankten am Fieber und konnten sich vor Schwäche kaum aufrechthalten. Ali litt an

Diarrhöe, Noël bekam Geschwüre, die mich befürchten ließen, er sei mit dem in den Sumpfgegenden Afrikas so häufig vorkommenden Guineawurm behaftet. Bekanntlich herrscht noch Zweifel darüber, ob der Guineawurm (filiaria medinensis) sich von außen in den menschlichen Körper einbohrt oder ob er mit dem Trinkwasser in den Magen gelangt und von innen heraus bis unter die Haut vordringt. Ich neige der ersteren Ansicht zu, und zwar weil sich in der Regel nachweisen läßt, daß die damit Behafteten in stehendem, sumpfigem Wasser gebadet, besonders aber weil die Geschwüre meist an den gerunzelten Hautstellen, in der Nabelgegend oder bei Männern am Hodensack, bei alten Weibern in den Brustfalten, ihren Sitz haben. Glücklicherweise erwiesen sich die Geschwüre Noëls als ungefährlich, doch konnte er nicht zu Fuß weitergehen, sondern mußte einen Ochsen besteigen.

Nach einer wegen der vielen Moskitos qualvoll zugebrachten Nacht verließen wir Solum und nahmen die Richtung von 230 Grad. Die Bewohner der Gegend waren eben mit der Reisernte beschäftigt; Reis, ihre Hauptnahrung, wächst ihnen nämlich auf diesem sumpfigen Boden ohne Anbau und Pflege ganz von selbst zu, sie haben nichts zu tun, als ihn in der Regenzeit, wo er seine Reife erlangt, zu schneiden und einzusammeln. Wir passierten die Orte Bolungoa, Gusserge und Dadego und erreichten unter strömendem Regen Galoa oder Tjingoa. Dieses kleine, nur aus wenigen Hütten bestehende Dorf ist von ehemaligen Dienern Almas' bewohnt, die sich hier angesiedelt und gegen Abgabe des vierten Teils ihrer Ernte von Frondiensten frei gemacht haben. Sie bewirteten uns mit mehr als zwanzig Schüsseln verschiedener Speisen und brachten mir außerdem zehn Hühner als Gastgeschenk. Zum ersten Mal aß ich hier ngangala, eine der koltsche verwandte Erdnuß, aber dadurch von ihr unterschieden, daß sie nicht wie diese ölhaltig, sondern sehr mehlreich ist, noch mehliger als unsere besten Kartoffeln, denen sie auch an Wohlgeschmack nichts nachgibt. In der Nacht hatte ich wieder furchtbar an den Schnaken zu leiden. Die Dorfbewohner schützen sich dagegen, indem sie in einen von Dum geflochtenen Sack kriechen, dessen dichtes Mattengeflecht die Insekten nicht eindringen läßt, aber auch dem darin Liegenden, da die einzige Öffnung dem Boden zugekehrt wird, die Luft zum Atmen nimmt; wenigstens konnte es Hammed, der es den Eingeborenen nachzutun versuchte, nur ganz kurze Zeit in der erstickenden Umhüllung aushalten.

Nächsten Morgen brachen wir zeitig auf, die Richtung von 230 Grad weiter verfolgend. Zahlreiche Termitenhügel, mitunter von acht bis zehn Fuß Höhe, verleihen der Gegend einen eigentümlichen Charakter. Bei Tag verbergen sich die weißen rotköpfigen Ameisen, aber sobald es Abend wird, erscheinen sie in Scharen auf dem oberen Rand ihres Palastes und bauen emsig fort an den turmartigen Röhren aus Tonerde, die im Inneren einen bis eineinhalb Dezimeter im Durchmesser haben und, oft zu zwanzig aneinandergefügt, zusammen eine Pyramide bilden. Wie es scheint, finden die Tierchen in dem Ton, mit dem sie bauen, auch die zu ihrer Nahrung dienenden Stoffe. Jeder Bau hat seine Königin, die sich durch bedeutende Größe vor den Volksgenossen auszeichnen soll. Zu beiden Seiten unseres Weges standen eine Menge zierlicher Farnkräuter, und mannigfache Arten von Schlinggewächsen, darunter die digdiggi mit süßer genießbarer Frucht, die ich schon in Kanem kennengelernt hatte, umrankten die Bäume bis hinauf in ihre höchsten Wipfel. Um neun Uhr lagerten wir in Galegero, dem letzten Ort der Landschaft Gomati. Eine Veranda, von digdiggi und Flaschenkürbissen umlaubt, gewährte mir Schutz gegen die zwischen dem dunklen Gewölk umso brennender herabschießenden Sonnenstrahlen. Unfern davon war der ebenfalls von grünen Laubwänden eingefaßte mohammedanische Betplatz, eine Moschee-Laube, dergleichen ich übrigens nur in einigen Orten antraf, denn die Mehrzahl der Bewohner ist auch äußerlich noch nicht zum Islam bekehrt.

Nachmittags um zwei Uhr wurde die Reise, immer südwestwärts, fortgesetzt. Unsere Karawane glich, da die Hälfte der Reisegesellschaft krank war, einem Feldhospital. Wir befanden uns nun in der Provinz Udje und traten in den prachtvollen Wald von Buddumasseli ein. Er besteht aus lauter riesigen, wohl tausend Jahre alten Bäumen. All diese reiche Waldvegetation aber stand jetzt im Sumpf, stellenweise in Teichen von einem halben bis einem Fuß Tiefe; größere Landtiere schienen sich gar nicht darin aufzuhalten. Auf der Strecke, die wir durchmaßen, ist der Wald eine Stunde breit, nach Westen zu soll er jedoch bedeutend breiter sein. Nachdem wir an dem Ort Buddumasseli rechts vom Weg vorbeigegangen, kamen wir um fünf Uhr nach Teba, wo ich zu lagern befahl. Die Bewohner des Ortes machten Miene, unserem Bleiben sich mit Gewalt zu widersetzen, ein paar blinde Schüsse brachten sie indes zur Raison, so daß sie uns nun lieferten, wessen wir bedurften.

Morgens ging es in südwestlicher Richtung vorwärts. Nach kurzem Marsch umfing uns ein Wald von gleicher Pracht und Größe wie der Buddumasseli, natürlich aber ebenfalls im Wasser stehend; sein Boden war ein einziger großer See. Mitten in dem Wald wurden wir von einem starken Gewitterregen überrascht; wir flüchteten auf eine kleine Erhöhung, auf der ich mein Zelt errichten ließ, um wenigstens die für den Sultan von Uandala bestimmten Geschenke, unter anderem einen Burnus von weißem Stoff, vor dem Verderben durch Nässe zu bewahren. Allein das Wasser stieg immer höher, bald überflutete es auch unsere Insel, und wir mußten die Sachen auf unseren Armen emporhalten. Erst nach einer Stunde hörte der Regen auf. Nachdem sich die Flut allmählich wieder gesenkt hatte, zündeten meine Leute ein Feuer an, an dem die durchnäßten Kleider getrocknet und eine Ziege, die wir bei uns hatten, gebraten wurde. Während wir damit beschäftigt waren, zog eine Karawane vorbei, die koltsche und ngangala von Udje nach Kuka zu Markt führte. Almas hielt sie an und befahl den Händlern, sie sollten uns ein paar Säcke voll dalassen, indem er behauptete, als Kam-mai-be habe er das Recht, unterwegs Lebensmittel für unseren Bedarf zu requirieren. Diese weigerten sich indes, von ihrer Ladung etwas unentgeltlich herzugeben, so daß es zu Gewalttätigkeiten gekommen wäre, wenn ich mich nicht ins Mittel gelegt und Almas, der schon seine Flinte ergriff, aufs ernstlichste zur Ruhe verwiesen hätte. Ich kaufte den Leuten ngangala für uns ab und machte ihnen obendrein ein Stück Ziegenfleisch zum Geschenk, worauf sie befriedigt weiterzogen.

Auch wir setzten unseren Weg durch den Wald fort, indem wir uns noch mehr südlich wandten. Wo aus den Sümpfen oder Teichen ein trockener Platz hervorragt, sieht man die Türme und Pyramiden der Ameisen. Manche ihrer künstlichen Bauten sind von ihrem gefährlichsten Feind, dem Ameisenbär, zerstört. Unglaublich schnell wühlt derselbe mit seinen scharfen Krallen die Erde bis ins Innerste dieser Ameisenwohnungen auf, streckt dann die lange, gegen Stiche und Bisse unempfindliche Zunge hinein, die geängstigten Tierchen sammeln sich darauf und werden zu Hunderten auf einmal von ihm verschluckt. Es heißt, der Ameisenbär verschone stets die Königin des Baus, damit der Stamm nicht aussterbe, wahrscheinlich aber wohl, weil sie zu groß ist für seinen engen Schlund. In dem Dorf Malim-eri, das rings von koltsche-Feldern umgeben ist, wurde um sechs Uhr gelagert.

Weder Schnaken, Flöhe noch sonstige Plagegeister störten diesmal unsere Nachtruhe, und neugestärkt setzten wir uns morgens wieder in Marsch. Kaum vom Dorf entfernt, überfiel uns abermals ein gewaltiger Platzregen, der zum Aufschlagen meines Zeltes nötigte, jedoch nicht länger als zwanzig Minuten anhielt. Hier beginnt nun die Zone der Kuka-Adansonie, des Riesen unter den Riesenbäumen; gewöhnlich hat ihr Stamm in Höhe eines Meters von der Erde zehn bis zwölf Meter im Umfang. Hoch in der Luft gewahrte ich den ersten kirgalibu, einen mächtigen Raubvogel, an Größe den Königsadler übertreffend.

Vormittags gegen zehn Uhr langten wir in der Stadt Mai-dug-eri an, die nur einen Kilometer weit vom linken Ufer des Ngadda-Flusses gelegen ist. Auf dem Dendal, dem Marktplatz der Stadt, machte unsere Karawane halt. Meine Leute feuerten ein paar Schüsse ab, worauf der Kre-ma, der in Abwesenheit des nach Kuka gereisten Stadtobersten die höchste Behörde repräsentierte, herbeikam und, nachdem er mich begrüßt hatte, uns drei nebeneinanderstehende Hütten zur Wohnung anwies. Alle Häuser oder vielmehr Hütten des Orts sind in der Form von Bienenkörben ganz aus Stroh und Binsen zusammengefügt. Im Inneren ist das runde Strohdach hübsch verziert; an der Wand prangen Töpfe von Ton, Strohteller und hölzerne Schüsseln, die von der Frau mitgebrachte Aussteuer. Mai-dug-eri verdient übrigens die Bezeichnung als birni, d. h. Stadt, denn in seinen zerstreuten, zwischen Bäumen versteckten Hütten lebt eine

Bevölkerung von gegen fünfzehntausend Seelen, und zwar war es ein neues Volk mit einer neuen Sprache, das mir in den Einwohnern entgegentrat: die Gamergu, die sich von den Kanuri des nördlichen Bornu wesentlich unterscheiden, hingegen mit den Uandala nahe verwandt sind. Von Farbe schwarzbraun, haben die Gamergu ausgeprägte, doch nicht gerade häßliche Negerphysiognomien, die Männer meist hohe und muskulöse Gestalten. Bei den Frauen schien mir ein sanfter Gesichtsausdruck vorherrschend zu sein; sie tragen wie die Kanuri- und Tebuweiber große Ringe oder Platten in der durchbohrten Nase; ihr Haar aber hängt nicht wie bei diesen in kurzen Zöpfen rings um den Kopf herab, sondern liegt, von hinten nach vorn zu einem hohen Wulst zusammengerafft, über dem Scheitel, während es an den Seiten des Kopfes kahl geschoren wird. Sonst hat die Tracht nichts Abweichendes von der in Kuka. Die Kinder, Knaben wie Mädchen, gehen bis zum Eintritt der Pubertät ganz nackt und eignen sich frühzeitig eine große Fertigkeit im Schwimmen an; dennoch war eben am Tag meiner Ankunft ein junges Mädchen in den Wellen der raschströmenden Ngadda ertrunken. Obgleich die Gamergu eine eigene Sprache besitzen, hat sich in Mai-dug-eri und in den anderen Städten des Landes, seitdem es unter die Oberherrschaft von Bornu gekommen ist, die Kanuri-Sprache eingebürgert. Nur in den an den Karawanenstraßen liegenden Ortschaften wurden die Gamergu zum Islam bekehrt; die übrigen sind noch Heiden, gegen die der Sultan, das eigene Land plündernd und entvölkernd, gelegentlich eine Razzia unternimmt.

Als Weißer war ich natürlich, zumal nordische Araber und Berber höchst selten bis hierher kommen, ein Gegenstand des Erstaunens für die Einwohner. Sobald ich mich auf der Straße sehen ließ, eilten die Leute herbei und betrachteten voll Neugier den weißen Nassara. »Seht«, riefen sie einander zu, »auch seine Haare sind nicht schwarz. – Seine Nase ist gebogen, wie bei den Schua-Arabern. – Ob er mit seinen Augen auch bei Nacht sehen kann? – Ein Weißer kann ja die Sonnenstrahlen nicht vertragen!« usw.; keiner jedoch wurde zudringlich oder legte gar fanatische Unduldsamkeit an den Tag.

Nach den freundlichen Worten, womit mich der Kre-ma

begrüßt hatte, glaubte ich, er würde auch für unsere Verpflegung sorgen. Allein vergebens harrten wir abends auf eine Sendung von ihm und hätten den Tag hungrig beschließen müssen, wenn uns nicht die Nachbarn und die Frau des abwesenden Stadtobersten mit Mundvorrat versehen hätten. Am anderen Morgen erschien der Kre-ma in meiner Hütte, entschuldigte sich unter allerlei nichtigen Vorwänden wegen der Versäumnis vom vorigen Abend und versprach, sogleich ein Frühstück zu senden. Ehe er fortging, überreichte er Almas einen Mariatheresientaler; nach der Sitte hat nämlich jede Stadt dem durchreisenden Kam-mai-be einen oder zwei Taler zum Geschenk zu machen. Indes auch das versprochene Frühstück blieb aus, und ich war genötigt, zur Stillung unseres Hungers Ngangala und Birma zu kaufen. Die Birma ist eine Yams-Art mit rankendem Laub, einer mehlhaltigen, etwas bitteren, aber sehr nahrhaften Wurzelknolle, die bisweilen die Größe einer Flasche erreicht und unangebaut wild im Wald wächst. Empört über die Wortbrüchigkeit des Kre-ma ließ ich ihn zu mir rufen. Ich schalt ihn und drohte, indem ich ihm den Taler, den er Almas gegeben, vor die Füße warf, ich würde den Sultan von seinem Benehmen gegen mich in Kenntnis setzen. Ohne ein Wort zu erwidern, hob er den Taler vom Boden auf und steckte ihn gelassen ein. Dann entfernte er sich, mit dem Versprechen, zum Abend Speisen für uns herbeizuschaffen. Natürlich kamen sie ebensowenig wie das Frühstück. Almas ersetzte ich seinen Taler aus meiner Tasche; unsere Abendmahlzeit aber fiel kärglich genug aus, da es auf dem Markt nichts Genießbares außer saurer Milch zu kaufen gab. Immerhin hatte der Rasttag meinen kranken Leuten sowie den ermüdeten Lastochsen gut getan.

Frühmorgens am 16. September verließen wir den ungastlichen Ort und gelangten bald ans Ufer der Ngadda. Der Fluß, der hier gerade von Westen nach Osten strömt, war bis zum Rand mit Wasser gefüllt; in manchen Jahren tritt er aus seinem Bett und überschwemmt alle Felder bis dicht an die Stadt. Seine Breite betrug sechzig Meter bei durchschnittlich sechs Meter Tiefe.

Das Übersetzen über den Fluß ging rasch vonstatten. Die Pferde und Ochsen wurden schwimmend hindurchgeritten, und diejenigen meiner Leute, die nicht schwimmen konnten, ließen sich von anderen auf Kürbisschalen hinüberbugsieren. Am jenseitigen Ufer marschierten wir in der Richtung von 160 Grad dem Ort Mai-schig-eri zu, den wir nach eineinhalb Stunden erreichten.

Mai-schig-eri liegt einen Kilometer von der Ngadda entfernt, die hier in gleicher Breite wie bei Mai-dug-eri von Südwesten nach Nordosten fließt; ich badete gegen Abend im Fluß und fand sein vollkommen süßes Wasser so klar, daß ich bis zu zehn Fuß Tiefe hinab Gegenstände deutlich zu erkennen vermochte. Die Bevölkerung des Ortes, wohl zweitausend Seelen stark, ist aus Negern und Schua-Arabern gemischt. Man brachte uns, im Gegensatz zu der schlechten Bewirtung, die wir in Mai-dug-eri gefunden hatten, Speisen in Hülle und Fülle, und Almas erhielt eine schöne Kulgu (das Kleidungsstück, das arabisch tobe heißt) zum Geschenk, worauf er sich nicht wenig einbildete. Ja, man bezeigte mir förmlich Ehrfurcht; begegneten mir Weiber auf der Straße, so ließen sie sich, den Kopf zur Erde gebeugt, auf die Knie nieder und verharrten in dieser demütigen Stellung, bis ich vorüber war. Leider herrscht unter den Schua in entsetzlichem Grad die konstitutionelle Syphilis, und das Übel wirkt umso verheerender, weil sie gar kein Mittel dagegen kennen. Ich wurde daher von allen Seiten um Medizin angegangen, konnte aber nicht damit dienen, da ich meine Medikamente außer Chinin, Opium und Weinstein (zur Bereitung von Limonade) in Kuka gelassen hatte. Auf Begehren der Kranken schrieb ich ihnen Sprüche auf; sie waschen dann die Tinte von der Schrift, trinken das geschwärzte Wasser und halten dies für die beste Arznei. Ohne Zweifel waren es Araber, durch die den Negern die Venerie zugeführt wurde. Woher käme es sonst, daß z. B. die Kanuri in ihrer doch so wortreichen Sprache keinen Ausdruck für das Übel haben, sondern es mit »franssa« (Franzosen) benennen, einen Namen, den sie nur von aus Norden kommenden Arabern hatten hören und aufnehmen können. Wenn früher, namentlich von älteren Afrikareisenden, welche die Seuche bei den Negern vorfanden, umgekehrt behauptet wurde, durch geschlechtlichen Umgang mit Negern sei die Syphilis erst den Weißen mitgeteilt und nach Europa gebracht worden, so war dieser Irrtum wohl daher entstanden, weil man noch nicht wußte, daß Araberstämme, wie die Schua und die Uled Raschid, bereits seit sechshundert Jahren in Zentralafrika seßhaft sind.

Anderntags zogen wir in der Richtung von 130 Grad am Fluß aufwärts, bald näher, bald etwas weiter von seinem Ufer. In der Ferne sah ich bisweilen eine flüchtige Gazelle oder einen Strauß vorüberjagen. Um während der heißen Tagesstunden zu rasten, hielten wir Einkehr in dem links vom Weg liegenden Dorf Amarua, das ganz von Schua-Arabern bewohnt ist. Ich gewahrte unter den Ärmsten ebenfalls viele Opfer der Syphilis; aber auch der arabische Schmutz ist bei ihnen zu Hause, wie denn alle Schua-Dörfer in dieser Hinsicht sehr unvorteilhaft von den reinlichen Kanuri-Dörfern abstechen. Ursprünglich gelb, haben jetzt schon über die Hälfte der Schua zufolge ihrer Vermischung mit den Negern schwarze Hautfarbe, auch sind sie längst aus Nomaden zu seßhaften Ackerbauern geworden, und in nicht ferner Zeit werden sie sich nur noch durch die Sprache von den Kanuri unterscheiden. Sie reden nämlich den alten arabischen Dialekt, der von ihren vor sechshundert Jahren hier eingewanderten Vorfahren gesprochen wurde und der mit dem heutigen Arabisch, dem Maghrebinischen, Ägyptischen oder Syrischen, nur geringe Ähnlichkeit hat. Ihre Weiber tätowieren und bemalen sich stark an Brust, Rücken und Armen, das Haar hängt ihnen in Löckchen, nicht in Zöpfen um den Kopf, und manche tragen Ringe an den Fußzehen. Als besondere Merkwürdigkeit erwähne ich, daß die Schua-Weiber, wie man mir sagte, beschnitten werden.

Durch einen heftigen Gewitterregen zurückgehalten, konnten wir uns erst nachmittags um drei Uhr wieder in Marsch setzen und blieben in dem Dorf Roding-eri an der Ngadda, die an dieser Stelle weit über ihre Ufer getreten war. Man quartierte uns in einer eigens zur Herberge für Gäste bestimmten geräumigen Hütte ein und bewirtete uns reichlich mit Speisen.

Ein nur einstündiger Marsch zwischen wohlangebauten Getreidefeldern brachte uns am anderen Morgen nach der Stadt Kuintaga, wo ich einen Tag zu verweilen beschloß, um meine Vorräte wieder zu ergänzen; denn von den drei Märkten des Landes, Mai-schig-eri, Kassukala und Kuintaga, ist letzterer der

Frauen der Schua-Araber

bedeutendste. Die Stadt, deren Häuser zum Teil wie in Kuka aus Tonerde gebaut sind, gehört dem Bruder des Sultans, Musta (Kanuri-Form für Mustafa).

Nachmittags begab ich mich auf den Marktplatz vor der Stadt. Pferde, Rinder, Schafe, Fleisch, Milch und Butter, Honig, getrocknete Fische, Feld- und Baumfrüchte, Tabak, Salz, Sudanpfeffer, rohes und verarbeitetes Leder, Baumwolle, Zeuge und fertige Kleider, Schüsseln und Krüge, Glasperlen und verschiedene andere Karawanenwaren wurden hier feilgeboten. Auch einige Sklaven standen zum Verkauf aus; für einen jungen, kräftigen Burschen verlangte man achtzehn Taler, hätte ihn aber wohl um die Hälfte des geforderten Preises losgeschlagen. Die Buden und Verkaufsstände waren in Reihen abgeteilt, und jeder Artikel hatte seine besondere Reihe; dank dieser Einrichtung kam es nirgends, obgleich der Markt sehr belebt und lärmend war, zu erheblichen Unordnungen. Sowohl Produkte als Waren werden meist im Tausch gehandelt, nur teurere Gegenstände werden mit Geld bezahlt. Ich kaufte mir auf dem Markt, da mein letzter europäischer Anzug schon sehr dünn zu werden anfing, eine Kulgu von weißem inländischen Kattun, reich gestickt und sehr hübsch gearbeitet, und bezahlte dafür dreieinhalb Taler. In einer Bude bemerkte ich eine Partie der Glasperlen, die ich in Kuka verkauft hatte und hier leicht wiedererkannte, weil sie von einer Sorte waren, welche sonst in dieser Gegend nicht vorkommt, sondern nach Timbuktu und den westlichen Negerländern geht, und wirklich sagte der Verkäufer auf Befragen, sie seien von dem Christen, der sich jetzt in Kuka aufhalte.

Nächsten Tag erfolgte der Aufbruch. Es ging gerade ostwärts weiter, zwischen Feldern und an mehreren kleinen Ortschaften vorbei, bis uns gegen Abend ein Urwald von majestätischen Bäumen aufnahm, in dem mehr als mannshohes Gras und dichtes Dornengestrüpp oft ganz den Durchgang versperrten. Unmöglich wäre hier mit dem großen Pferd, das mir Sultan Omar geschenkt hatte, noch mit einem Kamel durchzukommen gewesen; die Lastochsen zwängten sich wohl oder übel hindurch, freilich nicht ohne daß ihnen die Ladung mehrmals vom Buckel gerissen wurde. Zum Glück schien der Mond, und so konnten wir den Dornen so weit ausweichen, daß sie uns nicht noch mehr, als es geschah, Gesicht und Hände blutig kratzten; meine Kleidung aber hing mir in Fetzen am Leib, als wir um halbzehn Uhr die Ngafoli-Felder von Madegon-eri erblickten und kurz darauf in den Ort selbst einritten. Obgleich die meisten Einwohner schon zur Ruhe gegangen waren, fanden wir eine gute Aufnahme. Doch raubte ein Heer blutgieriger Schnaken, die ihren Stachel selbst durch dicke wollene Decken in die Haut senken, Menschen wie Tieren den Schlaf.

Eine Stunde südlich von Madegon-eri fließt der Jadsaram, den man mir als ein schwaches Flüßchen bezeichnet hatte. Wie erstaunt war ich daher, anderenmorgens an seinem Ufer ange-langt, einen reißenden Strom von fast fünfhundert Meter Breite vor mir zu sehen. Bei den Uferbewohnern waren keinerlei Vorrichtungen zum Übersetzen über den Strom zu finden, denn sie selbst schwimmen behende hindurch, ihre Sachen auf dem Kopf mit sich nehmend. Meine Leute trieben endlich ein Dut-zend großer Kürbisschalen auf, mittels deren unser Gepäck, Stück für Stück einzeln, und auch mein Hund Mursuk, der sehr elend war, hinübergeschafft wurde. Die Pferde und Ochsen, ans Schwimmen gewöhnt, bedurften keiner Nachhilfe. Ich und meine Begleiter ließen uns, indem jeder mit beiden Händen eine Kürbisschale faßte, durch die starke Strömung hindurchtreiben, wobei die Nichtschwimmer von den Eingeborenen unterstützt wurden. Bis nachmittags drei Uhr beschäftigte uns das Herüber-holen der Sachen. Als das letzte Stück glücklich gelandet, gab ich den zwanzig Negern, die uns dabei behilflich gewesen waren, ein Schaf, und sofort machten sie sich darüber her, es zu braten und zu verzehren. Außerdem verehrte ich dem Ortsvorsteher einen roten Fes; der Beschenkte setzte ihn in meiner Gegenwart seinem ältesten Sohn auf, wandte sich dann zu mir und sagte, er sei zu alt, um noch die neuen Moden mitzumachen; barhäuptig geboren, wolle er auch so sterben!

Mit dem Flußübergang waren jedoch noch nicht alle Schwie-rigkeiten dieses Tages überwunden. In östlicher Richtung wei-terziehend, hatten wir bedeutende Hinterwasser zu durchwa-ten; an manchen Stellen ritt ich bis an die Knöchel im Wasser, und der Teil des Gepäcks, der zu schwer war, als daß ihn die Leute auf dem Kopf hindurchtragen konnten, so namentlich mein Zelt und mein Bett, mußte der eindringenden Nässe preisgegeben werden. Endlich, nachdem auch diese letzte Fähr-lichkeit bestanden war, wurde noch vor Abend Bama, die Grenzstadt des zu Bornu gehörigen Gebietes, erreicht.

Zwischen Bama und der Grenze von Uandala hat man einen

Wald zu passieren, in dem oft heidnische Gamergu die Hindurchziehenden überfallen und für die Razzien, die gegen sie angestellt werden, an ihren Feinden, den mohammedanischen Bornuern, Widervergeltung üben. Der Stadtvorsteher hielt es daher für nötig, als wir am folgenden Morgen aufbrachen, uns eine Schar mit Spießen, Bogen und Pfeilen bewaffneter Neger zur Bedeckung mitzugeben; sie hatten die große Kriegspauke, Hörner und kleinere Trommeln bei sich und machten damit im Wald, ich weiß nicht, ob mir zu Ehren oder um sich selbst Mut einzuflößen, fortwährend eine greuliche Musik. Dazu führten die nackten Gestalten kriegerische Tänze auf, indem sie heulend in das Dickicht rannten, dann plötzlich mit hochgeschwungenem Speer auf mich zustürzten, doch ebenso plötzlich einige Schritte vor mir wieder stehen blieben, an ihre Schilde schlugen und, indem sie sich tief verneigten, die Spieße neben sich in die Erde steckten. Auch ohne Eskorte hätten indes die Gamergu unsere Karawane, da wir hinlänglich mit Schießgewehren versehen waren, wohl kaum anzugreifen gewagt.

Dichtverwachsenes Unterholz und üppige Schlinggewächse, die mit ihrer Last die höchsten Bäume fast zu erdrücken schienen, machten den Weg namentlich für unsere Tiere äußerst beschwerlich. Abends um sieben Uhr ließ ich an einem Wassertümpel im Wald das Lager aufschlagen und es mit großen Feuern umgeben, da Löwen, Hyänen und besonders viele Büffel den Wald durchstreifen. Es war überhaupt eine sehr unbehagliche Nacht, die wir hier verbrachten; Schnaken in entsetzlicher Menge verscheuchten mir den Schlaf, und von dem starken Tau wurde ich wie von einem Regenschauer durchnäßt.

Sobald die Morgensonne den Himmel rötete, wurde der Weitermarsch angetreten. Wir wandten uns ostsüdöstlich und erreichten um acht Uhr den ersten bewohnten Ort von Uandala, das Dorf Buendje, am rechten Ufer eines kleinen Flusses gelegen. Die Leute müssen ihre Ngafoli-Felder Tag und Nacht bewachen lassen, sowohl gegen die Bergbewohner, mit denen sie in beständiger Fehde leben, als gegen die Affen, die in ganzen Herden aus dem Wald kommen, um die Saaten zu plündern. Wächter, auf hohen Gestellen sitzend, schauen rings ins Land hinaus und verkünden dem Dorf, wenn sie etwas Verdächtiges

nahen sehen, mit lautem Alarmruf die drohende Gefahr. Wir
verließen Buendje am Nachmittag und gingen dann durch einen
lichten, hauptsächlich aus Gummibäumen bestehenden Wald.
Als wir eine Stunde darin gewandert waren, brach ein Gewitterregen los, vor dem wir anfangs unter einem breitästigen Baum
Schutz suchten. Da er aber nicht aufhörte, befahl ich, die Sachen,
die dem Verderben durch Nässe ausgesetzt waren, umzuladen,
und vorwärts ging's in Wind und Regen auf dem Weg weiter. Es
wurde bereits Nacht, obendrein verbarg sich der Mond hinter
dichtem schwarzem Gewölk. Erst um sieben Uhr erreichten wir
den Berg Grea und das an seiner östlichen Seite liegende Dorf
gleichen Namens. Obgleich ich dem Sultan längst angemeldet
war und auch die Ortsbewohner wußten, daß ein Christ ihren
Herrn zu besuchen komme, fand ich doch nichts zu unserem
Empfang vorbereitet. Der Ortsvorsteher war abwesend; es dauerte lange, ehe ein dürftiges Unterkommen für die Nacht
ausfindig gemacht wurde, und das Essen, das man uns schickte,
war so schlecht, daß ich vorzog, mich hungrig schlafen zu legen.

Morgens beim Erwachen versetzte mich der Anblick des
schönen Berges, ein Anblick, den ich so lange entbehrt hatte,
wieder in bessere Stimmung. Bis zum Gipfel war der Grea grün
bewaldet, hier und da streckten sich an den Abhängen Getreidefelder hin, aus denen die Hütten freundlicher Weiler hervorlug-
ten, und an seinem Fuß weideten Rinder- und Schafherden in
hohem Gras. Als mir nun Hammed eine Schale voll süßer Milch,
die er im Dorf aufgetrieben, als willkommenen Zusatz zu meinem Tee brachte, da vergaß ich vollends alles Ungemach der
letzten Reisetage. Doloo, die Hauptstadt Uandalas, liegt noch
vier Stunden von Grea entfernt. Von hier aus, meinten Almas
und der mir von Aba Bu-Bekr mitgegebene Begleiter, müsse ich
dem Zeremoniell gemäß den Sultan um Erlaubnis bitten lassen,
seiner Hauptstadt nahen zu dürfen. Ich ging aber auf ihre
Anweisungen nicht ein, sondern befahl, die Pferde zu satteln,
und ritt mit ihnen um halb neun Uhr voran. Der Gatroner und
die anderen Diener sollten mit den Lastochsen und meinem
kranken Mursuk, dessen Zustand sich mehr und mehr verschlimmerte, langsam nachfolgen.

Gleich hinter Grea ward der Berg sichtbar, an dessen Fuß

Doloo gelegen ist. Sodann führte der Weg, oft wahrhaft grundlos, durch einen Wald von Gummibäumen zu dem nordöstlich strömenden Fluß Jakoa. Da an den tiefsten Stellen das Wasser nur bis an den Bauch der Pferde ging, konnten wir ihn leicht durchreiten. Jenseits des Flusses war der Weg womöglich noch unpassierbarer als im Wald, alle Augenblicke blieben unsere Tiere in dem zähen, aufgelösten Tonboden stecken. Wir arbeiteten uns indes mühsam vorwärts, bis wir um halb ein Uhr die Häuser von Doloo erblickten. Jetzt ließ ich unter einem schattigen Baum haltmachen und sandte Hammed ab, meine Ankunft zu melden und um Erlaubnis zum Eintritt in die Hauptstadt zu ersuchen. Nicht lange hatten wir gewartet, da nahte sich vom Tor her eine Reitergruppe. Der an ihrer Spitze auf einem prächtigen Schimmelhengst Reitende, in einen Burnus von feuerrotem Tuch gekleidet, hieß uns willkommen und sagte, daß er gekommen sei, uns in die Stadt zu geleiten, worauf wir uns der Kavalkade anschlossen. Außerhalb am Tor erwartete mich Hammed, der bis dahin die Stadt nicht hatte betreten dürfen.

VIERZEHNTES KAPITEL

Beim Sultan von Uandala

Unser Zug ging durch mehrere Straßen und hielt dann vor einem mit Tonmauern umgebenen Gehöft, der mir zugewiesenen Wohnung. Sie bestand aus drei verschiedenen Hütten, die zusammen für mich und mein Gefolge genügend Raum boten. Zwei Stunden nach mir traf auch der Gatroner mit den übrigen Leuten und den Lastochsen glücklich ein. Es ließ sich niemand sehen als ein alter Kre-ma, der sich mir als Diener und Türhüter vorstellte. Auf meine Frage, wessen Gast ich hier sei, erwiderte er, der Kola-ma (Minister) habe für unsere Beköstigung und sonstigen Bedürfnisse zu sorgen. Zu diesem mußte ich aber mehrmals schicken, ehe ich Speisen für uns und einen Sack Ngafoli bekam, der höchstens drei Tage zum Füttern der Pferde und Ochsen ausreichte. Ich hatte ihn zugleich um Butter zum Füllen meiner Lampe bitten lassen (in Zentralafrika wird allgemein Butter statt Öl verbrannt), erhielt aber kaum genug für einen Abend, und als ich um größeren Vorrat ersuchte, sandte er mir eine nur halbvolle Büchse. Welcher Unterschied in der Aufnahme hier in dem kleinen Vasallenländchen und derjenigen, welche mir in Bornu, dem mächtigsten Negerreich, zuteil wurde! In Doloo mußte ich mir von dem Minister das Notwendigste erbitten; in Kuka war ich des Sultans eigener Gast und empfing von ihm Lebensmittel stets in solcher Fülle, daß ich mit dem Übrigbleibenden einen Handel hätte anfangen können, wäre es mir nicht unschicklich erschienen, von seinen Geschenken etwas zu verkaufen.

Am anderen Morgen wollte ich dem Sultan meine Aufwartung machen; da bedeutete man mir, das könne dem Zeremoniell gemäß nicht eher als den dritten Tag nach der Ankunft geschehen. Ich war daher ganz überrascht – eben steckte ich meinem kranken Hund eine Chininpille in den Hals, denn ich dachte, er leide vielleicht wie die Menschen am Wechselfieber –, als ein Hofbeamter mit der Botschaft erschien, der Sultan erlasse mir die vorgeschriebene dreitägige Frist, er wünsche mich und meine Begleiter sofort zu empfangen. Obgleich ich einwandte, es möchte wohl passender sein, daß ich mich dem Sultan zuerst allein vorstelle, da Almas sowohl als auch der von Aba Bu-Bekr mir überlassene Mann doch eigentlich nur Diener von mir wären und Dunkas sogar in Bornu noch als Sklave gelte, bestand der Bote darauf, sie sollten gleich mitkommen, und so machte ich mich mit ihnen auf den Weg.

Die Residenz des Herrschers von Uandala liegt an dem kleinen Fluß, der die größere, westliche Hälfte der Stadt von der östlichen, an den Berg gelehnten scheidet. Sehr weitläufig und ein eigenes Stadtviertel bildend, hat sie doch keineswegs das

Aussehen eines Palastes. Auf dem Platz vor dem Eingang kauerten eine Menge Sklaven, darunter viele, wahrscheinlich die neu eingefangenen, mit Ketten belastet. Man hieß uns hier unsere Schuhe ausziehen; ich entgegnete aber, ich sei nicht gewohnt, mit bloßen Füßen durch den Kot zu gehen, nur in Gegenwart des Sultans würde ich, wenn es die Sitte einmal so verlange, meine Schuhe ablegen. Großes Staunen. Der Fall, der jedenfalls noch nicht dagewesen war, wurde dem Sultan gemeldet. Außer Vogel hatte derselbe noch keinen Christen bei sich empfangen, denn zur Zeit als Denham Uandala besuchte, regierte noch der Großvater des jetzigen Sultans. Bald kam indes der Bescheid, man solle den Christen beschuht eintreten lassen.

Nun wurden wir durch mehrere kleinere Höfe in einen großen inneren Hof geführt. Es war der Audienzplatz. Auf einer Veranda thronte auf erhöhtem, mit Teppichen belegtem Sitz der Sultan. Er trug einen weißen seidenen Haik, darüber einen wollenen, ebenfalls weißen Burnus und als Kopfbedeckung eine rote, turbanartig umwundene Mütze. Zu seinen Füßen kauerte eine Anzahl seiner Günstlinge und Eunuchen. Vor der Veranda stand ein offenes Zelt, unter dem die hohen Würdenträger saßen. Bei späteren Audienzen sah ich nie wieder das Zelt noch überhaupt eine so zahlreiche Versammlung; offenbar wollte der Sultan gleich seine ganze Pracht und Herrlichkeit vor den Fremden entfalten und hatte deshalb auch befohlen, daß ich meine Begleiter mitbringen solle. Ich grüßte Seine Majestät ehrerbietig, und sie erwiderte meinen Gruß mit den mehrmals wiederholten Worten »L'afia, l'afia, marababik« (Friede, Friede, Willkommen), indem sie uns bedeutete, unter dem Zelt Platz zu nehmen. Alle Würdenträger saßen, wie ich sah, so, daß sie dem Sultan den Rücken zuwandten, als ob sie den Glanz, der von dem erhabenen Antlitz ihres Gebieters ausstrahlt, nicht zu ertragen vermöchten. In derselben Weise postierten sich meine Begleiter; ich selbst jedoch fühlte mich hinlänglich stark, von der Sonne seiner Hoheit nicht geblendet zu werden. Bei der nun folgenden Unterredung sprach der Sultan, obgleich er des Arabischen mächtig ist, in der Landessprache, so daß mir seine Worte durch Kanuri ins Arabische verdolmetscht werden mußten. Abgesehen davon, daß in Zentralafrika eine Reaktion gegen das Arabi-

sche eingetreten ist, wie es ja auch in Kuka aufgehört hat, die
Hofsprache zu sein, glauben die afrikanischen Herrscher sich
unter ihre Würde zu begeben, wenn sie sich mit einem Fremden
direkt statt durch Dolmetscher unterhalten.

»Was bist du für ein Landsmann?«, fragte der Sultan. – »Ein
Deutscher.« – »Wohl, aber bist du ein Engländer oder ein
Franzose?« – »Keins von beiden; ein Deutscher; Deutschland ist
ein Land für sich und gehorcht keinem fremden Fürsten.« –
»Ich habe nie von diesem Land gehört, aber man sagt in
Wahrheit, die Christen hätten eine Menge Länder und Fürsten.«
– »Allerdings gibt es noch viele Länder außer diesen, und jedes
Land hat seinen eigenen Fürsten.« – »Hast du Abd-ul-Uahed
(Eduard Vogel) gekannt?« – »Nein, aber viel von ihm gehört und
gelesen; er war ein Deutscher wie ich.« – »Mir sagte er, er sein ein
Engländer.« – »Allerdings hatte er insofern recht, als er für die
englische Regierung reiste.« – »Er war mein lieber Freund.« –
»Ich hoffe, du wirst auch mich mit deiner Freundschaft beeh-
ren.« – »O gewiß! Abd-ul-Uahed war Tag und Nacht bei mir.«

Ich füge hier ein, daß der Sultan eines Tages nahe daran war,
seinen »lieben Freund« töten zu lassen, unter dem Vorwand,
derselbe habe ohne seine Erlaubnis die Berge bestiegen, in
Wirklichkeit aber, weil Vogel sich geweigert hatte, ihm seinen
Revolver und seinen Säbel zu schenken. Der Sultan bemächtigte
sich der beiden Waffen, die noch in seinem Besitz sind, und hielt
den Beraubten in Gefangenschaft, aus welcher diesen nur ein
Drohbrief des Mai Omar von Bornu befreite. Seitdem ist der
Sultan von Uandala, in zwei Kriegen besiegt, ein völlig abhängi-
ger Vasall des Sultans von Bornu geworden, weshalb ich als
Schützling des letzteren dergleichen Gewalttätigkeiten nicht zu
befürchten hatte.

Der Sultan fuhr fort zu fragen: »Bezeugst du Mohammed?« –
»Nein.« Eine so entschiedene Antwort mochte er, obzwar selbst
gleich seinen Untertanen nur ein lauer Mohammedaner, nicht
von mir erwartet haben; er brach in lautes Gelächter aus, und
alle Höflinge lachten pflichtschuldigst mit und klatschten in die
Hände. »Welchen Propheten bezeugst du denn?« – »Jesus
Christus und die Propheten Israels.« – »Es steht aber doch im
Koran, Mohammed ist größer als alle anderen Propheten.« –

247

»Das steht allerdings darin, aber wer sagt uns, daß es wahr sei?« – »Nur die Ungläubigen zweifeln daran. Ich sehe, du trägst einen Rosenkranz, und von sehr schöner Arbeit; beten die Christen auch den Rosenkranz?« – »Viele zählen ihre Gebete danach ab; ich indes trage ihn, die Wahrheit zu sagen, bloß zum Zeitvertreib.« Neues Gelächter. Nach einer Pause fragte der Sultan: »Kannst du Flinten verfertigen?« – »Nein.« – »Kannst du Uhren machen?« – »Nein.« – »Hast du einen indischen Spiegel (Fernglas)?« – »Ja.« – »Hast du einen Revolver?« – »Ja.« – »Hast du eine Uhr?« – »Ja.« Mit einigen Fragen über mein Befinden und über das Wetter, das wir auf der Reise gehabt, endete die Unterredung, und wir wurden entlassen.

Nachmittags wollte ich ausgehen, um mir die Stadt zu besehen; da sagte mir der alte Kre-ma, ich dürfe ohne Erlaubnis des Sultans das Haus nicht verlassen. Natürlich hielt ich mich nicht daran, sondern ging in Begleitung von Almas auf die Straße. Inzwischen lief der Kre-ma rasch voraus zum Kola-ma, ihm von dem wichtigen Vorfall Anzeige machend. Dieser kam uns entgegen und bat mich umzukehren. Ich erwiderte ihm indes, ich sei kein Gefangener, und setzte ruhig meinen Weg durch die Straßen fort. Beim Haus des Kaiga-ma (ein Kanuri-Wort und Titel am Hof von Bornu) waren Arbeiter mit der Erhöhung der Stadtmauer beschäftigt, und um die Leute anzufeuern, spielte man ihnen Musik vor. Es wurden nämlich zwei harfenähnliche fünfsaitige Instrumente mit den Händen gerührt, dazu zwei hölzerne Trompeten von zwei Meter Länge geblasen, eine mit kleinen Steinchen gefüllte und mit Leder überzogene Kürbisschale geschwungen, endlich eine große Trommel gepaukt. Diese höllische Instrumentalmusik begleitete ein alter Mann mit seinem Gesang. Ich war eben im Begriff, die Worte, die er sang, in mein Notizbuch zu schreiben, als der Kola-ma in aller Eile herbeikam und mir mitteilte, der Sultan wolle mich auf der Stelle sprechen.

Ohne Zögern begab ich mich in das Palais und wurde sogleich zum Sultan geführt. Er empfing mich diesmal im Inneren des Hauses, unter einer Veranda sitzend, deren Boden mit grobem Kies bestreut war. Nur zwei Eunuchen und zwei die Tür zum Harem bewachende Sklaven waren zugegen. Nach den üblichen

Begrüßungen sprach er in ziemlich gutem Arabisch: »Es ist sonst strenge Vorschrift, daß Fremde nicht vor dem dritten Tag nach der Ankunft sich mir vorstellen, auch ohne besondere Erlaubnis vor dem dritten Tag ihre Wohnung nicht verlassen dürfen; mit dir aber mache ich eine Ausnahme, du kannst ausgehen, wann und wohin es dir beliebt. Ich hoffe, du wirst diesen Beweis meiner Freundschaft zu schätzen wissen.« Ich bedankte mich höflich, und in ungezwungenem Ton wurde die Unterhaltung weitergeführt. Sultan Bekr, nach seiner eigenen Angabe vierunddreißig, nach meiner Schätzung aber wohl vierzig Jahre alt, von dunkelschwarzer Hautfarbe, mit freundlichem, von einem schwarzen Backenbart umrahmten Gesicht und hoher, wohlproportionierter Gestalt, zeigte sich mir als eine heitere, stets zum Scherzen und Lachen aufgelegte Natur, dabei in religiöser Beziehung vorurteilsfrei und frei von Fanatismus oder Unduldsamkeit. Mit lebhaftem Interesse hörte er an, was ich ihm auf sein Befragen von europäischen Einrichtungen, Fabrikaten und neuen Erfindungen mitteilte. Sodann legte er mir seinerseits die Hauptstücke seines Kuriositätenkabinetts vor: eine Stockflinte, den Revolver, den er Vogel abgenommen hatte, eine mit Kupfernägeln beschlagene Kiste usw.; natürlich sprach ich über alles meine höchste Bewunderung aus. Erst nach zwei Stunden ward ich entlassen.

Abends ging ich, in der Absicht zu baden, an den Gua (Fluß), der von Mora kommt und sich mit dem Jakoa vereinigt, fand ihn aber so seicht vor, daß ich davon abstehen mußte. Auf dem Rückweg nach der Stadt begegneten mir mehrere Dorfbewohner, alle ganz nackt bis auf einen den Sitzteil bedeckenden kurzen Lederschurz, die das Fleisch eines verendeten Esels auf ihren Schultern heimtrugen. Und wie ich mich später überzeugte, wird nicht bloß von den heidnischen Dorfbewohnern, sondern auch von den Mohammedanern in Doloo das Fleisch an Krankheiten verendeter Tiere genossen. In meiner Wohnung angelangt, ließ ich den Kola-ma um einen Topf voll Busa, hier »nbull« genannt, bitten, ein Gebräu, dessen vorzügliche Bereitung in Uandala man mir gerühmt hatte; allein das widerliche Aussehen schreckte mich ab, es zu versuchen, ich überließ des Getränk meinen zum Teil immer noch kranken Dienern.

Früh am anderen Morgen wurde ich von einem Boten des Sultans aus dem Schlaf geweckt, durch den er mich ersuchte, sogleich zu ihm zu kommen. Neugierig, was sein Begehr war, zog ich mich rasch an und folgte dem Boten. Der Sultan bat mich um Medizin für eine seiner Töchter, die auf einem Auge erblindet war. Da ich sah, daß hier mit Medikamenten, vielleicht selbst mit einer Operation nicht mehr zu helfen sei, schrieb ich nur einen Spruch nieder und legte den Zettel auf das leidende Auge, womit der Vater wie die Tochter sich befriedigt erklärten.

Ich übersandte nun dem Sultan meine Geschenke, hauptsächlich aus verschiedenen Gewehren bestehend, und er bezeigte seine volle Zufriedenheit damit. Den Kola-ma, der zwar nichts von mir erwartet zu haben schien, beschenkte ich mit einem Stück weißen Kattun von siebzig Ellen, einem Turban und ein paar Taschentüchern.

Nachmittags ließ mich der Sultan wieder zu sich rufen. Nachdem er mir alle seine übrigen Sachen, selbst seine Kleidungsstücke gezeigt hatte, verlangte er meinen Revolver zu sehen. Ich schickte nach der Waffe, und als sie der Sultan betrachtet hatte, äußerte er sich ganz entzückt über die wundervolle Arbeit. Plötzlich sagte er: »Willst du zehn Sklaven dafür, oder wie viele ist er dir wert? – Kola-ma, suche zwanzig Sklaven aus, zehn männliche und zehn weibliche, und gib sie dem Christen. – Bei Gott, den Revolver lasse ich nicht aus! – Du da, trage ihn schnell fort!« Damit übergab er ihn einem Eunuchen, der sich damit entfernte. Der Kola-ma wollte gehen, um die Sklaven für mich zu holen; ich protestierte aber, indem ich dem Sultan sagte. »Du weißt doch, daß ich kein Sklavenhändler bin; den Revolver, da du ein so unwiderstehliches Verlangen danach trägst, mache ich dir zum Geschenk, doch ist es mir umso schmerzlicher, mich von demselben zu trennen, wenn ich bedenke, daß die Waffe, sobald die paar Ladungen verschossen sein werden, für dich gar keinen Nutzen mehr haben kann. Indes«, fügte ich hinzu, »will ich dir von Kuka aus die noch vorrätige Munition dazu schicken.« So war ich denn um meinen schönen damaszierten Revolver gekommen. Ich hatte ihn von Lefaucheux in Paris gekauft, und Lefaucheux' Revolver versagen nie, was bei den besten englischen und deutschen nicht selten der Fall ist.

War es der Ärger über den Verlust meines Revolvers oder hatte ich mich zu sehr angestrengt, ich bekam abends heftiges Fieber und mußte mich zeitig niederlegen. Die ganze Nacht hindurch von wirren Träumen verfolgt, fühlte ich mich am Morgen aufs äußerste ermattet. Eine starke Dosis Chinin in Zitronensäure aufgelöst hemmte zwar sofort das Fieber, die Kräfte aber kehrten mir nur sehr langsam zurück. Als der Sultan erfuhr, daß ich mich unwohl fühlte, schickte er mir eine fette Kuh, zwei Lederbüchsen voll Butter und einen Topf Honig nebst einem Gericht aus seiner Küche. Im übrigen blieb nach wie vor die Kola-ma mit unserer Verpflegung betraut; die Speisen, die er uns zukommen ließ, waren meist unverdaulich, und das Futter für die Pferde so wenig ausreichend, daß ich es durch selbstgekauftes ergänzen mußte.

Einen noch schmerzlicheren Verlust als am vorigen Tag sollte ich an diesem erfahren. Mein armer Hund, der schon längst nicht mehr gehen konnte, war nachts aus meinem Zimmer, als wollte er mir den Anblick seines Todes ersparen, in den Stall gekrochen und wurde am Morgen tot zwischen den Pferden liegend gefunden. Es kamen sogleich eine Menge Leute herbei, welche den Leichnam zum Verspeisen haben wollten, darunter auch ein Verwandter des Sultans. Letzterem schenkte ich ihn, und hocherfreut trug er den Braten auf seinem Kopf nach Hause. Man ersieht aus dem Umstand, daß selbst ein Verwandter des Sultans sich nicht scheute, ein nicht geschlachtetes, sondern verendetes Tier, das den Mohammedanern für djifa, d. h. unrein gilt, dessen Genuß daher aufs strengste verboten ist, vor aller Augen als Braten heimzutragen, wie wenig der Islam seinem Wesen nach sich hier eingebürgert hat. Meinerseits dachte ich, besser, das Geschöpf, das mir im Leben so große Dienste geleistet, dient auch im Tod noch jemandem zum Nutzen, als daß es ungenutzt in der Erde verwest. In unseren Herzen haben ich und alle meine damaligen Begleiter ihm ein dankbares Andenken bewahrt. Als ich 1869 den Gatroner in Tripolis wiedersah, war viel von seiner unermüdlichen Wachsamkeit die Rede, und so oft ich meinen kleinen, jetzt erwachsenen Reisekumpan Noël in Berlin besuche, erinnern wir uns stets gern des treuen Mursuk.

Bis zum Nachmittag hatte sich mein Zustand so weit gebessert, daß ich den kurzen Weg zur Residenz zwar nicht zu Fuß, doch zu Pferd zurücklegen konnte. Der Sultan bot mir einen jungen Löwen als Präsent an. Ich dankte natürlich für die Ehre, mit dem Ersuchen, er möge das schöne Tier aufbewahren, bis einmal vielleicht ein anderer Reisender aus einem Christenland zu ihm käme, der mit geeigneteren Mitteln zu dessen Transport versehen sei als ich. Von mir verlangte er, ich solle ihm vier Sprüche aufschreiben: einen, der ihn unverwundbar, einen anderen, der ihn immer siegreich über seine Feinde mache, einen dritten, der die Kraft habe, daß niemand seine Stadt einnehmen könne, und einen vierten, der ihn vor jeder Krankheit schütze. In seinem Aberglauben befangen, kam der Verblendete gar nicht auf den Gedanken, daß derjenige, dem er solche Zaubermacht zutraute, in diesem Augenblick ja selbst von Krankheit befallen war.

Auch am Morgen des 27. September bat mich der Sultan wieder zu sich, und wieder hatte er allerhand Begehren an mich zu stellen. Ich sollte ihm meine Uhr – den Chronometer, überhaupt alle wertvolleren Sachen hatte ich in Kuka gelassen – und mein Fernrohr zeigen. Allein da ich nun wußte, daß Sehen und Behalten bei ihm eins sind, gab ich vor, die beiden Gegenstände seien ganz zu unterst in meinem Reisesack verpackt und ließen sich jetzt nicht heraussuchen. Er beruhigte sich darüber, verlangte aber nun mein Zelt zu sehen. Dieses glaubte ich eher missen zu können, denn ich hatte noch zwei kleinere Zelte mit, die jetzt, nachdem der größte Teil des Gepäcks hier verschenkt worden war, für meinen Bedarf genügten. Ich schickte danach, und als es aufgeschlagen vor dem Sultan dastand, fanden die eisernen Pflöcke, das starke Segeltuch, die innere Bekleidung aus blauem Merino sofort seinen allerhöchsten Beifall, und ohne mich weiter zu fragen, sah er es als sein Eigentum an.

Dafür erhielt ich leicht die Erlaubnis zur Besteigung des südlich von Doloo zirka drei Tagereisen entfernten Berges mendif, dessen Gipfel man als den höchsten Punkt des Gebirges bezeichnet. Leider erwies sich aber mein Vorhaben als undurchführbar. Die Regenzeit, die in Uandala und besonders in dem angrenzenden Gebirge gewöhnlich volle sieben Monate dauert, verlängerte sich in diesem Jahr noch darüber hinaus, und während derselben auf die Berge zu gehen ist eine reine Unmöglichkeit. Außerdem stellte man mir vor, daß die Bewohner des Gebirges jeden von Uandala Kommenden als Feind behandeln; denn der Sultan ist wie mit allen Nachbarstämmen beständig im Krieg mit ihnen. Bestreitet er doch seinen ganzen, nicht unbeträchtlichen Aufwand einzig aus dem Verkauf der Menschen, die er in den Grenzländern ringsum jagt und als Beute mit fortschleppt. So geschah es in der Zeit meiner Abwesenheit in Doloo, daß eines Abends der Kola-ma mit fünfzig Mann auf Menschenraub auszog und in einem jenseits der Grenze liegenden Dorf ein Dutzend wehrloser Weiber und Kinder vom Feld wegfing. Unselige Folgen des Sklavenhandels! Hätte ich noch monatelang dableiben können, so würde sich vielleicht Gelegenheit gefunden haben, unter sicherer Bedeckung in das Gebirge zu kommen; allein ich mußte wieder in Kuka sein, wenn die Antwort auf mein Schreiben an den Sultan von Uadai dort eintraf, leider also von meinem Vorhaben Abstand nehmen.

Als Gegengeschenk für das Zelt verehrte mir der Sultan eine Meerkatze von der kleinen, in der Berberei und in Tibesti heimischen Art und zwei alte wertlose Pantherfelle, die indes meine Leute zu Schlafdecken gebrauchen konnten; ein Stachelschwein lehnte ich mit dem Bemerken ab, dieses Tier sei auch in Europa genugsam vorhanden. Obgleich er nun schon Geschenke im Wert von hundertfünfzig Talern von mir bekommen hatte, verlangte er noch, ich solle ihm meine Doppelflinten schenken oder wenigstens gegen zwei seiner verrosteten Steinschloßgewehre in Tausch geben. Ich erklärte ihm jedoch kurz, die Flinten seien Eigentum meiner Begleiter, die ich nicht zwingen dürfe, ihre guten Waffen gegen schlechte zu vertauschen. Ehe er mich entließ, mußte ich versprechen, nächsten Vormittag wieder zu ihm zu kommen.

Seiner Gewohnheit gemäß ging auch diese Morgenaudienz nicht vorüber, ohne daß er dies und jenes von meinen Sachen begehrte. Zuletzt beanspruchte er eine Portion von aller Medizin, die ich bei mir hatte. Ich brachte ihm Brechpulver, Chinin und Opiumextrakt, belehrte ihn auch über den Gebrauch dieser Arzneimittel. Da er aber in höchstem Grade mißtrauisch ist und in beständiger Furcht schwebt, vergiftet zu werden – er berührt keine Speise, die nicht seine Mutter zubereitet hat, und niemand, sei es auch sein Bruder, darf sich ihm bewaffnet nahen –, sollte ich vor seinen Augen von jedem der drei Medikamente etwas einnehmen. Ich entschuldigte mich mit meinem Unwohlsein, worauf Almas, als echter Höfling, an meiner Statt das fatale Experiment freiwillig an sich vollzog. Man kann denken, welche Wirkung dieses gleichzeitige Verschlucken drei so drastischer Arzneien hervorbrachte und welch fürchterliche Grimassen Almas' ohnehin häßliches Negergesicht verzerrten. Von der Todesfurcht des Sultans erhielt ich einen neuen Beweis, als er mich bat, einen Leistenbruch, an dem er litt, zu untersuchen; denn da ich sagte, er möge sich entkleiden und solange seine Diener hinausschicken, brach er in die Worte aus, die mir Almas nachher verdolmetschte: »O seht den Christen! Er will mit mir allein sein und mich dann erdrosseln!« Beim Weggehen forderte er mich auf, nachmittags mit nach Mora, der früheren Hauptstadt von Uandala, zu reiten, was ich gern annahm.

Pünktlich um zwei Uhr fand ich mich, von Almas, Dunkas und dem Gatroner begleitet, vor der königlichen Wohnung ein, wo bereits etwa fünfzig Große des Reiches, alle zu Pferd und mit ihrer besten Kleidung angetan, versammelt waren. Bald erschien auch der Sultan auf einem schönen, reichgeschirrten Schimmel; er war ganz in Weiß gekleidet und saß auf einer blauseidenen, mit Goldsternchen gestickten und mit goldenen Fransen besetzten Schabracke, einen aufgespannten blauen Regenschirm in der Hand haltend. Sobald die Großen seiner ansichtig wurden, erhoben sie zur Begrüßung ein wüstes Geschrei, in dem ich die Worte: »Sieger – Stier – Löwe – Herrscher der Könige« unterscheiden konnte. Ich und meine drei Begleiter mußten uns an die Spitze des Zuges stellen, wahrscheinlich weil wir mit Flinten bewaffnet waren, während alle anderen nur Lanzen hatten; dann folgten die Würdenträger und zuletzt der Sultan, umgeben von seinen Sklaven und Eunuchen. Wo der Zug vorüberkam, fielen die Leute auf die Knie nieder und schrien, so laut sie konnten, namentlich die Weiber. Auch seitens der Großen hörte das barbarische Geschrei den ganzen Weg über nicht auf. »Eine Grube, o Herr! – Ein Stein, o Herr! – Habt Acht, o Herr! – Ein Kornfeld, o Löwe!«, so gellte es mir in einem fort in die Ohren.

In kurzem Trab ritten wir zweieinhalb Stunden südwestlich immer durch den Wald. Dann lag die Trümmerstätte von Mora vor uns an der Nordseite einer steilen, sechs- bis achthundert Fuß hohen Bergwand. Die Stadt wurde 1863 im letzten Krieg mit Bornu von Aba Bu-Bekr, dem Sohn des Sultans von Bornu, eingenommen und gänzlich zerstört. Der Sultan hatte sich mit seiner Kriegsschar auf den Berg zurückgezogen. Dorthin konnte ihm der Feind nicht folgen, und es kam eine Kapitulation zustande, laut welcher er sein Land von Bornu zurückerhielt, dafür sich zum jährlichen Tribut einer bedeutenden Anzahl Sklaven verpflichtete. Als Unterpfand des Friedens mußte er Aba Bu-Bekr seine Tochter zur Frau geben.

Jetzt hatten sich bereits wieder etwa fünfzig Familien an der Stätte neu angesiedelt. All ihre Habe und ihre Vorräte aber verwahrten sie der Sicherheit wegen oben auf dem Berg, der allerdings ohne europäische Geschütze, wenigstens von der Nordseite her, uneinnehmbar ist. Für den Sultan war ebenfalls wieder ein Haus hier errichtet worden. Vor demselben hielt der Zug, doch ich allein wurde vom Sultan eingeladen, mit ihm hineinzutreten. Drinnen fragte er mich, ob auch den christlichen Königen, wenn sie ausreiten, solche Ehren von ihrem Gefolge erwiesen würden, wie ich sie auf dem Weg hierher gesehen und gehört hätte. Ich erwiderte, jedermann bezeuge bei uns dem König Ehrfurcht, nur geschehe es in anderer Weise; auf Steine und Gruben brauche man den König nicht durch lautes Rufen aufmerksam zu machen, weil alle Wege gebahnt oder gepflastert seien. Das schien freilich über seinen Horizont zu gehen, er schüttelte ungläubig den Kopf dazu. Hierauf mußte ich die einzige Merkwürdigkeit des Orts bewundern, einen Zitronenbaum im ehemaligen Garten des Sultans; sonst erhebt noch hier und da eine einsame Palme ihr Haupt über die zerstörten Häuser und Hütten. Nach kurzer Rast stiegen alle wieder zu Pferd, und im Trab ging es denselben Weg zurück. Die Nacht war schon hereingebrochen, als der Zug in Doloo ankam.

Mora ist einer der südlichsten Orte in Uandala; ich hatte somit ziemlich das ganze Ländchen gesehen, und da die überschwemmten Wege dem weiteren Vordringen ein unüberwindliches Hindernis entgegensetzten, schickte ich mich zur Rückreise nach Kuka an. Am folgenden Tag wurde ich dreimal zum Sultan gerufen. Das letztemal, abends, fand ich ihn im Inneren seines Weiberhauses vor einem lodernden Feuer, das sowohl der Beleuchtung als der Erwärmung wegen brannte, denn sobald das Thermometer unter +30 Grad sinkt, frösteln die Eingeborenen schon. Er äußerte den lebhaften Wunsch, eine Flagge zu besitzen, und hatte ein Auge auf meine Bremer Flagge aus feinem Merino geworfen. Ich machte ihm indes begreiflich, wenn ein Sultan die Flagge eines anderen Sultans führe, so halte ihn alle Welt für dessen Untertan; es müsse also für das Reich Uandala eine eigene Flagge angefertigt werden. Den nächsten Morgen ließ ich von Almas einen Halbmond von weißem Baumwollzeug mit einem Stern und noch einem anderen Abzeichen auf ein viereckiges Stück roten Damast nähen und einen Stock daran befestigen, an dem man es heraufziehen und herunterlassen konnte. Diese roh zusammengestückelte Flagge brachte ich dem Sultan. Sie wurde sofort an einer passenden Stelle seines Hauses aufgepflanzt. Als er sie von dort herabwehen sah, glänzte sein fettes Negergesicht vor Stolz und Freude. Auf die Frage, wann die Sultane ihre Flagge aufziehen, gab ich ihm zur Antwort: »Freitags und an anderen mohammedanischen Feiertagen.«

Vormittags am 30. September machten wir dem Sultan unseren Abschiedsbesuch. Meine Begleiter erhielten Sklaven zum Geschenk: Almas und der Mann Aba Bu-Bekr's jeder ein erwachsenes Mädchen im Wert von fünfundzwanzig Taler, Hammed einen Knaben von gleichem Wert, Dunkas ein kleines Mädchen im Preis von etwa zehn Taler. Für mich wurde ein Ameisenfresser (Erdferkel, Orycteropus aethiopicus) gebracht, und da ich bedauerte, das interessante Tier nicht mitnehmen zu können, erbot sich der Sultan, es mir nach Kuka nachzusenden. Zugleich forderte er mich auf, selbst zu sagen, was ich noch begehrte; jeder meiner Wünsche sollte erfüllt werden. Ich erwiderte, für meine Person bedürfe ich nichts weiter, ich hätte nur den Wunsch, daß er Reisende, die nach mir zur Erforschung des Landes und der Gebirge hierherkämen, gastlich aufnehmen

Mora, die frühere Hauptstadt des Sultanats Uandala

und ihnen alle Unterstützung bei ihrem Vorhaben gewähren möge. Das versprach er mit den Worten: »Sage allen Christen, ich bin ein guter Mann, und jeden, aus welchem Christenland er sei, werde ich willkommen heißen.«

Einige Stunden nach der Abschiedsaudienz schickte mir der Sultan noch folgende Präsente: einen Korb Datteln, in Uandala eine große Rarität, einen Topf voll Nbull, das ich aber, obgleich es im Gebirge bereitet war, ebenso ungenießbar fand wie das früher von dem Kola-ma mir übersandte Gebräu, ferner einen kräftigen, etwa zwanzigjährigen Burschen, dergleichen auf dem Sklavenmarkt zu Kuka um fünfundzwanzig Taler verkauft werden, und eine zwischen zwölf und dreizehn Jahre alte Maid von tiefschwarzer Farbe, für die wohl, da sie eben die Pubertät erreicht hatte, doppelt soviel zu erlangen wäre. Letztere wollte ich gleich wieder zurückgeben; man sagte mir aber, der Sultan würde dies als eine Beleidigung ansehen, denn er habe sie seinem eigenen Harem entnommen. Sie verstand kein Wort

Kanuri und bezeigte völlige Gleichgültigkeit gegen ihr Schicksal, als ich ihr verdolmetschen ließ, daß sie mit nach Kuka gehen solle.

Uandala ist im Süden halbkreisförmig von Gebirgen umschlossen, im Westen bildet der Delaleba, im Osten unabhängiges Fellata-Gebiet, im Norden Bornu die Grenze. Die Bewohner, im ganzen etwa hundertfünfzigtausend, wovon dreißigtausend auf die Hauptstadt kommen, halten sich für nahe mit den Kanuri verwandt, und in der Tat haben die Sprachen der beiden Völker eine Menge übereinstimmender Wörter. In der Körperbildung aber stehen die Uandaler den Haussa näher als den Kanuri, von denen sie sich durch vollere Formen unterscheiden. Die Männer haben einen hohen, doch flachen Vorderkopf, grobes, krauses Haar, feurige Augen und weniger platte, mehr gebogenere Nasen als die Bornuer. Nach meinen Wahrnehmungen haben die Frauen, meist von kleiner Statur, breite Gesichter mit hervorstehenden Backenknochen, ausdrucksvolle Augen und nicht so stark gewulstete Lippen wie die Männer. Hinsichtlich der Industrie, namentlich was die feineren Arbeiten anlagt, können sich die Uandaler nicht mit den Kanuri messen; nur in der Verarbeitung des Eisens, das in großen Mengen im Gebirge zu lagern scheint, haben sie es zu ziemlicher Geschicklichkeit gebracht. Gleich in den südlich an Uandala grenzenden Orten sind Eisenstücke als Münzen im Verkehr, während bis hierher noch die Kattunstreifen die Stelle des Kleingelds vertreten.

Der großen Mehrzahl nach ist die Bevölkerung heidnisch. Die Heiden gehen nackt bis auf einen hinten vorgebundenen Lederschurz; sie leben in Monogamie, sind sehr abergläubisch und haben von einem höchsten Wesen wie von der Fortdauer nach dem Tod äußerst schwache Vorstellungen. Ihres Heidentums wegen werden sie von den mohammedanisch gewordenen Städtern verachtet, obwohl diese mit der Belehrung nur das Schlechte des Islam: Vielweiberei, Hochmut, Dünkel und Scheinheiligkeit, sich aneigneten.

Die Regierung des Landes ist eine rein despotische. Wie lange Sultan Bekr regiert, weiß er selbst nicht; ich vermute, nahe an zwanzig Jahre. Er soll ein Neffe seines Vorgängers und mit Gewalt zur Herrschaft gelangt sein. Nicht ohne gute Anlagen,

258

wäre er bei vernünftiger Erziehung gewiß ein tüchtiger und braver Mann geworden, aber auch auf ihn übte der dem Heidentum aufgepfropfte Islam nur verderblichen Einfluß aus. Nach seiner Angabe hatte er bereits sechzig Söhne, und ich zweifle nicht, daß, falls er am Leben bleibt, das Hundert voll werden wird. Bei meinen Besuchen sah ich stets eine Menge der kleinen Prinzen, halb oder ganz nackt, sich in den Höfen umhertreiben; als Abzeichen tragen sie einen silbernen Ring um den Arm, der Vater würde sonst seine eigenen Kinder nicht erkennen; wohl aus diesem Grund werden auch in anderen Negerländern, z. B. in Sinder, die jungen Sprößlinge des Herrschers durch ein solches Abzeichen kenntlich gemacht. In großem Ansehen steht die Mutter des Sultans, denn sie ist die einzige Person, welcher er Vertrauen schenkt; sie führt den Titel Mai-gera. Seine vornehmste Frau, die Herrscherin im Harem, wird Chalakalto tituliert.

Die politische Abhängigkeit von Bornu, der sich Uandala nicht zu entziehen vermag, gereicht dessen Entwicklung zum größten Nachteil. Denn von dorther wird den Bewohnern der Islam aufgezwungen, damit zugleich aber Feindschaft und Krieg gegen ihre Stammesgenossen, die heidnischen Bergvölker, auf welche sie doch mit allen ihren materiellen Interessen angewiesen sind. Es ist dieser Mißstand umso mehr zu beklagen, als gerade die Gebirgsländer im Süden von Uandala der Schlüssel zur Eröffnung Innerafrikas sein könnten.

Am Morgen des 1. Oktober waren wir marschbereit und eben im Begriff aufzubrechen, als mich der Sultan nochmals zu sich entbieten ließ. Er hatte vergessen, mir seine Aufträge für Kuka zu erteilen, und nannte nun die Waren: Papier, Pulver, Tee, Kampfer usw., die ich dort einkaufen und ihm mit erster Gelegenheit senden sollte. Beim schließlichen Abschied wiederholte er das Versprechen, allen Europäern, die nach Uandala kommen würden, gastliche Aufnahme und Förderung ihrer Absichten zuteil werden zu lassen. Darüber wurde es elf Uhr, ehe wir bei gutem Wetter aus dem Tor von Doloo ausrückten. Mehrere Eingeborene hatten sich meiner Karawane zur Reise nach Kuka angeschlossen.

FÜNFZEHNTES KAPITEL

Weiterer Aufenthalt in Kuka und Abreise

Am 12. Oktober traf ich um vier Uhr nachmittags wieder in den Mauern von Kuka ein. Die Kunde von der Wiederankunft des Christen verbreitete sich wie ein Lauffeuer durch die Stadt und erregte umso mehr Sensation, da man mich bereits totgesagt hatte. Mein Haus und meine Sachen fand ich unversehrt wieder, aber der Sklave, den ich krank zurückgelassen hatte, war inzwischen gestorben. Den folgenden Tag stattete ich dem Sultan meinen Besuch ab. Er empfing mich mit gewohnter Freundlichkeit und schickte gleich darauf Lebensmittel aller Art und in verschwenderischem Überfluß nach meiner Wohnung. Ich machte ihm dagegen die mitgebrachte junge Sklavin, nachdem sie sich ausgeruht und erholt hatte, zum Geschenk; das Mädchen kam somit aus einem Harem in den anderen.

Nach einigen Tagen langte der Ameisenbär an, den mir der Sultan von Uandala verehrt und nachgeschickt hatte. Es freute mich sehr, die Menagerie im Hof meines Hauses durch ein so seltenes Tier bereichert zu sehen; er wurde mit Buttermilch gefüttert, die zu jeder Zeit in Kuka frisch zu haben ist. Aber eines Nachts weckte mich ein sonderbares Schnüffeln und Prusten aus dem Schlaf, und als ich die Augen aufschlug, sah ich mit Schrecken den Ameisenbär dicht vor meinem Lager stehen. Angelockt von den Hunderten großer roter Ameisen, die in der Nacht zu mir hereinkrochen, um die süßen Reste aus der Teetasse zu naschen, hatte er sich mittels seiner scharfen, fast zwei Zoll langen Krallen unter dem inneren Hof und einem Vorgemach bis in mein Schlafzimmer binnen wenigen Stunden einen unterirdischen Gang gegraben. Natürlich wollte ich einen so gefährlichen Wühler nicht länger im Haus behalten, ich machte dem Prinzen Aba Bu-Bekr ein Präsent damit. Das Tier zu schlachten, hatte ich mich nicht entschließen können, obgleich es fett wie ein Ferkel war. Sein Fleisch soll stark nach Ameisensäure riechen, wird aber von den Negern, die keinerlei Fleisch verschmähen, als Leckerbissen gespeist.

Wie sich leider herausstellte, hatte meine Gesundheit durch die in der Regenzeit unternommene Reise nach Uandala nachhaltig gelitten, und nicht besser ging es meinen Gefährten Hammed und dem Gatroner. War nun auch hier in Kuka die Regenzeit vorüber, so hauchte dafür der zerklüftete, weil in der Sonnenhitze zu plötzlich getrocknete Boden aus seinen Spalten giftige Miasmen aus, während die Ostwinde faule vegetabilische und animalische Stoffe von dem durch den Tschad-See überschwemmten Land in die Stadt hereinwehten. Um dem Fieber entgegenzuwirken, mußten wir alle zwei Tage starke Dosen Chinin nehmen. Freilich wurde dadurch der Magen sehr geschwächt, und da die schädlichen äußeren Einflüsse fortdauerten, konnte keine Heilung erzielt werden, aber es wurde doch der sonst unfehlbar tödliche Ausgang des Übels verhindert. Nicht oft und dringend genug kann ich daher allen Reisenden die Anwendung sowie den prophylaktischen Gebrauch des Chinins empfehlen; es ist nicht nur das einzige Mittel gegen Wechsel- und perniziöse Fieber, auch rheumatischen Leiden wird, nach den Erfahrungen holländischer Ärzte an der Westküste von Afrika, am erfolgreichsten durch Chinin begegnet.

Acht Tage nach meiner Rückkehr begleitete ich Sultan Omar auf dessen Einladung nach seinem Landsitz Kuenge, eine halbe Stunde östlich von Kuka. Auch viele der Großen bauen sich, wie ich sah, in dem Ort Häuser, sonderbarerweise war aber keines davon fertig. Sobald es bekanntgeworden war, daß der Sultan die Stadt verlassen hatte, beeilte sich alles, was zum Hof gehörte, ihm nachzureiten. Einer nach dem anderen fanden sich die Vornehmen, jeder mit großem Gefolge, in Kuenge ein, und als man den Rückweg antrat, mochten wohl tausend Reiter beisammen sein. Eröffnet wurde der stattliche Zug von etwa fünfzig Eunuchen zu Pferd, in reicher buntfarbiger Kleidung. Dann kam der Sultan, einen edlen Berberschimmel reitend, der von acht Sklaven am Zügel gehalten wurde. Er trug einen schwarzen

Tuchburnus, darunter einen weißseidenen Haik und weite blaue Tuchhosen, einen Turban von weißem Musselin, rote Stiefel und an der Seite ein Schwert mit silbergetriebener Scheide, das ihm von Vogel überbrachte Geschenk der Königin von England. Das Pferdegeschirr, der Sattel und die goldenen Steigbügel waren von arabischer Art. Am vorderen Sattelknopf hing links ein mit Silber beschlagener Karabiner, rechts eine doppelläufige Pistole. Unmittelbar hinter dem Sultan ritten drei Trommelschläger, die unablässig im langsamen Takt auf ihr Instrument lospaukten. Nun folgten dem Rang nach die hohen Würdenträger. Soldaten zu Fuß umschwärmten den Zug und knallten fortwährend Schüsse in die Luft. Dazwischen sprengten Reiter, um ihre schönen Pferde zu zeigen, an den Reihen auf und ab. Je näher wir der Stadt kamen, desto mehr verstärkte sich die Schar. Das Ganze bot ein echtes Bild von der Glanzentfaltung eines mächtigen Negerfürsten. Mich aber hatten der Ritt und der betäubende Lärm dermaßen angegriffen, daß ich mich mehrere Tage nicht von meinem Lager zu erheben vermochte.

Woche auf Woche, Monat auf Monat waren vergangen, und immer noch harrte ich vergebens der Antwort des Sultans von Uadai auf mein an ihn gerichtetes Schreiben. Ich bemühte mich unterdes, über die Verhältnisse am Hof von Uara, der Hauptstadt Uadais, sowie über die näheren Umstände der Ermordung Vogels und Beurmanns Zuverlässiges zu erfahren. Von Bornu aus findet zwar fast gar kein Verkehr mit Uadai statt, doch kommen bisweilen Leute von dort nach Kuka; einigen derselben verdanke ich die folgenden Mitteilungen.

Der frühere Sultan von Uadai, Mohammed, war ein, wie man annehmen muß, wahnsinniger Wüterich. Und noch entsetzlichere Greuel als er selbst verübten seine Söhne, Brüder und Vettern. Sie trieben sich betrunken auf den Straßen umher, drangen in die Wohnungen der fremden Kaufleute, die sich nach Uadai wagten, wie in die der eigenen Untertanen ein, schändeten die Frauen und raubten, was sie vorfanden. Begegnete ihnen jemand, der besser gekleidet war als sie, so rissen sie ihm die Kleider vom Leib. Einmal trafen zwei von ihnen eine hochschwangere Frau; der eine behauptete, es sei ein Kind, was sie unter dem Herzen trage, der andere, es seien Zwillinge; die

Frau wurde befragt, und da die Arme keine Auskunft zu geben wußte, schlitzten sie ihr, um den Streit zu entscheiden, ohne weiteres den Bauch auf. Mord und Totschlag gehörten zu den täglichen Vorkommnissen.

Solcher Art waren die Zustände, als Vogel im Januar 1856 nach Uadai kam. Gleich anfangs mochte er die Vorsicht, die unter so gewalttätigen und raubsüchtigen Menschen doppelt notwendig ist, nicht genugsam beobachtet haben, namentlich gab er dadurch, daß er in Gegenwart der Eingeborenen zeichnete und seine Notizen niederschrieb, Anlaß, den Fremden bei Sultan Mohammed als türkischen oder christlichen Spion zu verdächtigen. Dieser ließ Vogel zu sich nach Uara bringen, empfing ihn jedoch nicht unfreundlich, sondern nahm seine Geschenke an und erwiderte sie mit den üblichen Gegengeschenken. Dann ließ er ihm die Stadt Nimro, wo die fremden Kaufleute zu wohnen pflegen, als Aufenthaltsort anweisen. In Nimro verweilte unser Reisender acht Tage frei und ungehindert, ohne jeden Gedanken an Gefahr. Da kam aus Uara der Befehl, er habe sofort das Land zu verlassen; ob er über Kanem nach Fesan zurück oder über Fur nach Ägypten gehen wolle, sei ihm freigestellt. Er entschied sich für das letztere. Am Tag der Abreise riet man ihm, seine drei Diener mit dem Gepäck vorauszuschicken und für sich die Kühle der Nacht zum Ausmarsch zu benutzen. Arglos ging Vogel auf den Rat ein. Als er nun abends, nur von einem ihm befreundeten Scherif begleitet und von fünf Reitern des Sultans eskortiert, aus Nimro fortgeritten war, wurden er und seine Begleiter von hinten überfallen und niedergestochen. Seine drei Diener durften, nachdem man ihnen alles Gepäck abgenommen, frei nach Bornu zurückkehren. Beim Weggang von Kuka hatte Vogel noch wenigstens dreitausend Taler an barem Geld bei sich gehabt, und dies war wohl der Hauptgrund zu seiner Ermordung. Der Sultan nahm von dem Geld, den Waren und Reiseeffekten Besitz; sämtliche Papiere aber sowie die Instrumente – die größeren hatte Vogel bekanntlich in Kuka zurückgelassen, wo ich sie bei Sultan Omar sah – ließ er als verdächtige Gegenstände auf der Stelle vernichten.

In demselben Jahr 1856 starb Sultan Mohammed, und einer

seiner Söhne, Prinz Ali, ein kaum erwachsener Knabe, bestieg den Thron, nachdem die älteren Söhne auf Anstiften von Alis Mutter, deren einziger Sohn er ist, teils getötet, teils geblendet worden waren. Seine Regierung scheint an Gewalttätigkeit der seines verrückten Vaters wenig nachzustehen. Immer noch setzen Handelsleute, die nach Uadai gehen, um Sklaven, Elfenbein und Straußenfedern dort einzuhandeln, Gut und Leben aufs Spiel, denn mancher wird, wenn er Nimro wieder verlassen will, beraubt oder wohl gar ermordet. Auch was man von Sultan Ali selbst berichtete, klang keineswegs erbaulich. Bei einem Ausritt kam ihm sein erster Minister in den Weg. »Bleib stehen!« rief er demselben zu; »wer ein herangaloppierendes Pferd fürchtet, um wieviel mehr wird der sich vor Spießen und Schwertern fürchten!« Damit ließ er sein Roß über den Mann hinwegsetzen, dem durch einen Hufschlag der Arm zerschmettert wurde. Einen anderen seiner Beamten sperrte er zu einem an ein langes Seil gebundenen Tiger in den Käfig, wo derselbe nur, indem er sich so dicht wie möglich an die gegenüberliegende Wand preßte, von den Klauen der Bestie nicht erfaßt werden konnte. Der junge Herrscher stand übrigens noch ganz unter dem Einfluß seiner Mutter, welche auch die Beziehungen Uadais zu den Nachbarstaaten leitete.

Gerade sieben Jahre nach Vogel, im Februar 1863, mußte Moritz von Beurmann den Versuch, in Uadai einzudringen, mit seinem Leben bezahlen. Kaum in der Grenzprovinz Mao angekommen, ward er auf Befehl des dortigen Statthalters ermordet. Sultan Ali befand sich damals in Bagirmi, von ihm ist also der Befehl dazu nicht ausgegangen; als man ihm nach seiner Rückkehr von dem Geschehenen Meldung machte, soll er gesagt haben: »Warum habt ihr den Christen getötet? Hättet ihr ihn doch wenigstens bis hierher kommen lassen, damit ich mich mit ihm belustigen konnte.« Gewiß ist, daß der Statthalter von Mao abgesetzt und als Sklave nach Uara gebracht wurde. Die Sachen des Ermordeten nahm der Sultan in Beschlag, und es heißt, auf Anraten der fremden Kaufleute habe er die Papiere nicht vernichtet, sondern halte sie noch in Verwahrung. Somit wäre es immerhin möglich, daß Beurmanns Aufzeichnungen noch einmal zum Vorschein kommen und nach Europa gelangen.

War das, was ich über Uadai in Bornu erkunden konnte, schon sehr dürftig und ungenügend, so blieben meine Bemühungen, über die weiter nach Süden gelegenen Länder mir irgendwelche Kunde zu verschaffen, gänzlich erfolglos. Man wußte hier absolut nichts von den Völkerstämmen, die jenseits Bagirmi wohnen; es scheint demnach zu keiner Zeit ein Verkehr mit dem Süden bestanden zu haben. Unterdessen beschäftigte ich mich, soweit es meine tief gesunkenen Kräfte zuließen, mit dem Studium der afrikanischen Sprachen; ich suchte meine Kenntnis des Kanuri und Teda zu vervollkommnen und legte mir von der Musgu-, der Budduma- und der Uandala-Sprache Vokabularien an.

Mitte November besserte sich mein Gesundheitszustand sowie der meiner Leute. Fieber und Durchfälle hörten auf, wir waren über die schädlichste Jahreszeit glücklich mit dem Leben hinweggekommen. Bei der Kostspieligkeit des Lebens in Kuka hatten die zweihundert Taler, die ich mir geliehen, nicht lange vorgehalten, meine baren Mittel gingen wieder zur Neige, und ich mußte allen Ernstes an die Weiterreise denken. In Gebieten, die außerhalb des Bereichs der arabischen und berberischen Kaufleute liegen, wo infolge dessen kein Geldumlauf stattfindet, konnte ich hoffen, gegen meine Waren, gegen Glasperlen und dergleichen alles zum Unterhalt Nötige einzutauschen; für die Ausrüstung an Lasttieren und sonstigen Reisebedarf aber rechnete ich auf die Freigebigkeit des Sultans.

Doch wohin sollte ich zunächst meine Schritte lenken? Eine Antwort aus Uadai war nun nicht mehr zu erwarten, und ohne vorherige Genehmigung Sultan Alis wäre es vergeblich gewesen, nach Bagirmi zu gehen; hätte er mich auch, die Macht des Herrschers von Bornu respektierend, nicht töten lassen, so würde er mir doch alle meine Sachen abgenommen und mich zur Umkehr gezwungen haben. Daß die Gebirgsländer im Süden von Uandala unpassierbar waren, erwähnte ich bereits. Ebensowenig konnte ich mich nach Musgu wenden, da dessen Bewohner, die Massa-Völker, erbitterte Feinde von Bornu sind. Es blieb somit kein anderer Weg nach Süden übrig als der über Adamaua, und diesen beschloß ich einzuschlagen.

Ich teilte dem Sultan meinen Entschluß sowie die Motive zu

demselben mit, indem ich ihn um die Erlaubnis bat, abreisen zu dürfen. Er war ebenfalls der Ansicht, daß Sultan Ali unsere Schreiben unbeantwortet lassen würde und daß ich nur über Adamaua weitergehen könne, sprach aber den Wunsch aus, ich möge noch bis zum Ende des Monats Redjib (7. Dezember) verweilen; zur Bestreitung meiner Ausgaben für diese Zeit werde er mich mit dem nötigen Geld versehen. Noch an demselben Tag spät abends kam der Eunuchenoberst in meine Wohnung und händigte mir seitens des Sultans die Summe von sechzig Talern aus, welchem großmütigen Geschenk am anderen Morgen noch eine Naturalsendung folgte, bestehend aus einer fetten Kuh, einem Schaf, zwei Krügen Butter, vier Töpfen voll Honig und zehn Ladungen Getreide. Die Freigebigkeit des Sultans gegen den Christen erregte großes Aufsehen in der Stadt, es hieß, ich hätte tausend Taler geschenkt erhalten, man kam mich zu beglückwünschen, und als ich nach dem Schloß ritt, um meinen Dank abzustatten, wurde ich von allen Seiten angebettelt: der eine wollte fünf Taler, ein anderer zwei, ein dritter drei Taler von mir haben.

Besondere Freude machte ich dem Sultan durch Überlassung des unterwegs beim Herabfallen der Kisten vom Kamel zerbrochenen Opernguckers, obgleich derselbe von gar keinem Nutzen für ihn sein konnte. Hingegen schickte er mir als Proben einheimischer Industrieerzeugnisse in Bornu und Logone gefertigte Körbe, Tellerchen und Matten, schöner und feiner als ich sie auf dem Markt in Kuka gesehen hatte; ferner ein silbernes Pferdegeschirr, ein Löwenfell mit den Mähnen und ein gesprenkeltes Pantherfell. Von all diesen Sachen ist leider nur das Pferdegeschirr wohlerhalten nach Europa gekommen; ich hatte später die Ehre, es Kaiser Wilhelm zu überreichen, und es befindet sich jetzt nebst anderen Gegenständen, die ich aus Zentralafrika mitgebracht, im Berliner Museum.

In der letzten Woche des November erkrankte ich von neuem, und obwohl sich kein Fieber einstellte, schwanden mir die Kräfte in einer Weise, die das Schlimmste befürchten ließ. Gleichzeitig waren auch meine Diener wieder krank geworden, mit Ausnahme des kleinen Negers Noël und eines anderen Negerknaben, den Hammed vom Sultan von Uandala als Gastgeschenk erhalten hatte. Indes leistete uns allen auch in diesem Fall der Gebrauch von Chinin die vorzüglichsten, wahrhaft wunderbare Dienste. Sobald ich nun wieder mein Pferd zu besteigen imstande war, ritt ich zum Sultan – er befand sich eben in seiner unfern von meinem Haus gelegenen Wohnung in der Weststadt – und erklärte ihm, wenn er wolle, daß ich Kuka lebendig verlasse, möge er mich keinen Tag länger zurückhalten. Teilnahmsvoll hörte er meinen Krankheitsbericht an, worauf er mir nicht nur die Erlaubnis gab, schon am 1. Dezember abzureisen, sondern auch die angenehme Mitteilung hinzufügte, der Weg nach Jacoba sei ohne Gefahr zu passieren.

Geflochtene Teller und Schüsseln aus Bornu

Durch einen Kurier kam die Meldung, eine von Fesan kommende große Karawane sei auf dem Marsch hierher und werde binnen drei oder vier Tagen eintreffen. Dies bestimmte mich, meine Abreise noch zu verschieben, denn ich hoffte, mit dieser Gelegenheit Briefe aus Europa zu erhalten, von wo mir nun seit fast einem Jahr keine Nachrichten mehr zugegangen waren.

Wirklich überbrachte mir die Karawane Briefe, Zeitungen und ein paar Hefte der Geographischen Mitteilungen, doch war die Sendung von Deutschland aus nicht weniger als elf Monate unterwegs gewesen. Anderentags bat ich den Sultan, mir die versprochenen Empfehlungsschreiben für die Weiterreise zukommen zu lassen; aber sei es, daß die angekommene Karawane seine Zeit in Anspruch nahm, oder wollte er mich absichtlich noch in Kuka zurückhalten, er sandte die Papiere nicht. Diese neue Verzögerung stellte meine Geduld auf eine harte Probe. Seitdem ich mich überzeugen mußte, daß leider keine Aussicht vorhanden war, durch Bagirmi und Uadai weiter ins Innere zu gelangen, war mein Entschluß zur Rückkehr gefaßt. Ich wollte auf dem kürzesten Weg das Atlantische Meer zu erreichen suchen und mich dann so bald als möglich nach Europa einschiffen. Aber die Reise von Bornu bis an die Meeresküste erforderte mehrere Monate Zeit, und nur für so lange reichte meine erschöpfte Reisekasse gerade noch hin.

Erst am 11. Dezember wurden mir die notwendigen Legitimationspapiere gebracht und zugleich ein letzter großer Vorrat an Lebensmitteln. Am 12. ritt ich zu der Residenz, um feierlichen Abschied zu nehmen. Der Sultan empfing mich in versammelter Nokna. Nachdem er mir noch einen europäischen Offizierssäbel geschenkt, wünschte er mir Glück zur Reise und fügte hinzu: »Sage, wenn du zu den Deinen heimkehrst, jeder Christ werde in meinem Reich willkommen sein.« Ich sprach den aufrichtigsten Dank aus für das Wohlwollen und die Güte, die er mir, dem Fremdling, habe zuteil werden lassen, mit der Versicherung, daß ich überall die Großmut des Beherrschers von Bornu rühmen und preisen würde.

Als ich mit meiner Reisebegleitung am 13. Dezember nachmittags durch die Straßen ritt, riefen mir die Bewohner von allen Seiten freundliche Abschiedsgrüße zu, nur ganz einzelne Stimmen ließen sich vernehmen: »Gottlob, daß er fortgeht, der Ungläubige, der Heide, der Christenhund!« Fünf Monate waren seit meinem Einzug in Kuka verflossen, die Stadt mit ihren grünumrankten Hütten und den schattigen, stets von einer munteren Vögelschar belebten Bäumen war mir wirklich lieb geworden, und nicht ohne Bedauern kehrte ich ihr für immer den Rücken. Wie in Kuka verwenden die Kanuri in allen ihren Städten und Dörfern bemerkenswerte Sorgfalt auf die Anpflan-

268

zung schattengebender Bäume; sie unterscheiden sich dadurch vorteilhaft von den Schua, die als echte Abkömmlinge der fatalistischen Araber zwar Gott für den Schatten danken, den ihnen ein am Weg stehender Baum gewährt, aber nicht daran denken, selbst einen Baum zu pflanzen, wo es Allah nicht gefiel einen wachsen zu lassen. Kaum waren wir durch das Südtor ins Freie gelangt, so entzog der dichte Blätterschmuck die Häuser der Ost- und Weststadt Kuka unseren Blicken.

Ich hatte meine Diener nach und nach entlassen und nur den treuen Hammed, den Marokkaner, und den Negerknaben Noël, der sich kräftig entwickelte, bei mir behalten. Mohammed Gatroni, bei dem sich das Alter sehr fühlbar zu machen begann, sollte mich noch bis Magommeri begleiten, von da aber nach Kuka zurückkehren, um zwei von dem Dug-ma für mich in Verwahrung genommene Kisten, meine gesammelten Minera-lien und Sämereien, die mir vom Sultan geschenkten Proben der Bornuer Kunstindustrie und andere für die Reise entbehrliche Gegenstände enthaltend, mit der großen Karawane, die zu Ende des Rhamadan von Bornu abzugehen pflegt, nach Fesan zu bringen und sie dort zur Weiterbeförderung nach Tripolis und Europa zu übergeben. Außerdem bildeten mein Gefolge ein berittener Kam-mai-be mit zwei Leuten, den mir der Sultan, und zwei Sklaven, die mir der Alamino in Kuka zur Verfügung gestellt. Zu den zwei Pferden, die ich besaß, hatte ich mir ein drittes nebst zwei Lastochsen gekauft und statt meines großen Zeltes ein kleineres anfertigen lassen, das für die verminderten Reiseeffekten genügenden Raum bot.

Die Physiognomie der Landschaft war, seit ich sie das letztemal durchzogen hatte, eine völlig andere geworden. Das frischgrüne Gras war in dürres Stroh verwandelt, und der herrschende Wüstenwind hatte alle Vegetation, auch die immergrünen Bü-sche, mit grauem Staub bedeckt. Gegen Abend kehrten wir in Hadj-Aba ein, wo ich diesmal recht gastlich aufgenommen, auch nicht von den Flöhen gepeinigt wurde; denn einen Monat nach der Regenzeit verschwinden sowohl die Flöhe wie die Moskitos und Schnaken, ausgenommen in der unmittelbaren Nähe von stehendem Wasser.

In der Nacht kühlte sich die Temperatur bedeutend ab, und

269

morgens vor Sonnenaufgang sank das Thermometer bis auf +10 Grad, was mir um so empfindlicher war, als in dem von Mauern und Bäumen geschützten Kuka die Temperatur nie unter +15 Grad herabging. Der Weg führte nun in südwestlicher Richtung durch einen dichten Wald, dessen Laub ebenfalls teils grau gefärbt war, teils verdorrt am Boden lag. Alle Vögel, bis auf einzelne Tauben, Sperlinge, Raben und einen oder den anderen größeren Raubvogel, hatten den schon ganz und gar ausgetrockneten Wald verlassen; kein Perlhuhn sah ich mehr durch die Büsche schlüpfen. Nachdem um elf Uhr an dem Brunnen Uom-eri unser Vieh getränkt worden war, lenkten wir gerade südlich vom Weg ab, um in dem Dorf Kasaroa zu lagern, das wir um zwei Uhr erreichten. Merkwürdigerweise gab es hier noch sehr viele Flöhe, obgleich der Ort kein Wasser hatte, sogar der nächste Brunnen eine Stunde weit entfernt war. Ich ließ mir mein Zelt aufschlagen und schickte die Leute mit den Ochsen und Pferden an den Brunnen, um die Tiere zu tränken und die Schläuche zu füllen.

Am folgenden Tag wurde erst um halb neun Uhr aufgebrochen. Die Nacht war noch kälter gewesen als die vorige, das Thermometer sank bis auf +7 Grad. Dagegen fiel jetzt in der Nacht kein Tau trotz der Nähe des Tschad-Sees, dessen Wasser doch um diese Zeit noch unvermindert hoch steht; es ist eben der Staub der Wüste, welcher nun der Luft alle Feuchtigkeit nimmt. Immer in sandiger, dichtbewaldeter Ebene weiterziehend, gelangten wir an den Brunnen Karangua, der eine Tiefe von hundert Fuß hat. In einem der nächsten Dörfer wollte ich um ein Uhr lagern lassen, aber die Besitzerin desselben, eine dicke Negerin, die früher Sklavin im Harem des Schich el-Kanemi gewesen war, gab vor, es sei kein Brunnen in den Ort, und riet uns, lieber nach dem eine halbe Stunde rechts vom Weg liegenden Dorf Toe zu gehen. Der Billa-ma (Ortsvorsteher) von Toe nahm mich sehr freundlich auf, ja, er war so aufmerksam, daß er meine Hütte mit hohen Matten umgeben ließ zum Schutz gegen die Kälte, die seinem Gefühl schon fast unerträglich erschien. Die Bewohner dieses Ortes, wie aller anderen Orte zwischen hier und Kuka, sind Kanembu, d. h. Abkömmlinge der Bewohner Kanems, und mit dem Vater des jetzigen Sultans von Kanem nach Bornu übergesiedelt. Die Dörfer südlich von Toe aber haben eine aus Schua, Kanuri und Gamergu gemischte Bevölkerung, und zwar bilden letztere, Vettern der Uandala, welche selbst wieder mit dem Kanuri- und Kanembu-Stamm nah verwandt sind, die überwiegende Zahl.

Am 16. Dezember rückten wir früh um sieben Uhr aus. Nachdem wir wieder auf den Weg eingelenkt, wurde dieselbe Richtung wie am vorigen Tag verfolgt. Je weiter wir vordringen, desto dichter wird der Wald, obgleich die hohen Bäume nur durch die schwarzschattige Tamarinde vertreten sind. Eine Stunde von Toe liegt noch ein kleiner Ort, der ebenfalls Toe heißt, etwas links vom Weg, dann hört jede Spur von Anbau auf. Dagegen ist der Wald wieder reich mit Tieren bevölkert: Herden von Wildschweinen stürzten mit krachendem Geräusch durch die Büsche; Gazellen und Antilopen weideten zur Seite des Weges, ohne sich durch unser Herannahen verscheuchen zu lassen; das kleine Ichneumon eilte von einem Schlupfwinkel zum anderen; hier zeigten sich auch wieder große Ketten Perlhühner und viele andere, meist buntgefiederte Vögel, darunter der Pfefferfresser mit seinem langen krummen Schnabel. Auf der breiten Straße, die durch diesen Wald führt, kamen mehrere Karawanen sowie einzelne Wanderer an uns vorüber. Gegen ein Uhr waren meine Kräfte wieder dermaßen erschöpft, daß ich mich nicht länger auf dem Pferd zu halten vermochte. Unter dem schirmenden Blätterdach einer dichtlaubigen Tamarinde ließ ich Rast machen. Eine Tasse Kaffee, etwas Zwieback, Koltsche und Datteln, welches Frühstück mit Ausnahme des Kaffees meine Leute mit mir teilten, und eine Stunde Ruhe frischten die Lebensgeister wieder auf, und so konnte ich noch bis zu dem eineinhalb Stunden entfernten Dorf Mogur reiten, wo das Lager aufgeschlagen wurde.

Am folgenden Morgen fühlte ich mich wohler. Wir setzten um sieben Uhr unseren Marsch fort. Der Wald wurde nun weniger dicht, besonders das Unterholz, und obgleich die Bäume zur Hälfte ihr Laub verloren hatten, ließ sich doch erkennen, daß die Vegetation sich hier zu ändern beginnt. Ebenso werden Veränderungen in der Tierwelt bemerkbar. Es erscheinen neue Vogelarten, viele von schönen Farben und Formen; sehr zahlreich sind namentlich die Langschnäbler und Langschwänzer. Als Nachtlager war das Dorf Mule bestimmt. Der Ort bestand nur aus drei Hütten. Hier im Süden Bornus haben die Hütten eine von der im Norden gebräuchlichen schon erheblich abweichende Form, indem die Wände aus grob geflochtenen Matten mit Moro-Stroh überwölbt sind. Im allgemeinen habe ich die Bemerkung gemacht, daß vom Inneren Afrikas nach der Küste zu die Bauart der Hütten sich allmählich immer mehr vervollkommnet, bis sie zuletzt ganz in den Häuserstil übergeht. Nochmals sei übrigens bei der Gelegenheit wiederholt, daß alle von Kanuri und Kanembu erbauten Orte bei weitem reinlicher, wohnlicher und gefälliger aussehen als die Dörfer der Schua-Araber, denen eben jeglicher Sinn für Komfort und Sauberkeit abgeht. Man bewirtete uns in Mule mit Perlhühnern, die hier in Schlingen gefangen werden. Nebst den Hühnern halten die Eingeborenen Ratten für den feinsten Leckerbissen, daher sie ihnen mit Fallen eifrig nachstellen.

Ein dreistündiger Marsch in südwestlicher Richtung teils durch Wald, teils zwischen Feldern und an einer Reihe kleiner Ortschaften vorbei brachte uns am anderen Tag vormittags um zehn Uhr nach Magommeri, dem Sitz und Eigentum des Alamino. Noch ehe die Hütten des Ortes sichtbar wurden, vernahmen wir den Schall der großen Trommel, die Tag und Nacht vor dem Haus des Gutsherrn von Magommeri geschlagen wird. Zugleich begegnete uns ein Trupp festlich angetaner Reiter, von einem Schmaus und Reiterspiel heimkehrend, wozu sie vom Alamino zur Feier der Beschneidung seines jüngsten Sohnes geladen waren. Ich hatte mich tags zuvor durch einen Boten bei demselben anmelden lassen; er schickte uns daher zwei gepanzerte Reiter entgegen, die mich in seinem Namen begrüßten und uns in die bereitgehaltene Wohnung geleiteten. Es war ein großes mit Matten umfriedetes Gehöft, eigens, wie es schien, zum Funduk (Gastherberge) eingerichtet.

Kaum waren wir unter Dach, so erschien ein Diener des Alamino und lud mich ein, sogleich mit zu seinem Herrn zu kommen. Ohne Zögern folgte ich. Die herrschaftliche Wohnung, ziemlich entfernt von dem Funduk, ist sehr weitläufig, sie nimmt fast die ganze nördliche Hälfte des Ortes ein. Man hieß

mich in einen großen Vorhof treten, in dem viele Männer um ein
mit türkischen Teppichen verhängtes Bettgestell aus Palmen-
holz im Sand hockten, die auf Einlaß zu warten schienen. Hier
nahm mich ein anderer Diener in Empfang und führte mich zu
einem der inneren Höfe. Inmitten desselben unter einem schön
belaubten Kornu-Baum lag der Herr des Hauses, in eine einfache schwarze Kulgu gekleidet und von rings aufgehäuftem
Reisegepäck umgeben. Nachdem er mich herzlich willkommen
geheißen hatte, sagte er mir, er sei im Begriff, sich nach Kuka zu
begeben, um die Ränke seiner Feinde und Neider am Hof zu
hintertreiben; er habe aber meinetwegen die Reise verschoben,
denn er wisse, daß es ihm der Sultan sehr übelnehmen würde,
wenn er mich nicht selbst auf seinem Territorium gastfreundlich
bewirtet hätte, und er hoffe, ich werde ein paar Tage in Magommeri verweilen. Da ich ohnedies der Ruhe bedurfte, auch an
meiner Ausrüstung mehreres zu ordnen und zu vervollständigen hatte, gab ich ihm die gewünschte Zusage. Hierauf erkundigte er sich, was es Neues in Kuka gebe, und es entschlüpfte ihm
dabei die Frage: »Wie hoch stehen jetzt dort die Preise?« Doch
ohne meine Antwort abzuwarten, fuhr er fort: »Verzeih! Ich
vergaß, daß ihr euch um dergleichen nicht bekümmert, da ihr
nicht um zu kaufen oder zu verkaufen in unser Land kommt, wie
die Araber und Berber, sondern nur hier euer Geld ausgebt.«
»Oh«, erwiderte ich, »du bist im Irrtum, wenn du glaubst, alle
Christen seien reichlich mit Geld versehen. Ich selbst war
genötigt, wie du wohl gehört haben wirst, ein Darlehen in Kuka
aufzunehmen, und sinne und sorge nun beständig, ob ich mit
meinem Geld bis an das große Meer ausreichen werde.« »Gott
wird schon helfen!« tröstete er. »Geh nur vorerst in deine
Herberge und stärke dich mit den Speisen, die ich inzwischen
hingeschickt.«

In meine Herberge zurückgekehrt, fand ich einen lächerlichen Überfluß von Speisen und Lebensmitteln vor: ein fettes
Schaf, ein paar Dutzend Hühner, mehrere Krüge Butter und
Honig, einen Korb voll Eier, große Schüsseln mit Reis, andere
mit gebratenen Perlhühnern und mit Giraffenfleisch. Zu dem
Fest am Tag vorher war nämlich außer vielen Schafen, Kühen
und Hühnern auch eine riesige Giraffe geschlachtet worden; das

Tier lieferte nach Aussage der Diener nicht weniger als sechs Kamelladungen Fleisch, jede von fünf Zentner Gewicht, und noch an den aufgehäuften Knochen, die mir später gezeigt wurden, konnte man seine ungeheure Größe ermessen.

Als Gegengeschenk übersandte ich meinem splendiden Wirt drei rote Mützen, Pulver, Zündhütchen, Schreibpapier und nebst anderen Kleinigkeiten fünfundzwanzig Pfund Datteln und fünf Pfund Zuckermandeln. Letztere, welche die Bornuer wie alles Süße sehr lieben, hatte ich in Kuka von der aus Fesan gekommenen Karawane gekauft. Da der Alamino schon früher mehrmals von mir beschenkt worden war, unter anderem mit einer Doppelflinte, so hatte er diesmal, wie er mir wenigstens versicherte, nichts erwartet und zeigte sich daher sehr befriedigt von der verhältnismäßig geringen Gabe.

Nachmittags fand vor seinem Haus eine Fortsetzung des gestrigen Festes statt. Mehrere hundert Männer zu Pferd, die meisten in bunter Festkleidung, andere halb nackt und einen langen Speer in der Hand schwingend, übten wetteifernd ihre Reiterkünste, in denen die Kanuri es wohl mit allen Pferde züchtenden Nationen aufnehmen können, jedenfalls aber den Arabern und Berbern weit überlegen sind.

Anderentags machte ich einen Ritt durch das Dorf. Magommeri, recht hübsch auf einer kleinen Anhöhe gelegen, hat gegen viertausend Einwohner, sämtlich Sklaven oder Leute des Alamino, und eine entsprechende Zahl von Hütten. In dem umzäunten Hof vor jeder Hütte weiden ein oder zwei Pferde, mit welchen die männlichen Bewohner ihrem Herrn auf seinen Razzien zu folgen haben. Durch den ganzen Ort gewähren angepflanzte Bäume wohltuenden Schatten. Die nächste Umgegend ist etwas gewellt und mit Gruppen herrlicher Tamarindenbäume bewachsen.

Auf meinen Wunsch ließ mich der Alamino von einem seiner Eunuchen in den Räumen seiner ausgedehnten Behausung umherführen. Durch mehrere kleine Höfe, wo Sklavenkinder, Gazellen, Hühner und Perlhühner durcheinander liefen, kam ich in einen großen Hof mit drei der umfänglichsten Hütten, die ich je gesehen. Es ist die Küche für den aus mehr als fünfhundert Köpfen bestehenden Haushalt. Eine Menge junger und alter

Weiber waren mit Zurichtung und Kochen der Speisen beschäftigt. Sie säuberten das Getreide von Kleie, stampften es in hölzernen Mörsern nach dem Takt eines eintönigen Negergesangs oder rieben es auf Granitsteinen zu Mehl, kneteten Brot auf hingebreiteten Ziegenfellen, reinigten Honig vom Wachs und setzten die kolossalen Giddra (tönerne Töpfe) ans Feuer. Außer dieser Küche für das Hauspersonal und die täglichen Kostgänger gibt es noch einen besonderen Küchenraum, in dem für den Alamino selbst, seinen Harem und seine vornehmen Gäste gekocht wird.

Wieder durch verschiedene Höfe gelangte ich in den Straußenhof, einen umschlossenen länglichen Raum, der dreißig Straußenweibchen und einem Männchen zum Tummelplatz und zur Brutstätte diente. Die Tiere werden behufs Gewinnung der Federn, die man ihnen einmal im Jahr ausrupft, auf dem Hof gezüchtet; alle dreißig von einem Männchen stammend, waren hier in der Gefangenschaft ausgebrütet und großgezogen worden. Mein Führer zeigte mir in dem weißen Sand sieben Löcher, jedes mit fünfundzwanzig bis dreißig Eiern, und belehrte mich, daß die Bruthennen ihre Eier am Tag frei liegen lassen und sie nur des Nachts bebrüten. Als Nahrung erhalten sie allerlei Fleischabfälle, Gras, Kräuter und mit Wasser getränkte Kleie. Obwohl die Straußenzucht bei dem hohen Preis, mit dem die Federn bezahlt werden, sicher einen sehr lohnenden Ertrag liefern muß, war dies die einzige, die ich auf meinen Reisen in Afrika angetroffen habe. In Kuka und anderen Ortschaften Bornus laufen zwar einzelne Strauße zahm auf den Straßen herum, aber von einer eigentlichen Zucht und Pflege habe ich nirgends etwas bemerkt. Der Strauß, strutio camellus, ist, wenn jung eingefangen, leicht zu zähmen und gewöhnt sich sogar an den Menschen. Im wilden Zustand lebt er meist von Vegetabilien, doch verschmäht er auch animalische Nahrung nicht; in seinem Magen und den Exkrementen finden sich sowohl Pflanzenreste als kleine Knochen, Teilchen von Eidechsen, Heuschrecken und anderen Tieren. Merkwürdig ist, daß die Weibchen, besonders in der Wüste, eine Anzahl ihrer Eier außerhalb des Sandnestes legen und nicht mit den anderen bebrüten. Diese unausgebrütet bleibenden Eier dienen der jungen Brut zur

Nahrung, solange sie nicht wie die Alten in raschem Lauf weite Strecken durchmessen kann, um sich selbst das nötige Futter zu suchen.

Zuletzt wurde ich in die Höfe geführt, welche die Rüst- und Waffenkammern sowie die Vorratshäuser für die Lebensmittel umschließen. Jene enthielten Lanzen, Wurfspieße, Köcher voll vergifteter Pfeile, Panzer, Schilde von verschiedener Form und aus verschiedenen Stoffen, vom schweren ledernen bis zum leichten aus Stroh geflochtenen; ferner Sättel und wattierte Überzüge für die Pferde – wohl zur Armierung von tausend Reitern ausreichend. Die Vorratshäuser waren angefüllt mit Töpfen voll Honig und ausgehöhlten Kürbissen voll Butter. Alles Getreide aber lagerte in aus Matten geflochtenen Körben

Speerspitzentasche und Ledertäschchen aus Bornu

im Freien, damit die Würmer nicht hineinkommen; nur während der Regenzeit wird es zum Schutz gegen Feuchtigkeit und Schimmel in Türmen von Ton aufbewahrt.

Nach Beendigung meines Rundgangs ließ der Alamino eine Zibetkatze bringen, um mir das Ausleeren der Moschusdrüse zu zeigen. Die Katze befand sich in einem engen Käfig. Durch dessen Gitter wurde eine Stange gesteckt und das Tier damit eine Zeitlang gereizt. Hierauf packte ein Mann den Schwanz der Katze, zog ihre beiden Hinterbeine durch die Stäbe des Käfigs, quetschte die Drüse stark mit der Hand, stülpte sie um und schabte mit einem elfenbeinernen Stäbchen das stinkende weißliche Fett heraus. Dann wurde die Drüse mit Butter eingeschmiert und der Hinterkörper des gequälten Tieres wieder in den Käfig gezwängt. Das gewonnene Fett tat man in eine kleine lederne Büchse; es färbt sich nach einigen Tagen rötlich und wird mit der Zeit immer dunkler. Bei uns hat man das Zibetfett durch Bibergeil ersetzt, bei den Mohammedanern aber ist es das beliebteste Parfum. Die Zibetkatze, viverra civetta, erreicht eine Länge von ungefähr zwei Fuß, ohne den Schwanz, der die gleiche Länge hat, ihr Kopf ist rundlich, die Schnauze spitz, ähnlich der des Fuchses. Das weiße Fell hat dunkelgraue Streifen, die von einer schwarzen über den Rücken verlaufenden Borste oder Mähne ausgehen, aber den Bauch weiß lassen. In der Freiheit geht die Zibetkatze nur des Nachts auf Raub aus, daher sie auch im Käfig während der Nachtstunden wie toll umherspringt. Man füttert sie mit Hühnern, Kröten und anderen kleinen lebendigen Tieren, denn sie frißt, wie behauptet wird, kein geschlachtetes Fleisch.

Am dritten Tag machte ich mich zur Weiterreise fertig. Der Alamino, der mir fortwährend ungeheure Quantitäten von Speisen schickte, hatte mich gebeten, einen Brief an den Sultan Omar zu schicken, worin ich die in Magommeri gefundene Aufnahme und Bewirtung rühmte, und ich erfüllte gern seinen Wunsch. Ich tauschte von ihm gegen ein Pferd, die beiden Lastochsen und eine einläufige Flinte ein Kamel ein und ließ ihm, um das Gepäck noch mehr zu erleichtern, meine Matratze und einen Teppich zurück, mit der Bitte, er möge die beiden Gegenstände anderen, nach mir kommenden Reisenden zur

Benutzung überlassen. Beim Abschied erteilte er mir durch seinen Fakih den Segen zur Reise.

SECHZEHNTES KAPITEL

Durch das südwestliche Bornu ins Reich der Pullo

Meine kleine Karawane verließ am Abend des 21. Dezember Magommeri und ging nach dem eine Stunde südwestlich davon gelegenen Ort Bumbum, wo durch die Fürsorge des Alamino uns das Nachtlager bereitet war.

Vor dem Aufbruch hatte ich noch eine rührende Szene erlebt. Wie sich der Leser erinnern wird, führte mein Diener Hammed einen etwa acht Jahre alten Negerknaben mit sich, den er in Uandala vom Sultan geschenkt erhielt. In Magommeri bestimmte ich nun, er solle den Knaben gegen eine entsprechende Geldentschädigung an Mohammed Gatroni abtreten, damit ihn dieser mit nach Fesan nähme. Die beiden waren auch mit meiner Anordnung einverstanden. Als aber dem kleinen Edris – so hatte ich das Kind genannt – bedeutet wurde, daß er von Hammed getrennt werden sollte, fing er jämmerlich an zu weinen; er hatte sich an seinen Herrn, obgleich er ihm erst wenige Monate zugehörte, bereits aufs innigste attachiert und wollte durchaus nicht von ihm lassen, ja, er mußte bei unserem Abzug eingesperrt werden, und noch weithin vernahmen wir sein markdurchdringendes Geschrei. Zwei Jahre nachher traf ich in Tripolis wieder mit dem alten Gatroner zusammen; ich fragte ihn sogleich, was aus Edris geworden sei, und erfuhr zu meiner

Genugtuung, der Knabe lebe und gedeihe bei ihm in Fesan, wo er von seiner Frau wie ein eigenes Kind gehalten werde.

Am anderen Morgen wurde um halb acht Uhr abmarschiert. Eine Stunde lang hielten wir westsüdwestliche, von da an beständig südwestliche Richtung. Das Aneroid zeigte eine allmähliche, sanfte Steigung des Bodens. Trotz der schon vorgerückten trockenen Jahreszeit standen hier rechts und links am Weg große Wassertümpel, in denen sich viele Wildschweine wälzten; auch anderes Wild zeigte sich in ziemlicher Menge. Hier und da prangte noch eine Pflanze in so saftigem Grün wie zur Regenzeit. Mächtige Adansonien traten auf; die Basis eines Baumes hatte siebzehn Meter Umfang, und in seinem hohlen Stamm konnte ich mich liegend bequem nach allen Seiten hin ausstrecken. Um halb zwei Uhr kehrten wir in dem etwas links vom Weg liegenden Ort Lamboa ein, der schon zur Provinz Karagga-Uora gehört. Dort blieben wir über Nacht.

In den Morgenstunden des folgenden Tages verdunkelten Höhenrauch und Wüstenstaub im Verein den Himmel, so daß die Sonne, als sie endlich sichtbar wurde, wie eine dunkelrote Kugel erschien. Wir legten an diesem Tag sieben Stunden zurück. Über leichtgewelltes Terrain kamen wir nach der ersten Stunde auf einen ebenen, mit vielen leeren Strohhütten besetzten Platz. Es ist der Marktplatz für den Ort Karagga-Uora, den wir um halb zehn Uhr erreichten; jeden Freitag verwandeln sich die leeren Hütten in Verkaufsbuden. Der hübsch gelegene Ort gehört zur einen Hälfte dem Alamino, zur anderen dem Katschella blall. Am Eingang desselben fiel mir ein Feigenbaum wegen seiner erstaunlichen Dimensionen auf, welche die unserer stärksten Eichen übertrafen. Die Früchte, die gerade reif waren, unterscheiden sich äußerlich nicht von den Feigen des südlichen Europa, sind aber bei weitem nicht so süß von Geschmack. Gleich hinter den Ackerfeldern dieses Dorfes beginnt ein dichter Wald, durch den mein hochbeiniges und hochbuckeliges Meheri sich mühsam den Weg bahnen mußte. Die Kolossalität des Kuka-Baumes erschien mir hier um so auffallender, da er mit seinem Riesenhaupt noch aus der Umgebung anderer großer Bäume so hoch herausragte. Ich möchte ihn den Elefanten der Baumwelt nennen; denn da, wo der Baum sich ungehemmt entwickeln kann, entspricht der Höhe und Dicke des Stammes auch die breite Ausdehnung seiner Äste und Zweige. In der Nähe bewohnter Ortschaften wird freilich dieses natürliche Verhältnis zerstört; die jungen Blätter der Adansonie dienen den Eingeborenen als beliebtes Gemüse, kaum entfaltet, werden sie samt allen Trieben und Schößlingen abgerissen. Wir passierten Kanigi und lagerten in Dabole. Beide Orte liegen, nur von wenigen bebauten Feldern umgeben, mitten im Wald. Die Nachtruhe wurde mir von dreist über mich weglaufenden Feldmäusen geraubt, die es hier in erschreckender Menge gab. Mein Diener Hammed erkrankte von neuem und war so schwach, daß er keinerlei Dienste zu leisten vermochte.

Durch dichten Wald, dessen Einsamkeit hier und da ein Dorf unterbricht, zogen wir am folgenden Tag südwestwärts. Das Terrain bleibt eben oder kaum merkbar gewellt, doch befinden wir uns jetzt schon ziemlich hoch über dem Tschad-See und folglich in einer etwas gemäßigteren Temperatur. Weil nun auch in geringer Tiefe unter der Erde hier überall Wasser vorhanden ist, hielt sich das Laub auf den Bäumen noch frisch und grün. Hingegen war ebenso wie in den Niederungen gleich nach dem Aufhören der Regenzeit alles Gras abgebrannt worden und der Waldboden in ein schwarzgraues Aschenfeld verwandelt. Hätten die Bäume in Zentralafrika weniger saftreiche Stämme oder wären sie so voll Harz wie fast alle Bäume in der Berberei, dann müßten sie von dem Brand des hohen Grases mit ergriffen und verzehrt werden. Hier im tropischen Afrika aber scheint das Abbrennen des Grasbodens dem Hochwald keinen Schaden anzutun, ich fand nur am Fuß der Bäume die Rinde vom Feuer geschwärzt. Die zurückbleibende Asche dient allerdings als vorzügliches Düngemittel, und sobald in der Regenzeit der Boden wieder befeuchtet wird, sproßt neues Grün in üppiger Fülle aus ihm hervor. Außerdem werden Millionen schädlicher Insekten und Würmer, Heuschrecken, Schnecken, Ameisen, Schlangen usw. durch die Feuergluten vertilgt. Um elf Uhr traten wir in den Distrikt Uassaram ein und kurz darauf in den gleichnamigen Hauptort selbst. Das recht stark bevölkerte Gebiet gehört dem Alamino, der durch einen vorausgeschickten Intendanten uns beim Billa-ma des Ortes angemeldet und den

Einwohnern vorgeschrieben hatte, wie sie uns einquartieren und verpflegen sollten. Wir fanden daher das Quartier schon in Bereitschaft gesetzt, und sobald wir abgestiegen waren, schickte mir der Billa-ma nicht nur Schüsseln voll Milch und gekochter Speisen, sondern auch ein Dutzend Hühner, fünfzig Pfund Butter, fünfundzwanzig Pfund Honig und eine Last Getreide. Es war der 24. Dezember, Weihnachten! Um so mehr freute ich mich der reichen Gaben, denn ich konnte nun andere beschenken und damit Festfreude um mich her verbreiten.

Den ersten Weihnachtsfeiertag ruhte ich in Uassaram, zumal auch mein Kamel einen Rast- und Weidetag nötig hatte. Das Wetter war verhältnismäßig kühl genug – in den heißesten Tagesstunden stieg das Thermometer nicht über +28 Grad –, um an Weihnachten zu gemahnen; Rauch und Wüstenstaub verfinsterten den Himmel dermaßen, daß erst um Mittag die Sonne den dichten Nebel zu durchbrechen vermochte. Nachdem es heller geworden war, unternahm ich einen Spazierritt in die Umgebung des Dorfes. Gut angebaute Getreidefelder wechselten hier mit Indigo-Pflanzungen, die gleichfalls gut zu gedeihen schienen. Auf den Bäumen war das Laub noch grün, die Digdiggi-Pflanze, die sich lustig an den Hütten emporrankte, trieb sogar frische Blüten. Wieder vor meiner Wohnung eingetroffen, wurde ich von einem Fellata – sie selbst nennen sich Pullo und von den Arabern werden sie Fulan genannt – angeredet, der mich bat, ihn nach seiner Heimat Koringa (Gombe) mitzunehmen, indem er zur Unterstützung seiner Bitte geltend machte, die Pullo seien ja keine Neger, sondern auch weiße Männer. Die Ethnologen mögen untersuchen und entscheiden, ob die rothäutigen Pullo wirklich der weißen Rasse oder welcher anderen sie beizuzählen sind. Ich nahm den neuen Vetter gern in meine Begleitung auf, denn da er fertig Kanuri sprach, rechnete ich darauf, daß er mir in seinem Land als Dolmetscher werde dienen können.

Abends wurden wir ebenso reichlich wie am vorigen Tag mit Speisen und Lebensmitteln versorgt, alles auf Rechnung des Alamino, welcher den Leuten aus ihren Abgaben den Wert des Gelieferten zurückvergütet. Nach dem Essen streckte ich mich behaglich, eine Tasse Kaffee schlürfend, vor das lodernde

Feuer. Auch ein Glas Bordeauxwein hätte mir nicht gefehlt, wenn die Kiste, die in Tripolis gütigst an mich abgesandt wurde, an ihre Adresse gelangt wäre; sie war aber leider von den Tebu, welche sie mit der großen Karawane nach Kuka bringen sollten, aus Nachlässigkeit, vielleicht auch mit Absicht, in Kauar zurückgelassen worden, und wer weiß, in welche unberufene Kehle der mir bestimmt gewesene kostbare Rebensaft geflossen sein mag. Ich gedachte der verschiedenen Weihnachten, die ich wie diesmal fern von den Meinigen, allein unter andersgearteten, andersdenkenden und empfindenden Menschen verlebt und war über dem Sinnen allmählich eingeschlummert. Da weckte mich Hammed mit dem Ruf: »Herr, der Braten ist fertig!« Meine Leute hatten mich nämlich gebeten, als sie von mir hörten, daß bei den Christen dieser Tag ein hoher Festtag sei, zur Feier desselben ihnen ein Lamm zum besten zu geben; dieses war nun geschlachtet und am Spieß gebraten worden, und ungeachtet der Masse von Speisen, die sie an dem Abend bereits zu sich genommen hatten, wurde es noch um Mitternacht verzehrt.

Am 26. Dezember verließen wir um sieben Uhr morgens Uassaram. Von den sieben Stunden, die wir an dem Tag zurücklegten, liefen die ersten vier in gerader westlicher, die letzten drei in südwestlicher Richtung, ehe wir an das Reiseziel dieses Tages, nach Mogodom, den ersten Ort im Distrikt Gudjba, gelangten. Merkwürdig, daß hier im äußersten Südwesten von Bornu ein ganz gleichlautender Name vorkommt wie der des ehemaligen Teda-Ortes in Kauar, nach welchem das dortige Mogodom-Gebirge benannt wurde. Unser Mogodom ist ein recht ansehnlicher Ort, der früher wahrscheinlich mit Wällen umgeben war, wenigstens sind noch Spuren eines Wallgrabens vorhanden. Die Bewohner treiben die Kultur der Baumwollpflanze in einer Ausdehnung, wie ich sie bis dahin noch nirgends angetroffen hatte.

Sobald wir am folgenden Morgen die Baumwollfelder um Mogodom hinter uns gelassen hatten, nahm uns ein dichtes Waldrevier auf. Nach dreistündigem Marsch kamen wir mitten im Wald an einen schönen großen See, wohl eine Stunde im Umfang, der mit einer grün bewachsenen Insel darin und dem frischen Laub, das seine Ufer umkränzte, einen wirklich reizen-

Springböcke

den Anblick darbot. Die trockene Jahreszeit verlor hier gänzlich ihre ausdörrende Macht. Tausende von Wasservögeln belebten den Spiegel des Sees, und unfern von uns löschten Gazellen ihren Durst in der süßen Flut, während eine Herde Affen, als sie unser gewahr wurden, mit ängstlichem Geschrei ins Dickicht zurückfloh. Niedergetretenes Gras und abgebrochene Baumzweige bezeichneten den Pfad, auf dem die Elefanten sich zur Tränke heranbewegten. Einen besonderen Namen scheint der See nicht zu haben, denn die Wörter »kulugu« und »ngalajim«, die man mir nannte, heißen nur überhaupt: Stehendes Wasser. Weitere drei Viertelstunden brachten uns an das Bett eines Flüßchens, das einzige Rinnsal auf dem Weg von Kuka bis hierher; es hatte zwar noch Wasser, aber ein so schwaches Gefälle, daß ich die Richtung seines Laufs nicht zu erkennen vermochte.

Mittags zogen wir in die Stadt Gudjba ein und hielten vor dem Haus des Katschella Abdallahi-uld-Ali-Margi, des derzeitigen

Statthalters. Man geleitete uns in ein passendes Quartier, wohin alsbald der Katschella ein Schaf und mehrere Schüsseln voll Speisen schickte. Ich übersandte ihm darauf mein Gegengeschenk zugleich mit einem Schreiben des Sultans von Bornu, in welchem er von diesem angewiesen wurde, mir die erforderliche Schutz- und Begleitmannschaft nach Koringa zu stellen. Am folgenden Tag begrüßte ich ihn in seiner Wohnung, einem Komplex mit verschiedenen Höfen umschlossener Hütten und Veranden aus geflochtenen Matten. Alsdann machte ich einen Gang durch die Stadt. Gudjba hat in seinen baufälligen Mauern eine große Anzahl Hütten wie Häuser aus Ton und zählt etwa zwanzigtausend Einwohner, die teils Bekenner des Islams, teils Heiden sind. Früher von einem eigenen Sultan regiert, der zwar noch seinen Titel, aber keinen Einfluß mehr besitzt, steht der Distrikt jetzt unter der Botmäßigkeit des Sultans von Bornu.

Wir verließen am 29. Dezember Gudjba und gingen fünf Stunden lang südwestlich, dann bis Mute südsüdwestlich. Da die dazwischenliegenden Orte Koreram und Dora zerstört und nicht mehr bewohnt sind, nahmen wir den kürzeren Weg durch den Wald, obwohl derselbe durch räuberische Ngussum unsicher gemacht wird, weshalb wir fortwährend unsere Doppelflinten und Revolver in Bereitschaft hielten. Ehe wir in den Wald eintraten, sahen wir – die Atmosphäre war an dem Tag ausnahmsweise rein – auf zirka zehn Stunden Entfernung den Berg Figa oder Fika in Westsüdwest sich erheben. Nachmittags erreichten wir ohne Unfall den kleinen befestigten Ort Mute. Er präsentiert sich von außen recht malerisch, denn aus den vielen Bäumen, mit denen er wie alle Kanuri-Dörfer bepflanzt ist, ragen einzelne Dattel- und Dum-Palmen empor, und die Palme macht stets einen angenehmeren, ästhetischeren Eindruck in der Umgebung von anderen Bäumen als in einem einförmigen Palmenwald. Da die Region der Dum-Palme schon einen Tagesmarsch südlich von Kuka ihre Grenze hat, so mußten die Exemplare hier eigens angepflanzt sein und sorgfältig gepflegt werden. Wir zogen durch eins der beiden engen Tore in Mute ein und blieben daselbst zur Nacht. Die Bevölkerung ist ebenfalls aus Mohammedanern und Heiden gemischt. Ihr ehemals unabhängiger Sultan ist jetzt dem Katschella von Gudjba unterstellt.

Noch ermüdet von dem am vorigen Tag zurückgelegten starken Marsch, gingen wir am 30. um sieben Uhr morgens weiter. Die Richtung blieb diesen ganzen Tag hindurch Südsüdwest. Gleich hinter Mute kamen wir an einem großen, von zahlreichen Ibissen und einigen Störchen bevölkerten Kulugu (Teich) vorüber, dann an einem Flüßchen namens Dindeli, das vom Fika herabkommt und, nachdem es sich mit anderen ebenfalls von Westen kommenden Rinnsalen vereinigt hat, dem Gongola zufließt. Nun folgte wieder dichtbestandener Wald. Um elf Uhr passierten wir das trockene Flußbett des Gunguru, mit so steilem Ufer, daß mein Kamel beim Hinabsteigen das Gepäck verlor, und um zwölf Uhr das des Konokane; beide Flüßchen gehören zu denen, die mit dem Dindeli vereint in den Gongola münden.

Um ein Uhr war unser Tagesziel, die von Wällen umschlossene Stadt Gebe, erreicht. Wir fanden ihre Bewohner in sehr kriegerischer Stimmung, selbst die kleinen Knaben übten sich eifrig im Schießen mit Pfeil und Bogen, denn die Stadt hatte kurz vorher eine Belagerung auszuhalten gehabt. Von altersher mußte nämlich Gebe einen jährlichen Tribut von zwei Sklaven an das benachbarte Gombe entrichten; weil aber ersteres in neuerer Zeit an Bornu gefallen war, verweigerte es seit drei Jahren diesen Tribut. Nun rückte der Sultan von Gombe, Mohammed Koringa, vor die Stadt, um sie zur Erfüllung ihrer Verbindlichkeit zu zwingen. Die Belagerten hielten indes tapfer stand, und als der Feind vernahm, daß aus Kuka ein Heer zum Entsatz herangeführt wurde, hob er die Belagerung auf und ging eiligst über die Grenze zurück. Trotz dieser Sachlage entschied Sultan Omar von Bornu, Gebe müsse den rückständigen Tribut bezahlen.

Überhaupt sind die Grenzorte dieser Negerländer in übler Lage, selten finden sie genügend Schutz vor feindlichen Überfällen. So hatte erst kürzlich der Katschella von Gudjba einen Einfall in das Fellata-Gebiet gemacht und aus einem Ort, der weder zu Bornu noch zu Sokoto gerechnet wird, eine Anzahl Gefangener fortgeschleppt, um sie als Sklaven zu verkaufen oder nur gegen hohes Lösegeld freizugeben. Besonders wird dem Sultan Omar in dieser Beziehung wohl mit Recht Mangel an Energie vorgeworfen. Er hat sich von Uadai wie von Sokoto

Beleidigungen ruhig gefallen lassen, und als während meines Aufenthalts in Kuka die räuberischen Uled Sliman aus Kanem neuntausend Stück Rinder von Ngigmi forttrieben, schickte er keine Soldaten zu ihrer Verfolgung und Bestrafung aus. Sollte er sich vorgenommen haben, in den letzten Jahren seiner Regierung in Frieden mit seinen Nachbarn zu leben, so könnte ihm solche Schlaffheit unter den Verhältnissen, wie sie in Bornu bestehen, leicht Thron und Leben kosten. Noch gibt es viele Anhänger der alten Sefua-Dynastie. Im Interesse der europäischen Reisenden wäre es jedenfalls sehr zu beklagen, wenn ein so wohlwollender Herrscher wie Sultan Omar beseitigt werden und vielleicht ein Wüterich vom Schlag des früheren Sultans von Uadai den Thron des Bornu-Reiches einnehmen sollte.

Morgens um halb acht Uhr am Neujahrstag 1867 waren wir von dem Grenzort Gebe aufgebrochen. Bis elf Uhr blieb unsere Marschrichtung westsüdwest, dann wendete sie sich nach Südwest bis zum Fluß Gongola, an dessen Ufer wir eine Stunde gerade gegen Süden gingen, um von da noch eine Stunde wieder südwestwärts vorzuschreiten. Die Gegend charakterisiert sich durch Hügel und Wald. Je mehr wir uns dem Fluß nähern, desto reicher wird die Vegetation; die Bäume auf dem durchfeuchteten Boden sind mit frischgrünem Laubwerk geschmückt wie mitten in der Regenzeit, ja, ein Gürtel von fruchttragenden Palmen erfreut das Auge. Desgleichen verkünden ausgetretene Spuren von Elefanten, Löwen, Panthern und vielen anderen Vierfüßlern die Nähe fließenden Wassers. Der Gongola breitet seine Hinterwässer hier am linken Ufer weit im Land aus; der Strom selbst war in der Furt, durch die wir hinüberpassierten, zwar nur zwei Kilometer breit, aber reißend und tief genug, daß er unseren Pferden bis an den Bauch ging. Sein klares Wasser fand ich von vorzüglichem Geschmack und von belebender Wirkung auf meinen durch Fieber geschwächten Körper. Der Grund ist mit Kies und einer Schicht groben Sandes bedeckt. Eine Stunde unterhalb von hier biegt der bis dahin direkt südwärts gerichtete Lauf des Flusses nach Südosten um.

Um halb zwei Uhr kehrten wir in dem ersten Pullo-Dorf ein; es heißt gleich dem südlich davon sich hinziehenden Gebirge ebenfalls Gongola.

Das Reich der Pullo besteht, wie das der Kanuri, aus einer Menge kleinerer und größerer Sultanate, die alle dem Sultan von Sokoto untertan sind. Sokoto ist die gegenwärtige Hauptstadt, deshalb wird jetzt häufig das ganze Reich so genannt; die Residenz kann aber leicht einmal anderswohin verlegt werden, und dann würde auch der Name des Landes sich wieder ändern. Und nicht bloß nach dem Namen der Hauptstadt, auch nach dem Namen des regierenden Fürsten pflegen die Neger ein Land zu benennen; so hörte ich Kalam immer Koringa nennen, weil dessen Sultan Mohammed Koringa heißt. Erst einige Tage vor meiner Ankunft in Gongola war Sultan Hamedo von Sokoto gestorben und sein Neffe Alio, der Sohn seines verstorbenen Bruders Bello, zur Regierung gelangt. Alle Sultane des Landes, sagte man mir, begeben sich nun nach Sokoto, um dem neuen Herrscher zu huldigen, und ich würde daher wahrscheinlich Mohammed Koringa nicht in Gombe antreffen.

Ich war in Kuka darauf vorbereitet worden, daß im Reich der Pullo auf Gastfreundschaft nicht zu rechnen, aber der Bedarf an Lebensmitteln in jedem Ort billig zu haben ist, und in der Tat kamen, sobald wir uns gelagert, Weiber mit Körben und Schüsseln auf dem Kopf herbei, die Ngafoli, Moro, Bohnen und Koltsche zum Kauf anboten. Gegen Muscheln, welche hier die einzige Geldmünze sind, erhandelte ich von ihnen Mehl, Gemüse und einige Hühner. Zugleich mit uns und unter dem Schutz unserer Flinten war eine Karawane, die Salz und Rinder zum Verkauf brachte, über die Grenze hierhergekommen. Sie lagerte dicht neben uns, damit man glauben sollte, sie gehöre zu meinem Reisegefolge, und so ihre Ware zollfrei passieren ließe. Sonst wird für die von Bornu ins Land kommenden Produkte ein Eingangszoll erhoben, für ein Pferd oder Rind zwanzig Muscheln, für ein Schaf oder eine Ziege zehn Muscheln, von jeder Kopflast Salz ein gewisses Quantum in natura. Der Import von Vieh und Salz aus Bornu ist bedeutend, da die Pullo wenig Viehzucht treiben, namentlich Pferde fast gar nicht züchten, und das Salz, welches sie aus der Asche des Runo-Baumes gewinnen, dem, das in Nordbornu aus der Suak-Asche gekocht wird, an Güte bei weitem nachsteht.

Die Bevölkerung von Gongola, etwa zwölfhundert Seelen

Buckelrind der Schua-Araber

stark, gehört dem Pullo-Stamm an und redet auch die Pullo-Sprache, ist aber infolge der Vermischung mit den angrenzenden Kanuri wie mit den Ureinwohnern des Landes, den Haussa, äußerlich kaum mehr von den Negern zu unterscheiden: eine Wandlung, die sich beim größten Teil der Fellata vollzieht, da sie fast nirgends unvermischt beisammen wohnen, sondern über sehr weite Gebiete verteilt sind.

Nach einer im Freien verbrachten kalten Nacht – vor Sonnenaufgang fiel das Thermometer bis auf +5 Grad – setzten wir uns morgens um sieben Uhr wieder in Marsch. Vom rechten Ufer des Gongola an steigt das Terrain ziemlich rasch an, und von allen Seiten erheben sich schön bewaldete Berge aus Sandstein, mitunter auch aus Kalk. Um halb zehn Uhr an den Ausgang eines Engpasses gelangt, der mit einem Tor und einem starken Steinwall verschlossen wird, sahen wir in einem Talkessel die hochummauerte Stadt Bege vor uns liegen. Ihre Hütten, aus der Ferne nicht sichtbar, sind durch einen Wald von Palmen überragt, so daß man glauben konnte, einen Ksor in der Sahara vor sich zu haben, zeigte nicht ein Blick auf die dazwischenstehenden Gunda-Bäume und auf die grünbewachsenen Berge ringsum, daß man sich in der Tropenzone des waldigen Afrika befindet. Nur nach Südwesten schweift der Blick über das Tal hinaus, bis die Aussicht fern am Horizont durch die Hochebene von Birri begrenzt wird. Wir zogen ohne Aufenthalt zwischen Tabak- und Baumwollpflanzungen an der Stadt vorbei. Nach einem weiteren Marsch von zweieinhalb Stunden erreichten wir die untere Stadt Birri, ebenfalls in einem Talkessel gelegen, und blieben daselbst zur Nacht. Man gewährte uns gegen Bezahlung in Muscheln Quartier und gute Verpflegung. Die Einwohner, deren Zahl sich auf fünfzehnhundert belaufen mag, Mohammedaner, doch frei von Fanatismus, sind Fellata, aber stark mit Negerblut vermischt und daher meist von schwarzer Hautfarbe. Ich erfuhr hier, daß Mohammed Koringa seine Hauptstadt Gombe verlassen habe, um weiter südlich eine Razzia auf Sklaven auszuführen.

Anderentags wurde um sieben Uhr aufgebrochen. Wir stiegen erst durch einen Engpaß zur oberen Stadt Birri hinauf, die zweimal so groß ist wie die untere, gingen deren äußere Mauer entlang und kamen durch einen etwas breiteren Paß auf die in südwestlicher Richtung sanft ansteigende Hochebene. Der Rükken des Plateaus ist mit außerordentlich dichtverwachsenem Wald bedeckt. Um meinem Kamel einen Durchweg zu öffnen, mußten oft Äste, ja Bäume abgehauen und beseitigt werden; seine Ladung zerriß an den Dornen der Akazien- und Lotos-Bäume, und uns Reitern schlug das hohe Gras über den Köpfen zusammen. So brauchten wir sieben Stunden bis zu unserem nicht mehr als fünf Kamelstunden entfernten Lagerort, dem ärmlichen Walddorf Uaua. Dort angekommen, ward mir gesagt, Mohammed Koringa lagere in dem Örtchen Tape, das ungefähr zehn Stunden südlich von Uaua liege. Auf diese Nachricht schickte ich Hammed dahin ab, mit dem Auftrag, dem Sultan meinen Gruß zu entbieten und die Geschenke, die ich für ihn bestimmt hatte, zu überreichen, sodann auf dem kürzesten Weg nach Uaua zurückzukehren, wo wir bis zu seiner Wiederkunft bleiben würden.

Die Dorfbewohner verkauften mir gegen Muscheln Getreide,

Gunda-Früchte und Holz, das beim Verbrennen einen angenehmen Duft entwickelte. Fleisch verschafften wir uns durch Schießen einiger Waldtauben. Meine Hütte gewährte am Tag Schutz gegen die Sonnenstrahlen, welche jetzt noch nachmittags die Luft bis auf +30 Grad im Schatten erwärmten, und in der Nacht vertrieb ein tüchtiges Feuer die Kälte der Hochebene.

Am dritten Tag, am 5. Januar, gegen Mittag kehrte Hammed von Tape zurück. Der Sultan Koringa hatte meine Botschaft freundlich aufgenommen und ließ mir sagen, ich möchte ihn in seiner Hauptstadt Gombe erwarten, wo er nach acht Tagen einzutreffen gedenke. Im Lager bei ihm befand sich sein Verbündeter, der Sultan von Messauda; diesem gab er einen Teil meiner Geschenke, unter anderem eine Harmonika. Die beiden Fürsten waren gemeinschaftlich auf den Menschenraub ausgezogen und hatten zunächst vor, den Ort Katunga, einen Tagesmarsch südlich von Tape, zu überfallen und auszuplündern. Als Hammed sich verabschiedete, befahl Mohammed Koringa einem Mann aus seinem Gefolge, er solle mitreiten, Getreide für uns requirieren und dieses in die Hauptstadt bringen lassen.

Am 6. Januar ging es wieder vorwärts. Immer noch war der Wald so dicht, daß er unserem Durchkommen große Schwierigkeiten entgegensetzte. Schon eine Stunde hinter Uaua überschritten wir den höchsten Punkt der Hochebene von Birri; die Abdachung ist jedoch eine sehr sanfte, so daß ich sie nur mittels des Barometers wahrnahm. Jetzt zeigte sich am nordwestlichen Horizont der niedrige Rücken des Kalam-Gebirges, und bald darauf zogen wir in den von hohen Litha-Bäumen beschatteten Ort Tinda ein. Wieder hatten wir in sieben Stunden nur fünf Wegstunden zurückgelegt.

Tinda war der erste Pullo-Ort, wo man uns gut bewirtete. Die Einwohner brachten unaufgefordert Schüsseln voll Milch, Yams, Koltsche, Morobrei nebst Hühnern und anderen Lebensmitteln ins Lager; ich erfreute sie dagegen durch Gaben von Salz und einigen Taschentüchern. Gastfreundschaft ist bei den Pullo nicht vorgeschriebene Sitte wie bei den mohammedanischen Völkern, aber sie erweisen sich darum nicht minder, vielmehr in besonders anzuerkennendem Maß, gefällig und hilfreich gegen Fremde. Nirgends auch genießt das Eigentum der Reisenden so vollkommene Sicherheit; vor einem von Pullo bewohnten Dorf kann man die Pferde und Kamele samt allem Gepäck unbeaufsichtigt im Freien lassen, ohne besorgen zu müssen, daß etwas davon entwendet wird. Und wie gegen Fremde achten sie im Verkehr unter sich, in ihrem Familien- und Gemeindeleben, die Grundsätze gegenseitiger Billigkeit und Verträglichkeit, daher das sogenannte Sokoto-Reich zu den friedlichsten und wohlgeordnetsten Innerafrikas gehört.

Die Fragen über Abstammung, Herkunft und Verwandtschaft der Pullo (oder Fullo, Fullan, Fellata) sind noch ungelöst, da sie selbst keine geschichtlichen Dokumente besitzen und diejenigen anderer afrikanischer Völker, welche die Pullo erwähnen, nicht die geringste Auskunft darüber geben. Es ist ebenso gut möglich, daß sie vom Westen oder von Nordosten aus dem Niltal eingewandert, als daß sie, wie Barth meint, von Osten her ins Innere gekommen sind. Nur eine tiefere vergleichende Durchforschung ihrer reichen, wohlklingenden und biegsamen Sprache, des Fulfulde, dürfte imstande sein, auf die Spur ihrer Verwandtschaft mit anderen Völkerrassen zu führen.

Das Gebiet, auf welchem heutzutage die Pullo ihre Wohnsitze haben, ist ein sehr weit ausgedehntes. Wo sie sich unvermischt erhalten haben, da ist ihre Hautfarbe gelb wie matte Bronze, der Körperbau wohlproportioniert und die Gesichtsbildung der der kaukasischen Rasse entschieden sehr nahestehend: etwas niedere Stirn, mitunter breite, doch nie platte Nase, schmale, nicht wulstige Lippen, keine hervortretenden Backenknochen, ausdrucksvolle schwarze Augen, dazu starker Bart und glänzend schwarzes, zwar krauses, doch langes Haar. Jedenfalls sind sie bei weitem der schönste Menschenschlag von Zentralafrika. Die Männer tragen ein weißes, oben vielgefälteltes Kattunhemd mit langen weiten Ärmeln; die Frauen winden ein Stück Baumwollzeug, aus Streifen zusammengenäht, um die Hüfte, so daß der Oberkörper vom Nabel an unbedeckt bleibt; die jungen Leute gehen bis auf einen Schurz vor der Scham ganz nackt.

Höchstwahrscheinlich waren die Pullo ursprünglich ein viehzüchtendes Nomadenvolk und lernten erst von den Haussa Getreide und Gemüse anzubauen, sie haben aber darin, wie in anderen Arbeiten, ihre Lehrmeister übertroffen. Neben dem

Landbau treiben sie auch jetzt noch etwas Rindviehzucht, die weiter nach Süden ganz aufhört. Sie bereiten gleich den Negern gute Butter, haben es aber nicht bis zur Käsebereitung gebracht, wie überhaupt in ganz Afrika nur die Araber, Berber und Abyssinier Käse zu bereiten verstehen. Die Hütten der Pullo und der Haussa bestehen wie die im südlichen Bornu aus Tonwänden und einem bienenkorbförmigen Dach, und obwohl die Wände hier viel dünner sind, leisten doch ihre Hütten infolge des besseren Materials und der dauerhafteren Arbeit stärkeren Widerstand gegen die Einflüsse der Witterung als die Wohnungen der Kanuri. Ihre Wasserkrüge, Eßtöpfe, Matten und sonstige Geräte zeugen von der Geschicklichkeit und dem Farbensinn der Verfertiger; ich sah Matten in Mannshöhe von zierlichem Geflecht und geschmackvoller Zusammenstellung der Farben, die mit vier- bis fünftausend Muscheln oder einem Mariatheresientaler bezahlt werden.

Wir verließen das gastliche Tinda am 7. Januar früh um sieben Uhr in der Richtung von 280 Grad und wandten uns nach einer Stunde gerade westwärts. Durch dichten Wald und an mehreren kleinen Ortschaften vorbei gelangten wir um neun Uhr zu dem Dorf Baluru. Die Luft war wieder durch Wüstenstaub so verfinstert, daß man nicht imstande war, Gegenstände in einiger Entfernung zu unterscheiden. Hart am Weg erheben sich rechts und links niedrige Hügel, und wie ich aus meinem Aneroid ersah, neigte sich die Straße immer noch langsam abwärts. Um elf Uhr ritten wir in die auf Kalkboden liegende, von Ringmauern und doppelten Gräben umschlossene Stadt Duku ein. Sie übertrifft Kuka an Umfang, zählt aber schwerlich mehr als fünfzehntausend Einwohner, denn innerhalb der Mauern befinden sich große Gärten und unbebaute Plätze. Auf einem der letzteren wurde gerade Markt abgehalten, der indes nicht von Bedeutung zu sein scheint. Der von Mohammed Koringa mitgesandte Reiter hatte hier das Frühstück für uns bestellt; da ich aber noch beizeiten Gombe erreichen wollte, stieg ich nicht vom Pferd, sondern ließ den Marsch ohne Aufenthalt fortsetzen.

Hinter Duku fängt der Wald an, lichter zu werden; die stacheligen Mimosen und Korna-Bäume verschwinden mehr und mehr, und der prächtige Runo-Baum tritt an ihre Stelle.

Säbelantilopen

Nach einer Stunde überschritten wir das Rinnsal des Alhadi, und wieder nach einer Stunde das trockene Bett des Gana, die beide von Südwest nach Nordost dem Gombe-Fluß zufließen. Nun öffnete sich eine weite, blühende, mit zahlreichen Dörfern und Weilern geschmückte Landschaft, in der die Hauptstadt von Kalam malerisch zwischen Hügeln und Bergen vor uns lag. Eine letzte Marschstunde brachte uns an das Ziel. Wir zogen vor die Wohnung des Sultans und wurden von dessen Bruder in das für uns bestimmte Quartier gewiesen, das aus vier Hütten bestand. In diesem Quartier fand ich zum erstenmal sogenannte Feuerbetten, lange, hohle Kasten von Ton, die in den Wintermonaten des Nachts mit Holz oder Kohlen wie ein Backofen geheizt und, mit einer Matte überdeckt, von den fröstelnden Negern als Schlafstätte benutzt werden. Gombe, eine große, mit gut unterhaltenen Mauern und Gräben umgebene Hüttenstadt – ich bemerkte kein einziges Haus – mag wohl zwanzigtausend Einwohner haben, von denen die Mehrzahl Pullo, die übrigen Kanuri- und Haussa-Neger sind.

Das Getreide, das für uns geliefert werden sollte, war nicht angekommen, auf dem Markt von Gombe aber gab es des Rhamadan-Festes wegen weder Getreide noch sonst etwas zu kaufen. Deshalb beschloß ich, die Zurückkunft Mohammed Koringas in seiner Residenz nicht abzuwarten, sondern schon am nächsten Tag weiterzugehen. Der Bruder des Sultans suchte zwar meine Abreise zu verhindern, indem er den Eingeborenen, die ich mieten wollte, das Mitgehen bei Strafe verbot, allein ich ließ mich dadurch in dem einmal gefaßten Entschluß nicht wankend machen. Morgens am 9. Januar wurde unser Kamel beladen, und da Hammed wieder so am Fieber litt, daß er nicht zu Fuß gehen konnte, übernahm ich selbst das Amt des Treibers und gab dem kleinen Noël mein Pferd.

So zogen wir aus dem Tor von Gombe. Draußen boten mir zwei Kanuri ihre Dienste an, der eine als Führer, der andere als Kameltreiber. Beide verstanden sowohl die Pullo- als auch die Haussa- und die Bolo-Bolo-Sprache, Sprachen, die in den südwestlichen Ländern, die ich nun zu passieren hatte, die vorherrschenden sind. Gern bewilligte ich deshalb ihre Forderungen: sechstausend Muscheln an den Führer, welche sein ihn begleitender Vater sofort in Empfang nahm, und nur fünfzehnhundert Muscheln, in Jacoba auszuzahlen, an den Treiber, obwohl diesem eigentlich das schwerste Geschäft zufiel.

Dank dem Segen des immer fließenden Stromes glich die ganze Gegend einem anmutigen Park, dessen grüner Rasenteppich nirgends daran erinnerte, daß die Regenzeit schon seit Monaten vorüber war. Scharen von Vögeln nisteten in den belaubten Bäumen, und gravitätisch stolzierte der Rinderhüter, der sich zur Regenzeit auch in Kuka häufig sehen läßt, hinter den grasenden Kühen einher. Begreiflicherweise haben auf dem immer durchtränkten, fruchtbaren Boden die Menschen sich ebenfalls in Menge angesiedelt. Am rechten Ufer des Flusses folgen dicht nacheinander Dörfer, und das linke ist gewiß nicht minder stark bewohnt, nur konnte man wegen der großen Ausdehnung der Hinterwässer dieses nicht so weit übersehen, zumal Waldrauch und Wüstenstaub die Fernsicht verdunkelten. Mehrere Kanus von ausgehöhlten Baumstämmen bezeugten, daß selbst bei hohem Wasserstand der Verkehr zwischen beiden Ufern nie ganz unterbrochen sein mag.

SIEBZEHNTES KAPITEL

Im Reich Bautschi

Der Fluß Gombe bildet die Grenze zwischen den Reichen Kalam und Bautschi oder Jacoba. Wir setzten um zwölf Uhr auf das rechte Ufer desselben über und erreichten bald die in weitem Umfang von Mauern umgebene Bautschi-Stadt Burriburri, die indes, da neben den Hütten große Felder und Gärten sich ausbreiten, wohl nicht mehr als fünftausend Einwohner zählt. Letztere sind sämtlich Kanuri; sie reden die Sprache ihrer Stammesgenossen in Bornu, wissen jedoch nichts von der Gastfreundschaft, wie sie dort gegen Fremde geübt wird; ich sah mich sogar genötigt, zum Schutz gegen Diebe des Nachts Wachen vor unserem Lager aufzustellen. Der Ortsname Burriburri oder Berriberri kommt in diesen Teilen Afrikas nicht selten vor, und man kann mit ziemlicher Gewißheit annehmen, daß alle so benannte Ortschaften von Kanuri gegründet und bewohnt sind. Sporadisch sind die Kanuri bis zum Niger und Benue hin verbreitet.

Anderentags, am 10. Januar, kamen wir wegen der Schwierigkeit des Weges nur zwei Stunden in südwestlicher Richtung vorwärts. Mehrmals warf das Kamel die Ladung ab, die Stricke zerrissen, die Säcke platzten, und vieles von meinen Sachen wurde beschädigt. Indes gewährte die reizende Umgebung von Burriburri vollen Ersatz für diese Widerwärtigkeiten. Das Bild, daß sich mir hier in der Morgenfrühe darbot – alles mit dem blauen Dunst des Waldrauchs umschleiert –, konnte mich an die Porta Westphalica des heimatlichen Weserstroms versetzen, wenn anders der Blick auf die fremde Vegetation, die Form der Hütten, die fetten Buckelrinder, die mit Bogen und Pfeil bewaffneten Neger eine Täuschung der Art hätte aufkommen lassen. Wir näherten uns, während das Terrain immer hügeliger wurde, dem Gabi-Fluß, der aus Südwesten vom Djaranda-Gebirge herabfließt und in den Gombe-Fluß mündet. Als wir ihn erreicht und überschritten hatten, blieben wir, um die Schäden der Ladung auszubessern, in einem der an seinen Ufern liegenden Dörfer, die alle Gabi genannt werden. Es bestand aus äußerst ärmlichen, schmutzigen Hütten und war von Bolo-Heiden bewohnt. Die Bolo reden eine eigene Sprache und haben stark aufgeworfene Lippen, doch weniger dunkle Hautfarbe als die Bagirmi. Die Männer, groß und kräftig von Gestalt, scheren sich den Kopf nicht kahl wie die Kanuri, Bagirmi, Haussa und andere Negerstämme, sondern tragen ihr volles Haar. Die Frauen sind klein und korpulent und binden das Kopfhaar von hinten nach vorn in einem hochgetürmten Wulst zusammen. Man räumte uns freundlich eine von den schmutzigen Hütten ein, bekümmerte sich aber sonst nicht viel um die Gäste. Abends ging ich an den Fluß. Der Gabi hält das ganze Jahr hindurch Wasser, um diese Zeit freilich nur einen schmalen Streifen; ich fand es klar und süß. In dem groben Kiessand des Grundes führt er viele Plättchen Marienglas mit sich, die in der Sonne wie Gold schimmern. Herden von Pavianen und Meerkatzen beleben die immergrünen Ufer.

Am folgenden Tag wurden wieder kaum vier Wegstunden zurückgelegt. Nachdem wir die erste Stunde südwestlich einen volkreichen Landstrich, hierauf südlich einen Wald gleichfalls an vielen bewohnten Dörfern vorbei durchzogen hatten, galt es, ein äußerst zerklüftetes und unwegsames Gebirge mit unserem Kamel zu übersteigen. Oft mußten wir dem Tier seine Ladung abnehmen und alles einzeln auf unseren Köpfen tragen, damit es die steilen Pässe erklimmen konnte, und es war selbst zu

Kandelaberbaum (Euphorbie)

verwundern, wie es unbelastet die Mühen und Hindernisse des Weges überwand. Je nach der Beschaffenheit des Terrains bogen wir im Zickzack bald rechts, bald links von der geraden Richtung ab, hielten uns jedoch im allgemeinen südwestlich. Unter der reichen Baumvegetation herrschten die Mimosen vor, und zum erstenmal begegnete mir hier der Kandelaber-Baum, ein riesiger Kaktus mit ganz eigentümlichen Formen. Durch Vogelstimmen aller Art und das heisere Geschrei der Affen war die Waldeinsamkeit belebt. Gegen Abend kehrten wir in dem Bergdorf Djaro ein. Obwohl uns mehrere seit dem Frühjahr leerstehende Hütten zur Verfügung gestellt wurden, lagerten wir, aus Furcht vor Skorpionen und anderem Ungeziefer, im Freien unter einem breitästigen Runo-Baum. Es sollen viele Panther und Leoparden in der Gegend hausen; wir unterhielten deshalb in der Nacht große Feuer. Ich wurde jedoch durch nichts als dann und wann durch das Geheul hungriger Hyänen im Schlaf gestört.

Am 12. Januar vollbrachten wir einen sechsstündigen Marsch in wilder Gebirgsgegend. Zwischen und auf den Felsen fanden wir auch hier noch zahlreiche Dörfer. Ihre Bewohner, Bolo-Neger von schwarzer, nur bei einigen, wohl infolge der Vermischung mit den Fulan, etwas hellerer Hautfarbe, gingen nackt. Die Männer, robuste und gedrungene Gestalten, hatten wenigstens kleine Schurzfelle von ausgefranstem Leder vorgebunden. Die Weiber aber, alte wie junge, waren ohne alle Bekleidung, während sehr breite Ringe von Silber, Eisen oder Kupfer die Oberarme und Beine umschlossen; ausnahmsweise legen sie einen handbreiten Ledergürtel um die Hüften, an dem vorn und hinten ein oder mehrere Blätter befestigt sind. Die Haare werden entweder wie ein Helmbusch oder in Form eines hohen korbähnlichen Kranzes zusammengerafft. Von Statur klein und rund, haben die Weiber in der Jugend sanfte Gesichtszüge, im Alter dagegen sind sie von abscheulicher Häßlichkeit. Wollte ich sagen, sie sehen aus wie des Teufels Großmutter, so wäre dies ein falsches Bild, denn die Neger malen den Teufel nicht deshalb weiß, um ihn recht häßlich, sondern um ihn möglichst furchtbar darzustellen. Überhaupt darf man nicht glauben, daß die Neger, weil ihre Gesichtsbildung von der unsrigen so entschieden abweicht, wesentlich andere Begriffe von Frauenschönheit haben als wir. Ein nach unserem Geschmack mehr oder weniger schönes Gesicht steht bei ihnen in gleicher Geltung, und wenn sie auch bisweilen spottweise unsere feinen Lippen mit denen der Meerkatzen und unsere langgestreckte Nase mit dem Schnabel des Pfeffervogels vergleichen, so wissen sie doch die Schönheit einer Fellata-Frau mit kaukasischen Gesichtszügen recht wohl zu schätzen. Ein Neger, der eine schwarze Madonna zu malen hätte, würde sicher nicht eine Musgu- oder Tuburi-Negerin, sondern eine wohlgebildete Bornuerin oder Uandala zum Modell nehmen.

Wir gelangten nachmittags zu dem großen, ausschließlich von Fellata bewohnten Ort Tjungoa, dem Ziel unseres Tagesmarsches. Zu meiner Verwunderung ward uns seitens der Bewohner gastfreundliche Aufnahme und Bewirtung zuteil; selbst unsere Pferde bekamen wieder sattsam Korn zu fressen. Die Sache klärte sich folgendermaßen auf. Seit Jahren war ein Mann hier ansässig, der sich einen Scherif der Schingeti nannte, d. h. der Schellah-Berber, die nordwestlich von Timbuktu bis zum Ozean die Wüste durchstreifen und, obwohl sie nichts weniger als Abkömmlinge Mohammeds sind, den zum Islam bekehrten Negern sich als Schürfa darstellen, um sie auf schamlose Weise auszubeuten. Der Fulfulde-Sprache vollkommen mächtig, predigte er den Fellata beständig vor, um in das Paradies zu kommen, gebe es kein sichereres Mittel, als daß sie seine geheiligte Person nach Gebühr verehrten, ihm dienstbar seien und seine Ländereien unentgeltlich bearbeiten. Er hatte eine Frau ihres Stammes geheiratet und war mit ihr im Jahre 1866 nach Mekka gepilgert, was den Ruf seiner Heiligkeit noch bedeutend vermehrte. In Bornu verstand man es besser, wie er wohl wußte, die echten Schürfa von den falschen zu unterscheiden; daher war er auf die Kanuri sehr schlecht zu sprechen, und damit wir den Ortsbewohnern seine wahre Herkunft nicht verraten möchten, empfahl er ihnen angelegentlich, uns aufs beste zu verpflegen.

Als wir am folgenden Tag aufbrachen, hatte sich eine Menge Volks um uns versammelt. Da kam auch der Pseudo-Scherif auf einem kleinen verkrüppelten Pferd herbeigeritten, um mir eine Strecke weit das Geleit zu geben. Zum Abschied beschenkte er meinen Diener Hammed, welcher sich ebenfalls für einen Scherif auszugeben pflegte, als Kollegen mit hundert Muscheln, indem er den seine Freigebigkeit anstaunenden Negern zurief: »Seht, so muß man Schürfa bewirten, das ist der sicherste Weg zur Tür (des Paradieses).« Jedenfalls war er seinerseits sicher, daß seine gläubigen Verehrer ihm die hundert Muscheln bald wieder ersetzen würden.

Wir legten an diesem Tag abermals nur einen Weg von sechs

Stunden zurück. Die uns umgebenden Berge bildeten jetzt gewaltige Granitmassen in relativer Höhe von fünfzehnhundert bis zweitausend Fuß, alle gut bewachsen und von mannigfachster, oft wunderlichster Formation. Hier sollen viele Panther im Hinterhalt lauern, um von Viehherden, die hindurchgetrieben werden, sich ein Beutestück zu holen. Nach Überschreitung eines Passes sahen wir rings am Horizont Berge von größeren Dimensionen und bis zu sechstausend Fuß relativer Höhe vor unseren Blicken auftauchen. Es war Nachmittag, als wir den Ort Sungoro erreichten, der teils von Pullo-, teils von Haussa-Negern bewohnt ist. Ein heftiger Fieberanfall nötigte mich leider, gleich bei der Ankunft mein Lager aufzusuchen.

Die Dörfer der Pullo sind meist weitläufiger angelegt als die der Kanuri, und auch ihre Wohnungen weichen in der Bauart von denen der letzteren erheblich ab. Während die Hütten einer Kanuri-Wohnung, eines sogenannten fato, einzeln und ohne Ordnung in einem viereckigen Gehege stehen, bilden die drei bis vier Hütten der Pullo-Wohnung einen Kreis, dessen Zwischenräume durch tönerne Vorratstürme von gleicher Höhe wie die Hütten selbst ausgefüllt sind. Aus einer Hütte führt eine Tür, durch die man aufrecht hindurchschreiten kann, nach dem inneren Hofraum; es ist dies ein wesentliches Unterscheidungsmerkmal auch von allen anderen Negerwohnungen. Die übrigen Hütten haben nur nach dem äußeren Hof eine runde Öffnung von eineinhalb Fuß im Durchmesser. In der Mitte des Kreises stehen meist noch einer oder mehrere solcher Vorratstürme, und oft ist das Ganze mit Matten überdacht. So bildet die Pullo-Wohnung ein geschlossenes Haus, wogegen die der Kanuri und anderer Negerstämme nur aus einer oder mehreren einzelnen Hütten besteht. Was indes die Kanuri vor den Pullo voraus haben, ist die größere Reinlichkeit.

Ich war am anderen Morgen noch sehr angegriffen, stieg aber doch zu Pferd, um die nur mehr drei Stunden entfernte Hauptstadt von Bautschi zu erreichen. Südwestliche Richtung haltend, passierten wir die Orte Joli, am Berg gleichen Namens gelegen, und Kiruin, ebenfalls von hohen Felsen umgeben. Jetzt sahen wir die rötlich schwarzen, nur von wenigen Toren durchbrochenen Tonmauern der Hauptstadt Garo-n-Bautschi – dies ist ihr eigentlicher Name, während sie von den Arabern und nach ihnen auch von den östlich wohnenden Negern nach dem Namen ihres Gründers, Jacoba, Jacobo, Jacobari genannt wird – in endloser Einförmigkeit sich hinstrecken. So herrlich die Natur dieses weite Alpental geschmückt hat, einen so öden Eindruck macht von außen gesehen die Stadt, da die Bäume im Inneren nicht hoch genug sind, als daß sie mit ihren Kronen die hohe, kahle Mauer überragen könnten.

Wir ritten in die Stadt ein. Unterwegs hatte ich schon gehört, daß der Lamedo (das Pullo-Wort für Sultan, König) nicht in Garo-n-Bautschi anwesend sei, sondern seit zwei Monaten mit seinem Kriegsheer in der befestigten Stadt Rauta verweile. Zum Glück war ich außer an den Lamedo auch an einen Kaufmann aus Rhadames namens Hadj Ssudduk empfohlen. Ich ließ mich nach dessen Haus führen und erfuhr hier zwar, auch er habe bereits seit längerer Zeit die Stadt verlassen; das Haus war aber von einem Verwandten von ihm namens Ali-ben-Abidin bewohnt, der mir, nachdem er mein Empfehlungsschreiben in Empfang genommen hatte, freundlichst seine Dienste anbot. Er geleitete mich sofort zur Residenz des Lamedo und stellte mich dort dem Obersten der Sklaven, dem Intendanten über den königlichen Hofhalt, als Gåst seines Gebieters vor. Es wurde zwischen den beiden ausgemacht, daß der Kaufmann für mein Quartier, der Intendant für die Beköstigung zu sorgen haben sollte. Demgemäß ward mir ein ebenfalls dem Rhadameser gehöriges Haus zur Wohnung eingeräumt, und bald brachten mehrere königliche Diener zwei kleine Säcke mit Korn, ein Huhn und ein Töpfchen Honig. Als Trinkgeld gab ich den Überbringern eine Anzahl Muscheln, welche den Wert der Sendung reichlich aufwog; dennoch waren sie nicht zufrieden damit, sondern unverschämt genug, noch tausend Muscheln zu verlangen. Ali-ben-Abidin wollte sich ins Mittel legen, allein meinem als durchaus notwendig erkannten Grundsatz getreu, jeden Erpressungsversuch der Art sogleich energisch zurückzuweisen, ließ ich mich auf keine Unterhandlungen ein, machte vielmehr kurzen Prozeß und jagte die Kerle mitsamt den überbrachten Lebensmitteln zum Haus hinaus.

Abends schickte uns dann die erste Frau des Lamedo, der man

inzwischen meine Ankunft gemeldet hatte, ein gutes und splendides Mahl.

Den folgenden Tag widmete ich der Ruhe und Erholung von den Strapazen der Reise. Am 16. Januar aber brach ich nach Keffi-n-Rauta auf, um den Lamedo zu begrüßen und ihm meine Geschenke zu überreichen. Ich nahm die beiden Kanuri aus Gombe mit, auch mein Kamel und mein Zelt, in der Hoffnung, der Lamedo werde mir beides abkaufen, denn ich hatte mich überzeugt, daß es unmöglich war, mit dem Kamel weiterzukommen; ohne dasselbe aber konnte mein schweres Zelt nicht transportiert werden, welches mir übrigens für die fernere Reise auch allenfalls entbehrlich schien. Es war acht Uhr morgens, als ich die Stadt in nordwestlicher Richtung verließ, und um drei Uhr nachmittags, nach einem scharfen Ritt von sieben Stunden, befand ich mich vor den Mauern von Keffi-n-Rauta. Ich ritt durch ein geöffnetes Tor und direkt bis zur Wohnung des Lamedo. Auf meine Frage, wo derselbe augenblicklich verweile, wies man auf ein der Wohnung gegenüberliegendes verandenartiges Gebäude, ohne hinzuzufügen, daß es seine Moschee sei. Erst als ich eingetreten war, bemerkte ich den Verstoß, dessen ich mich als Ungläubiger mit dem Betreten eines Bethauses schuldig gemacht, und zog mich auf der Stelle wieder zurück. Nun wurde ich in mein Quartier, eine recht gut eingerichtete Hütte, geführt.

Nach einer Stunde ließ mich der Lamedo zu sich entbieten. Er lag im vordersten Hof seines Hauses auf einer Ochsenhaut, umgeben von den Großen des Reiches, die fast alle, während sonst an Negerhöfen niemand bewaffnet vor dem Herrscher erscheinen darf, lange Schwerter trugen. Beinahe hätte ich einen zweiten Verstoß begangen und einen anderen statt des Monarchen begrüßt, da ihn äußerlich nichts von den Versammelten unterschied; seine ursprünglich weiß gewesene Kleidung war infolge langen Gebrauchs ebenfalls schmutzig grau geworden, und ein Litham verhüllte wie bei den übrigen sein Gesicht, so daß nur die Augen frei blieben. Als die Begrüßungsformeln ausgetauscht waren, übergab ich ihm meine Briefe. Den des Sultans von Bornu entfaltete und las er sofort, worauf er – ich hatte meinen Kanuri-Burschen als Dolmetscher zur Seite – zu mir sagte: »Es scheint, du bist sehr befreundet mit dem Sultan,

Grüßende Fulbefrauen

der wohl überhaupt die Christen liebt?« »Sultan Omar«, erwiderte ich, »hat mir in der Tat viel Freundschaft erwiesen, wie er auch andere christliche Reisende vor mir aufs großmütigste behandelt hat.« Dann eröffnete ich ihm, ich hätte einen Revolver für ihn mitgebracht, und da er denselben gleich zu sehen wünschte, ließ ich das Kästchen durch den Kanuri aus meiner Wohnung herbeiholen. Inzwischen zeigte ich ihm meinen türkischen Firman. Er wandte das Pergamentblatt hin und her, beguckte es von oben und unten und fragte dann spöttisch, wozu es mir nütze. »Dieses vom Beherrscher aller Gläubigen ausgestellte Schreiben«, antwortete ich, »wird überall, wo Mohammedaner wohnen, respektiert und gewährt mir Schutz auf meinen Reisen.« »Das mag im türkischen Reich sein«, sagte er; »wir aber verstehen kein Türkisch, und unser Beherrscher der Moslemin ist nicht der Sultan in der Türkei, sondern der Sultan in Sokoto.« Danach erhob er sich und ging allein mit mir in einen der inneren Höfe. Hier gab ich ihm den Revolver. Nachdem er sich dessen Konstruktion und einzelne Bestandteile genau hatte erklären lassen, fragte er nach dem Preis; denn es ist bei den Lamedos der Fellata nicht so selbstverständlich wie bei anderen Negerfürsten, daß jeder Fremde ihnen Geschenke überreichen muß. Natürlich ersuchte ich ihn, die Waffe als Geschenk zu behalten; ich nahm aber die Gelegenheit wahr, ihm mein Kamel und mein Zelt zum Kauf anzubieten. Scheinbar auf die Offerte eingehend, bestimmte er, daß folgenden Tages die Besichtigung der Gegenstände und der Handel darüber stattfinden sollte. Wir unterhielten uns sodann über meine Weiterreise. Er riet mir, zunächst nach Lafia-Bere-Bere zu gehen, bis wohin er mir einen Führer mitgeben wolle; von da werde ich leicht nach Egge und weiter nach Nupe kommen.

Am Vormittag des nächsten Tages wohnte ich einer öffentlichen Audienz beim Lamedo bei, zu der seine Großen wieder vollzählig um ihn versammelt waren. Der von mir geschenkte Revolver wurde unter ihnen herumgereicht und fand allgemeine Bewunderung. Bei diesen öffentlichen Audienzen hat jeder aus dem Volk freien Zutritt und darf seine Anliegen und Beschwerden dem Lamedo selbst vortragen, welcher persönlich, ohne Zuziehung der Räte, alles auf der Stelle entscheidet. Leider verstand ich wegen Unkunde der Sprache nichts von den Verhandlungen, ich war deshalb froh, als die vierstündige Sitzung endlich geschlossen ward. Jetzt kam der Handel um mein Kamel und Zelt an die Reihe. Nach Negersitte stellt der Verkäufer keine Forderung, sondern wartet ab, was man ihm für seine Ware bietet, und der Kaufinteressent steigert sein Gebot so lange, bis es vom Verkäufer annehmbar befunden wird. Die Beauftragten des Lamedo gingen aber mit ihrem Gebot nicht über dreißigtausend Muscheln für das Kamel und zehntausend für das Zelt hinaus; und da ich mich zur Annahme eines im Verhältnis zum Wert der Gegenstände so äußerst niedrigen Preises nicht entschließen konnte, blieb der Handel ohne Resultat.

Abends wurde in der Nähe meiner Wohnung eine Hochzeit gefeiert. Ein Haufen Männer und Weiber, gefolgt von einer lärmenden Kinderschar, zogen durch die Straßen und schleppte in seiner Mitte die junge, fast nackte Braut, die wie unsinnig zappelte und schrie, an Armen und Beinen zur Hütte des ihrer harrenden Bräutigams. Mag nun das Sträuben natürlich oder erheuchelt sein, der gute Ton in Bautschi verlangt, daß die Ehekandidatin auf dem Transport zum Hause ihres Zukünftigen aus Leibeskräften strampelt und schreit, überhaupt möglichst starken Widerstand an den Tag legt.

Keffi-n-Rauta, oder kurzweg Rauta, liegt etwas niedriger als Garo-n-Bautschi, doch auf demselben Plateau, das im Westen und Nordwesten in einer Entfernung von acht bis zehn Stunden durch anscheinend drei- bis viertausend Fuß hohe Berge begrenzt ist. Der Ort ist eigentlich weniger eine Stadt als ein mit Tonmauern umwalltes Lager, in dessen Mitte der Lamedo eine weitläufige, ebenfalls aus Ton erbaute Wohnung hat. In den sie umgebenden Hütten waren zehntausend Mann Truppen einquartiert. Die ständigen Bewohner, nur etwa tausend an Zahl, sind sämtlich Haussa-Neger und Sklaven des Lamedo. Sonntags wird vor den Toren ein kleiner, unbedeutender Wochenmarkt abgehalten.

Ich wollte am 18. Januar frühmorgens die Rückreise nach der Hauptstadt antreten, mußte aber bis Mittag warten, ehe mich der Lamedo zur Abschiedsaudienz empfing. Bei derselben stellte er mir den Mann vor, der mich nach Lafia-Bere-Bere geleiten sollte, und versprach, ihn demnächst mit Empfehlungsschreiben für mich nach Garo-n-Bautschi zu senden. Nun stieg ich zu Pferd, und nach einem siebenstündigen scharfen Trab traf ich abends wieder in der Hauptstadt ein.

Bautschi ist kein unabhängiger Staat, es steht gleich den noch größeren Staaten Adamaua und Segseg unter der Oberhoheit des Sultans von Sokoto, dem es nicht nur tributpflichtig ist, sondern der auch nicht selten in die inneren Angelegenheiten eingreift. Der regelmäßige jährliche Tribut besteht aus Sklaven, Muscheln, Antimon und Salz; aber auch außer der Zeit läßt sich der Sultan, wenn er gerade Geld braucht, von seinen Vasallen beliebige Summen auszahlen. Diese Macht des Sultans von Sokoto beruht lediglich auf seinem geistlichen Ansehen als Beherrscher der Gläubigen, denn an materieller Macht wird die Provinz Sokoto von den Provinzen Adamaua, Segseg und Bautschi weit übertroffen. Hierin liegt aber, da die mohammedanischen Pullo überall in der Minderheit und die heidnischen Untertanen stets zur Empörung gegen deren Herrschaft geneigt sind, ein gefährlicher Keim für den Zerfall des Pullo-Reiches. Abgesehen von der durch die inneren Zerrüttungen drohenden

Gefahr würde übrigens das Sokoto-Reich auch einem kräftigen Angriff von Bornu, dessen Heer mit einer großen Anzahl guter Gewehre bewaffnet ist, während die Pullo nur wenige Lunten-flinten besitzen, wohl nicht zu widerstehen imstande sein.

Etwa ein Jahr vor meiner Ankunft brach ein sehr ernstlicher Aufstand aus. Im Rhamadan 1865 war ein mohammedanischer Mallem aus Kano, namens Ssala, zu den heidnischen Gebirgsbe-wohnern gekommen, der sie gegen die Herrschaft der Pullo aufwiegelte, ihnen Schießgewehre verschaffte und, nachdem er sie militärisch organisiert hatte, an ihrer Spitze die Bewohner der Ebene überfiel. Die Männer, welche sie gefangen nahmen, wurden getötet, Frauen und Kinder in die Sklaverei geschleppt. Keinen Widerstand findend, drangen die Rebellen immer wei-ter vor und bedrohten mit ihren Streitereien sogar die Haupt-stadt. Nun endlich begab sich der Lamedo, um gegen sie ins Feld zu ziehen, nach Keffi-n-Rauta zum Heer; allein so lange ich im Land verweilte, hatten die militärischen Operationen noch nicht begonnen, während die Zahl des Feindes durch Zuzüge aus allen Teilen des Sokoto-Reiches von Tag zu Tag wuchs.

Am Hof von Bautschi wird vorwiegend die Haussa-Sprache gesprochen, auch fast alle Titel der Beamten und Würdenträger sind in diesem Idiom benannt. In betreff der Rechtspflege verdient rühmend hervorgehoben zu werden, daß im Gegensatz zu den meisten mohammedanischen Negerhöfen, wo es dem Volk nie gestattet ist, sich dem Herrscher zu nahen, wo selbst seine Vertrauten nur mit abgewandtem Gesicht, als vermöchten sie den Strahl aus dem Auge der Majestät nicht zu ertragen, vor ihm erscheinen dürfen, in allen Pullo-Staaten dem Niedrigsten aus dem Volk das Recht zusteht, bei den öffentlichen Audienzen frei vor den Sultan zu treten und ihm selbst seine Klage zu Gehör zu bringen.

Die Stadt Garo-n-Bautschi liegt nach meinen Messungen 2480 Fuß über dem Meer auf einer Hochebene. In einem unregelmä-ßigen Viereck gebaut, wird die Stadt nebst Feldern und Gärten, unbebauten steinigen Hügeln und zahlreichen Wasserlöchern, welche durch Ausgraben der Tonerde zum Häuserbau entste-hen, im Umfang von dreieinhalb Stunden durch hohe Mauern eingeschlossen. Sie hat ziemlich breite, aber krumme und winkelige Straßen. Alle Häuser sind aus Ton errichtet; die der Vornehmen, wozu meist große Höfe und Gärten gehören, haben flache Dächer, die Hütten des Volks spitze Strohbedachung.

Die Bevölkerung, der Mehrzahl nach Haussa-Neger, mag sich auf hundertfünfzigtausend Seelen belaufen, doch war die frühere Lebhaftigkeit des Ortes, seitdem die aufrührerischen Heiden das Land unsicher machten, von den Straßen und Plätzen verschwunden. Der Handelsverkehr mit Adamaua und Nupe stockte gänzlich, die Kaufleute aus Saria, Kano und anderen fremden Städten hatten daher Bautschi verlassen, kaum drei oder vier Rhadameser blieben noch zurück, und mit dem Lamedo waren auch alle Großen ins Lager nach Rauta gegangen.

Auf dem täglichen Markt fand ich fast nur inländische Erzeugnisse aus der nächsten Umgegend. Sklaven wurden hier um die Hälfte des Preises feilgeboten, den man in Kuka dafür bezahlt; allerdings ist die Auswahl geringer, da im Sokoto-Reich kein Pullo als Sklave verkauft werden darf.

Die Pferde, sei es, daß Klima und Futter ihnen nicht zusagen, oder infolge der schlechten Behandlung, sind elende Klepper und meist nicht größer als Esel; was hier für ein schönes

Doppelte Kriegsglocke der Haussa

Reitpferd gilt, würden die Bornuer »kidar«, d. h. Schindmähre, nennen. Schafe und Ziegen sehen ebenfalls höchst erbärmlich aus, obgleich sie doch bei der hohen Lage und der gebirgigen Natur des Landes hier gerade besonders gut gedeihen sollten. Rinder scheinen etwas besser gepflegt zu sein, können jedoch an Größe und Wohlgenährtheit mit denen in Kanem oder Bornu keinen Vergleich aushalten. Steht somit die Viehzucht im allgemeinen bei den Haussa auf sehr niedriger Stufe, so macht die Zucht der Hühner, auf welche sie große Sorgfalt verwenden, eine bemerkenswerte Ausnahme. Vielleicht liegt der Grund hiervon in der unter den Landbewohnern herrschenden Sitte, wonach der Bräutigam die Eltern der Braut mit einem Dutzend Hühner beschenkt. In den Städten ist das Heiraten etwas kostspieliger; dort hat der junge Mann seiner Braut oder deren Eltern eine Summe von zwanzig- bis fünfundzwanzigtausend Muscheln (sechs bis acht Taler) zu schenken, welche der Frau, auch im Falle, daß er sich wieder von ihr trennen sollte, als Eigentum verbleibt.

Neben den Produkten des Landes bot der Markt auch eine Auswahl der gängigsten heimischen Industrieartikel. Man liefert in Bautschi Kattun von anerkannter Güte und versteht sogar Lumpen wieder zu neuem Stoff zu verarbeiten, ihre Einsammlung wird daher als eigener Erwerbszweig betrieben; berühmt sind die hier gefertigten weißen Toben mit kunstvoller Stickerei. Aus den Fasern der Karess-Rinde dreht man Stricke und Taue, die an Haltbarkeit denen von Manilahanf wenig nachstehen. Irdenes Geschirr, wie Schüsseln, Töpfe und Krüge, wozu sich das Material im nahen Djaranda-Gebirge findet, wird mit einer feinen Bronzeglasur überzogen. Ebenso zeichnen sich die Strohgeflechte, Matten, Tellerchen, Körbchen usw. durch zierliche Arbeit aus. Für bemerkenswert halte ich, daß Seife aus Natron und Öl oder Butter im Land selbst bereitet wird und allgemein in Gebrauch ist.

Auf dem Markt wird durch den Sserki-n-kurmi (Marktaufseher) und seine Gehilfen strenge Polizei geübt; man untersucht die Milch, ob sie nicht mit Wasser verfälscht ist, und hält darauf, daß aus dem feilgebotenen Fleisch die Knochen entfernt werden. Überhaupt herrscht mehr Redlichkeit im Handel und

Wandel als jenseits des Gongola-Flußes. Als Zahlmittel dienen ausschließlich Muscheln, hier Uuri genannt, die sich von Kano aus immer weiter in die Pullo- und Kanuri-Reiche verbreiten.

Die Kleidung der männlichen Stadtbewohner besteht bei den Wohlhabenden aus weißen oder blaukarierten sehr weiten Hosen, einem weißen Hemd mit langen Ärmeln, beides aus schmalen Kattunstreifen zusammengenäht, und einer langen Tobe; vor dem Gesicht tragen sie einen schwarzen oder weißen Litham und an der Seite ein gerades Schwert (Spieße wie bei den Teda, Kanuri und östlichen Negervölkern sieht man wenig, allgemeine Waffe ist der Pfeilbogen); die Ärmeren begnügen sich mit Hemd und Hose oder auch bloß mit letzterem. Haupt und Barthaar werden sorgfältig abrasiert. Auf dem Land gehen die Männer nackt, nur die Schamteile mit einem Lederschurz, einem Baumwollfetzen oder einem grünen Blatt bedeckend; wenn sie zur Stadt kommen, winden indes die meisten ein Tuch um die Hüfte. Die Haussa-Neger lassen ihr krauses Haar frei wachsen; die heidnischen Pullo türmen es nach Art der Uandala-Weiber zu einem hohen Wulst auf, was den jungen Burschen, die sich überdies mit Perlen, Korallen und sonstigem Schmuck zu behängen pflegen, ein weibisches Aussehen gibt. Die Frauentracht in Garo-n-Bautschi weicht dadurch von der in anderen großen Negerstädten ab, daß sie die Brüste völlig entblößt läßt. Bei den Mädchen wird der Kopf in einer Weise geschoren, wonach nur in der Mitte ein firstartiger Streif und ringsum ein schmaler Kranz von Haaren stehenbleibt; bei den verheirateten Frauen werden die vollen, stark eingebutterten Haare auf dem Wirbel zusammengebunden. Die Landbewohnerinnen sind wie die Männer unbekleidet.

Schon öfter habe ich erwähnt, daß die Pullo-Mädchen durch regelmäßige Gesichtszüge, schöne Körperformen und goldbronzene Hautfarbe sich auffallend von den häßlichen, grobknochigen Haussa- und anderen Negerinnen unterscheiden. Freilich währt ihre Schönheit nicht lang, schon im Alter von fünfundzwanzig Jahren sind sie alt und ihre Reize dahingewelkt. Auch sollen sie minder fruchtbar sein als die Negerinnen, und wirklich gehören Pullo-Familien mit mehr als drei bis vier Kindern zu den seltenen Ausnahmen, wogegen in Negerfamilien häufig sechs bis acht, in manchen zehn bis zwölf Kinder von einer Mutter geboren werden.

An den Arbeiten und gewerblichen Hantierungen nehmen Männer und Frauen gleichen Anteil. Letztere stampfen und reiben die Getreidekörner zu Mehl, kneten den Teig und bereiten aus den harzigen Blättern der Adansonie die Brühe dazu, die in Ermangelung des teuren Salzes stark mit Pfeffer und Ingwer gewürzt wird; sie spinnen die Baumwolle, drehen Stricke, beschäftigen sich auch vorzugsweise mit der Töpferei. Die Männer weben das gesponnene Garn, gewöhnlich zu viert oder fünft an einem freien Platz oder mitten in einer breiten Straße ihren Webstuhl aufschlagend; andere geben durch anhaltendes Klopfen, das man den ganzen Tag über hört, dem rohen Gewebe Glanz und Appretur; wieder andere nähen die schmalen Streifen in breitere Stücke zusammen. Desgleichen wird das Matten- und Korbflechten, die Lederbereitung, das Schuhmacher- und andere Handwerke von den Männern betrieben. Die hier wachsende Baumwolle, von vorzüglicher Qualität, gibt einen ebenso feinen wie haltbaren Faden, und da ein Teil der Abgaben in Kattunstreifen entrichtet werden muß, hat jeder, auch der kleinste Ort, seine Weberei.

Das Klima der Hochebene von Bautschi hat Ähnlichkeit mit dem in den südlichen Gegenden Europas. Die intensive Hitze der Monate Mai und Juni wird durch die hohe Lage des Landes, durchschnittlich dreitausend Fuß über dem Meer, bedeutend ermäßigt, von Ende Juni bis Ende September kühlen Regen und Gewitter die Luft, und während der ganzen übrigen Zeit des Jahres, von Oktober bis April, herrscht eine milde Frühlingswärme, indem das Thermometer in der Nacht nicht unter +10 Grad sinkt, in den Mittagsstunden nicht über +30 Grad im Schatten steigt. Zitronen-, Dattel- und Granatbäume gedeihen hier fast ohne Pflege, und ebenso ließen sich viele andere Erzeugnisse der südlichen gemäßigten neben denen der heißen Zone heimisch machen.

Verlockt durch die angenehme Frühlingstemperatur und die herrliche Umgegend, machte ich, so oft mein geschwächter Gesundheitszustand es erlaubte, kleine Exkursionen zu Pferd in die bewaldeten Vorberge des Tela-Gebirges, die im Südosten,

Süden und Südwesten dicht an Garo-n-Bautschi herantreten und mit ihren immergrünen Bäumen, ihren kristallklaren Bächen, auf deren Grund Plättchen von Marienglas wie Goldsand glitzern, mir eine wahrhafte Erquickung gewährten. Allzuweit von der Stadt durfte ich mich indes nicht entfernen, auch nicht versäumen, von Zeit zu Zeit meine Büchse knallen zu lassen, denn einzelne aufrührerische Heiden streiften im Gebirge umher und lauerten mit Bogen und Pfeil ihren Feinden, den Mohammedanern, auf, die ihre Väter und Brüder, Weiber und Kinder wegfangen und als Sklaven verkaufen.

Für mein Kamel und mein Zelt war in Garo-n-Bautschi noch weniger als in Rauta ein angemessenes Gebot zu erzielen. Ich mußte endlich ersteres halb verschenken und letzteres, um wenigstens etwas daraus zu lösen, in die schmalen Streifen zerschneiden, aus denen es zusammengenäht war. An Stelle des Kamels kaufte ich zum Transport meiner Bagage ein drittes Pferd, nachdem ich den geringen Rest der mir verbliebenen Waren gegen Muscheln verhandelt hatte. Dabei lernte ich den Inhaber eines Hanut (Verkaufsbude) kennen, der mich in seine Familie einführte. Er war ein Schellah-Berber aus Tuat und mit einer bronzefarbigen Pullo verheiratet. Aus dieser Ehe gingen ein Mädchen und zwei Knaben hervor, damals zwölf, elf und neun Jahre alt, von tadelloser Schönheit, mit vollendeten Körperformen und reizenden, intelligenten Gesichtszügen: Eine neue tatsächliche Widerlegung derjenigen, welche die Ansicht vertreten, durch Kreuzung verschiedener Menschenrassen könne nur ein körperlich und geistig verwahrlostes Geschlecht erzeugt werden. Ich meinesteils bekenne mich aufgrund vielfältiger Beobachtungen zur entgegengesetzten Ansicht; jedenfalls, meine ich, darf man die Untersuchungen und Erfahrungen auf diesem Gebiet noch lange nicht als abgeschlossen betrachten.

Der Lamido Brahima hatte sich, seit ich ihm in Rauta meine Aufwartung gemacht, in keiner Weise mehr um mich bekümmert und auch seine Zusage, mir einen Geleitsmann bis Lafia-Bere-Bere nebst Empfehlungsschreiben zu senden, unerfüllt gelassen. Ihn an das gegebene Versprechen zu erinnern, schien mir nicht ratsam; ich mietete gegen Bezahlung einen Führer zunächst bis Saranda und war nun zur Weiterreise fertig.

ACHTZEHNTES KAPITEL

Über Keffi Abd-es-Senga bis an den Benue

Nach zwanzigtägigem Aufenthalt verließ ich mit meiner kleinen Reisebegleitung die Hauptstadt Bautschis am 2. Februar, direkt gegen Westen auf den Gebirgsstock des Saranda zugehend. Die Gegend hier im Rücken der Stadt schien vor Überfällen der Insurgenten gesichert zu sein, denn ich sah viele einzelne, von blühenden Feldern umgebene Gehöfte. Den Blick in die Ferne hinderte leider der schwarze Qualm von Grasbränden, der rings aus den Waldungen aufstieg und die Luft verfinsterte, so daß vom Saranda selbst nichts zu sehen war. Beim Überschreiten einer Schlucht platzte meinem Lastpferd der lederne Gurt, mit dem die Bagage auf dem Rücken befestigt war. Dies nötigte uns, in dem Dorf Meri, nur eineinhalb Stunden von Garo-n-Bautschi entfernt, zu bleiben, wo wir übrigens leidliches Quartier und genügend Verpflegung fanden; unsere Pferde freilich mußten, da es keine Getreidekörner gab, mit gedörrtem Koltschekraut vorliebnehmen.

Am nächsten Morgen brachen wir um sieben Uhr auf und verfolgten in westsüdwestlicher Richtung den Weg durch die Felsen weiter, die bald in gewaltigen Blöcken über- und durcheinander liegen, bald zu senkrechten Granitwänden aufsteigen. In dem dichtverwachsenen Buschwerk dazwischen sollen viele wilde Tiere ihre Schlupfwinkel haben. Um halb zehn Uhr war der Fuß des Saranda-Berges erreicht. An dieser Stelle begegnete uns ein großer Trupp Kanuri, Männer und Weiber, welche Salz von Lafia-Bere-Bere nach Bautschi brachten. Sie trugen das zu grauem Staub zerstoßene Salz in ein- bis eineinhalb Zentner schweren Bastsäcken auf dem Kopf, und außerdem waren die Weiber mit Kochgeschirr und sonstigem Gerät, die Männer mit ihrer Waffe, Bogen und Pfeilbündel, beladen. Pferde sind in dem schluchtigen, schroffen Felsgebirge nicht zu verwenden, es müssen vielmehr alle Lasten allein durch Menschenkraft über es transportiert werden.

Der Saranda, bis zum Gipfel bewaldet und, soviel ich sehen konnte, ganz aus Granit bestehend, der jedoch stellenweise wie Schiefer in Tafeln geschichtet liegt, ist der Scheidepunkt für die Gewässer des Tschad und die des Benue und Niger. Wir umgingen den Berg und hatten, auf der anderen Seite angekommen, ein zwar hügeliges und allmählich steigendes Terrain vor uns, aber keine höheren Berge mehr in Sicht. Um zwei Uhr erreichten wir den ziemlich bedeutenden, von Pullo bewohnten Ort Saranda, in welchem das Nachtlager genommen wurde.

Als wir anderenmorgens noch eine kurze Strecke auf dem großgewellten, von Schluchten zerrissenen Plateau, das mit dem von Garo-n-Bautschi gleiche Höhe hat, in der Richtung von 285 Grad zurückgelegt, sahen wir gerade vor uns am westlichen Horizont wieder eine Bergkette auftauchen. Wie der Lauf vieler wasserhaltiger Rinnsale zeigt, dacht sich auch dieses Plateau nach Südosten ab. Wir passierten ein von seinen Bewohnern verlassenes Dorf und langten eine Stunde später in Djauro an, einem ummauerten Ort von etwa fünfzehnhundert Einwohnern. Der Sultan von Djauro beherrscht ein Gebiet, das sich bis über Goa hinaus erstreckt.

Zwei Söhne des Sultans begleiteten mich am folgenden Tag über das Gebirge nach Goa. Das Hinaufsteigen zum Kamm war äußerst mühsam und beschwerlich. Keine Spur von einem gangbaren Pfad. Unsere Pferde mußten an den steilen Abhängen, oft mehrere Fuß hoch schreitend, von Fels zu Fels klimmen, und stellenweise blieb zwischen den senkrechten Wänden und dem zur Seite gähnenden Abgrund so wenig Raum, daß ein einziger Fehltritt genügt hätte, um Roß und Reiter in die jähe Tiefe zu stürzen. Auch eine Menge wasserhaltiger Rinnsale mit hohen, steilen Ufern mußten durchritten werden. Unterhalb der Paßhöhe, die noch von zirka tausend Fuß hohen Gipfeln überragt wird, treten die Berge weiter auseinander, und es eröffnet sich ein Plateau, auf welchem wir, ganz erschöpft von der mühsamen Tour, zu dem Ort Goa gelangten.

Dank unserer prinzlichen Begleitung bemühte sich der Galadi-ma, ein Untergebener des Sultans von Djauro, uns reichlich mit Speise und Trank zu erquicken und für gute Herberge zu sorgen. Er wohnt inmitten des weitläufigen Orts in einer kleinen ummauerten Burg. Die Bewohner von Goa sind größtenteils Pullo, aber, wie ihre dunkle Hautfarbe zeigt, stark mit Negerblut vermischt. Ihre Weiber scheinen sehr putzsüchtig zu sein, denn sie tragen nicht bloß einen Ring in den Ohren, sondern eine ganze Menge, oft zehn bis zwölf, und an der Stirn ein mit bunten Perlen gesticktes zollbreites Band; das gekräuselte, bis einein-halb Fuß lange Haar lassen sie in drei Flechten vom Hinterkopf und zu beiden Seiten herabhängen. Gegen Abend machte ich einen Spaziergang in die nahen Berge, die ganz aus grobem Granit bestehen. Ich fand dort Bäume mit eßbaren Früchten und mehrere zuvor noch nicht gesehene Kaktusarten.

Ehe wir am anderen Morgen aufbrachen, verabschiedeten sich die beiden Prinzen, um nach Djauro zurückzukehren. Leider hatte ich mich gar nicht mit ihnen unterhalten können, da keiner von uns Fulfulde verstand. Um sieben Uhr setzten wir uns in Marsch, anfangs westsüdwestwärts, und hatten zunächst wieder einen steilen, mit Geröll bedeckten Felsenpaß zu übersteigen. Darauf ritten wir über eine sehr steinige, von Schluchten zerrissene Hochebene und kamen um elf Uhr in Badiko an, einem Ort von etwa zwanzigtausend Einwohnern. Man hatte mir Badiko als bedeutenden Marktort genannt, und ich stellte mir demnach eine wirkliche Handelsstadt darunter vor. Nun überzeugte ich mich, daß dies ein Irrtum war. Der Ort hat nur einen, allerdings recht lebhaften Landmarkt, auf dem die Boden- und Industrieerzeugnisse aus der Umgegend zum Verkauf gestellt werden, von ausländischen Waren aber höchstens Glasperlen und einige Stücke Baumwollenzeug zu haben sind.

An diesem Tag, dem 6. Februar, ging das Rhamadan-Fest zu Ende. Sowie abends der Mond am Himmel erschien, wurde er aus diesem Anlaß von den Einwohnern mit lautem Jubelgeschrei begrüßt, und die ganze Nacht hindurch vergnügte man sich mit Tanz und Spiel. Auch der heidnische Teil der Bevölkerung schloß sich nicht von den Lustbarkeiten aus, da ja bei den Negern dem Mond besondere Verehrung gewidmet und der Eintritt des

314

Neumonds jedesmal von ihnen gefeiert wird. Ich schaute dem Tanz eine Zeitlang zu. Auf einem großen freien Platz reihten sich an der einen Seite die Männer zusammen, meist nur mit blau und weiß gestreiften Schürzen oder schmalen Streifen von Ziegenfell bekleidet und mit bunten Federbüschen auf dem Kopf, gegenüber die Weiber, ein Tuch um die Hüften gewunden, manche einen Säugling auf dem Rücken tragend, und in der Mitte die Knaben und Mädchen, letztere mit einem Fächer aus Stroh oder Palmblatt in der Hand. Nach dem Takt der Musik, die in Trommelschlägen und im Klirren von eisernen, an den Füßen der Tänzer befestigten Schellen bestand, schritten die Reihen bald gravitätisch wie im Polonaisen- oder Menuettschritt ihrem Vis-a-vis entgegen, bald lösten sie sich auf und alles sprang und hüpfte wild durcheinander. Dazwischen gab es auch pantomimische Einzeltänze. Eine Frau neigte sich plötzlich hintenüber, als müßte sie umfallen, wurde aber in den Armen der hinter ihr Stehenden aufgefangen und nun immer von einer der anderen zugeworfen. Oder ein junges Mädchen drehte sich wirbelnd im Kreis, bis sie erschöpft niedersank, worauf alle Männer an ihr vorbeitanzten und jeder einige Muscheln in ihren Schoß warf.

Die Aufnahme, die wir beim Sultan von Badiko fanden, war keine so gastliche wie die beim alten Sultan von Djauro; erst nach langen Umschweifen wurde uns eine leere Hütte eingeräumt, sie starrte aber so von Schmutz, daß ich lieber unter einem Baum im Freien kampierte, was man hier, wo in der Nacht kein Tau fällt, ohne Gefahr für die Gesundheit tun darf. Sollte nicht die dicke Rauchmasse, die, von den täglichen, so ausgedehnten Grasbränden erzeugt, über der Erde lagert, den gänzlichen Mangel an Tau mit verursachen, indem sie etwaige in den oberen Luftschichten sich bildende Feuchtigkeit nicht als Niederschlag hindurchdringen läßt? Überhaupt dürfte der Einfluß dieses zentralafrikanischen Grasrauchs viel weiter reichen als man denkt. Ich halte es für wahrscheinlich, daß er sich nicht nur mit dem Staub der Wüste mischt, sondern auch darüber hinaus in die Berberei, ja unter Umständen bis über das Meer getragen wird und dort noch als vermeintlicher Nebel die Atmosphäre zu trüben vermag.

Wir entfernten uns am anderen Morgen von Badiko und betraten dicht hinter dem Ort einen Wald, in welchem Massen schwerer Granitstücke zwischen den Bäumen umherlagen. Hier sah ich an den Ufern zweier Flüßchen die ersten Deleb-Palmen. Die Deleb-Palme, Borassus flabelliformis aethiopicus, ist einer der schönsten Bäume Innerafrikas; ihr schlanker Stamm von durchschnittlich fünfzig Fuß Höhe hat ungefähr in der Mitte eine nur ihr eigentümliche Ausbiegung. Ein dreistündiger Marsch brachte uns um elf Uhr nach dem Ort Gora, wo wir indes nur kurze Rast hielten, um unseren Weg bis zu der am Fuß des eigentlichen Gora-Gebirges gelegenen Residenz des Sultans von Gora fortzusetzen. Auf mäßig steigendem bewaldeten Terrain links und rechts an Gehöften vorbeipassierend, langten wir nach zwei Stunden daselbst an und wurden vom Sultan inmitten seines ganzen Hofstaats feierlich empfangen. Man ließ es uns, nachdem wir in eine geräumige Wohnung geführt worden waren, an nichts fehlen, weder an Speisen, wie Hühner und Reis, noch an Korn zum Futter für die Pferde, und da letztere dringend einer längeren Ruhe bedurften, waren wir genötigt, auch den folgenden Tag hier liegen zu bleiben.

Am 9. Februar morgens um acht Uhr wurde der Aufstieg auf den Gora begonnen: Es kostete die Tiere, die wieder Schritt für Schritt sich den Weg suchen mußten, Anstrengung genug, nahm aber weniger Zeit, als ich glaubte, in Anspruch, denn schon nach eineinhalb Stunden war der Übergangspunkt zwischen etwa fünfzehnhundert Fuß höheren Bergen und damit zugleich die Grenze der beiden Länder Bautschi und Saria erreicht. Der Gora scheidet nicht nur die Gewässer, die einerseits dem Tschad-See, andererseits dem Niger zufließen, auch für die Vegetation bildet er eine sehr merkbare Scheidewand. Aus dem Bereich der Dattel- und Dum-Palme kommt man an seinem westlichen Abhang in den der Öl-, der Kokos- und der Deleb-Palme; Adansonien gedeihen zwar noch, wo sie angepflanzt werden, entwickeln sich aber bei weitem nicht mehr zu der Höhe und dem Umfang ihrer Riesenschwestern auf dem Plateau von Gudjba; die Akazie erscheint nur noch sporadisch, die Tamarinde verschwindet ganz, sie werden aber durch hohes Bambusrohr, den Butterbaum und die Banane vollauf ersetzt.

Wir waren um elf Uhr an dem rechts über uns liegenden Ort Sukuba, zum Distrikt Lere gehörig, vorbeigezogen und traten um zwölf Uhr aus dem eigentlichen Gebirge heraus auf ein allerdings fast ebenso hohes Plateau. Eine Stunde später lag auf der Spitze eines schroffen Felskegels, der von keiner Seite zugänglich schien, das kleine Dorf Schimre vor uns. Man wies uns aber einen verborgenen, für Pferde ersteigbaren Pfad, und oben angekommen fanden wir bei den Bewohnern, Heiden vom Stamm der Kado-Neger, die gastlichste Aufnahme, gastfreundlicher, als ich sie in vielen von Mohammedanern bewohnten Orten gefunden habe. Zwischen den Hütten des Dorfes stehen prächtige Bäume, und unten in der Ebene haben die Bewohner einige Felder, auf denen sie ihren Bedarf an Getreide anbauen.

Nachdem wir am folgenden Tag, am 10. Februar, morgens von dem gastlichen Schimre wieder herabgestiegen waren, folgten wir auf ebenem Terrain einem Arm der Kaduna, dessen Windungen mehrmals überschreitend. Der Boden ist hier von vielen tiefen Rinnsalen durchschnitten, die mit ihrem nie ganz versiegenden Wasser eine üppige Waldvegetation erzeugt haben. Im Laub der Bäume nisten buntgefiederte Vögel, und auch größeren vierfüßigen Tieren mag der Wald zum Aufenthalt dienen; bisweilen eilte eine flüchtige Gazelle in der Ferne vorüber, sogar Elefantenspuren zeigten sich.

Mir fiel hier eine Erdspinne auf, die, etwa von der Größe unserer Kreuzspinne, ihr dichtgewebtes Netz über den Boden breitet und in Löchern verborgen ihrem Fang auflauert; an den folgenden Tagen sah ich sie noch öfter, bis zur Hochebene von Sango-n-Katab, weiter südlich aber nicht mehr.

Wir gelangten um zehn Uhr zu dem ziemlich bedeutenden, von heidnischen Kado-Negern bewohnten Ort Ungu-n-Bodo und hielten vor dem Haus des Sserki (Sultan), der uns mit Speisen versorgte. Fast alle Männer rauchen hier – was ich bis dahin nur von den Musgu und Tuburi, die als Sklaven in Kuka leben, gesehen hatte – aus langen Tabakpfeifen mit großen Köpfen aus Ton. Von halb zwei Uhr ab auf der bewaldeten Hochebene weiterziehend, passierten wir mehrere Zuflüsse der Kaduna, bis der zum Nachtlager bestimmte Ort Garo-n-Kado (die Eingeborenen sprechen Garunkadu) erreicht wurde.

Die Kado-Neger sind von dunkelschwarzer Hautfarbe, jedoch keineswegs häßlich. Männer wie Weiber gehen nackt, jene einen mit Muscheln oder Fransen behängten Lederschurz, diese nur Baumblätter vor die Scham bindend; um den linken Arm tragen sie einen schwarzen steinernen Ring, an den Fingern mehrere Ringe von Eisen, den größten, der ein Amulett birgt, am rechten Daumen. Die jungen Burschen bis zu zwanzig Jahren flechten ihr Haar in mit Glasperlen besetzte Zöpfe und binden auch Schnüre von Glasperlen um den Hals: Ein weibischer Putz, mit dem weder die kräftige Muskulatur des Körpers noch die Bewaffnung mit Pfeil und Bogen harmoniert. Im Benehmen zeichnet sich der Stamm durch eine gewisse zeremonielle Höflichkeit aus; so wurde ich als Fremder von jedem Begegnenden umständlich gegrüßt, indem die Männer, das Haussa-Wort »ssünno, ssünno« mehrmals wiederholend, sich tief vor mir verneigten, die Weiber aber niederknieten und mit abgewandtem Gesicht in dieser Stellung verharrten, bis ich vorüber war. Daß die Frauen vor einem fremden Mann das Gesicht abwenden oder verhüllen, ist übrigens eine bei den meisten Negerstämmen Nord- und Zentralafrikas herrschende Sitte; ich vermute indes, sie hat sich erst mit dem Islam in Afrika verbreitet. Die Wohnung einer Kado-Familie besteht gewöhnlich aus zwei Hütten, die, abweichend von anderen Negerwohnungen, durch einen zugebauten Gang miteinander verbunden sind, wodurch drei zusammenhängende Wohnräume gewonnen werden. Auch sonst haben die Kado, wie es scheint, manche Eigentümlichkeiten in Charakter und Lebensweise, und es wäre darum wohl der Mühe wert gewesen, länger unter ihnen zu verweilen; aber mein Gesundheitszustand nötigte zur Eile, denn ich durfte mich nicht ein zweites Mal den Einflüssen der zentralafrikanischen Regenzeit auszusetzen wagen.

Nachdem wir am folgenden Morgen zwei Stunden südlich gegangen waren, passierten wir den Ort Ungo-n-Kassa und erreichten eine Stunde darauf den am linken Ufer eines größeren Arms der Kaduna gelegenen Marktort Ja. Hierher bringen nomadisierende Fellata ihre Viehprodukte, um sie gegen Waldfrüchte der Umgegend einzutauschen. Bei unserer Ankunft war der Markt, der auf einem freien, von Wald umgebenen Platz gehalten wird, eben in vollem Gange. Hellfarbige Fellata-Mädchen, mit perlengestickten Bändern im Haar, die Ohren von oben bis unten mit Ringen behängt, boten Milch, Buttermilch, Butter, auch Küchelchen aus Negerhirse, Tekra genannt, Kado-Neger und Negerinnen dagegen Getreide und Wurzelgemüse zum Verkauf an; in Garküchenbuden waren einzelne Portionen für fünf Muscheln das Stück zu haben. Da ich an dem Tag noch bis Sango-Katab zu kommen gedachte, labten wir uns nur an einem Trunk frischer Buttermilch und setzten dann unverweilt unseren Weg fort, der immer südwärts durch einen langen Wald platanenartiger Bäume führte und von vielen nach Westen fließenden Rinnsalen durchkreuzt war. An den Rändern der letzteren standen haushoher Bambus und dickästige Deleb-Palmen; auch andere Palmenarten, namentlich die Fächerpalme, traten jetzt häufiger auf, und einzelne wilde oder verwilderte Bananen ließen sich sehen. Erst nach sechs Stunden gelangten wir an den Ausgang des Waldes. Inzwischen war aber bereits die Nacht hereingebrochen, und so blieb nichts übrig, als im Freien zu lagern. Auf das Versprechen des Führers vertrauend, er werde uns noch vor Abend nach Sango-Katab bringen, hatten wir gar keine Lebensmittel mitgenommen, weder für uns noch für die Pferde; diese fanden in dem hier reichlich vorhandenen Gras genügenden Ersatz, wir aber mußten unsere hungrigen Mägen mit der Aussicht auf den folgenden Tag beschwichtigen.

Morgens wurde ein breiter nach Westen fließender Arm der Kaduna überschritten, der weiter unten den Namen Gurara erhält. Jenseits desselben war das Land zu beiden Seiten des Weges wohl angebaut. Wie man weiß, kennen die Eingeborenen Innerafrikas nirgends den Gebrauch des Pfluges. Wir hatten noch zwei Stunden zwischen den Feldern zu reiten, bis wir in Sango-Katab eintrafen. Die Bevölkerung dieses weitläufig gebauten Ortes ist aus Fellata und aus Kado- und Kadje-Negern gemischt; ein Teil derselben bekennt sich zum Islam, der übrige, die Mehrzahl bildende Teil hat gar keine Religion. Auf dem kleinen Marktplatz sah ich die drei verschiedenen Typen besonders in vielen weiblichen Repräsentanten beisammen: Hier die Kadje-Weiber, nackt bis auf einen drei bis vier Finger breiten Ledergurt, an dem vorn und hinten ein paar Blätter herabhingen, mit kahl geschorenem Kopf, vorgestrecktem Bauch und hochgepolstertem Gesäß, dünnen, affenartigen Beinen und mit zwei in die Ober- und Unterlippe eingezwängten Stückchen Holz oder Kürbisschale, die beim Sprechen geräuschvoll aufeinanderklappten; dort die gleichfalls nackten, doch proportionierter gebauten Kado-Negerinnen; und als Gegensatz zu beiden hübsche Fellata-Mädchen, schamhaft sich mit einem weißen oder gestreiften Tuch umhüllend.

Ich rastete den nächsten Tag in Sango-Katab, um den Pferden, die sich die Hufe ganz abgelaufen hatten, Ruhe zu gönnen und um von den Einwohnern den besten Weg nach Rabba am Niger zu erkunden. Niemand wußte mir aber etwas darüber zu sagen, und es scheint, daß es in der Tat keinen direkten Weg dahin gibt.

Nahe bei Sango-Katab ist der höchste Punkt der bis hierher führenden Hochebene, das nun folgende Gebirge steigt zu einer niedrigeren Terrasse herab, die südlich zum Benue, südwestlich zum Niger sich abdacht. Wir durchzogen am 14. Februar das Gebirge in südsüdwestlicher Richtung und kamen nach zwei Stunden zu dem rechts am Weg liegenden, an das nördliche Ende eines anderen Bergzugs gelehnten Ort Mokado. Ein weiterer nach Südwesten gerichteter Marsch von zwei Stunden brachte uns nach Madakia, wo wir über Nacht blieben. Der Ort, von Kadje-Negern und einigen Fellata bewohnt, hat ein sonderbares, schiefes Aussehen. Es sind nämlich die irdenen Wände von je zwei Hütten durch ein gemeinsames Dach verbunden, dessen eine Seite steil, die andere flach abfällt, und um jedes Gehöft zieht sich eine Hecke von oft zwanzig bis dreißig Fuß hohen Kakteen. Wie die Kado gehen auch die Kadje unbekleidet; die Mädchen pflegen am Gürtel außer den Blättern ein vorn herabhängendes Bündel kleiner Muscheln zu tragen, welche ihnen ihr Bräutigam als Geschenk verehrt.

Von Madakia an gingen wir, die vielen Krümmungen des Weges ungerechnet, eine Strecke weit am Ssungo-Fluß entlang, bis er seinen Lauf ganz nach Süden wendet. Nach einer Stunde sahen wir westlich vom Weg den hochliegenden Ort Debusa, nach einer weiteren Marschstunde wurde der Ort Uontara passiert, und nachdem noch fünf Stunden Wegs zurückgelegt waren, ritten wir in den ausschließlich von Kadje bewohnten Ort Konunkum ein.

Es ließen sich nur die Weiber in dem Ort sehen, die auf unsere Frage nach der Wohnung des Sserki (Sultan) keinen Bescheid geben wollten. Wir hielten daher aufs Geratewohl vor einem der größeren Gehöfte und feuerten wie üblich einen Salutschuß ab. Erschreckt durch den Knall liefen die Weiber schreiend und heulend davon. Etwa zehn Minuten vergingen, da kam plötzlich eine Horde mit Keulen, Bogen und Spießen bewaffneter Männer auf uns losgestürzt. Sie waren offenbar betrunken und, wie aus ihrem drohenden Gebrüll zu entnehmen war, der Meinung, wir hätten auf ihre Weiber geschossen. Unser Führer erklärte ihnen, wir seien harmlose Reisende, mit dem abgefeuerten Schuß hätten wir nur den Sserki des Orts begrüßen wollen. Allein sie hörten nicht auf ihn, sondern umringten Hammed, der abgestiegen war, und suchten ihm sein Gewehr zu entreißen. Als ich dies sah, gab ich meinem Pferd die Sporen, sprengte mitten in den dichtesten Haufen, drei oder vier der Angreifer zu Boden werfend, und ließ den Hahn meines Revolvers knacken. Rasch hatte sich auch Hammed wieder aufs Pferd geschwungen, seine Doppelflinte zum Schuß erhoben. In diesem kritischen Augenblick erschien aber der Sserki, den ein schmutziges Gewand vor seinen nackten Untertanen kenntlich machte. Nachdem ihn unser Führer über den Sachverhalt aufgeklärt hatte, überreichte er mir als Zeichen des Friedens und der Freundschaft seinen Spieß und lud uns zum Absteigen ein. Wir folgten zwar der Einladung, doch befahl ich, die Pferde gesattelt zu lassen, denn es schien mir nicht ratsam, unter der trunkenen Bevölkerung die Nacht zuzubringen. Es war dies das einzige Mal während der ganzen Reise, daß ich von seiten der Eingeborenen mit ernstlicher Lebensgefahr bedroht wurde. In ihrer Trunkenheit hatten die Neger – sie feierten auf einem freien Platz außerhalb des Ortes ein Fest, wobei sie sich mit Palmwein berauschten – uns für Pullo oder Araber gehalten, die auf einer Sklavenrazzia wären.

Der Sserki bewirtete uns mit einem kleinen Mahl, nach dessen Beendigung wir wieder zu Pferd stiegen. Ein zweistündiger Ritt brachte uns an den Abhang des Gebirges. Wir überschritten den

Haussa-Neger

Fluß und trafen jenseits desselben auf ein paar einzeln stehende Hütten nomadisierender Fellata. Da es dunkel zu werden begann, baten wir um Unterkunft für die Nacht, die uns von den Bewohnern bereitwilligst gewährt wurde.

Morgens setzten wir abermals über den Ssungo-Fluß, der hier Koki-Kantang genannt wird, gingen dann aber nur eine Stunde weit südlich bis zu dem wohlhabenden Ort Kantang. Derselbe verdankt seine Wohlhabenheit dem lebhaften Tauschhandel mit den zahlreichen, auf den Hügeln ringsum ihre großen Viehherden weidenden Nomaden. Fast alle Bewohner des Orts, teils Haussa- und Kadje-Neger, teils seßhafte Fellata, gehen bekleidet. Ältere Männer drehen ihren Bart unterm Kinn zu einem mit Stroh umflochtenen Zopf zusammen; die jüngeren scheren sich den Kopf zu beiden Seiten kahl und lassen das übrige Haar, ähnlich wie die Frauen der Tebu, vorn auf der Stirn in Gestalt einer spitzen Tüte oder eines Horns emporstehen. Während die Weiber Milch, Butter, Brot und dünne Fleischschnitten, die über Kohlenfeuer geröstet werden, auf dem Marktplatz feilboten, stand oder lag die männliche Bevölkerung in Gruppen umher, plaudernd oder ein Brettspiel spielend, eine Art Dame, wie es merkwürdigerweise auch in ihrer Sprache heißt, obwohl es mehr unserem Tricktrack gleicht; das Brett hat statt der Felder sechzehn Vertiefungen, und als Spielsteine dienen kleine Kiesel.

Wir hatten Kantang anderentags bei Sonnenaufgang verlassen, waren, mit geringen Ausweichungen nach Ost oder West, immer südwärts marschiert und machten nun in dem Örtchen Kossum halt, das ganz zwischen hohen Bäumen versteckt liegt. Hier blieb unter dem Vorgeben, daß er nicht weiter zu gehen imstande sei, unser Führer zurück, obgleich ich ihn für sechstausend Muscheln bis nach Keffi gedungen hatte. Damals war er ganz nackt, und weil er sich als guter Muselmann dessen schämte, nahm er den Führerdienst bei mir an, um für die Muscheln sich dann ein Hemd kaufen zu können. An einem der ersten Marschtage beschenkte ich ihn mit einer Weste; da war es höchst komisch zu sehen, welche vergeblichen Anstrengungen er machte, das ungewohnte Kleidungsstück auf seinen Körper zu bringen; endlich dank der Hilfe meines kleinen Noël damit zurechtgekommen, saß er, mir den Rücken kehrend, zur Erde nieder, rieb sich das Gesicht mit Sand und rief unzählige Mal »Etjau, etjau« (Haussa-Wort für »danke schön«). Seitdem spottete er bei jeder Gelegenheit über die Heiden, auf die er mit dem ganzen Hochmut eines zum Islam bekehrten Negers herabsah, daß sie so unanständig seien, unbekleidet zu gehen. Schwarz wie ein Rabe, hatte er seltsamerweise bei der Beschneidung den Namen unseres paradiesischen Elternvaters Adam erhalten. Im ganzen war ich mit ihm zufrieden gewesen, er sorgte namentlich gut für die Pferde und hatte nur den einen Fehler, daß er in jedem Dorf am Weg einkehren wollte und sich immer lange zum Wiederaufbruch antreiben ließ.

Von nun an ohne Führer setzten wir unsere Tour durch den Wald fort. Unsere Pferde, deren Hufe von dem fortwährenden Gehen auf steinigem Gebirgsboden sehr lädiert waren, brachen hier vor Schmerz und Ermüdung fast zusammen; wir ließen sie daher, unten im Tal angekommen, auf einem schattigen, von fließendem Wasser benetzten Grasplatz ein paar Stunden ausruhen. Dicker Qualm von Grasbränden lagerte über der, wie mir schien, immer noch recht gebirgigen Landschaft, so daß uns der Ort Hadeli nicht eher sichtbar ward, als bis wir dicht unter seinen Mauern standen. Wir ritten durch das Tor und begaben uns zunächst auf den Markt, um Lebensmittel für uns und Futter für die Pferde zu kaufen. Da wurden wir von einem Mallem, der mich für einen mohammedanischen Kollegen hielt, angeredet und eingeladen, ihm in seine Wohnung zu folgen. Dankend nahm ich sein Erbieten an, und wir waren bei ihm, wie sich zeigte, ganz gut aufgehoben. Immer im Glauben, ich sei ein gelehrter Fakih, bat er mich, ein Amulett in arabischer Sprache für ihn zu schreiben, welches die Wirkung habe, daß alles sich zu seinem Vorteil wenden müsse. Solche arabisch geschriebenen Amulette sind in Zentralafrika außerordentlich begehrt, fast überall, wo ich länger verweilte, ward ich um Niederschrift irgendeiner Wunschformel angegangen. Da ich nun wußte, daß die Empfänger nicht arabisch lesen können, die Schrift aber als einen kostbaren Besitz sorgfältigst aufbewahren, benutzte ich diese Zettel, um den Namen des Orts, den Tag meines Aufenthalts daselbst, den Barometerstand und andere von mir gemachte Beobachtungen darin niederzulegen. Es befremdete zwar unseren Wirt, daß er mich abends nicht die vorschriftsmäßigen Gebete verrichten sah, doch erwiderte ihm Hammed, gegen den er seine Verwunderung darüber aussprach, als ein so großer Mallem, der ich sei, hätte ich das nicht mehr nötig; und als ich ihm beim Abschied am anderen Morgen fünfhundert Muscheln und eine rote Mütze im Wert von dreitausend Muscheln als Gastgeschenk einhändigte, schien vollends jeder Zweifel an meiner Heiligkeit und Gelehrsamkeit aus seinem Kopf geschwunden zu sein.

Der achtzehntägige Ritt durch das Gebirge hatte mich, zumal meine Kräfte nicht mehr die anfängliche Spannkraft besaßen und viele der früher genossenen Reisebequemlichkeiten nun entbehrt werden mußten, in hohem Grade angegriffen; ich begrüßte deshalb mit Freuden die Anzeichen von der Nähe eines größeren Orts, in der Aussicht, dort einige Tage der Ruhe und Erholung verbringen zu können. Von Hadeli ab, das wir am 19. Februar morgens um sieben Uhr verließen, reiht sich Weiler an Weiler und Feld an Feld bis an die Tore der zwei Stunden entfernten Stadt Keffi Abd-es-Senga. Um neun Uhr zogen wir in dieselbe ein. Ich ließ sogleich dem Sultan meine Ankunft melden und wurde bald darauf zur Audienz entboten. Man führte mich in eine einzeln stehende runde Hütte von erstaunlicher Größe; ihr Inneres bildete einen einzigen, mindestens hundert Fuß im Durchmesser haltenden Raum, von zwanzig Fuß hohen Tonmauern umschlossen, über denen sich das zuckerhutförmige Dach, durch den Stamm einer Deleb-Palme gestützt, wohl sechzig Fuß hoch erhob; mehrere ovale Öffnungen in der Wand gestatteten dem Licht hinlänglichen Zutritt; der Boden war mosaikartig gepflastert. Der Sultan von Keffi, auf einer Ochsenhaut sitzend und ganz in Weiß gekleidet, empfing mich auf das huldvollste, doch beschränkte sich die Audienz, da er kein Arabisch sprach, wenn er auch etwas zu verstehen schien, auf die herkömmlichen Begrüßungen. Sodann befahl er seinem ersten Minister, uns ein gutes Quartier anzuweisen.

Die Stadt liegt an der Ostseite eines Hügels, zirka neunhundert Fuß über dem Meer, in einer äußerst fruchtbaren Gegend. Sie ist durch feste Mauern geschützt und von zwei Rinnsalen durchschnitten, die zwei Stunden weiter östlich in den Kogna-

Fluß münden, in der trockenen Jahreszeit aber wenig oder gar kein Wasser haben. Da nun aller Unrat auf den Straßen liegen bleibt und Hunde, die ihn verzehren würden, aus religiösem Vorurteil nicht geduldet werden, muß namentlich zu Beginn der Regenzeit der Aufenthalt in den engen Stadtteilen sehr lästig und ungesund sein. Neben den runden Hütten gibt es hier auch schon viereckige, eine Form, die eigentlich erst am unteren Niger und südlich vom Benue als die gebräuchliche vorkommt.

Die Bevölkerung, aus mohammedanischen Fellata, Haussa und Segseg und aus heidnischen Afo nebst anderen Negerstämmen gemischt, war etwa dreißigtausend Seelen stark, aber in rascher Zunahme begriffen, seitdem die Handelskarawanen ihren Weg über hier statt über Bautschi nehmen. Männer wie Frauen gehen bekleidet, nur an Markttagen sieht man nackte Neger beiderlei Geschlechts, die aus den umliegenden Dörfern zur Stadt kommen. Einen höchst sonderbaren Geschmack entwickeln die Bewohner dieses gesegneten Landstrichs, der so viele Nutz- und Nährpflanzen wie die Ölpalme, den Butterbaum und zahlreiche andere ohne alle Pflege darbietet, indem sie mit Vorliebe gekochte Lederstückchen kauen. Die Frau meines Hauswirts, eines Gerbers und Sandalenmachers, beiläufig die fetteste Negerin, die ich je gesehen, sammelte alle Abfälle von den ungegerbten Ochsenhäuten, sengte über einem Strohfeuer die Haare davon ab, kochte dann die Stücke so lange in Wasser, bis sie einigermaßen weich geworden waren, und erwarb sich aus dem Verkauf dieses vom Volk als Leckerbissen begehrten Gerichts einen hübschen Nebenverdienst. Durch die tierischen Abfälle, welche rings um die Gerberei aufgehäuft lagen, wurden immer Hunderte von Aasgeiern angelockt, deren gellendes Gekreisch mich nicht wenig belästigte; selbst als ich mit linsengroßen Sorghumkörnern unter sie schoß – mein Schrotvorrat war mir ausgegangen – und einige aus dem Haufen tötete, ließen sie sich nicht vertreiben.

Gleich weit von Egga, dem afrikanischen Emporium der Engländer, wie von Kano, dem südwestlichsten Handelsplatz der Araber und Berber, vereinigt Keffi auf seinem Markt die Waren, die über den Atlantischen Ozean kommen, mit denen, die über das Mittelmeer nach Zentralafrika gebracht werden.

Selbstverständlich wird ein so großer Markt, der an Bedeutung schon beinahe den von Kuka erreicht hat, von vielen fremden Kaufleuten besucht; es hielten sich zur Zeit deren aus Egga, Ilori, Gondja, Kano, Saria und Jola in der Stadt auf.

Ich beriet mich mit mehreren Kaufleuten über die Fortsetzung meiner Reise und entnahm aus ihren verschiedenen Angaben, daß es am förderlichsten für mich sei, in einem Kanu den Benue hinabzufahren, und daß ich den Weg bis ans Ufer des Stromes ganz gut zu Fuß zurücklegen könne. Nun galt es, meine drei Pferde bestmöglich zu verkaufen. Das war aber keine leichte, jedenfalls keine rasch zu erledigende Aufgabe. Geduldig mußte ich von Tag zu Tag auf ein annehmbares Gebot harren, um schließlich doch nicht mehr als hundertneunzigtausend Muscheln (achtunddreißig Taler) für alle drei zu erzielen. Jetzt fragte es sich wieder: Was mit den Muscheln anfangen? Da Keffi auch ein bedeutender Markt für Elfenbein ist, das von den Gegenden am Benue in Masse hierhergebracht wird, kam ich auf die Idee, dieses überall verwertbare Produkt gegen dieselben einzutauschen. Das lästige und zeitraubende Feilschen ging also von neuem los, und es dauerte wieder mehrere Tage, bis der Handel abgeschlossen war. Für zweihundertzwanzigtausend Muscheln (vierundvierzig Taler) erstand ich zwei Elefantenzähne von je vier Ellen Länge und zusammen hundertvierzig Pfund Gewicht. Ein Händler würde dreißig, höchstens fünfunddreißig Taler dafür bezahlt haben, und in Europa wären sie, zum durchschnittlichen Marktpreis von hundertfünfzig Taler pro Zentner gerechnet, zweihundertzehn Taler wert gewesen. Ich verkaufte sie später in Lokoja um zweihundert Taler. Fünf kleine Zähne wurden mir für nur sechzigtausend Muscheln zugeschlagen. Seitdem die Elefantenherden im Tschadsee-Gebiet so stark dezimiert worden sind, liefern unstreitig die Länder am Benue bei weitem den größten Teil des über Tripolis nach Europa gehenden Elfenbeins.

Während der ganzen Zeit waren ich und Hammed wieder arg vom Wechselfieber geplagt; nur der kleine Noël blieb frei davon, so daß er für uns beide sorgen und oft ganz allein den Dienst versehen mußte. Dann und wann ein Schluck importierter Branntwein gab, so schlecht er war, meinen erschlafften Lebensgeistern einige Anregung; was mir aber vor allem frischen Mut verlieh, das war die Kunde von einer englischen Ansiedlung am Zusammenfluß des Benue und Niger, von der ich hier zum erstenmal hörte, denn erst als ich Europa eben verlassen hatte, kam die Nachricht dorthin, daß Engländer an diesem Punkt Afrikas die Handelsfaktorei Lokoja gegründet hatten. Von der Sehnsucht getrieben, wieder mit gebildeten Menschen zu verkehren, europäische Laute an mein Ohr schlagen zu lassen, war ich nun noch eifriger auf baldiges Weiterkommen bedacht. In sehr dankenswerter Weise unterstützte mich dabei ein Bruder des Sultans, namens Ja-Mussa; er mietete mir Träger für die Elefantenzähne, versah mich mit zwei Sklaven zum Fortschaffen des Gepäcks und stellte einen seiner Hausbeamten als Begleitung durch das Gebiet der götzendienerischen Afo-Neger zu meiner Verfügung; von da bis an das Große Wasser, wie er sagte, sei die Gegend sicher und kein schützendes Geleit vonnöten. So stand endlich meinem Aufbruch von Keffi nichts mehr im Weg.

Ich schritt mit meinen Leuten zu Fuß durch das südöstliche Stadttor. Auch auf dieser Seite der Stadt fehlt es nicht an einzeln liegenden, von Fruchtfeldern umgebenen Gehöften, ein Beweis, daß Leben und Eigentum hier vollkommen geschützt sind. Das Terrain, anfangs ganz eben, erhob sich nach einer Stunde zu niedrigen Hügeln. Um halb zwei Uhr kamen wir zu dem Ort Akoki und um Viertel nach drei Uhr an den Fluß Kogna, den ich dicht hinter Hadeli schon einmal überschritten hatte. Er floß so ruhig und klar, daß man die Fische darin schwimmen und bis auf den kiesigen, viel Marienglas führenden Grund sehen konnte. Wir ruhten eine Weile an seinem kühlen, malerischen Ufer und gingen dann bis zu dem Örtchen Gando-n-Ja-Mussa, das dem Bruder des Sultans gehört, wo man uns daher aufs beste empfing und beherbergte. Gando ist nur zehn Minuten vom Kogna-Ufer entfernt.

Frühmorgens gegen Südsüdosten weitergehend, hatten wir in hügeliger Gegend erst angebautes Land zur Seite, traten dann in einen Wald und gelangten zu dem Ort Ssinssinni. Der Name »Ssinssinni« heißt wörtlich »Lagerstadt« und wird in der Regel solchen Orten beigelegt, die zweitweise, wie Keffi-n-Rauta, einer größeren Zahl Truppen zum Quartier dienen. Ja-Mussa hatte

Erdnuß (Koltsche)

mir ein Empfehlungsschreiben an den Sultan von Ssinssinni mitgegeben, worin dieser ersucht wurde, uns von einem sicheren Mann nach der Stadt Akum unfern vom Benue, die unter seiner Botmäßigkeit steht, geleiten zu lassen. Er schickte bereitwillig einen seiner Diener und beschenkte uns überdies mit Brotkügelchen aus Indischem Korn; anderen Proviant kaufte ich auf dem Markt für uns ein.

Der Weg nahm jetzt, wieder durch Wald führend, südsüdwest-
liche Richtung. Das Gehen fing ja doch bereits an, mir schwer zu
fallen, da mich meine alte Schußwunde im rechten Bein
schmerzte, und kaum konnte ich den Elfenbeinträgern folgen,
die, ihre schwere Bürde frei auf dem Kopf balancierend, rasch,
als wären sie unbelastet, voranschritten. Im Wald erlegten meine
Leute eine Schlange von fünf Fuß Länge, die einzige, die ich in
Innerafrika gesehen, und schnitten ihr den Kopf ab, um mit
dem darin enthaltenen Gift ihre Pfeile zu bestreichen. Nach zwei
Stunden und vierzig Minuten war unser Nachtquartier, der Ort
Mallem Omaro, erreicht.

Schon um halb sieben Uhr traten wir am anderen Morgen den
Weitermarsch an. Zunächst war der Aueni-Fluß zu überschreiten; ein primitiver Steg für Fußgänger verband zwar die beider-
seitigen Ufer, indem man einen abgehauenen Stamm von einem
Baum zum anderen gelegt hatte, doch zogen wir vor, das seichte
Bett zu durchwaten. Von seinem jenseitigen Ufer an beginnt
eine allmähliche Erhebung des sehr unebenen, von vielen Rinnsalen durchschnittenen Bodens. Nach einstündigem Marsch
durch Wald gelangten wir auf eine baumlose Anhöhe. Weitere
drei Marschstunden brachten uns an den Fuß des Ego-Gebirges.
Wir brauchten eine halbe Stunde zum Erklimmen der bewaldeten steilen Bergwand und erreichten auf einem kleinen Plateau
das von hohen Granitblöcken und undurchdringlichem Ge-
strüpp, durch welches nur ein einziger schmaler Fußpfad führt,
wie mit einem natürlichen Wall umschlossene Dorf Ego. Dank
der Empfehlung Ja-Mussas wurden wir von dem Sultan des
Ortes in seine eigene Wohnung aufgenommen und reichlich mit
Speisen versorgt.

Die Bewohner dieses einsamen Gebirgsdorfes, etwa fünfhundert an der Zahl, sind Afo-Neger von dunkelschwarzer Hautfarbe. Sie feilen sich die Oberzähne spitz und scheren ihr Kopfhaar
stellenweise ab, so daß es dazwischen in verschiedenförmigen
einzelnen Figuren stehen bleibt. Die Frauen hüllen den Körper
in ein Stück Zeug, die Männer aber gehen unbekleidet, nur
einen zwischen den Beinen hindurchgezogenen Schurz tragend.
Bei den unverheirateten Burschen sind beide Arme von oben bis
unten mit messingenen Spangen, bei manchen auch die Füße

mit Messingkettchen geschmückt und die Hüften mit Perlenschnüren umwunden, ganz wie in Segseg und Bautschi bei den Frauen. Es ist überhaupt eigentümlich, wie die Weibertracht der einen Gegend in der anderen von den Männern getragen wird und ebenso umgekehrt. Ja, trotz der Einfachheit der Trachten ist auch bei den innerafrikanischen Negern keineswegs ein Wechsel in den Moden ausgeschlossen; so kommt es vor, daß dieselbe Sorte Glasperlen, die bei einem Stamm sehr beliebt war, nach einiger Zeit gar nicht mehr von ihm gekauft wird, weil der Geschmack sich inzwischen einer neuen Sorte zugewendet hat.

Wenn ich in den bis dahin von mir bereisten Ländern Afrikas, in welche alle der Mohammedanismus mehr oder weniger eingedrungen, keinerlei heidnische Götzenbilder gesehen hatte, vielmehr die ganze Religion der dort wohnenden Heiden, ohne irgendwelchen äußeren Kultus, bloß in einigen abergläubischen Vorstellungen zu bestehen scheint, trat mir hier in Ego mit einemmal der Fetischdienst in seiner vollen Ausbildung entgegen. Am Eingang zur Wohnung des Sultans stand ein aus Ton geformter Götze, und ebenso hatte jede Familie, meist auf einer Erhöhung vor der Hütte, ihren eigenen Hausgötzen, gewöhnlich eine Gruppe von mehreren Tongebilden, die mit bunten Lappen, mit Tellern, Schüsseln und allerhand sonstigem Gerät behängt oder auch ganz angekleidet und mit Bogen und Pfeil versehen waren. Außerdem gab es in besonderen Hütten zur allgemeinen Verehrung aufgestellte Götzen. Die zwei vornehmsten derselben hießen Dodo und Harna-Ja-Mussa. Dodo, wahrscheinlich das böse Prinzip repräsentierend, war eine tönerne Tiergestalt mit vier Antilopenhörnern auf dem Rücken und zwei menschlichen Gesichtern, eins nach vorn und eins nach rückwärts gekehrt, von denen das vordere weiß gefärbt war und einen Bart von Schafwolle hatte. Harna-Ja-Mussa stellte eine menschliche Figur ohne Arme in sitzender Stellung vor, mit herausgestreckter Zunge, starkem weißen Wollbart und zwei Antilopenhörnern auf dem Kopf. Die Gesichter an beiden Götzen wie an allen, die ich später sah, zeigten nicht den Negertypus, sondern mehr kaukasische, vermutlich den Fellata-Physiognomien nachgebildete Formen. Übrigens können diese zwei Götzen erst aus neuerer Zeit stammen, denn sie tragen die

Namen zweier Anführer der Fellata, die sich bei der Invasion derselben, der eine im Haussa-Land, der andere in Segseg, durch besondere Grausamkeit gegen die Eingeborenen hervorgetan hatten. Verstorbene Afo werden in den Hütten der Götzen begraben, und sind es im Leben berühmte Krieger gewesen, so wird ihr Bild auf das Grab gesetzt und als neuer Fetisch verehrt. Man erfleht von den Götzen ein fruchtbares Jahr, Regen, Sieg über die Feinde, zahlreiche Nachkommenschaft usw. und fürchtet dagegen, daß sie, wenn man ihren Dienst vernachlässigt, das heißt nicht zu gewissen Zeiten das Blut geschlachteter Tiere vor ihnen aussprengt oder sie damit beschmiert, Hungersnot, Krankheiten, Krieg und sonstiges Unheil über den Stamm verhängen.

Wir verließen Ego am anderen Morgen um halb sieben Uhr, gingen in südsüdwestlicher Richtung auf dem Hochplateau weiter und befanden uns nach einer halben Stunde an dessen südlichem Abhang, den wir nun hinabstiegen. Hier zeigten sich schon zahlreiche Elefantenspuren. Auch Zibetkatzen muß es hier in Menge geben. Ich bekam zwar, da sie außerordentlich scheu sind, keine zu Gesicht, aber meine Neger fanden überall am Weg dürre Grashalme, die mit dem stark riechenden Zibetfett beklebt waren.

Um halb elf Uhr vormittags rasteten wir vor der rings mit tiefen Gräben umzogenen Stadt Atjaua, die etwa fünftausend Einwohner, alle dem Stamm der Afo angehörig, zählen soll. Von da wandte sich der Weg südlich, er führte, von mehreren gegen Osten oder Südosten fließenden Rinnsalen gekreuzt, in einer großgewellten Ebene hin, links und rechts an zerstörten Ortschaften vorbei, den traurigen Zeugen verheerender Kriege, zu der ebenfalls von fünftausend götzendienerischen Afo bewohnten Stadt Udeni, welche wir nach drei Stunden erreichten. Wie Atjaua ist auch Udeni durch Wallgräben befestigt, doch gelangt man, statt wie dort über einen hölzernen Balken, hier über einen etwas breiteren hölzernen Steg in die Stadt. Angestaunt von den herbeilaufenden Bewohnern – ich mochte wohl der erste weiße Mann sein, den sie zu sehen bekamen –, ließen wir uns gleich zum Sultan führen und wurden bestens von ihm aufgenommen. Der Ort liegt in einem Wald von Ölpalmen, die nicht nur gutes, rotfarbiges Öl liefern, sondern auch Früchte mit einem schmackhaften mandelartigen Kern. In der weiteren Umgebung von Udeni wird viel Baumwolle gebaut. Auf dem Markt der Stadt sah ich Fische aus dem Benue feilbieten.

Am folgenden Tag legten wir erst eine Stunde in südlicher, darauf vier Stunden in südsüdwestlicher Richtung zurück. Die Gegend ist einförmig: großgewellter Sand- oder Tonboden, sehr dichter, aber niedriger und verkrüppelter Wald. Ungefähr in der Mitte des Wegs befinden sich die Ruinen der von den Fellata zerstörten Stadt A'kora, die einen sehr bedeutenden Umfang gehabt haben muß. Bei dieser Trümmerstätte beginnt eine acht Fuß breite, in schnurgerader Richtung bis zur Stadt Akum führende Kunststraße; ich erblickte in ihr ein bemerkenswertes Zeichen fortgeschrittener Zivilisation, wie es mir noch in keinem Negerland begegnet war, umsomehr, als man zu ihrer Anlage auf der ganzen Strecke das dichtverwachsene, knorrige Gehölz hatte aushauen und entwurzeln müssen.

In Akum ließ mich der Sultan des Orts, namens Auno, zu einem Besuch einladen. Den Eingang zu seiner sehr weitläufigen Wohnung bildete eine mit doppeltem, kirchturmähnlichem Dach bedeckte und an den äußeren Tonwänden mit Arabesken verzierte Hütte. Durch sie hindurch und über mehrere Höfe, wo Sklaven und Sklavinnen, aus langen Pfeifen rauchend, müßig auf dem mosaikartig gepflasterten Fußboden lagen, führte man mich zu einem kleineren inneren Raum. Hier hockte Seine schwarze Majestät völlig nackt am Boden; ein blaues Sudanhemd, das über seinen Schoß gebreitet war, sollte mir wohl bloß zeigen, daß er im Besitz von Kleidern sei, wenn er es auch nicht für nötig finde, sie anzulegen. Er sprach und verstand keine andere Sprache als Afo, und ich brauchte daher, um mich mit ihm zu verständigen, zwei Dolmetscher, einen, der das Afo ins Haussa, und einen, der mir das Haussa ins Kanuri übersetzte. Die Unterhaltung betraf zumeist meine Reise. Von verschiedenen Seiten war mir abgeraten worden, an den Benue zu gehen, weil die an seinen Ufern wohnenden Stämme, namentlich die Bassa, sehr raublustig seien und ich als Weißer unfehlbar dort ausgeplündert, wohl gar umgebracht werden würde. Der Sultan, den ich darüber befragte, versicherte mir aber, das sei unwahr, ich könne ohne Gefahr die Reise zum Benue fortsetzen. Nach beendigter Audienz wieder über die verschiedenen Höfe geführt, sah ich eine große Anzahl nackter Kinder in denselben herumlaufen, schwarze wie bronzegelbe, letztere von Fellata-Müttern stammend, alle durch Arm- und Beinringe gekennzeichnet und mit Glasperlen behängt. Es waren die Sprößlinge Sultan Aunos, der sich, wie man mir sagte, einen Harem von ungefähr dreihundert Weibern hielt. Sonst leben die Afo-Neger nicht in Polygamie, nur ihre Sultane haben das Vorrecht, es den mohammedanischen Großen hierin gleichzutun.

Als ich am folgenden Tag wieder zum Sultan ging, um mich von ihm zu verabschieden, ward ich Zeuge der Opferungen, welche den zahlreichen Götzen längs dem Hauptgang im Inneren des Palastes, wo jeder in einer besonderen kleinen Hütte steht, von den Dienern und Hofbeamten dargebracht wurden. Dem vornehmsten Götzen, Boka, schlachtet man ein Schaf, den anderen Hühnern. Die Opfertiere wurden nach mohammedanischem Brauch durch einen Querschnitt getötet, ihr dampfendes Blut alsdann vor den Fetischen ausgesprengt oder nebst den Hühnerfedern denselben angeklebt, das Fleisch aber sofort gekocht und von den Opferern verspeist. Zum Schluß zog man paarweise in Prozession an den Götzen vorüber, doch ohne sich vor ihnen zu verneigen. Betäubende Musik von Pauken, Trommeln, Becken und Pfeifen begleitete natürlich die Zeremonie.

Vom Benue, der hier einen weiten Halbbogen nach Süden beschreibt, liegt Akum noch fünf Stunden entfernt. Da es auf dem Weg dahin keine Brunnen gibt, beschloß ich, die Strecke nicht während der Tageshitze, sondern bei Nacht zurückzulegen, so daß wir erst abends ausmarschierten.

Wir hielten südwestliche Richtung ein und befanden uns nach kurzer Zeit in einem hochstämmigen Wald, in dem wir schweigend einer hinter dem anderen herschritten. Dann folgte wieder freies Feld mit einem jener beim Einfall der Fellata in Trümmer gelegten Orte, zuletzt aber ein schmaler Waldstreifen von so dichtbelaubten Bäumen, daß kein Mondstrahl hindurchdringen konnte und wir einander, um uns in der völligen Dunkelheit nicht zu verlieren, an der Hand fassen und so Schritt für Schritt vorwärts tappen mußten. Plötzlich glänzte zu unseren Füßen die

breite silberne Wasserfläche des in majestätischer Ruhe dahin-
ziehenden Stroms, der die Gewässer aus dem Herzen Afrikas
dem Niger und durch diesen dem Großen Ozean zuführt. Kein
Laut unterbrach die nächtliche Stille, und geräuschlos streckten
auch wir uns, das Erscheinen der Morgenröte erwartend, in den
weichen Ufersand zum Schlaf nieder.

NEUNZEHNTES KAPITEL

Auf dem Benue nach Lokoja

An der Stelle, wo wir den Benue erreicht hatten, steht auf
den Karten der Ort Dagbo verzeichnet, allein es war weit
und breit am rechten Ufer entlang überhaupt kein Ort zu sehen,
und meine späteren eifrigen Nachforschungen ergaben nicht
die geringste Spur, daß ein Ort Dagbo existierte oder jemals
existiert hat. Den Eingeborenen ist der Name völlig unbekannt.

Sobald es Tag geworden war – es war der 19. März –, erhoben
wir uns von unserem Lager im Ufersand. Gerade gegenüber,
ungefähr achthundert Meter vom Ufer entfernt, lag die Flußin-
sel Loko, die auf den englischen Karten fehlt, obgleich sie als die
frequentierteste Übergangsstation über den Benue selbst in
Keffi und noch weiter nach Norden bekannt ist. Die Fährleute
auf derselben hatten uns schon bemerkt und kamen nun mit ein
paar Kanus, das heißt ausgehöhlten, wenig mehr als einen Fuß
breiten und nicht ganz so tiefen Baumstämmen, herübergefah-
ren, um uns abzuholen. Sie verlangten für die kurze Fahrt auf
den primitiven Fahrzeugen ein unverhältnismäßig hohes Fährgeld, dreitausendzweihundert Muscheln, indes blieb uns nichts

335

übrig, als ihre Forderung zu bewilligen. Drüben am Landungsplatz wartete eine neugierige Volksmenge, die uns bei der Ankunft sogleich mit Zurufen und Fragen bestürmte. Es dauerte lange, ehe sie sich bedeuten ließen, daß wir ihre Sprache nicht verstünden. Endlich führten sie uns einen Kanuri aus Lafia-Bere-Bere und einen Mann aus Benghasi zu, und nachdem ihnen diese verdolmetscht hatten, daß ich kein Araber oder Pullo, also kein Kinderräuber, sondern ein Bruder der weißen Männer in Lokoja sei, wurden wir in eine Hütte geleitet und zur Genüge mit Speisen versehen.

Loko gehört zu der am linken Ufer liegenden großen Stadt Udje, der Hauptstadt der Bassa-Neger, die lebhaften Handelsverkehr mit Wukari und Kontja unterhält. Der schmale Flußarm dazwischen dient als Hafen für die einlaufenden Schiffe. Vier Kilometer lang und einen halben Kilometer breit, erhebt sich die Insel, wenn der Benue am niedrigsten steht, fünfzehn Fuß über den Wasserspiegel, bei seinem höchsten Stand aber wird sie mehrere Fuß hoch überflutet. Die Bewohner, etwa tausend an der Zahl, brechen dann ihre Hütten ab, die zeltartig bloß aus Binsen und Matten zusammengesetzt sind, und begeben sich ans Land; nur einige Fährleute bleiben in einer auf Pfählen errichteten Hütte zurück. Ein einziges Gebäude besteht aus Ton, es enthält eine Bank mit sieben Steinen, auf welcher die Weiber das Korn zu Mehl zerreiben.

Meine erste Sorge war nun, ein Kanu zur Weiterfahrt auf dem Fluß zu mieten. Man verlangte für ein schmales Boot von Loko bis Imaha zehntausend Muscheln und ging sogar, da ich Vorausbezahlung zusagte, bis auf achttausend herab, ein Preis, der mir im Vergleich mit dem teuren Fährgeld sehr mäßig erschien. Der Kontrakt wurde geschlossen und die Abfahrt auf den folgenden Morgen festgesetzt. Nur eine Schwierigkeit blieb noch zu lösen: Mein ganzer Geldvorrat betrug kaum noch dreitausend Muscheln, Elfenbein war hier nicht verkäuflich, und an Waren besaß ich nichts mehr als einen letzten Tuchburnus; ich half mir indessen damit, daß ich das Entbehrlichste von unseren Kleidungsstücken zum Kauf ausbot und von dem Ertrag die Summe entrichtete.

Nachmittags machte mir der Galadi-ma, der Gouverneur von

Loko, einen Besuch in unserer Hütte. Er warf dabei ein begehrliches Auge auf meinen Revolver und ließ es nicht an zarten Andeutungen fehlen, wie gern er ihn zu haben wünsche, gab sich jedoch schließlich zufrieden, als ich ihm in Ermangelung anderer Gegenstände ein Handtuch schenkte, das ich in Keffi-Abd-es-Senga gekauft hatte, um es als eine Probe von dem Gewerbefleiß der Eingeborenen mit nach Europa zu nehmen.

Den ganzen Tag über war es furchtbar heiß gewesen, am Nachmittag stieg das Thermometer auf +40 Grad im Schatten, und die Feuchtigkeit der Luft ließ die Schwüle um so drückender erscheinen. In der Nacht entlud sich nun ein Donnerwetter von so elementarer Gewalt, wie ich es auch in der heißen Zone kaum jemals erlebt habe. Die Insel schien in ihren Grundfesten zu beben. Dicke Staubmassen, vom Land herübergefegt, mischten sich mit dem vom Sturm gepeitschten Regen. Ein Windstoß entführte das schwache Binsendach von unserer Hütte; andere wurden noch ärger beschädigt oder ganz umgerissen. So tobte das Wetter mehrere Stunden lang mit gleichem Ungestüm, ein grausenerregendes Vorspiel zu der nahenden Regenzeit. Als endlich die Nacht vorüber war, beleuchtete die Morgensonne ein Bild der Zerstörung, und alle Hände hatten zu tun, um niedergeworfene Hütten wieder aufzurichten. Dadurch verzögerte sich auch unsere Abfahrt von Stunde zu Stunde.

Das Oberhaupt der Bassa führt den Titel Madaki und residiert in der Hauptstadt Udje. Ich hätte Zeit gehabt, nach Udje überzusetzen und den Madaki zu begrüßen, mußte aber davon Abstand nehmen, weil ich ihm nicht die üblichen Geschenke überreichen konnte. Religion des Landes ist der Fetischdienst. Bis jetzt haben dem Bekehrungseifer und der Eroberungssucht der Fellata die Wellen des Benue Schranken gesetzt; indes kommen schon einzelne Apostel des Islam bis Udje und Wukari, und in nicht ferner Zeit dürfte auch hier der Koran seinen siegreichen Einzug halten. Der Sprache nach scheinen die Bassa mit den Nupe verwandt zu sein. Die Männer sind meist gut gebaut, muskulös und auch der Waden nicht entbehrend. Auf dem kurzen, dicken Hals sitzt der breite Kopf mit fast viereckigem Gesicht und, wie es mir vorkam, etwas höherer Stirn, als sonst die Neger zu haben pflegen. Sie feilen sich die Zähne spitz und tätowieren ihre Wangen mit zwei Einschnitten, die in gewundener Linie von den Schläfen nach dem Kinn zu verlaufen. Bis zum Alter von fünfzehn Jahren geht die Jugend beiderlei Geschlechts ganz nackt, nicht einmal die Scham wird mit einem Blatt bedeckt.

Erst um drei Uhr nachmittags kamen die Leute mit dem gemieteten Kanu. Kurz vorher hatte mir der Galadi-ma noch ein Huhn, zwei große getrocknete Fische und zwanzig Madidi, in Bananenblätter gewickelte Portionen Mehlbrei, geschickt, und beim Abschied bat er mich, ich möchte die Christen in Lokoja veranlassen, den Benue heraufzufahren, um Handelsverbindungen mit Loko und Udje anzuknüpfen. Am Ufer waren wieder viele Neugierige versammelt, die unserer Abfahrt beiwohnen wollten und mir ein Lebewohl nachriefen. Das Fahrzeug, dem wir uns anvertrauen mußten, war, wie die am vorigen Tag benutzte Fähre, nichts weiter als ein ausgehöhlter Baumstamm, nur von etwas größeren Dimensionen: Es maß dreißig Fuß in der Länge, eindreiviertel Fuß in der Breite, hatte einen Fuß Tiefe und kaum drei Zoll dicke Wände; seine Tragfähigkeit ward von dem Eigentümer mit zehn Mann nebst Gepäck angegeben. Mein Elfenbein und die Reiseeffekten wurden in der Mitte

Geschnitzte Holzstühle aus dem Niger-Benue-Gebiet

niedergelegt, wir selbst verteilten uns zu beiden Seiten; vorne
hißte ich die Bremer Flagge, hinten stand der Steuermann mit
seiner Schaufel. Ich hätte allerdings ein breiteres Boot haben
können, aber der Preis, den man dafür verlangte, war mit den
mir verbliebenen Barmitteln unerschwinglich.

Anfangs trug uns der Wind reißend schnell von dannen; als
wir die Insel aus dem Gesicht verloren hatten, ging es langsamer
vorwärts, ja, bisweilen hemmten Gegenströmung und Gegen-
wind dermaßen die Fahrt, daß wir uns nicht von der Stelle zu
bewegen schienen. Hier und da geriet das Kanu auch auf eine
Sandbank, und wir mußten dann alle aussteigen und helfen, es
wieder flott zu machen. Die Ufer, mit hochstämmigen, dicht
belaubten Bäumen bewachsen, sind durchschnittlich drei bis
vier Kilometer voneinander entfernt, doch wird das Fahrwasser
häufig durch Inseln eingeengt, von denen mehrere mit Ölpalmen, Mangroven und Adonsonien bestanden waren. Die Nacht
kampierten wir auf einer ziemlich hoch über das Wasser herausragenden Sandbank.

Vor Sonnenaufgang fuhren wir am folgenden Tag wieder ab.
Unbedeutende Krümmungen abgerechnet, nimmt der Fluß
einen geraden Lauf, immer westlich einige Grad zu Nord. Am
linken Ufer guckten überall zwischen dem grünen Laubwald die
spitzen, zuckerhutförmigen Dächer von Negerhütten hervor.
Das rechte Ufer scheint weniger stark bewohnt zu sein; hier
sprangen Affen von Ast zu Ast, und Tausende von bunten
Singvögeln erfreuten Auge und Ohr. Auf dem Fluß selbst gab es
Wasservögel verschiedener Art; nicht selten streckten Flußpferde ihre dicken Köpfe schnaubend und prustend aus der Flut.
Leider befand ich mich nicht in der Verfassung, die reizende
Szenerie dieses jungfräulichen Stromes in vollen Zügen zu
genießen, denn gleich nach der Abfahrt von Loko hatte ich einen
heftigen Fieberanfall, der meine Lebensgeister zu völliger Kraft-
losigkeit und Apathie herabdrückte.

Mehrmals sahen wir ein acht bis zehn Fuß langes Krokodil auf
einer Sandbank sich sonnen und bei unserer Annäherung ins
Wasser untertauchen. Man erzählte mir von der höchst verwege-
nen Weise, auf welche die Eingeborenen auf das Krokodil Jagd
machen. Sie schleichen sich nämlich zu dritt oder viert an den

ruhenden Saurier heran, einer stößt im richtigen Moment seinen Speer mit aller Kraft durch den Schwanz des Tieres hindurch in den Boden; wütend kreist das festgenagelte Ungetüm um sich selbst, bis die Gefährten des kühnen Angreifers herbeieilen und es mit Keulen- und Axtschlägen töten. Das Fleisch, obwohl stark nach Moschus riechend, wird von den Negern gegessen, und auch die Eier des Krokodils, die ungefähr die Größe eines Gänseeis haben, gelten bei ihnen als Leckerbissen.

Es begegneten uns an dem Tag viele Kanus, beladene und unbeladene, die zu einem Uferdorf zu Markt fuhren oder von dort herkamen. In den meisten unterhielten die Leute ein kleines Feuer, bloß zu dem Zweck, um ihre Tabakspfeifen mit großem messingenen Kopf, aus denen sie fast beständig rauchten, immer neu in Brand zu setzen, und in keinem fehlte ein Topf mit Bum (im Norden Busa oder Merissa), dem berauschenden Lieblingsgetränk der Neger. Unser Bootsmann ließ kaum ein Kanu vorüber, ohne eine Weile zu halten und mit seinen schwarzen Kameraden zu rauchen und zu schwatzen. Nachmittags um vier Uhr traf er einen Freund, einen Koto-Neger aus dem in der Nähe am linken Ufer liegenden Ort Amara. Mit ihm hatte er besonders viel zu verhandeln, und ich mußte es geschehen lassen, daß bei Amara angelegt und unsere Tagesfahrt beendet wurde. Der Sultan des Orts lud mich ein, in seiner Wohnung das Abendessen einzunehmen, aber ich war so kraftlos und fieberkrank, daß ich nicht an Land gehen konnte; er schickte mir darauf getrocknete Fische, für welches Geschenk ich mich mit einem Paket Zündhölzchen revanchierte, einem von den tabakrauchenden Negern sehr hochgeschätzten Artikel. Um vor der zudringlichen Neugier der Bewohner Ruhe zu haben, ließ ich abends unser Boot zum Übernachten an das rechte Ufer hinüberrudern.

Das Wasser des Benue hat meist, im Widerschein der bewaldeten Ufer, einen grünlichen Schimmer, ist jedoch in Wirklichkeit farblos, klar und ohne Beigeschmack. An Fischen, die fast alle wohlschmeckend sind und wenig Gräten haben, ist der Fluß außerordentlich reich. Da sie die Hauptnahrung nicht bloß der Ufer- und Inselbewohner, sondern der gesamten Bevölkerung bis weit ins Land hinein ausmachen, wird ihr Fang sehr eifrig und auf mannigfache Art betrieben: mittels strohgeflochtener, mit einer Falltür versehener Körbe, die an geeigneten Stellen unfern vom Ufer ins Wasser gesetzt werden, mit Trichter-, mit Sack- und mit langen Strand-Netzen, mit der Angel oder durch Anspießen der Grundfische. Krebse gibt es auch, doch sah ich sie nirgends feilbieten.

Wir waren morgens gegen sechs Uhr von Amara wieder abgefahren und bekamen um zehn Uhr den etwa fünf Kilometer vom linken Ufer entfernten Gebirgszug Akologo in Sicht. Um drei Uhr nachmittags langten wir bei der Station Imaha an, bis zu der ich das Kanu von Loko gedungen hatte. Quer vor der Stadt streckt sich eine lange Insel im Fluß hin, mit schönem Laubwald bewachsen, der Herden von Pavianen, Meerkatzen und anderen Affenarten zum Aufenthalt dient. Sobald man dem Sultan von Imaha, names Schimmege, unsere Ankunft gemeldet, schickte er uns einige von seinen Leuten zum Ausladen und Tragen des Gepäcks. Die Hütte, in die wir geführt wurden, starrte jedoch von Schmutz; zudem herrschte ein unerträglicher Leichengeruch darin, denn es war erst vor kurzem ein Toter unter dem Boden verscharrt worden. Als Willkommensgeschenk ließ uns der Sultan eine junge Ziege zustellen.

Die zehntausend Einwohner der Stadt gehören zum Stamm der Koto-Neger, welcher die Gara-Sprache spricht; gegenüber am rechten Ufer hat der Stamm der Akoto seine Wohnsitze. Alle ohne Ausnahme gehen bekleidet, und seltsamerweise liebt es das weibliche Geschlecht, mittels einer feinen Tonerde Gesicht, Brust, Arme, Beine, kurz den ganzen Körper ziegelrot anzustreichen; doch muß die Schminke rar und teuer sein, denn nur die reichen Frauen können, von den ärmeren natürlich aufs höchste beneidet, sich diesen Luxus gestatten.

Am Vormittag des anderen Tages begab ich mich zur Audienz in die Wohnung des Sultans. Diese umfaßt einen sehr weiten quadratischen Raum, in dessen Inneren mehrere länglich viereckige Hütten stehen, während alle übrigen Hütten der Stadt die gewöhnliche runde Form haben. In der größten empfing mich Sultan Schimmege, ein etwa sechzigjähriger Mann von untersetzter, robuster Gestalt, der vollkommen unabhängige

Herrscher über Imaha und die dazu gehörigen Dörfer. Von Lokoja aus genügend mit Feuergewehren und Pulver versorgt und durch die Protektion der Engländer zu Ansehen erhoben, gelingt es ihm, den eroberungssüchtigen Pullo gegenüber die Unabhängigkeit seines kleinen Gebietes zu behaupten. Dabei ist er ein tätiger und spekulativer Geschäftsmann; er liefert das Elfenbein aus der ganzen Umgegend nach Lokoja, während er seinen Untertanen aufs strengste verbietet, Elefantenzähne, namentlich größere, zu kaufen oder zu verkaufen, und bezieht für den Erlös europäische Waren von da, die er weiter nach dem Inneren vertreibt. Bis von Rhadames kommen Kaufleute nach Imaha, um mit ihm Geschäfte zu machen. Er war zur Zeit noch Heide, hat sich aber wahrscheinlich inzwischen durch einen Imam, der in der Stadt lebte und bereits großen Einfluß auf ihn zu haben schien, für den Mohammedanismus gewinnen lassen. Ich überreichte ihm das Letzte, was ich zu verschenken hatte, den bis hierher aufbewahrten Tuchburnus, und erhielt als Gegengeschenk eine Flasche Branntwein. Unter den Elefantenzähnen, die er mir zeigte, sah ich die zehn größten, die mir je vorgekommen waren. Gerade den folgenden Tag sollte eine Schiffsladung abgehen, und gern nahm ich sein Anerbieten an, ich möge diese Gelegenheit zur Fahrt nach Lokoja benutzen. Als ich nach beendigter Audienz aus der Empfangshütte wieder heraustrat, standen im Hof etwa zwanzig junge Weiber, die sich den weißen Mann in der Nähe betrachten wollten, vermutlich des Sultans Frauen oder Töchter, denn alle waren mit der kostbaren Schminke rot gefärbt.

Am 27. März gegen Mittag bestiegen wir das Transportschiff Schimmeges. Es war ein wirkliches aus Planken zusammengefügtes Boot, in dem wohl dreißig Menschen Platz finden konnten, schien aber an Altersschwäche zu leiden und machte keinen besonders vertrauenserweckenden Eindruck. Außer einer bedeutenden Partie Elfenbein hatte es auch andere Produkte geladen. Die Schiffsgesellschaft bestand aus fünfzehn Personen, einschließlich von fünf Ruderern oder vielmehr Schauflern, denn statt der Ruder haben die Neger breite Schaufeln, die nicht zwischen Pflöcken auf dem Rand des Fahrzeugs ruhen, sondern aus freier Hand betätigt werden. Vom Strom in westsüdwestli-

Antimonflasche aus Nupe

cher Richtung getrieben, fuhr das Boot mindestens doppelt so geschwind wie unser Kanu von Loko. Die Ufer unterhalb Imaha sind weniger dicht bewaldet und auch spärlicher bewohnt; nur selten sah ich einen von den Fischkörben, die bis dahin so häufig waren, im Wasser stehen. Dagegen zeigten sich hier mehr Flußpferde und Krokodile sowie Scharen von Tummlerfischen, die schuhhoch aus dem Wasser springend oft ganze Strecken weit unser Boot umkreisten. Abends wurde auf einer Insel zum Übernachten angelegt. Dabei bemerkte ich erst, daß sich auch zwei Sklaven, eine bejahrte Frau und ein halberwachsener Knabe, auf dem Schiff befanden; man band die Unglücklichen an einem Baum fest, aus Furcht, sie möchten in der Dunkelheit ihren Eigentümern entwischen.

Vor Sonnenaufgang stieß das Boot wieder von der Insel ab, in derselben Richtung und mit gleicher Geschwindigkeit wie am vorigen Tag die Fahrt fortsetzend. Jetzt wurden die Dörfer und Hütten an beiden Ufern wieder zahlreicher, und mehrmals stiegen die Händler aus unserem Schiff ans Land, um mit den Bewohnern, friedlichen Bassa-, Afo-, Koto-, Akoto- oder Igbira-Negern, Geschäfte abzumachen. Auch auf dem Fluß selbst herrschte reges Leben; stromauf und stromab fuhren viele größere und kleinere Boote, die meisten mit bunten Wimpeln beflaggt; fast von jedem wirbelte der Rauch eines offenen Feuers in die Luft, an dem sich die Insassen ihre Pfeifen anzünden oder das Essen kochen oder die gefangenen Fische auf Stangen zum Räuchern aufhängen.

Gerade um zwölf Uhr mittags erreichten wir die Stelle, wo der Benue in den Niger mündet. Schräg gegenüber am rechten Ufer des Niger, dessen Strom hier sehr eingeengt und nur halb so breit wie die Benue ist, ungefähr eine Stunde oberhalb des Zusammenflusses, liegt Lokoja. Ich mußte indes meine Ungeduld, dort anzukommen, noch zügeln, da wir erst an einem in dem Winkel zwischen den beiden Flüssen gelegenen Ort längere Zeit hielten. Die Lage dieses Ortes scheint mir besonders günstig zur Anlage einer europäischen Faktorei, günstiger, auch in strategischer Hinsicht, als die von Lokoja; denn während letzteres bisweilen monatelang durch die angeschwollenen reißenden Fluten des Niger vom jenseitigen Ufer abgeschnitten ist, würde hier der Verkehr mit den produktionsreichen Gebieten Zentralafrikas nie eine Unterbrechung erleiden.

Endlich fuhren wir in den Hafen von Lokoja ein. Der Anblick zweier in Europa gebauter Schiffe gab mir meine ganze Kraft und Elastizität wieder. Bisher hatte ich mich mit Mühe aus der liegenden Stellung aufzurichten vermocht, jetzt sprang ich, als kaum die Spitze unseres Bootes das Ufer berührte, mit einem Satz an Land.

Auf halbem Weg zum Gouvernementshaus kam mir ein schwarzer Diener in europäischer Kleidung entgegen, der mich auf Englisch grüßte, und wenige Schritte hinter ihm der Gouverneur Mr. Fell selbst, begleitet von seinem hier ansässigen Landsmann Mr. Robins. Die Herren reichten mir die Hand zum Willkomm und schüttelten die meinige, als wären wir schon viele Jahre miteinander befreundet; hatten doch auch sie schon seit

Jahresfrist keinen Europäer gesehen, und waren sie doch durch meine Ankunft vollständig überrascht worden. Wie sehr wuchs aber erst ihr Erstaunen, als ich auf die Frage, in welcher Zeit ich den Weg von der Küste des Atlantischen Ozeans bis Lokoja zurückgelegt habe, ihnen berichtete, daß ich nicht von Westen, sondern vom Mittelmeer durch die Wüste über Bornu an den Niger vorgedrungen sei. Sie führten mich zum Gouvernements-gebäude, das aus zwei langen einstöckigen, durch ein gemeinsames Strohdach verbundenen Häusern bestand. Zwischen dem Dach und den Wänden war ein fußhoher Raum gelassen, um dem kühlenden Wind freien Durchzug zu eröffnen. Vor der Front wehte von einer hohen Stange herab die britische Flagge, und in einer Lunette mit offener Kehle standen zwei sechspfün-dige Kanonen, von schwarzen Soldaten bewacht, die zu einem aus Westindien hierher kommandierten kleinen Detachement gehörten. Das eine der beiden Häuser wurde mir und meinen Leuten als Gastwohnung eingeräumt.

Auf wiederholte Anregung der Westafrikanischen Kompag-nie, welche die Wichtigkeit dieses Punktes für den Handel nach Innerafrika erkannt hatte, beschloß die englische Regierung im Jahre 1865, eine ständige Niger-Mission in Lokoja zu etablieren. Sie erkaufte von Massaban, dem König von Nyfe, die Erlaubnis, eine Handelsfaktorei errichten und zum Schutz derselben eine Garnison von fünfzig Negersoldaten halten zu dürfen. Herr des Gebiets blieb jedoch der König. Die Engländer müssen durch häufige Geschenke an König Massaban sich die fortdauernde Gunst des Landesherrn sichern.

Der Export von afrikanischem Elfenbein beginnt die Richtung nach der Westküste zu nehmen. Für diese Richtung gewährt nun die Handelsfaktorei Lokoja den wesentlichsten Stützpunkt. Von Keffi Abd-es-Senga gehen jetzt die Elfenbeintransporte nach Egga, dort wird die Ware von Agenten der Engländer in Empfang genommen und dann zu Wasser in das Hauptdepot befördert. Einen bedeutend größeren Umfang aber könnten die Transporte nach Südwesten erreichen, wenn der Benue in seinem oberen Lauf von Adamaua an der freien, ungehinderten Schiffahrt offenstände. Der Zentner Elfenbein kostet bis Lokoja nominell zweihunderttausend Muscheln (fünfzig Mariatheresientaler), allein da die Engländer meist importierte Waren als Zahlung geben, so kommt ihnen in Wirklichkeit der Zentner nicht höher als auf hunderttausend Muscheln zu stehen. Die gängigsten der als Tauschmittel verwendeten Waren sind: deutscher, holländischer und amerikanischer Branntwein, Pulver, Schießgewehre, Glasperlen, Korallen und verschiedene Sorten von Geweben. Außer Elfenbein hat man in jüngster Zeit auch angefangen, in Nyfe angebaute Baumwolle zu exportieren, bis jetzt allerdings nur geringe Quantitäten, doch unterliegt es bei der außerordentlichen Ergiebigkeit des Bodens keinem Zweifel, daß nicht nur Baumwolle, sondern auch Getreide, Indigo und Tabak in großer Menge und vorzüglicher Güte für den Export angebaut werden könnten. Um die Produktion und den Handel zu beleben, müßte vor allen Dingen eine direkte, rasche und sichere Verbindung mit der Küste hergestellt werden. Das Einfachste wäre regelmäßige Befahrung des unteren Niger mit Dampfschiffen; läßt sich aber eine solche zur Zeit noch nicht ermöglichen, so ist wenigstens für einen sichern Landweg durch die Joruba-Länder zu sorgen, was bei dem friedlichen Charakter der dort wohnenden Negerstämme, vorausgesetzt, daß der Gouverneur von Lagos mit richtiger Einsicht in die Verhältnisse zu Werk geht, nicht allzu große Schwierigkeiten bieten würde.

Binnen der zwei Jahre von 1865 bis 1867 war die Bevölkerung des Orts durch Zuzug von Eingeborenen von einigen hundert auf zweitausend Seelen angewachsen. Gleichzeitig mit der Faktorei hatte der Bischof der englischen Hochkirche eine Mission zur Einführung des Christentums unter den Negern gegründet, und schon zählte die Christengemeinde hundertfünfzig Mitglieder. Ich wohnte dem sonntäglichen Gottesdienst bei, der, nach englischem Ritus abgehalten, einen recht erbaulichen Eindruck machte und nur zu lange, nämlich volle vier Stunden, währte, weil der Missionar, ein in Sierra Leone ordinierter Neger namens Jonston, erst in englischer und dann in der Haussa-Sprache predigte. Vortrefflich hörte sich der Choralgesang der schwarzen Gemeinde an, wie ja bekanntlich die Neger viel Sinn für Musik haben und eine vorgespielte Melodie leicht nach dem Gehör erfassen. Nach beendigtem Gottesdienst empfing mein Negerknabe Noël durch den Missionsprediger die christliche

Taufe, wobei Mr. Fell und die Frau des Schulmeisters, eine getaufte Negerin, die Patenschaft vertraten.

Meine beiden Gastfreunde waren um die Wette bemüht, mir die Tage, die ich bei ihnen verlebte, so angenehm wie möglich zu machen. Den Abend brachten wir gewöhnlich unter der offenen Veranda des Robinsschen Hauses zu, das ganz aus Eisen erbaut und komfortabler eingerichtet war als die Gouverneurswohnung. Dort fanden sich auch der Missionar und der Schulmeister ein. Mr. Jonston, ein äußerst gemütlicher und für seinen Beruf tüchtig gebildeter Mann, hatte die sonderbare Gewohnheit, bei der ernsthaftesten Unterhaltung in helles Lachen auszubrechen, was er in Gesellschaft von Weißen für eine Pflicht des Anstands hielt. Er klagte mir, daß seinem christlich apostolischen Werk das immer weitere Vordringen des Islam vielfach Abbruch tue und daß leider die englische Regierung, auch wo es ganz in ihrer Macht stehe, dem Mohammedanismus nicht hindernd entgegentrete, seinen Fortschritten vielmehr eher noch Vorschub leiste. Äußerlich gewandter und mehr mit europäischer Sitte vertraut war der Schulmeister, zwar ebenfalls ein Neger, der aber einige Jahre in den Küstenstädten unter Europäern gelebt hatte. Die Pausen zwischen dem Gespräch wurden durch Musik ausgefüllt, indem die Herren abwechselnd auf einem in der Veranda stehenden Harmonium spielten oder den Gesang deutscher, englischer und französischer Lieder begleiteten. Wenn dann ab und zu ein Blitzstrahl die Dunkelheit draußen erhellte, sah man auf dem freien Platz vor dem Haus die Diener mit anderen von der Musik angelockten Schwarzen sich im Tanze drehen und in der Ferne den Niger und Benue ihre vereinigten Fluten dahinwälzen.

Ein Hauptthema unserer Unterredungen bildete von Anfang an die Beratschlagung über den Weg, den ich nehmen müsse, um an die Küste zu gelangen. Mein Plan war gewesen, mit einem Boot von Lokoja den Niger bis zur Einmündung des Nun hinabzufahren, wo nach den Kartenangaben die englische Station Palm-Port liegen soll; von da, meinte ich, würden mir die dort ansässigen Europäer bei der Weiterfahrt behilflich sein. Mr. Fell belehrte mich aber, daß es eine Niederlassung Palm-Port an der Nun-Mündung nicht gebe und daß ich mit meinem

Boot unfehlbar einem der wilden, raub- und mordsüchtigen Negerstämme, die in den Gegenden am unteren Niger hausen, in die Hände fallen würde; ebenso gefahrvoll und ungangbar sei der Landweg über den Berg Patte direkt nach Westen, seit mehreren Monaten schon hätten selbst von den in seinem Dienst stehenden Botenläufern keiner sich zur Küste durchschlagen können. Wiederholt redete er mir daher zu, ich möchte bei ihm bleiben, bis nach beendeter Hochwasserzeit, also in fünf bis sechs Monaten, das Dampfschiff von Lagos heraufkäme. Da ich indes auf meinem Entschluß, die Reise fortzusetzen, beharrte, machte er mir den Vorschlag, mit Geschenken für den König von Nyfe den Niger stromauf nach Rabba zu fahren und von da südwestlich durch das Joruba-Gebiet gehend die Küste zu erreichen. Die bezeichnete Route war freilich ein bedeutender Umweg, doch schien einerseits in der Tat eine direktere Linie weder zu Wasser noch zu Land passierbar, andererseits gereichte es mir auch zur Befriedigung, dem gastfreundlichen Gouverneur einen Dienst erweisen zu können; er hätte sonst nämlich selbst die Reise nach Rabba unternehmen und die Geschenke an König Massaban in Person überbringen müssen. So ging ich denn ohne langes Besinnen auf den Vorschlag ein.

Jetzt beschäftigten sich die Herren aufs angelegentlichste mit der Sorge für meine Ausrüstung zur Reise. Sie mieteten das Boot, auf dem ich von Imaha gekommen war, für die Nigerfahrt bis Egga, ließen es ausbessern und mit sechs Ruderern bemannen. Den für Massaban bestimmten Waren, roter Samt, seidene Tücher, Korallen, Glasperlen usw. fügten sie eine Menge anderer bei, damit ich mir durch Geschenke an die Häuptlinge in den noch zu durchreisenden Gebieten deren Freundschaft und gute Aufnahme erkaufen könne. Desgleichen verproviantierte man mich reichlich mit Lebensmitteln und ergänzte auch meinen zu Ende gehenden Vorrat an Chinin. Zwei beim Gouvernement angestellte Dolmetscher wurden mir beigegeben, einer für Nyfe und einer für die Joruba-Länder. Meine beiden Diener Hammed und Noël erhielten an einem getauften, etwas englisch redenden jungen Neger namens Tom einen neuen Kameraden.

Bis zum 2. April waren alle die fürsorglichen Reisevorkehrungen beendet. Am Morgen dieses Tages versammelten wir uns

noch einmal in Mr. Robins' Veranda zum gemeinsamen Frühstück; dann begleitete man mich ans Ufer, wo das Boot zur
Abfahrt bereit lag und die halbe Einwohnerschaft von Lokoja
sich als Zuschauer eingefunden hatte. Als ich das Boot bestieg,
wurde die englische Flagge aufgehißt, und gleichzeitig donner-
ten neun Salutschüsse aus den Kanonen vor dem Gouverne-
mentsgebäude. Ich tauschte mit den zurückbleibenden Freunden die letzten Abschiedsgrüße. Es sollte leider ein Abschied auf
Nimmerwiedersehen sein; bald nach meiner Ankunft in Europa
ging mir die betrübende Nachricht zu, daß Mr. Fell bei der
Abwehr eines Angriffs feindlicher Neger seinen Tod gefunden
und daß um dieselbe Zeit Mr. Robins infolge der geringen
Widerstandsfähigkeit seiner Körperkonstitution einer klimatischen Krankheit erlegen war.

ZWANZIGSTES KAPITEL

Ins Königreich Nyfe (Nupe) und durch die
Jorubaländer an den Golf von Guinea

Das schönste Wetter begünstigte unsere Abfahrt. Am Tag
vorher gefallener Regen und ein frischer Seewind hatten
die Atmosphäre gereinigt, nur einzelne weiße Haufenwolken
schwammen in dem klaren Himmelsblau. Taktmäßig und eigentümlich mit der Zunge dazu schnalzend, stießen die sechs
Ruderer ihre Schaufeln in den Strom, und zwar absichtlich so,
daß bei jedem Stoß ihr nackter Körper von oben bis unten mit
dem kühlenden Naß bespritzt wurde.

Gegen sechs Uhr abends legten wir in der Nähe eines kleinen

Uferdorfes an. Hier wurde zum Nachtmahl aus dem mitgenommenen Proviant eine Ziege geschlachtet und das Fleisch über
Kohlenfeuer geröstet. Aber noch waren die Stücke nicht gar, da
begann dichter Regen herabzuströmen, der die Flamme unseres
unbedeckten Kochherdes auslöschte. Doch genug – ich will die
Leser nicht mit den täglichen Vorkommnissen einer volle vierzehn Tage währenden langsamen Flußfahrt ermüden, zumal in
Bezug auf Szenerie und Staffage dieser Teil des Niger von der
Strecke, die ich auf dem Benue befuhr, sich im ganzen wenig
unterscheidet. Nur fand ich die Fahrt selbst um vieles unangenehmer. Mit Sonnenaufgang stellte sich stets eine Gattung
mikroskopischer Fliegen ein, von den Engländern »sandfly«
genannt, deren Stich eine schmerzhafte Geschwulst verursacht;
gegen elf Uhr vormittags zogen sich diese fast unsichtbaren
Plagegeister zurück, aber dann quälte uns die drückende Hitze,
da wir, um der starken Gegenströmung in der Mitte des Flusses
auszuweichen, immer dicht am Ufer hinrudern mußten, wo kein
Luftzug uns Kühlung zuwehte. Sobald die Hitze etwas nachließ,
waren auch die giftigen kleinen Fliegen wieder da, und wenn sie
nach Sonnenuntergang endlich verschwanden, übernahmen es
Myriaden von Moskitos, die Menschen nicht zur Ruhe kommen
zu lassen.

Nach fünf Tagen erreichte das Boot die Stadt Egga am rechten
Nigerufer. Ich begab mich sogleich zu dem Vorsteher der
dortigen englischen Filial-Faktorei, an den ich Briefe von
Mr. Fell zu überbringen hatte. Es war ein noch ziemlich junger
Mann, ein aus Sierra Leone gebürtiger Neger namens James,
der einzige Christ in Egga. Durch ihn ward ich dem Sserki des
Distrikts vorgestellt, und dieser verschaffte mir nicht nur ein
Regierungsboot bis Rabba, sondern schiffte sich auch selbst mit
ein, um mich persönlich zum König zu führen. Er teilte mir mit,
der König residiere gegenwärtig nicht in Rabba, auch nicht in
seiner eigentlichen, im südlichen Teil des Reiches gelegenen
Hauptstadt Bidda, er sei im Krieg gegen eine Rebellenschar
begriffen und verweile im Heerlager, etwa sechs Stunden von
Rabba, am Fluß Eku.

Je näher wir Rabba kamen, desto mehr durch den Krieg
zerstörte Dörfer zeigten sich zu beiden Seiten des Flusses. Am

16. April abends um sieben Uhr passierten wir eine Gruppe von Inseln, die jetzt als Hafen für die Kriegsflotte und als Lagerplatz für ihre Mannschaft diente. Wohl an die fünfhundert Kanus lagen hier beisammen, von denen die kleinsten für etwa dreißig, die größten für hundert Mann Raum bieten mochten. Die Kanus der verschiedenen Stämme hatten verschiedene Formen; die der Kakanda z. B., eines an der rechten Seite des Niger nordwestlich von Lokoja wohnenden Stammes, zeichneten sich durch ihre Breite aus, wogegen die der Schaba, eines Inselvolkes, besonders lang und schmal gebaut waren. So hat auch jeder Stamm, wie man mir sagte, seine eigene Kampfweise. Die Kakanda, die mit Flinten bewaffnet sind, lassen ihre Kinder die Ruderschaufeln führen und schießen, im Mittelraum des Bootes postiert, über deren Köpfe hinweg; die Schaba handhaben selbst abwechselnd das Ruder und ihre Waffe, den Wurfspieß. Die vom aufgehenden Mond beleuchteten Inseln mit den Tausenden zwischen Bäumen, Zelthütten, Waffenpyramiden, Lagerfeuern umherlaufenden schwarzen Gestalten boten ein höchst phantastisches Bild.

Noch eine halbe Stunde, und wir landeten am linken Ufer im Hafen von Rabba. Statt einer großen volkreichen Stadt, wie ich erwartet hatte, fand ich jedoch nur durch Brand geschwärzte, dachlose, meist von ihren Bewohnern verlassene Hütten. Kaum fünfhundert Menschen waren darin zurückgeblieben. Wir wurden in einer halbzerstörten Hütte aufs kümmerlichste untergebracht, und da wir hier nicht lange bleiben konnten, schickte ich sofort einen Boten an König Massaban, durch den ich ihm meine Ankunft in Rabba melden und ihn ersuchen ließ, mir schleunigst ein Pferd zum Ritt ins Lager zu senden. Trotzdem vergingen vier volle Tage, vergebens harrte ich von Stunde zu Stunde auf die Rückkehr des Boten.

Rabba liegt am letzten Ausläufer der Admiralitätsberge, auf dem südlichen Abhang eines Felsrückens, der unmittelbar ans Ufer des Flusses herantritt. Zur Zeit, als der Sklavenhandel an der afrikanischen Westküste noch schwunghaft betrieben wurde und die Karawanen aus dem Inneren hier durchzogen, gehörte Rabba zu den bedeutendsten Städten im Westen. Jetzt zeugen nur die stehengebliebenen Umfassungsmauern von der ehemaligen Größe der Stadt, und auch das früher meilenweit angebaute Land ist bis auf eine paar Getreidefelder zu beiden Seiten des Gingi wieder verödet und mit wildwucherndem Unterholz bewachsen.

Am vierten Tag mittags kam endlich der ersehnte Bote zurück. Ohne sich wegen der langen Verzögerung entschuldigen zu lassen, sandte mir König Massaban ein Pferd und einen Korb mit Kola- (Goro-) Nüssen. Nachmittags um fünf machte ich mich mit meiner ganzen Begleitung auf, um noch in der Nacht das Lager zu erreichen; ich allein war zu Pferd, alle anderen, auch der Sserki, mußten zu Fuß folgen. Es dauerte über eine halbe Stunde, ehe wir das alte Stadtgebiet in nordwestlicher Richtung durchmessen und die Mauern hinter uns hatten. Dann führte der Weg drei Stunden lang durch einen hochstämmigen Baumwald zu dem malerisch gelegenen Ort Moo; von da marschierten wir noch drei Stunden bei Mondschein über großwelliges Terrain, das von dem Flüßchen Edda und vielen kleinen Rinnsalen durchschnitten ist, und langten erst kurz vor Mitternacht am linken Ufer des Eku an, wo eine Abteilung des königlichen Heeres, meist aus Reiterei bestehend, gelagert war.

Morgens brachte uns ein Fährboot hinüber ans rechte Ufer, und nach einigen hundert Schritten betrat ich das Lager der großen Armee. Im Lauf des Vormittags fand die Empfangsaudienz beim König statt. Er saß unter einer von allen Seiten offenen, nur vorn durch seidene Vorhänge verschließbaren Hütte etwas erhöht auf einer Giraffenhaut; ihm gegenüber kauerte auf dem bloßen Sandboden in fünf Reihen hintereinander eine Versammlung von etwa hundert Männern, alle so wie er selbst dürftig und unsauber gekleidet. Mich hieß er auf einer zierlich geflochtenen Matte dicht zu seinen Füßen Platz nehmen. König Massaban schätzte sein Alter, wie man mir gesagt, auf fünfzig Jahre; ich hätte ihn dem Aussehen nach für jünger gehalten, obgleich er schon Vater von sechzig Söhnen und einer gleichen Anzahl Töchter war. Von dunkelschwarzer Hautfarbe, verriet er doch in der regelmäßigen Gesichtsbildung seine Abstammung aus Fellata-Geblüt. Sobald die üblichen Begrüßungsformeln gewechselt waren, teilte er eine Kola-Nuß mit mir, was als Friedens- und Freundschaftszeichen gilt und aus der

Hand eines Fürsten als besonderer Gunstbeweis angesehen wird. Hierauf brachten die Diener eine Schüssel Milch, Lammfleisch und einen Topf voll Honig. Unsere Unterhaltung bezog sich meist auf meine bisherige Reisetour, namentlich schien den König alles, was ich von Bornu erzählte, zu interessieren. Von der Faktorei in Lokoja sprach er mit freundlichen Worten, doch dürfte seine Freundschaft wohl eine erheuchelte sein und lediglich auf Eigennutz beruhen, indem er sich durch Vermittlung der Engländer Flinten und Pulver zur Bekämpfung seiner rebellischen Untertanen verschafft; daß er als Muselman die Ausbreitung einer christlichen Gemeinde auf die Dauer gleichgültig mitansehen werde, möchte ich wenigstens stark in Zweifel ziehen.

Als ich mich wieder empfahl, wurde mir die Matte, auf der ich gesessen hatte, eine wirklich vorzügliche einheimische Arbeit, nachgetragen, ferner ein Topf Palmöl, ein Gefäß mit Butter und ein Gebund Zwiebeln. Auch zwanzigtausend Muscheln ließ mir der König aushändigen; sie reichten freilich kaum hin, um davon die nötigen Trinkgelder an seine Diener zu bestreiten. Die enge, dumpfe und feuchte, keinen Schutz gegen die häufigen Gewitterregen bietende Strohhütte, welche man uns zur Wohnung anwies, entsprach, selbst in Berücksichtigung, daß wir uns im Lager befanden, nicht meinen bescheidensten Erwartungen. Dabei stand sie mitten im ärgsten Getümmel, wo das Trommeln und Pfeifen, das Ausschreien von Lebensmitteln und das Toben der oft berauschten Soldaten bis tief in die Nacht hinein währte und mich keinen Augenblick Ruhe finden ließ.

Anderen Tags stieg ich zu Pferd, um das Lager in seiner ganzen Ausdehnung zu durchreiten. Es hatte in der Tat einen imposanten Umfang, denn ich taxierte die Zahl der Hütten auf annähernd zwanzigtausend und glaube, daß mit Einschluß der Weiber, Kinder und Sklaven nicht weniger als hunderttausend Menschen hier beisammen waren. Überall aber lagen Kadaver gefallener Tiere oder Haufen die Luft verpestenden Unrats, von ekelhaften Insekten umschwärmt. Bei der Rückkehr begegnete mir der König in militärischem Paradezug. Voran schritt das Musikkorps, mit großen und kleinen Trommeln, hölzernen Trompeten, dudelsackähnlichen Pfeifen und eisernen Klappern; hinter ihm marschierte eine Kolonne von zwei- bis dreihundert mit Flinten bewaffneter Fußsoldaten; dann kamen die königlichen Vorreiter, der königliche Schwertträger, und nach letzterem König Massaban selbst zu Pferd, diesmal in reicher Kleidung: Sie bestand aus einem im Land gefertigten blauen Hemd, einem weißen, mit Gold und bunter Seide gestickten Tuchburnus, rot und weiß gestreiften seidenen Hosen, roten Saffianstiefeln und einem Fes. Unmittelbar hinter ihm ritten zwei Leibgardisten mit einem Schild aus Hippopotamusleder, so groß, daß er Mann und Roß bedeckte, und an sie schloß sich in gemessener Entfernung die Suite der Generale an, jeder von einer Anzahl Sklaven gefolgt.

Nachmittags um drei Uhr überreichte ich in feierlicher Audienz die aus Lokoja mitgebrachten Geschenke, welche Sr. Majestät allerhöchsten Beifall fanden. Als Gegengeschenk erhielt ich zwei kunstvoll gestickte Toben und jeder von meinen Dienern zwanzigtausend Muscheln. Dieser Audienz wohnte der gesamte Hofstaat des Königs bei.

Am dritten Tag begab ich mich, den Dolmetscher mitnehmend, unangemeldet zum König, der mich auch sogleich empfing und seine Dolmetscher rufen ließ. Jetzt verhehlte ich ihm nicht, daß ich als Fremder, als Christ und als Beauftragter der Engländer in Lokoja, von denen er so großen Vorteil ziehe, eine bessere und achtungsvollere Aufnahme erwartet hätte, indem ich namentlich seine Rücksichtslosigkeit, mich vier Tage in Rabba ohne Bescheid auf meine Botschaft zu lassen, und das elende Quartier im Lager, wo ich viel geräumigere und wohnlichere Hütten gesehen hatte, mit scharfen Worten hervorhob. Schließlich zeigte ich ihm an, ich sei entschlossen, den nächsten Tag abzureisen. Seine Antwort lautete nach des Dolmetschs Übersetzung, wenn ich abreisen wolle, werde er mir ein Pferd, einen Führer und einen Gepäckträger bis Ilori mitgeben.

Somit schien mir alles in bester Ordnung und meine Abreise durch nichts behindert zu sein. Nachdem die Sachen gepackt waren, brachen wir auf und gelangten gegen vier Uhr nachmittags ans Ufer des Eku. Hier aber weigerten sich die Fährleute, uns überzusetzen, und während ich noch mit ihnen verhandelte, kam ein Bote des Königs mit der Aufforderung, ich solle ins

Gestickte Tobe, wie sie Rohlfs in Nupe zum Geschenk erhielt

Lager zurückkehren. Ich erwiderte, dazu hätte ich keinen Grund und wenn man mir nicht binnen einer Stunde die Fähre zur Verfügung stelle, würde ich mit meinem Schwimmgürtel über den Fluß schwimmen. Darauf kam der Sserki, der mich von Egga aus begleitet hatte, gefolgt vom Dolmetsch und zwei königlichen Dienern, und meldete mir: Sein Herr sei höchst ungehalten, daß ich mich heimlich entfernt habe; er wolle mich zwar nicht länger halten, breche aber alle Freundschaft mit mir ab und sende zum Zeichen dessen meine Geschenke zurück. Nun klärte sich das Mißverständnis auf. Der Dolmetsch hatte aus Furcht vor dem Zorn des Despoten demselben weder meine vorwurfsvolle Rede noch die Anzeige von meiner nahen Abreise verdolmetscht. Als nun dem König hinterbracht wurde, daß ich das Lager ohne Abschied zu verlassen im Begriff stehe, gab er in seinem ersten Ärger Befehl, mir die Überfahrt über den Fluß nicht zu gestatten. Unter diesen Umständen und eingedenk meiner von den englischen Freunden in Lokoja übernommenen Mission hielt ich es doch nicht für schicklich, in Unfrieden von Massaban zu scheiden. Ich kehrte daher mit dem Sserki zurück und ließ den König um Wiederannahme der Geschenke bitten, der mir denn auch noch abends als Pfand der Versöhnung und des wiederhergestellten Friedens einen großen Napf Milch in meine Wohnung schickte.

Am 26. April verabschiedete ich mich in öffentlicher Versammlung. Der König erwähnte des Zwischenfalls mit keiner Silbe; er wünschte mir Glück zur Reise und ließ uns einen Vorrat von Kola-Nüssen, getrocknetem Fleisch und mit Honig vermengten Reiskügelchen zustellen. Ohne Störung wurde nun der Rückweg nach Rabba angetreten, wo wir denselben Abend wohlbehalten wieder eintrafen.

In Rabba erhandelte ich ein Pferd zur Weiterreise um den Preis von achtzigtausend Muscheln, der mir für die dortige Gegend und in Anbetracht des derzeitigen Kriegsbedarfs nicht zu hoch erschien. Am 2. Mai brachen wir auf. Die Überfahrt über den Niger nahm eine gute halbe Stunde in Anspruch, da die Fährleute das Boot erst eine Strecke weit am linken Ufer hinaufrudern mußten, um es dann durch die starke Strömung zu bugsieren. Anderthalb Stunden südlich vom jenseitigen Ufer gelangten wir an tote Hinterwässer des Niger, welche sich hier zur Zeit des Hochwassers ins Land hinein verbreiten. Nahe bei denselben auf einem weiten, Fanago genannten Platz lagerte eine kleinere Abteilung des königlichen Heeres, etwa sechstausend Mann; mit Inbegriff der Weiber, Kinder und Sklaven mochten aber wohl zwanzigtausend Menschen hier versammelt sein. Kurz vor uns war der Damraki, der erste Ratgeber oder Minister am Hofe Massabans, in Fanago eingetroffen, welcher dem Sultan von Ilori, der mit dem König verbündet war, einen prächtigen Rappenhengst als Geschenk von diesem zu überbringen hatte und gleich mir im Lager über Nacht blieb. Ich wurde in eine Hütte zwischen der seinigen und der des Oberbefehlshabers einquartiert. Frühmorgens weckte mich ein betäubender Lärm aus dem Schlaf; fünfzig Trommler brachten dem Damraki ein Ständchen, und kaum damit fertig, rückten sie auch vor meine Tür, den Spektakel von neuem beginnend. Rasch schickte ich ihnen einige hundert Muscheln heraus, mit dem Bedeuten, aufzuhören oder weiterzuziehen; allein sie schlugen nur umso unbarmherziger auf ihre Pauken los, und nichts von dem Ohrenzwang sollte mir erspart bleiben.

Anderentags hatten wir nur noch einen Weg von zwei Stunden südwärts zurückzulegen und hielten dann vor dem Tor der Stadt Saraki. Man verlangte einen Zoll von uns, der von den Karawanen aus Haussa hier erhoben wird; da aber mein Dolmetscher erklärte, wir kämen aus dem Lager des Königs Massaban und gingen nach Ilori, ließ man uns zollfrei passieren. Wir zogen durch eine Anzahl Straßen zum Haus des Ortsvorstehers, der mich freundlich empfing und für unsere Unterkunft sorgte.

Saraki, eine Stadt von vierzigtausend Einwohnern, ist auf mehreren Hügeln erbaut, auch die hohen Ringmauern, von denen sie umschlossen ist, folgen auf und ab dem Zug der Hügel. Der Ort wurde früher bei den Sklaven-Razzien gewissermaßen als neutrales Gebiet zwischen Nyfe und Joruba betrachtet, und den Charakter einer Grenzstadt trägt er heute noch, denn die Bevölkerung besteht teils aus Nyfe-, teils aus Joruba-Negern; letztere sind jedoch in der Mehrzahl. Die Eingeborenen Jorubas unterscheiden sich von denen Nyfes durch hellere Hautfarbe und regelmäßigere, mehr der kaukasischen sich nähernden

Gesichtsbildung. Abgesehen von anderen, nicht bekannten Ursachen, mag wohl zur Zeit, als die Portugiesen lebhaften Handel am Golf von Guinea betrieben, Vermischung von Europäern, die bis ins Joruba-Gebiet vordrangen, mit den Negerinnen stattgefunden haben.

Wie in den Rassenmerkmalen die Bewohner Jorubas Abweichungen von den entfernter von der Küste wohnenden Stämmen erkennen lassen, so zeigen sich auch wesentliche Unterschiede in der Tracht und in der Bauart der Wohnungen. Die Kleidung der Männer besteht in einem kurzen engen Hemd ohne Ärmel und in anschließenden, nur bis an die Knie reichenden Hosen – eine zum Arbeiten wie zum Gehen durch verwachsenen Urwald sehr zweckmäßige Tracht. Die Häuser sind nicht runde, nur von einer Familie bewohnte Hütten, sondern bilden ein langgestrecktes Oblongum, in dem viele Familien, allerdings meist untereinander verwandt, wie in Kasernen unter einem Dach beisammen wohnen. Sie umschließen in der Regel einen viereckigen Hof, und auch in diesem stehen, wenn er groß genug ist, noch lange schmale Gebäude. An der Vorderseite des Hauses sind die aus Lehm errichteten Wände geschlossen, an der Rückseite laufen sie in eine offene Galerie aus. Zwischen den Wänden und dem Strohdach bleibt freier Raum für den Durchzug der Luft.

In den Straßen Sarakis stößt man überall auf Pfützen und Rinnen voll fauligen Wassers, und daß die Eingeborenen diese ekelhafte Jauche trinken, mag der Grund sein, weshalb viele mit dem Guineawurm behaftet sind. Zur Vermehrung des Schmutzes trägt noch bei, daß hier wie an anderen Orten Jorubas starke Schweinezucht betrieben wird. Das zahme Schwein wurde von Europa eingeführt, es findet aber keine zusagende Nahrung, bleibt daher klein und mager und erreicht selten ein Gewicht von hundertfünfzig Pfund. Außer Schweinen trieben auch Hühner und Enten sich auf den Straßen umher. Mit Industrie und Handel scheint man sich wenig zu beschäftigen; ich sah nur eine Färberei und einige Ölsiedereien in der Stadt.

Alle Jorubaner sind eifrige Götzendiener, und so gab es auch in Saraki eine Unmasse von Fetischen aus Holz und Ton und von verschiedenster sowohl männlicher als weiblicher Gestalt. Unter

Zeremonialstab aus Joruba

anderen fiel mir ein aus Holz geschnitztes Götzenbild mit europäischen Gesichtszügen auf, langem Bart und einer Bischofsmütze auf dem Kopf; es mochte wohl einem portugiesischen Heiligen nachgebildet sein.

Wir verließen Saraki am 6. Mai und gingen drei Stunden in südsüdwestlicher Richtung durch eine gebirgige Gegend. Oft führte der Weg steil abfallende, mit wilden Bananen und Plantanen bewachsene Schluchten hinab. Das zu Tage tretende Gestein ist größtenteils Granit; sonst war der Boden mit fettem Humus bedeckt, auf dem sich ein üppiger Pflanzenwuchs entfaltete; bunte Schmetterlinge umschwärmten die aufs mannigfachste geformten Blüten und Blumen. Ehe wir aber das Dorf Apoto erreichten, wurden wir von zwei tüchtigen Regenschauern durchnäßt. Dort angekommen legten die gemieteten Träger ihre Bürde ab und erklärten, sie wollten nicht weitergehen. Mit vieler Mühe gelang es mir durch Vermittlung des Ortsvorstehers, drei Weiber zu dingen, welche das Gepäck bis zu dem nächsten, noch eineinhalb Stunden entfernten Dorf trugen.

Von da brachen wir den anderen Morgen auf. Das Terrain ist hier nur leicht wellig, und die ganze reich angebaute Landschaft glich einem Garten. Am Weg saßen hie und da Leute, die Eßwaren, darunter auch geröstete Raupen, feilboten. Die zum Essen beliebteste Raupenart ist eine Bärenraupe mit langen Haaren, welche natürlich beim Rösten abgesengt werden. Erst eine Stunde westwärts, dann westsüdwestwärts gehend, gelangten wir an den rasch von Süden nach Norden strömenden Fluß Oschi. Wir setzten in einem Kanu über und befanden uns nun im Königreich Ilori, womit das eigentliche Jorubaland beginnt. In dem am Ufer des Flusses gelegenen Ort Oschi waren keine Träger zu haben; ein Teil des Gepäcks mußte daher meinem Pferd aufgeladen, das übrige von uns selbst getragen werden. Die Gegend gestaltete sich von Oschi an zu einer fruchtbaren, sorgfältig kultivierten Hochebene. Ein anderthalbstündiger Marsch auf ihr brachte uns bei Sonnenuntergang zu dem lebhaften Marktort Okiossu, der letzten Station vor der großen Stadt Ilori, die man schon mit bloßem Auge am Fuß eines einzelnen Bergkegels liegen sieht. Einer von den freundlichen Einwohnern Okiossus gewährte uns nicht nur Wohnung in

Tongefäße aus dem Niger-Benue-Gebiet

seinem Haus, sondern bestellte auch unentgeltlich die nötige Anzahl Träger für den folgenden Tag.

Als ich morgens um halb sieben Uhr von unserem gastlichen Wirt Abschied nahm, gab er mir noch sein vierzehnjähriges Töchterchen zum Tragen meiner Doppelflinte mit. Ich schickte meinen Dolmetscher voraus, damit er mich bei dem Magadji, dem ersten Minister des Königs, anmelde, und folgte mit den anderen langsameren Schritts durch die reichgeschmückte, menschenbelebte Landschaft.

Schon in Kuka und seitdem allerwärts auf dem Weg vom Tschad-See hierher hatte ich so viel von der berühmten Handelsstadt Ilori reden gehört, daß meine Neugier nicht wenig erregt war und mir das Bild eines europäisch zivilisierten Emporiums vorschwebte. Mit umso größerem Entsetzen traf mich der Anblick, der sich uns gleich am Stadttor darbot. Gerade vor dem Eingang, gleichsam als Torwächter, hingen die blutigen Leichname dreier Gepfählter; der spitze Pfahl, mit dem sie durchbohrt worden, ragte noch aus den scheußlich verzerrten Gesichtern heraus. Ganz erfüllt von dem grauenhaften Eindruck ritt ich durch die Straßen bis zu dem großen Platz vor der königlichen Residenz. Hier wurden wir von dem Magadji an der Spitze einer Anzahl anderer Würdenträger empfangen und in sein an demselben Platz gelegenes Haus geführt.

Der Sitte gemäß durfte ich erst mehrere Tage nach der Ankunft dem König meine Aufwartung machen. Nachdem ich ihm inzwischen durch den Magadji meine Geschenke hatte überreichen lassen, darunter zwei Stück Seidenzeug, womit mich die Herren in Lokoja zu dem Zweck ausgestattet, beschied er mich am 12. Mai zur Audienz. Unter der offenen, an der Außenseite seiner Wohnung befindlichen Veranda kam mir einer von den Hofbeamten entgegen und hieß mich dort warten, bis der König nach mir schicken würde. Wieder hatte ich hier das entsetzliche Schauspiel von vier Gepfählten vor Augen; von dem einen steckte nur noch der Kopf auf der Stange, während der Rumpf losgetrennt und heruntergeglitten war; und das Grauenvolle des Anblicks wurde für mich durch den Umstand erhöht, daß die Leichname, wahrscheinlich weil das dunkle Pigment unter der Haut geschwunden war, beinahe wie Weiße aussahen. Auf mein Befragen, was die so grausam Hingerichteten verbrochen hätten, erwiderte der Beamte, die drei am Tor Aufgestellten seien Diebe, die vor der Wohnung des Königs Rebellen gewesen, unter letzteren ein Häuptling; dieser sei lebendig gepfählt worden, die anderen habe man vorher erdrosselt.

Ich atmete auf, als endlich die königlichen Diener erschienen, um mich ins Innere des Hauses zu führen. Durch mehrere Höfe und Gemächer folgte ich ihnen bis zu einem länglichen, oben offenen, aber schattigen Raum. Zu beiden Seiten saßen in Reihen die Großen des Hofes. Ich schritt durch den in der Mitte freigelassenen Gang auf ein am Ende desselben stehendes, mit Bambusrohr vergittertes Häuschen zu, in welchem Seine Majestät wie in einem Käfig thronte. In einiger Entfernung davon war ein Schaffell über den Boden gebreitet. Man bedeutete mir, darauf niederzusitzen, und nun wurden mit Hilfe der Dolmetscher die Begrüßungsformeln gewechselt. Bei den Worten des Königs neigten sämtliche Hofleute den Kopf so tief, daß sie mit der Stirn die Erde berührten. Die Unterhaltung war übrigens sehr kurz, da der König krank zu sein schien, sie beschränkte sich auf herkömmliche Redensarten. Trotzdem wünschten mir nachher die Großen Glück zu dem äußerst gnädigen Empfang, der mir seitens des Herrschers zuteil geworden sei. Als Gegengabe für die überreichten Geschenke erhielt ich zehntausend Muscheln und einen Ziegenbock.

Die Stadt bildet ein fast regelmäßiges Polygon und ist von hohen, aber schlecht unterhaltenen Mauern umschlossen. Ich schätze die Zahl der Angesessenen, ungerechnet die fremden Kaufleute und Warenträger, deren allerdings immer sehr viele sich hier aufhalten, auf sechzig- bis siebzigtausend. Über den viereckigen Häusern erheben sich hochragende Dächer, die aus Palmästen gezimmert und mit den langen dürren Halmen eines wildwachsenden Grases gedeckt sind. Die verhältnismäßig breiten Straßen und die zahlreichen offenen Plätze waren alle mit Verkaufsbuden besetzt, doch gibt es nur vier größere eigentliche Marktplätze.

Ilori ist der letzte Ort nach der Küste zu, bis wohin die Haussa Produkte aus dem Inneren, z. B. Natron vom Tschad-See, und vom Mittelmeer oder von Ägypten her eingeführte Waren zum Verkauf bringen, und es muß wundernehmen, daß die Engländer, die doch Ilori um so viel näher sind, noch nicht den ganzen Handel dahin sowie nach allen Negerländern bis zum Tschad-See an sich gezogen haben, sondern sich damit begnügen, Branntwein, Flinten und Pulver für die Haussa auf den Markt von Ilori zu schicken. Das Monopol des Branntweinhandels im Reich besaß damals ein Bruder des Magadji.

Von den Einwohnern selbst werden übrigens verschiedene Gewerbe und Industrien mit großer Geschicklichkeit betrieben. Sie verfertigen schöne Lederwaren, Schüsseln und Teller mit Holzschnitzerei, Matten von ausgezeichnet zierlichem Flechtwerk, Stickereien, Tongefäße aller Art, halb gelb- und halb rotlederne Schuhe, und in der Landwirtschaft brachten sie es zur Käsebereitung, deren Kenntnis ich bei keinem anderen der von mir besuchten Negerstämme und auch bei den Fellata-Nomaden nicht gefunden habe. Die Trachten sind hier infolge des starken Fremdenverkehrs und der leichten Verbindung mit der Küste von ziemlicher Mannigfaltigkeit, einmal begegnete mir sogar eine in farbigen Samt gekleidete Negerin.

Da ich die Erfahrung gemacht hatte, wie schwer oft unterwegs Leute zum Tragen des Gepäcks zu bekommen sind, nahm ich die Gelegenheit wahr, auf dem Markt von Ilori den entbehrlichen Teil meiner Waren in Muscheln umzusetzen und mir für den Erlös drei Esel zu kaufen. Über dem Feilschen und dem Abzählen der Muscheln verging ein voller Tag. Unterdes ersuchte ich den Magadji, er möge mir bis zum 14. mittags eine Abschiedsaudienz beim König oder doch dessen Erlaubnis zur Abreise verschaffen. Nicht zweifelnd, daß mir solche im Laufe des Vormittags zukommen werde, schickte ich am Morgen des 14. meine Diener mit den bepackten Eseln unter Hameds Aufsicht bis zu dem Dorf Jara, dem ersten Ort jenseits der Grenze, voran; dort sollten sie auf mich und Noël, den ich bei mir behielt, warten. Es wurde indes Mittag, und eine Botschaft vom König war mir nicht überbracht worden. Da erklärte ich dem Magadji auf das bestimmteste, ich würde in keinem Fall länger als höchstens noch drei Stunden verweilen. Allein er glaubte immer noch nicht an den Ernst meiner Worte; wie jemand sich unterstehen könne, ohne ausdrückliche königliche Erlaubnis die Stadt zu verlassen, schien ihm undenkbar zu sein. Punkt drei Uhr brachte Noël mein Pferd vorgeführt, ich schwang mich in den Sattel und ritt, während der Minister vor Erstaunen ob so unerhörter Kühnheit wie festgewurzelt dastand, die breite Straße hinab, dann so rasch, wie Noël zu folgen vermochte, dem südwestlichen Tor zu.

Daß ich, um nach Ibadan zu gelangen, in südsüdwestlicher Richtung vorwärts gehen müsse, war mir nicht zweifelhaft. Nun liefen aber vom Tor aus drei oder vier verschiedene Pfade nach derselben Himmelsrichtung. Mit Fragen durfte ich mich nicht aufhalten, um keinen Verdacht bei der Torwache zu erregen; ich schlug also auf gut Glück den sich zunächst darbietenden ein. Erst über eine Stunde von der Stadt entfernt, wagte ich, von Leuten, die mir begegneten, durch Zeichen den Weg zu erkunden, und da ergab sich, daß ich zu weit östlich geraten war. Ich lenkte auf den richtigen Pfad, der mehrere Stunden weit zwischen Dörfern und einzelnen Höfen westwärts führte, und erreichte endlich, als es schon dunkel geworden, das sehr ausgedehnte Dorf Jara, jedoch an einer anderen Stelle als dem gewöhnlichen Eingang von Ilori her. Von den herbeigekommenen Bewohnern vernahm ich mehrmals das Wort »kattakatta«, das in der Joruba- wie in der Nyfe-Sprache Esel bedeutet, und es gelang mir dadurch, noch abends das Gehöft aufzufinden, wo meine Leute mit den Eseln kampierten.

Am frühen Morgen setzte sich dann unser vereinigter Zug in Marsch. Hinter Jara beginnt das Terrain, das von den Ufern des Niger bis dahin immer sanft angestiegen, ebenso allmählich sich nach dem Meer hin zu senken. Der Weg führte beständig durch hohen Wald von Butterbäumen und Ölpalmen, der aber an vielen Stellen sumpfig und dicht mit Unterholz verwachsen war; zudem begegneten uns auf dem schmalen Pfad zahlreiche kleine Karawanen, das Ausweichen verursachte Stockungen und Zeitverlust, kurz, es ging sehr langsam vorwärts. Um drei Uhr nachmittags trafen wir auf einen jener offenen Marktplätze am Weg, wie sie durch ganz Joruba an frequenten Verkehrsstraßen von Strecke zu Strecke vorhanden sind, gewöhnlich mit drei bis vier Hütten besetzt, in denen man allerhand Lebensmittel, auch gekochte oder sonst zubereitete Speisen zu kaufen bekommt. Meine Leute verzehrten hier eine Schüssel voll zäher, kleistriger Klöße, die in einer stark gepfefferten Adansonien-Soße schwammen. Dann zogen wir weiter und gelangten abends bei Mondschein durch eine angepflanzte Allee von Feigenbäumen an das Tor des großen ummauerten Ortes Ogbomoscho. Breitästige, schattengebende Bäume standen auch im Ort selbst auf den Straßen und Plätzen. Ogbomoscho war bisher die äußerste Missionsstation nach dem Inneren zu; doch schien augenblicklich kein Missionar dort fest stationiert zu sein. Wir waren an dem Tag elf Stunden in Marsch gewesen, hatten aber bei der Langsamkeit, mit der die Esel fortzubringen waren, nur sieben Wegstunden zurückgelegt.

Am 17. wurde wieder den ganzen Tag marschiert, ohne daß wir mehr als fünf Stunden vorwärts kamen, denn auf dem kaum eineinhalb Fuß breiten Pfad mußten die bepackten Esel sich durch Urwaldgebüsch hindurchwinden. Drei Stellen des Waldes hatte man zu Marktplätzen gelichtet. Diese Plätze am Weg erleichtern das Reisen in Joruba, für manche Lebensmittel werden aber unverhältnismäßig teure Preise gefordert; für eine Ente sollte ich sechstausend Muscheln = eineinhalb Taler, für ein Schaf vierzigtausend Muscheln bezahlen. Sehr beliebt sind die Koloquintenkerne, die entweder geröstet verspeist oder zerstampft zu Soßen verwendet werden. Auch Goro-Nüsse, jedoch von schlechter Qualität, sah ich als einheimisches Produkt feilbieten.

Die Goro-Nuß spielt auch im gesellschaftlichen Leben der Neger Zentralafrikas eine wichtige Rolle. Wie der Orientale den ihn Besuchenden mit einer Tasse Kaffee und dem Tschibuk bewirtet, so ehrt hier der Wirt seinen Gast dadurch, daß er ihm eine Goro-Nuß vorsetzt oder mit ihm teilt. Die Übersendung eines Korbes Goro-Nüsse von seiten des regierenden Fürsten gilt als Zeichen huldvoller Begrüßung; je voller der Korb und je größer die Nüsse sind, desto gnädigeren Empfangs darf der Fremde gewärtig sein.

Wir kampierten die Nacht auf dem Marktplatz Emono, und zwar, weil das Wohnhaus des Marktvorstehers von Ratten wimmelte, im Freien; bei dem starken Tau, der in der Regenzeit auch hierzulande des Nachts niederschlägt, ein keineswegs angenehmes Lager. Ganz durchnäßt machten wir uns früh um sechs Uhr wieder auf den Weg. Die grüne Baumwand des Waldes tritt jetzt stellenweise zu beiden Seiten etwas zurück, und der freibleibende, leichtgewellte Boden wird zum Anbau von Mais und Yams benutzt. An diesem Tag hörte ich zum erstenmal graugefiederte rotschwänzige Papageien von den hohen Bäumen herab ihr »Aku, aku« rufen. Dieser Ruf ist in die Sprache der Eingeborenen als Begrüßungswort übergegangen. Die Straße scheint recht belebt zu sein; es begegneten uns mehrere aus Ibadan kommende Karawanen von Lastträgern, eine davon transportierte Pulver, eine andere Branntwein, wobei jeder Neger zwei Fäßchen von je zwanzig Pfund auf dem Kopf trug. Schon nach einem Marsch von drei Stunden, die erste in südsüdwestlicher, die zwei letzten in südwestlicher Richtung, war die Stadt Juoh erreicht. Um zur Wohnung des Ortsvorstehers zu gelangen, mußten wir fast die ganze Stadt durchziehen, gefolgt von einem großen Schwarm Neugieriger, denen der Anblick unserer Esel etwas

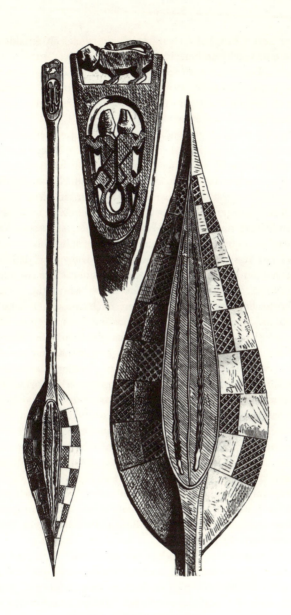

Geschnitztes Ruder vom Niger

ganz Neues war. Auf dem Markt standen viele Götzenbilder von Ton und von Holz, bekleidete und unbekleidete, zum Verkauf; doch soll unter der Bevölkerung Juohs der Islam bereits zahlreiche Anhänger haben. Der Ortsvorsteher nahm uns sogleich in sein Haus auf, und zum erstenmal seit Ilori wurden wir hier wieder gastlich bewirtet.

Ibadan ist noch gute neun Stunden von Juoh entfernt, war also mit den bepackten Eseln nicht in einem Tagesmarsch zu erreichen. Da ich mich aber nach möglichst baldigem Zusammentreffen mit den Europäern sehnte, die als christliche Missionare, wie man mir sagte, dort wohnen sollten, ritt ich zu Pferd am anderen Morgen dem langsamer folgenden Zug voraus. Eine Stunde weit windet sich der Pfad südwestwärts zwischen Yams-, Mais-, Koloquinten- und Baumwollfeldern hin bis zum Fluß Oba. Der Wasserstand des Flusses war niedrig genug, daß ich ihn mit meinem Pferd hätte durchwaten können, aber ein stämmiger Neger, zu einer eben vorbeiziehenden Karawane aus Lagos gehörig, ließ es sich nicht nehmen, mich auf seinen Schultern hinüberzutragen. Gleich am jenseitigen Ufer beginnt wieder prächtig bestandener Hochwald, mit Gebüsch und Schlingpflanzen verwachsen. Auf dem schattigen Weg durch ihn kamen viele Eingeborene einzeln und in Gruppen daher, die mich alle höflich grüßten, indem sie mir die gewöhnliche Formel »Aku, aku, akuabo« zuriefen; eine vorbeipassierende junge Negerin reichte mir sogar zutraulich die Hand und sagte: »I thank you«, diese irgendwo von Engländern vernommenen Worte jedenfalls auch für einen Gruß haltend. Um fünf Uhr nachmittags langte ich in der Stadt Ibadan an, die zu den größten Städten West- und Zentralafrikas gerechnet wird.

Ich war schon beinahe eine Stunde durch endlos lange Straßen und Budenreihen geritten, ohne ein Haus von europäischem Aussehen entdeckt zu haben. Das arabische, bei den Haussa gebräuchliche Wort »nassara« (Christ), durch das ich mich verständlich zu machen suchte, kannte man hier nicht; endlich erriet indes einer aus meinen Pantomimen, wohin ich wollte, und geleitete mich zu dem aus Eisen erbauten Missionshaus. Mein Pferd stieß mit dem Kopf das nur angelehnte Hoftor auf, und als ich in den Hof einritt, sah ich auf dem Rasen eine blonde, in Seide gekleidete Dame sitzen, umgeben von einem Kreis junger Negermädchen, denen sie aus der Bibel vorlas. Bei meinem Anblick erhob sie sich, rief die Diener, mir das Pferd abzunehmen, und hieß mich in englischer Sprache willkommen. Nun stellte ich mich vor, zugleich wegen meines unangemeldeten Eintritts um Entschuldigung bittend, und folgte ihr dann ins Innere des Hauses. An der Schwelle eines europäisch möblierten Zimmers empfing mich ihr Gemahl, der Missionar, in dem ich zu meiner freudigen Überraschung einen deutschen Landsmann aus Schwaben fand namens Hinderer. Er lud mich freundlichst ein, samt meiner Begleitung in der Mission zu herbergen, was ich natürlich dankbar annahm.

Die Missionsanstalt, etwas gegen Südwesten, aber ziemlich im Mittelpunkt der Stadt gelegen, die von hier nach allen Seiten amphitheatralisch ansteigt, umfaßt ein bedeutendes Areal. Rings von einer Mauer umgeben, enthält sie außer dem eisernen Wohnhaus, dem geräumigen Hof und mehreren kleineren Gebäuden einen großen Garten mit den verschiedensten Fruchtbäumen und Sträuchern. Dicht daneben außerhalb der Mauer steht die dazugehörige Kirche.

Ibadan wird nicht von einem erblichen, sondern auf Lebenszeit gewählten Fürsten beherrscht, der nominell unter der Oberhoheit des zu Oyo residierenden Königs von Joruba steht und den Titel Bale führt. Einen Monat vor meiner Ankunft war der Bale Ogomalla, ein kräftiger Herrscher, der sich fast ganz von Oyo unabhängig gemacht hatte, gestorben. Der hierauf ernannte Nachfolger war gleich nach der Wahl gestorben, ebenso ein dritter Bale, und bis zur Wahl eines neuen lag nun die Regierung provisorisch in den Händen des Balago, des Oberbefehlshabers der Truppen. Diesem wollte ich meine Aufwartung machen, um die Mitgabe eines Geleitmannes von ihm zu erbitten; er ließ mir aber sagen, wegen der Landestrauer könne er mich nicht empfangen, und was den Geleitsmann betreffe, so möge ich mich mit meiner Karawane einem reitenden Boten, den er demnächst nach Lagos schicke, anschließen.

Der Bote des Belago wurde am 23. Mai abgefertigt, und unter seiner Führung traten wir die Weiterreise an. Unaufhörlich strömender Regen hatte den gewellten Tonboden so schlüpfrig gemacht, daß Menschen wie Tiere sich kaum darauf fortbewegen konnten. Bis zu dem kleinen Marktort Faudo, anderthalb Stunden südwestlich von der Stadt, reichen die angebauten Ländereien; dann folgt wieder der dichtverwachsene Urwald. Sein Saum bildet zugleich die Grenze zwischen den Reichen Joruba und Jabu. Im Wald, in den wir südsüdwestwärts eindrangen, stellten sich unserem Fortkommen neue Hindernisse entgegen; mächtige Baumstämme lagen oft quer über den Weg, da mußten die Esel des Gepäcks entledigt und durch die Leute hinübergehoben werden. So kam es, daß wir eine Strecke von höchstens drei Stunden zurückgelegt hatten, als die Dunkelheit uns nötigte, mitten in dem feuchten Dickicht zu lagern. Es regnete zwar nicht mehr, aber das Holz war durch und durch naß; kein Feuer ließ sich anbrennen, und eine Tasse Kaffee konnte ich nur an der Flamme von Zeitungspapier warm machen. Dazu die gellenden Schreie des Trompetenvogels, vermischt mit dem dumpfen Gequak der Frösche, und als dieses Konzert verstummt war, das Brüllen der Raubtiere und von fern her rollender Donner!

Auch den ganzen folgenden Tag kamen wir nicht aus dem Wald heraus. Nur hier und da unterbricht eine lichtere Stelle, mit rotem Pfeffer und wilder Ananas bewachsen, das Dickicht. Bald wurden wir von Regengüssen durchnäßt, bald plagten uns Moskitos oder giftige schwarze Ameisen. Letztere rennen blitzschnell an den Beinen der Menschen und Tiere herauf und verursachen durch ihre Bisse heftigen Schmerz; bisweilen nahm eine Schar derselben einen mehrere Zoll breiten Streifen des Weges ein, vor dem dann unsere Esel zurückscheuten und unaufhaltsam zur Seite ins Gebüsch sprangen. Die Schwierigkeiten für die Reit- und Lasttiere, auf dem schlüpfrigen Pfad zu schreiten, waren um so größer, als von den zahlreichen Trägerkarawanen, wobei der Hintermann immer genau in der Fußspur seines Vorgängers folgt, eine tiefe Rille in den weichen Boden getreten ist, so daß die Esel fortwährend Gefahr liefen, hineinzugleiten und sich ein Bein zu brechen. Meine Hoffnung, vor Einbruch der Nacht einen bewohnten Ort zu erreichen, zerrann unter solchen Umständen. Wir waren kaum sieben Stunden südsüdwestlich vorwärtsgekommen und mußten abermals auf

Sumpfboden, ohne Feuer, diesmal sogar in durchnäßten Kleidern und Decken, die Nacht verbringen. Durch einen Schluck Rum und ein Stückchen Schweinefleisch, das mir Frau Hinderer mit auf den Weg gegeben hatte, suchte ich mich wenigstens innerlich etwas zu erwärmen.

Noch vier Stunden mühten sich anderentags unsere armen Tiere auf dem beschwerlichen Weg ab; endlich öffnete sich der Wald, und eine breite Allee führte ans Tor des Ortes Ipara. Hier erwartete uns der Bote des Balago, der schon am Tag vorher angekommen war und für gutes Quartier gesorgt hatte. Die etwa achthundert Einwohner von Ipara erwerben jetzt ihren Lebensunterhalt meist als Lastträger, während sie früher, zur Zeit der Spanier und Portugiesen, eifrig der Sklavenjagd oblagen. Allerdings reicht das geringe Stück Feld, das sie in der nächsten Umgebung dem Wald abgewonnen und urbar gemacht haben, zu ihrer Ernährung bei weitem nicht aus.

Ungeachtet der Ermüdung unserer Tiere, denen ich gerne eine längere Rast gewährt hätte, brachen wir schon am nächsten Morgen wieder von Ipara auf. Beim Abmarsch hatten sich mehrere Ortsbewohner unserem Zug angeschlossen. Der Weg ging, immer sanft geneigt, gerade südwärts; er führte uns über den Fluß Iba in zweieinhalb Stunden nach Makum. In diesen Ort, der zum Nachtquartier bestimmt war, wollte man uns wieder nur gegen Erlegung eines Durchgangszolls einlassen; da ich aber nicht eine einzige Muschel mehr besaß, verschaffte ich mir durch die Drohung Einlaß, wenn man uns nicht sofort ohne Bezahlung das Tor öffne, würde ich in Lagos beim englischen Gouverneur von dem feindseligen Verfahren gegen einen Weißen Anzeige machen. So weit wirkt also hier das Ansehen der Engländer. Indes rächte sich der Ortsvorsteher für die ihm entgangene Einnahme dadurch, daß er uns, obgleich starker Tau fiel und der Ozean feuchten Nebel herübersandte, keine Herberge anbot, sondern auf dem offenen Marktplatz kampieren ließ.

Früh gegen fünf Uhr stieg ich zu Pferd und ritt, nur von Noël und einem ebenfalls berittenen Neger aus Lagos begleitet, in scharfem Trab der Küste zu. Um ein Uhr mittags gelangten wir nach Ikorodu und eine halbe Stunde später an die Lagune,

Lagos am Golf von Guinea

welche Lagos, das auf einer Nehrung liegt, vom Festland trennt. Am Ufer standen einige leere Hütten zum Obdach für die hier wartenden Karawanen und ein paar Buden, in denen Lebensmittel feilgehalten wurden. Ich handelte für mein letztes seidenes Taschentuch einen Teller voll in Palmöl gesottener Küchelchen, ekareoa genannt, ein: eine Speise, die zur Not auch ein europäischer Magen genießbar findet. Gegen Abend holte mich das Fährschiff ab, und nach einer sehr stürmischen, gefahrvollen Überfahrt landete ich auf der Reede von Lagos.

Der englische Gouverneur, Mr. Glover, der mich aufs freundlichste empfing, wollte nicht eher glauben, daß ich zu Land von Lokoja gekommen war, als bis ich ihm die von dort mitgebrachten Briefe aushändigte. Sobald die in Lagos wohnenden Deutschen die Kunde von der Ankunft eines Landsmanns vernommen hatten, erschienen sie im Gouvernementshaus, um mich zu begrüßen und mir Wohnung bei sich anzubieten. Sie logierten mich in die Faktorei der großen Hamburger Firma O'Swald ein und ließen mir dort die ausgesuchteste Gastfreundschaft zuteil werden. Nach vierzehn Tagen kam dann der englische Dampfer, auf dem ich mich nach Europa einschiffte.

Ich kann meinen Bericht nicht schließen, ohne dem Bremer Senat, der Stadt Bremen und der Geographischen Gesellschaft in London, welche mir die Mittel zu dieser Reise gewährt haben, desgleichen Herrn Dr. Petermann, der mir den Rest des für Dr. Vogel gesammelten Fonds übermittelte, nochmals meinen tiefgefühlten Dank auszusprechen. In die Heimat zurückgekehrt, ward ich durch die Großzügigkeit Seiner Majestät des Kaisers Wilhelm wie durch neue Beiträge der Stadt Bremen und der Londoner Geographischen Gesellschaft in den Stand gesetzt, sowohl das in Kuka aufgenommene Darlehen wiederzuerstatten, als auch meine Diener und Begleiter nach Wunsch zu belohnen. Hammed, dem treuesten und bewährtesten derselben, wurde außerdem von der Londoner Geographischen Gesellschaft die Viktoria-Medaille zuerkannt. Der Unterstützung mit Rat und Tat, deren ich mich seitens des Herrn Dr. Petermann, des seitdem verstorbenen Dr. Barth und meines Bruders Hermann zu erfreuen hatte, werde ich stets dankbar eingedenk bleiben.

WORTERKLÄRUNGEN

Adansonie	Gattung der Wollbaumgewächse, zu der auch der hier gemeinte Affenbrotbaum »Baobab« gehört.
Aneroid	Dosenbarometer. Luftdruckmesser ohne Flüssigkeit.
Araki	Auch Arak oder Raki, ein aus Rosinen und Anissamen hergestellter Trinkbranntwein.
Bei	Ehemals Titel hoher türkischer Beamter und Offiziere.
Charpie	Carbasa, Linteum carptum, die durch Zerrupfen der Leinwand gewonnenen Fäden, welche früher als Verbandsmittel bei Wunden, Geschwüren und Eiterungen usw. verwendet wurden.
Djebel	Arab.: »Berg«.
Durra	Hirseart.
Efendi	Herr. Ehemalige türkische Titel- und Anredeform.
Hygrometer	Instrument zur Messung der Luftfeuchtigkeit.
Hypsometer	Höhenmesser, mit dem die Höhe über dem Meeresspiegel durch die Siedepunktabnahme des Wassers bestimmt wird. Siedethermometer.
Ichneumon	Schleichkatze.
Imam	Leiter des gemeinschaftlichen Gebets im Islam; Titel von Kalifen und bedeutenden Gelehrten des Islam.
Kaiman	Krokodilart.
Kawass	Türkischer Polizeisoldat.
Klepsydra	Griech.: »Wasseruhr«.
Koloquinten	Kürbisgewächs mit weißlichen, apfelgroßen Früchten und eßbaren Samen. Das Fruchtfleisch dient als Abführmittel.
Ksor	Arab.: »Dorf« aus Stein- oder Lehmhäusern.

Mahbub	Gängige Währung in Libyen.
Marabut	Arab.: Heiliger des Islam; auch: Grab eines Marabut; eigentlich: »Grenzkämpfer«.
Milud	Fest zu Ehren des Geburtstags Mohammeds.
Mschia	In Tripolis die bepflanzte Umgebung der Stadt zwischen Küste und Wüste.
Mufti	Mohammedanischer Rechtsgelehrter, der in religionsgesetzlichen Fragen Gutachten abgibt.
Mulei	Auch Mulla: islamischer Gelehrter, Richter.
Para	Kleinste türkische Scheidemünze.
Polygon	Vieleck.
Rhamadan	Fastenmonat des islamischen Kalenders.
Rumi	Christ.
Scherif	Ehrenbezeichnung der direkten Nachfahren Mohammeds.
Schürfa	Mehrzahl von Scherif (s. d.).
Sebcha	Salzwüste oder -steppe.
Surate	Mehrzahl von Sure, eines Abschnitts des Korans.
Syrte	Landschaft in Nordlibyen.
Thaleb	Schriftgelehrter.
Tschibuk	Türkische Tabakspfeife mit langem Rohr und kleinem Kopf.
Yam	Auch: Jam. Pflanze aus der Familie der Dioskoreen, deren kartoffelähnliche Wurzel auch Brotwurzel genannt wird.
Zelot	Glaubenseiferer.

LITERATURVERZEICHNIS

DENHAM, D./CLAPPERTON, H.: *Narrative of Travels and Discoveries in Northern and Central Africa*. London 1828.

GUENTHER, KONRAD: *Gerhard Rohlfs, Lebensbild eines Afrikaforschers*. Freiburg i. Br. 1912.

LYON, G. F.: *A Narrative of Travels in Northern Africa*. London 1821.

NACHTIGAL, GUSTAF: *Sahara und Sudan*. 3 Bde. Berlin 1879–81, Leipzig 1889.

RATZEL, FRIEDRICH: *Völkerkunde*. Leipzig und Wien 1894–95.

ROHLFS, GERHARD: *Reise durch Marokko*. Bremen 1868.

ROHLFS, GERHARD: *Von Tripolis nach Alexandrien*. 2 Bde. Bremen 1871.

ROHLFS, GERHARD: *Mein erster Aufenthalt in Marokko*. Bremen 1873.

ROHLFS, GERHARD: *Quer durch Afrika*. 2 Bde. Leipzig 1874–75.

ROHLFS, GERHARD: *Drei Monate in der Libyschen Wüste*. Kassel 1875.

ROHLFS, GERHARD: *Reise von Tripolis nach der Oase Kufra*. Leipzig 1881.

ROHLFS, GERHARD: *Quid Novi ex Africa*. Kassel 1886.

SCHIFFERS, HEINRICH: *Wilder Erdteil Afrika*. Frankfurt a. M. und Bonn 1962.

SCHURTZ, HEINRICH: *Urgeschichte der Kultur*. Leipzig und Wien 1900.

SIEVERS, WILHELM: *Afrika*. Leipzig und Wien 1891.

WELLENKAMP, DIETER: Gerhard Friedrich Rohlfs. In: *Frühe Wege zum Herzen Afrikas*. Hrsg. von Kurt Schleuch. Darmstadt 1969.